Johann Christoph Adelungs Sprachkonzeption

Juli 2022

Für Katharina
als kleiner Dank
für gute Gespräche
~~freundlich~~
zugeeignet
von Deinem
Walter

Europäische Hochschulschriften
Publications Universitaires Européennes
European University Studies

Reihe I
Deutsche Sprache und Literatur

Série I Series I
Langue et littérature allemandes
German Language and Literature

Bd./Vol. 1866

PETER LANG
Frankfurt am Main · Berlin · Bern · Bruxelles · New York · Oxford · Wien

Walter Dengler

Johann Christoph Adelungs Sprachkonzeption

PETER LANG
Europäischer Verlag der Wissenschaften

Bibliografische Information Der Deutschen Bibliothek
Die Deutsche Bibliothek verzeichnet diese Publikation in der
Deutschen Nationalbibliografie; detaillierte bibliografische
Daten sind im Internet über <http://dnb.ddb.de> abrufbar.

Zugl.: Heidelberg, Univ., Diss., 2002

Gedruckt auf alterungsbeständigem,
säurefreiem Papier.

D 16
ISSN 0721-3301
ISBN 3-631-50477-2
© Peter Lang GmbH
Europäischer Verlag der Wissenschaften
Frankfurt am Main 2003
Alle Rechte vorbehalten.

Das Werk einschließlich aller seiner Teile ist urheberrechtlich
geschützt. Jede Verwertung außerhalb der engen Grenzen des
Urheberrechtsgesetzes ist ohne Zustimmung des Verlages
unzulässig und strafbar. Das gilt insbesondere für
Vervielfältigungen, Übersetzungen, Mikroverfilmungen und die
Einspeicherung und Verarbeitung in elektronischen Systemen.

Printed in Germany 1 2 3 4 5 7

www.peterlang.de

Meiner Mutter
und dem Andenken meines Vaters

Inhaltsverzeichnis

0.	Einleitende Bemerkungen	11
0.1.	Systematizität des Adelungschen Denkens und deren Problematik (hermeneutischer Zirkel)	14
0.2.	Corpus	15
1.	Zusammenfassende Einleitung	19
2.	Sprachbegriff Adelungs	35
2.1.	Definition des Sprechens	35
2.2.	Anthropologische Konsequenzen	37
2.3.	Funktion von Sprache	39
2.3.1.	"Absicht" der Sprache	39
2.3.2.	Absicht der Sprache und Absicht der Sprecher	40
2.3.2.1.	Absichten des Schriftstellers	41
3.	Epistemologische Modelle	43
3.1.	Epistemologisches Modell auf der Stufe des "Umständlichen Lehrgebäudes"	43
3.2.	Epistemologisches Modell auf der Stufe des "Stylbuchs"	49
3.3.	Die Klarheit	54
3.3.1.	Erkenntnisinstanzen und Begriff der Klarheit	54
3.3.2.	Abriß zum Begriff der "Klarheit" in der Geschichte der Philosophie bis auf Adelung	55
3.3.3.	Zum Klarheitsbegriff bei Adelung	57
3.4.	Applikation des etymologischen Modells (Stylbuch) auf die Sprache. Die Wortarten	60
3.4.1.	Generell	60
3.4.2.	Speziell	61
4.	Sprache und Kulturgeschichte	67
4.1.	Der Geschichtsprozeß als kultureller Fortschrittsprozeß	67
4.4.1.	Exemplifikationen des Fortschrittstheorems	70
4.1.2.	Zur Polysemie des Ausdrucks "Cultur"	70
4.1.3.	Die Zukunft des kulturellen Fortschrittsprozesses (Grenzen der Kultur)	71
4.1.4.	Fortschritt und Verfall	72
4.1.5.	Bewegungsweise des kulturellen Fortschrittsprozesses	74
4.1.6.	Kriterien der Kultur	74
4.1.7.	Letztbegründung des kulturellen Fortschrittsprozesses bei Adelung?	75
4.1.8.	Verhältnis der geschichtlichen Epochen	77
4.1.9.	Historie als Geschichtsinterpretation	78
4.2.	Kultur und Sprache	80
4.2.0.1.	Bewährung des kulturhistorischen Äquivalenztheorems an der Geschichte der deutschen Sprache im ganzen	80
4.2.1.	Primat von Kultur oder Sprache?	81

4.2.2.	Verfeinerung	83
4.2.3.	Langsamkeit des Sprachprozesses	84
4.3.	Kollektivität des kulturellen Fortschrittsprozesses / Sprachprozesses (Sprache und Völker)	85
5.	Sprachursprungshypothese	89
5.1.	Methodisches	89
5.2.	Über den spekulativen Charakter des Adelungschen Vorgehens	90
5.3.	Etymologie als Wissenschaft vom Sprachursprung	91
5.4.	Erste Lexemkonstitutionen	92
5.4.0.1.	Belege Adelungs für seine These vom onomatopoetischen Ursprung der Lexeme	95
5.4.1.	Wörter als hörbare Merkmale der Dinge	96
5.5.	Wer hat Sprache erfunden?	98
5.5.1.	Anthropologische Konsequenzen	99
5.6.	Konstitution der "Wurzellaute" (Basismorpheme)	102
5.7.	Sprachursprung und Kulturgeschichte	106
5.7.1.	Der kulturelle Fortschrittsprozeß führt vom Onomatopoetischen weg	107
6.	Psychologisches Modell	109
6.1.	Untere und obere Kräfte	109
6.2.	Verhältnis der Seelenkräfte zueinander	112
7.	Sprache und Gesellschaft	115
7.1.	Sprache und Klassenstruktur der Gesellschaft	115
7.1.1.	Im allgemeinen	115
7.1.2.	Das Kulturniveau der einzelnen Klassen	120
7.1.3.	Vulgarität des Soziolekts der unteren Klassen	121
7.2.	Individuum und Gesellschaft	124
7.2.0.	Dialektik von Gesellschaft und Individuum	124
7.2.1.	Generell (im Blick auf M. Luther)	125
7.2.2.	Verhältnis des linguistischen Schriftstellers zum Sprachprozeß	127
7.2.3.	Positive Aufgaben des Schriftstellers	129
7.2.4.	Das ideale Individuum	131
7.3.	Struktureller Zusammenhang von Sprache und Gesellschaft	132
7.3.1.	Konstitution von Sprache durch Gesellschaft	132
7.3.2.	Sprache und Herrschaft	141
7.4.	Dialekt und soziale Strukturen	144
7.4.1.	Genese der Dialekte	144
7.4.2.	Konstitution der Leitvarietät	146
7.4.3.	Dialekte und Provinzialismen	151
7.4.4.	Bereicherung der Leitvarietät aus den Dialekten?	153

7.4.4.1.	Bereicherung der Leitvarietät (Umständliches Lehrgebäude)	157
7.4.5.	Allgemeinheit der Leitvarietät - Eigentümlichkeiten der Dialekte	157
8.	Sprachgebrauch (Normatives in der Sprache)	161
8.1.	Begriff des Sprachgebrauchs	162
8.2.	Das Conventionelle als Vorbegriff des Begriffs des Sprachgebrauichs	163
8.3.	Sprachgebrauch und Herrschaft	166
8.4.	Sprachgebrauch als eine normative Instanz unter mehreren	167
8.4.1.	Die Analogie als regelnsetzende Instanz	168
8.5.	Der normative Allgemeinheitscharakter des Sprachgebrauchs	169
8.6.	Strukturelles Verhältnis Sprachgebrauch - Sprachregeln	172
8.7.	Rationalität des Sprachgebrauchs	174
8.8.	Allgemeiner Sprachgebrauch?	175
8.9.	Spezifikation des Sprachgebrauchs und des Conventionellen	178
8.10.	Konstitution des Sprachgebrauchs	180
9.	Verstehen und Begeisterung	183
9.1.	Verstehen	183
9.2.	Begeisterung	185
10.	Abstrakte Ausdrücke	191
10.1.	Klarheit, Genese, strukturelles Verhältnis	191
10.2.	Gradualität, Tendenz zur Abschwächung	194
10.3.	Überbrückung des Hiatus Sinnlich - Unsinnlich	199
10.4.	Zur Kritik	199
11.	Geschmack	205
11.1.	Strukturell	205
11.2.	Geschichtliche Modifikabilität des Geschmacks	207
11.3.	Strukturelles Verhältnis des Geschmacks der Nation zu dem der Schriftsteller	211
12.	Die Literatur und das Schöne im allgemeinen	213
12.1.	Die Literatur	213
12.2.	Das Schöne im allgemeinen	216
12.2.1.	Definition des Schönen	216
12.2.2.	Unterscheidungen innerhalb des Begriffs des Schönen	217
12.2.3.	Das conventionelle Schöne (Das Schöne in Abhängigkeit vom Empfindungsvermögen und im geschichtlichen Kontext)	219
12.2.4.	Legitimität und Kritik der Adelungschen Konzeption des Schönen	221
12.2.5.	Die Regeln des Schönen und ihre Genese	223

12.2.6.	Stoff und Form	225
13.	Ausgriff der Sprache auf das Transzendente	229
14.	Kleine Schriften	233
14.1.	"Aelteste Geschichte"	233
14.2.	Adelungs Orthographiekonzeption in seinem Orthographiebuch	241
15.	Adelung in der Kritik	257
15.1.	S. Orgeldingers Adelung-Kritik	257
15.2.	Die Adelung-Kritik Sickels, Strohbachs und Gardts	265
15.2.1.	M. Strohbach	266
15.2.2.	A. Gardt	269
15.3.	Adelung im 19. und 20. Jh.	269
15.4.	Adelung-Rezeption in der DDR	273
15.4.1.	Das Leipziger Kolloquium (1982)	273
15.4.2.	Adelung und der historische Materialismus. Der Aufsatz Brigitte Dörings	279
15.5.	Abschließendes	284
16.	Verwendete Literatur	290

0. Einleitende Bemerkungen. Zur Vorgehensweise

Johann Christoph Adelung hat ein umfangreiches Werk vorgelegt. Margrit Strohbach verzeichnet in ihrer Bibliographie 111 Titel[1]. Schon allein das "Umständliche Lehrgebäude der Deutschen Sprache" (1782), sein magnum opus, umfaßt zwei Bände mit insgesamt 1682 Seiten. Die meisten dieser Titel betreffen Sprache und Sprachwissenschaft.[2] Daneben gibt es auch Titel über ganz disparate Themen wie Metallurgie, Geographie, Mineralogie, Schiffarten[3]. Wir können nicht sagen, daß Adelungs Sprachkonzeption, seine spezifische Auffassung von Sprache in *einem* einzigen Werk zu endgültigem Abschluß gekommen wäre; was befremdlich scheinen kann. Er hat *mehrere* Werke verfaßt, in denen er, in immer erneuten Anläufen, in noch präziseren und besseren Formulierungen versucht hat, theoretisch zu begreifen, was Sprache ist. Jedes dieser Werke hat sein eigenes relatives Recht, jedes muß berücksichtigt werden. Wir müssen die Adelungsche Sprachkonzeption aus den Werken extrahieren und rekonstruieren. Adelungs sprachtheoretische Werke bieten, wenn man sie auch nur oberflächlich betrachtet, ein durchaus heterogenes Bild. Sie enthalten oft längere Passagen mit präziser Analyse, dann wieder folgen nicht enden wollende Auflistungen von Beispielen für Flexionsformen, Schreibweisen, Zusammensetzungen, Verbindungen, Applikationen u. was dgl. mehr. Bei diesen - relativ häufig vorkommenden - Passagen liegt jeweils ein vollständig inkohärenter, aufzählender, nicht argumentierender "Text" vor. Adelung war von immensem Fleiß und von geradezu pedantischer Vollständigkeitssucht in diesen Aufzählungen. Es ist historisch überliefert, daß er bis zu vierzehn Stunden am Tag über seinen Studien verbrachte[4] - und dies ein langes Gelehrtenleben hindurch. Es scheint, als wollte er in der Auflistung von Wörtern jedes Wort aus dem Wörterbuch, das er auch verfaßt hat, - das Adelungsche Wörterbuch ist das erste seiner Art im deutschen Sprachbereich und eine gewaltige Leistung - am geeigneten Ort als Beispiel bringen. Metaphorisch gesprochen, Adelungs Texte muten oft an wie ein Goldbergwerk. Zwischen den Massen wegzuschaffenden Gesteins, d.h. in der Analyse zu übergehender Textpassagen, blinkt bisweilen eine Goldader auf, d.h. ein oder mehrere zusammenhängende großartige Sätze. Hieraus ergibt sich, daß für die vorliegende Arbeit zwar Adelungs gesamtes (linguistisches) Werk rezipiert wurde, jedoch nicht alle Texte

---

[1] M. Strohbach, S. 269 - 272
[2] Vgl. die Aufzählung von Adelungs Texten in der Bibliographie H. Brekles.
[3] Vgl. M. Strohbach, S. 269 - 272.
[4] Die Biographie Adelungs hat in mustergültiger Weise aufgearbeitet K.-E. Sickel in seiner Dissertation "Johann Christoph Adelung. Seine Persönlichkeit und seine Geschichtsauffassung" (Leipzig 1933). Dieser Text bringt jedoch nichts zur Sprachkonzeption Adelungs.

und Textpassagen mit gleicher Intensität und Gründlichkeit diskutiert werden konnten.

Vielmehr werden im vorliegenden Text intensiv die *Einleitungen* der jeweiligen Texte sowie die Eingangspassagen der relevanten Kapitel[5] diskutiert werden. Denn diese Einleitungen sind es, in denen Adelung das Wesentliche seines Systems expliziert. Er selbst sagt, an versteckter Stelle, über seine Methode : "Ich werde dabei derjenigen Methode folgen, deren ich mich in diesem Buche mehrmals mit Nutzen bedienet habe, d.i. ich werde von den ersten Begriffen ausgehen, und selbige so weit verfolgen, als hier nothwendig ist."[6] Diese Methode impliziert : Wenn wir das Zentrale des von Adelung Gesagten erfassen wollen, gilt es vor allem, sich den verschiedenen Eingangspassagen zuzuwenden : da ist alles Wesentliche gesagt (Ausnahmen, die es hier gibt, bestätigen die Regel). Wenn also hier breit die Einleitungen diskutiert werden, wird Adelungs eigener Intention entsprochen. Darüberhinaus zeigt der Blick auf die Einleitungen in ihrer Folge, wo Adelung Vergleichbares diskutiert, die Entwicklung seines Systems Stufe um Stufe, von Text zu Text. - Was indes als Gefahr vermieden werden mußte, war eine lediglich "kommentierende Methode", ein Am-Geländer-Gehen. Konzediert sei, daß im Text, wie er faktisch vorliegt, diese Gefahr nicht immer hinlänglich vermieden werden konnte. Zur Verteidigung der genannten Methode sei immerhin gesagt, daß sie im Kontext der Adelungschen Texte naheliegt, ja bisweilen sich geradezu aufdrängt. Da, wie expliziert, in seinen Texten konzentrierteste Passagen mit systematisch irrelevanten Passagen abwechseln, liegt es nahe, an die sachlich konzentrierten Passagen sich zu halten und jeweils aufs eingehendste zu analysieren, was in ihnen gesagt bzw. impliziert ist. Die methodische Vorgehensweise, sich vordringlich den *Einleitungen* zuzuwenden, scheint überdies unter dem Gesichtspunkt der kritischen Würdigung ratsam, da ja Inkonsistenzen in den Fundamenten ein ganzes System ins Wanken bringen können[7]. Das schließt nicht aus, sondern ein, daß durchaus wohl Sätze und Passagen, die im jeweils verhandelten Werk an späterer Stelle folgen, berücksichtigt werden, wenn sie Wesentliches bringen hinsichtlich des anhand der "Einleitungen" jeweils Bemerkten.[8]

---

[5] Nicht immer sind diese Eingangspassagen von Adelung selbst als "Einleitung" gekennzeichnet; was natürlich methodisch keinen Unterschied macht.
[6] Styl 2 198, 13 - 17
[7] Vgl. Spinozas "Ethik", die ja auch mit allgemeinsten Definitionen anhebt. (Ob das Spinozaische System von seinen Voraussetzungen her inkonsistent ist, ist eine Frage, die nicht hierhergehört.)
[8] Namentlich in der Diskussion des Stylbuches schien es geraten, auf die kommentierende Methode zu verzichten und den Text Adelungs nicht nach gliederungsmäßigen, sondern nach systematischen Gesichtspunkten zu diskutieren. Der Grund liegt im Aufbau des Stylbuches selbst. Denn dieses, der Gliederung und Oberflächenstruktur nach eine Stillehre im engeren Sinn, ist von der Tiefen-

Eine wesentliche Aufgabe der vorliegenden Arbeit wird es sein, Adelungs spezifische *Modelle* herauszuarbeiten - so können wir bei ihm ein epistemologisches Modell, ein geschichtsphilosophisch-historisches Modell, ein psychologisches Modell und weitere rekonstruieren; wenngleich er diese Modelle nicht mit diesen Attributen bezeichnet und auch nicht ausdrücklich *als* Modelle hervorhebt. Die Modelle gehören zum Wesentlichen des Adelungschen Systems, und nicht zuletzt um ihretwillen ist Adelung auch für die moderne Linguistik noch von Interesse. Auf die erwähnten endlosen Aufzählungen von Beispielen und anderen bloßen Nennungen von Fakta hingegen können wir verzichten. Es ist so - nun gut, und was weiter? Uns dabei länger aufzuhalten, wäre eine positivistische "Faktenhuberei". "Interessant" wird es erst, wo die "Sache" strittig wird. Es wird sich dann zeigen, inwieweit Adelung in diesen Modellen "die Sachen selbst"[9] adäquat zu denken vermag.

Zum Modellbegriff bei Adelung. Adelung übt modellhaftes Denken. Hierbei indes macht er, wie gesagt, nicht die Modelle *als* Modelle kenntlich und verwendet natürlich auch den expliziten modernen Modellbegriff nicht.[10] Wenn wir daher von Adelungs Modellen reden, so ist das eine interpretierende Rekonstruktion. Wir sondern aus dem Adelungschen Text Modelle heraus. Dabei wird es zuweilen nötig, daß wir mehrere verschiedene Modelle unterscheiden und voneinander abheben müssen, auch wo von Adelungs Text her eine solche Sonderung nicht vorzuliegen scheint. Dies wird, dies sei vorausgreifend bemerkt, namentlich deutlich bei der Unterscheidung zwischen epistemologischem und psychologischem Modell. So heißt es im Stylbuch "(...) alle unsere vernünftige Erkenntnis (ist) aus Empfindungen entstanden (...)."[11] . Dieser Satz erweist sich für die Analyse als unbestimmt und mehrdeutig. Es ist zu fragen : Welcher Bedingungsrahmen ist bei solcher Genese von Erkenntnis anzusetzen? Ist der frühkindliche Spracherwerb intendiert? Ist es die phylogenetische Genese von Erkenntnis überhaupt zu Beginn der Menschheitsgeschichte? Oder ist ein abstraktes epistemologisches

---

struktur wieder eine Sprachlehre, so wie das "Umständliche Lehrgebäude" es gewesen ist. Die Sprachthematik als solche hat Adelung nie losgelassen. Nur daß nun im Stylbuch die sprachtheoretischen Passagen unter stilistikbezogenen Titeln diskutiert werden, die ihnen zunächst disparat zu sein scheinen. So findet sich etwa die Diskussion der "Klarheit", fundamentales Theoriestück der aufklärerischen Sprach- und Geschichtskonzeption Adelungs und daher doch wohl gesondert zu diskutieren, fast beiläufig unter dem Titel "Allgemeine Eigenschaften des Styles". Da uns in vorliegender Arbeit nicht so sehr das Stilistikbezogene im engeren Sinne, sondern vielmehr das Linguistische interessieren wird, müssen wir die Passagen, darin das genuin Linguistische diskutiert wird, herausnehmen und in einen Zusammenhang stellen, der ihrer inneren Struktur angemessen ist.

[9] Die berühmte, auf E. Husserl zurückgehende Formel. Vgl. etwa W. Biemel, S. 11
[10] Zur Geschichte der Verwendung des Modellbegriffes vgl. generell Gülich/Raible, Linguistische Textmodelle
[11] Styl 1 4, 30 - 31

Modell anzusetzen, in welcher Abstraktion lediglich *die* Eigenschaften des menschlichen Erkenntnisapparates im Modell rekonstruiert werden, die für die transzendental gedachte Erkenntnis relevant sind?[12] Je nachdem, welche Lesart gewählt wird, ergibt sich ein eigenes, jeweils für sich zu rekonstruierendes Modell. Nun sollte der Interpret jedoch nicht so naiv sein zu meinen, Adelung sei an dieser und vergleichbaren Stellen eine mißverständliche Äquivokation unterlaufen, und jener müßte sich darauf stürzen und eine billige Kritik an einer vermeintlichen Inkonsistenz Adelungs anbringen. Sondern wir können Adelung zugute halten : wenn an einer Stelle mehrere verschiedene Lesarten interpretierbar sind, so sind sie alle gleicherweise von Adelung *intendiert*[13]. Daher müssen wir als Interpreten, wann immer es nötig wird, alle derartigen zusammenhängenden und zugleich sich unterscheidenden Modelle herausarbeiten, ihren Unterschied und ihre notwendige innere systematische Zusammengehörigkeit herausstellen.

0.1. Systematizität des Adelungschen Denkens und deren Problematik (hermeneutischer Zirkel)

Schon ein flüchtiger Blick in Adelungs Werk zeigt : Er verwendet, und zwar immer wieder, einige wenige Grundbegriffe. Und nicht nur dies; darüberhinaus bringt er all diese Begriffe in Konnex zueinander. Diese Vorgehensweise, deren Resultat auch als "systematischer Mehrwert" bezeichnet werden kann, besagt : Ein Begriff ist nicht bereits durch eine Definition ein für allemal bestimmt, sondern er gelangt erst durch die Verknüpfung mit tendenziell allen anderen operationalen Begriffen zu seiner vollen Bestimmtheit. So bei Adelung etwa die Verknüpfung der fundamentalen epistemologischen Begriffe mit den Begriffen, mit denen Geschichtlichkeit gefaßt wird. Wenn wir jeden dieser Begriffe mit den anderen zusammendenken, hebt sich explizit das System Adelungs heraus, das vordem bei ihm nur implizit vorhanden war, es wird rekonstruiert. Wir können auch, wenn wir das Ganze der Verknüpfungen bildlich uns vorstellen, von einem "Netz" sprechen. Es ist dies Netz, in dem Adelung seinen Gegenstand - Sprache und was mit ihr zusammenhängt - einfängt.

Dies aber impliziert zugleich eine prinzipielle, im Grunde unlösbare Problematik, die wir als "Dialektik von Ganzem und Teil" oder auch als

---

[12] Vgl. hierzu philosophiehistorisch den Übergang von Locke und Hume zu Kant.
[13] Dies wäre ein schlechter Philosoph, dem eine "Zweideutigkeit" unterläuft, ohne daß er es bemerkte; wenn eine auftritt, muß sie als solche intendiert sein. Die genuine Zweideutigkeit, anstatt von einem schlechten Eindeutigkeitsstandpunkt kritisiert werden zu müssen, ist vielmehr ein legitimes Mittel des philosophischen Gedankens. Und dies beruht wiederum auf dem ubiquitären Phänomen der Polysemie. Vgl. generell die philosophischen Sprachen von G.W.F. Hegel und von M. Heidegger.

"hermeneutischen Zirkel"[14] bezeichnen können. Der Teil erhält seine volle Verstehbarkeit erst vor dem Hintergrund des Ganzen; also müßte zuerst das Ganze expliziert werden. Aber wie könnte jemals das Ganze expliziert werden ohne vorherige Explikation der einzelnen Teile? Am konkreten Beispiel Adelungs : Das epistemologische Modell wird letztlich erst verständlich vor dem Hintergrund des historischen Mo-dells; und mit diesem verhält es sich ebenso hinsichtlich jenem. Die Schwierigkeit kann auch so ausgedrückt werden, daß das genannte "Netz" als Netz rekonstruiert werden soll, dabei aber der rekonstruie-rende Text *als* Text nicht anders kann, als linear-sukzessiv zu verfah-ren und demzufolge das Netz gleichsam zu "zerreißen". Wie es scheint, gibt es in dieser Problematik nur eine, wenn nicht Lösung, so doch sinn-volle Vorgehensweise. Da es prinzipiell unmöglich ist, Alles zugleich zu explizieren, müssen im Fortgang der Interpretation immer wieder Ter-mini zunächst *antizipierend* eingeführt werden in einer vorexplikati-ven, vorterminologischen Verwendungsweise; einstweilen muß dieses vorterminologische Vorverständnis genügen. Erst im Fortschreiten des Textes kann solche Antizipation dann wieder eingeholt werden. Das Gan-ze erst, wie es nach geschehener Rekonstruktion sich darbietet, zeigt das von Adelung Intendierte.

0.2. Corpus

Im folgenden werden, obschon freilich sämtliche linguistischen Texte Adelungs herangezogen wurden, vor allem Passagen aus sechs Ade-lungschen Texten diskutiert. Dies sind :
1) "Die Deutsche Sprachlehre für Schulen". Erste Auflage 1781, fünfte Auflage 1806[15]. (Im folgenden unter der Sigle "DS" zitiert.) Es wurden beide genannten Auflagen herangezogen. Die zweitgenannte Auflage un-terscheidet sich von der ersten, was die für uns relevanten Eingangs-passagen betrifft, nur in minimalen Details, die indes gleichwohl berück-sichtigt werden müssen. In späteren Passagen sind vor allem etliche Zu-sätze hinzugekommen (so in der Einleitung §§ 6 - 23). Interessant auch die verschiedenen Vorworte (das Vorwort der ersten Auflage wurde in die spätere Auflage nicht mit übernommen).

---

[14] Dieser Begriff, der in der philosophischen Diskussion des zuendegegangenen Jahrhunderts geradezu populär geworden ist, wurde eingeführt von H.-G. Gadamer, nach dem Vorgang M. Heideggers. Um indes zu sehen, daß diese Gedan-kenfigur keineswegs spezifisch modern ist, sondern vermutlich immer schon ge-sehen wurde, vergleiche man einen mittelalterlichen Text, des Thomas von Aqui-no "Summa theologica" (entstanden 1224/25 - 1274) in ihrem Aufbau.
[15] Also im Jahr von Adelungs Tod.

2) "Auszug aus der Deutschen Sprachlehre für Schulen" 1781. (Im folgenden unter der Sigle "ADS" zitiert.) Der Text bezieht sich auf den vorgenannten Text und faßt ihn zusammen.
3) "Umständliches Lehrgebäude der Deutschen Sprache" 1782. (Im folgenden unter der Sigle "UL" zitiert.) Eine völlige und erheblich erweiterte Überarbeitung der beiden vorgenannten Texte. Die systematische Parallelität des UL mit DS und ADS manifestiert sich in der Parallelität des formalen Aufbaus : Unter den gleichen §§ werden die gleichen Problemstellungen diskutiert, wenngleich im Fortgang von Text zu Text in immer tieferem Eindringen in deren Problematik. Daher können im Vergleich dieser Texte, die sich zueinander in Form einer Stufenleiter verhalten, die Ausarbeitungen von DS und ADS zumeist vernachlässigt werden; denn die "bessere Fassung", darin die vorhergehenden aufgehoben sind, findet sich allemal im UL. Das UL kann als Adelungs Hauptwerk angesehen werden. Zumindest ist es sein umfänglichstes Werk : Der erste Band umfaßt 884, der zweite 798 Seiten, zusammen also 1682 Seiten. Dieses und das nächstgenannte Werk (das Stylbuch) enthalten die zentralen Passagen von Adelungs linguistischer Theorie, sowohl von der Substanz des Diskutierten wie von der in der Länge der Texte sich manifestierenden Kohärenz her. Demzufolge werden wir in der vorliegenden Arbeit primär diese beiden Texte diskutieren - was keineswegs bedeutet, daß die übrigen Texte irrelevant wären.
4) "Über den Deutschen Styl" 1785. (Im folgenden unter der Sigle "Styl" zitiert.[16]) Hierin ist die Adelungsche linguistische Theorie am weitesten geführt. Vom Titel und seiner manifesten Themenstellung her scheint der Text keine Sprachlehre im engeren Sinne zu sein, sondern vielmehr eine Stilistik. Von der diskutierten Sache her ist es jedoch immer noch und entschieden ein linguistisch-sprachwissenschaftlicher Text; Adelungs linguistisches Suchen ist entfernt davon, sich zu beruhigen. Unter Überschriften, die lediglich das Stilistische zum Thema zu haben scheinen, finden sich lange Passagen, die die linguistische Thematik aus den vorgenannten Texten aufgreifen und sie weiterführen (etwa das Verhältnis dialektale Varietäten-Leitvarietät, oder den "Sprachgebrauch").
5) "Vollständige Anweisung zur deutschen Orthographie" 1788. (Im folgenden unter der Sigle "VA" zitiert.) Dieser Text kann als Spätwerk angesehen werden. Obgleich vom Titel her wiederum eine spezielle Untersuchung scheinend, ist auch dies ein linguistischer Text. Nur daß hier sich kaum kohärente Passagen hinsichtlich der linguistischen Problematik finden, dafür immer wieder Einschaltungen, die, gelegentlich sehr interessant, die sprachwissenschaftliche Thematik der Hauptwerke einer letzten Gipfelhöhe zuführen.

---

[16] Dieser Text wird in vorliegender Arbeit der Knappheit wegen durchweg als "Stylbuch" bezeichnet.

6) "Aelteste Geschichte der Deutschen"[17] 1806. (Im folgenden unter der Sigle "ÄG" zitiert.) Dieser relativ umfangreiche Text Adelungs befaßt sich lediglich in seinem achten Abschnitt unter dem Titel "Sprache und Litteratur der Deutschen dieser Zeit" mit der uns hier interessierenden linguistischen Problematik. Dafür ist hierin in berückender Kürze und d.h. zugleich Knappheit, Gedrängtheit eine Zusammenfassung des Adelungschen Sprachdenkens gegeben. Die oft langweilende und ermüdende endlose Aufzählung von Beispielen, wie in Adelungs übrigen Werken praktiziert, fehlt hier ganz; wenn einmal Aufzählungen folgen, so sind sie in die Fußnoten verbannt und belasten den Text nicht.

Nicht aufgenommen in das Corpus wurden hingegen drei Texte, die lediglich Auszüge aus einem der vorgenannten Texte bilden.
- "Über die Geschichte der Deutschen Sprache, über Deutsche Mundarten und Deutsche Sprache", 1781. Adelung vermerkt in der Vorrede : "Von dieser größern Arbeit (Umständliches Lehrgebäude) sind gegenwärtige Bogen die Einleitung, und ich glaube, daß ihre Bekanntmachung auch für sich allein nützlich seyn wird, indem sie manche Gegenstände in ihr wahres Licht zu stellen, worüber gegenwärtig so vieles geschrieben und gesprochen wird."[18]
- "Über den Ursprung der Sprache und den Bau der Wörter, besonders der Deutschen. Ein Versuch" 1781. Auch dies ein Auszug aus dem UL. Adelung schreibt : "Gegenwärtiger kurzer Versuch macht das zweyte Kapitel meiner größern Sprachlehre aus, und ich habe mehr als eine Ursache, ihm auch ohne dieses Werk und außer demselben Leser zu wünschen (...)"[19]
- "Grundsätze der Deutschen Orthographie", 1782. Auch dieser Text ist nichts weiter als ein einzelnes Kapitel aus dem UL. Adelung gesteht in der Vorrede : "Gegenwärtige Grundsätze sind keine neue Bearbeitung dieser Lehre, sondern bloß der zweyte und letzte Teil meines vollständigen Lehrgebäudes der Deutschen Sprache, welcher hier nur um derer Willen, welchen ihn allein zu besitzen wünschen möchten, mit einem eigenen Titel versehen worden."[20]

---

[17] Vollständiger Titel : Aelteste Geschichte der Deutschen, ihrer Sprache und Litteratur, bis zur Völkerwanderung
[18] Über die Geschichte der Deutschen Sprache, Vorrede, unpaginiert
[19] Über den Ursprung der Sprache, Vorbericht, unpaginiert
[20] Grundsätze der Deutschen Orthographie S. 3

1. Zusammenfassende Einleitung

Die Sprachkonzeption Johann Christoph Adelungs ist in ihrer Radikalität und zugleich ihrer Zwiespältigkeit nur adäquat zu begreifen aus Adelungs Stellung im geistesgeschichtlichen Prozeß der Aufklärung bzw. der durch diesen in ihrem Grundzug konstituierten Epoche desselben Namens. Adelung ist, nach seinem Vorgänger Gottsched und ihn übertreffend, der aufklärerische Sprachtheoretiker schlechthin innerhalb des deutschen Sprachbereichs. Das Denken der Aufklärung bestimmt fundamental den theoretischen Ansatz Adelungs, in dessen Perspektive alles erscheint, was er linguistisch zu sagen hat. Dieser Ansatz ist in sich gedoppelt - wir können von einem epistemologischen und von einem geschichtsphilosophischen (bzw. historischen) Ansatz in Adelung sprechen. Diese beiden Ansätze (bzw. Modelle) stehen indes nicht unverbunden nebeneinander, auch fügen sie sich nicht harmonisch zusammen, sondern sie stehen zueinander in einer Widersprüchlichkeit, milder ausgedrückt, in einer Spannung, die Adelung in seinem Werk lebenslang faktisch nicht zur Auflösung gebracht hat und die andererseits dies Werk in seiner Dynamik erst hervortreiben und konstituieren. Darüberhinaus fundieren die beiden genannten fundamentalen Ansätze Adelungs seine übrigen, untergeordneten, Modelle, die darum als *fundierte* Modelle bezeichnet werden können. Hier wäre das psychologische Modell zu nennen.

Das zuerst zu diskutierende Modell, das Adelungs Konzeption von Sprache fundiert, können wir als sein *epistemologisches* Modell bezeichnen. Hierin wird der zunächst als abstrakt-unhistorisch vorgestellte menschliche Erkenntnisapparat analysiert, seine Struktur, seine konstitutiven Strukturelemente, deren strukturelles Verhältnis zueinander. Es handelt sich also, von der Gegenstandskonstitution her betrachtet, um dasselbe, was Adelungs großer (größerer) Zeitgenosse *Kant* in seiner *Kritik der reinen Vernunft* (1781) sich vorgenommen hat; nur, daß Adelung in der Ausarbeitung weitaus knapper ist, als weniger subtil, ja als primitiver zu charakterisieren ist. - Der menschliche Erkenntnisapparat ist, Adelung zufolge, in sich triadisch strukturiert. Die Strukturelemente Empfindung - Vorstellung - Begriff konstituieren in sich einen Fundierungszusammenhang (wir bezeichnen ihn terminologisch als "epistemologische Trias"), bzw. sie stehen in hierarchischem Verhältnis. Diese Termini wurden Adelung durch die Leibniz-Wolffsche epistemologische Tradition vermittelt. Das wesentliche, ja im Grunde einzige Unterscheidungskriterium ist hierbei der Grad an *Klarheit*[21], der dem jeweiligen

---

[21] Mit dem Terminus der "Klarheit" sowie dessen Antonymen der "Dunkelheit" bzw. "Verworrenheit" haben wir einen Zentralterminus des Adelungschen Systems vor uns. Immer wieder wird er verwendet, immer wieder betont Adelung seine zentrale Wichtigkeit. Nicht nur etymologisch, auch sachlich hängt er un-

mentalen Element inhäriert. Die Vorstellung ist klarer als die Empfindung; klarer als jene ist der Begriff. Es handelt sich also um ein dezidiert quantitatives, nicht qualitatives Kriterium. Das im angezeigten Fundierungszusammenhang "tiefer" liegende, fundierende Strukturmoment ist, Adelung zufolge, chronologisch und struktiv früher als das fundierte Moment. Diese Hierarchie ist also zugleich eine Climax. Da als das letztfundierende, basale Moment die *Empfindung* gedacht wird - und nicht, wie im Idealismus, etwa Hegels, der Begriff -, kann das Adelungsche epistemologische Modell in seinem Grundzug als ein *sensualistisches* charakterisiert werden. (Adelung zitiert diesen Sinns nahezu wörtlich den auf Aristoteles zurückgehenden Grundsatz des Sensualismus "Nihil est in intellectu, quod non ante fuerit in sensu."[22]) Der Terminus "Empfindung" ist in seiner wesenhaften polysemen Ambiguität gedacht; er intendiert zum einen die äußere Empfindung (Sinneseindruck), andererseits die innere Empfindung (Gefühlsregung). Beide Lesarten sind von Adelung gleichermaßen intendiert, wenngleich ihre Interpretation und Verhältnisbestimmung im Zuge der Ausgestaltung des Adelungschen Systems variieren. Als entscheidend in der Ausgestaltung dieses Systems ist hier der Sprung vom "Umständlichen Lehrgebäude" zum Stylbuch zu nennen.

Dieses epistemologische Modell gibt fortan die Basis ab für Adelungs linguistisches System im ganzen. - Adelung statuiert eine semiotische Korrespondenz zwischen den aufgelisteten Strukturelementen der epistemologischen Trias und bestimmten sprachlichen Elementen, die sich auf mehreren strukturellen Ebenen ausprägt. Einem epistemologischen Element auf der mentalen Seite korrespondiert auf der Seite des Sprachlichen ein sprachliches Element. Im einzelnen durchgeführt, besagt dies: Der Empfindung korrespondiert die Ausdrucksart der Interjektion (in etymologischer Entsprechung von Adelung gern als "Empfindungswort" bezeichnet); der Vorstellung korrespondiert das Wort im engeren Verstande; dem Begriff korrespondiert eine Kombination mehrerer so gedachter Wörter. Auf die genannten strukturellen Ebenen bezogen, heißt dies: 1. Der Vorstellung als epistemologischer Struktur korrespondiert das Wort als Struktur als solche[23]. 2. Einer allgemeinen Vorstellung korrespondiert jeweils ein Lexem. 3. Der individuellen Vorstellung korrespondiert das individuelle Textwort. - Somit kann, von der ins einzelne

---

abtrennlich zusammen mit dem Ausdruck "Aufklärung" (vgl. die französische Bezeichnung "le siècle des lumières"), der nicht nur jene vorübergegangene geistesgeschichtliche Periode bezeichnet, an welcher auch Adelung partizipiert, sondern eine stets höchst aktuelle prinzipielle Forderung: Strebe aus dem Dunklen ans Licht! "Aufklärung", die Forderung nach Klarheit, ist demnach, aus der Sache gedacht, eine Angelegenheit von geradezu lichtmystischem Charakter.
[22] Vgl. Ritter/Gründer, Historisches Wörterbuch der Philosophie, Bd. 9, Sp. 615 (Stichwort "Sensualismus").
[23] Für die übrigen epistemologischen Strukturelemente gilt das Entsprechende.

gehenden Strukturierung abgesehen, die Grundstruktur sprachlicher Zeichen von Adelung als die Relation zwischen mentalem Inhalt und sprachlichem Ausdruck bestimmt werden; ja, Sprache überhaupt ist nichts anderes als *Ausdruck*. Daher kann Adelungs höchste und erste Definition von Sprache im generellen lauten : "So fern die Sprache als die Äußerung eines gewissen Vermögens genommen wird, ist sie der Ausdruck unserer Vorstellungen durch vernehmliche Töne der Stimme."[24] Adelungs semiotisches Modell (Modell sprachlicher Zeichen) ist demnach ein *bilaterales*. Die sprachlichen Zeichen beziehen sich nicht unmittelbar auf die Dinge und Sachverhalte der realen Welt; sondern unmittelbar beziehen sie sich auf die mental-psychischen Elemente, die ihrerseits die Dinge und Sachverhalte mit den Zeichen erst vermitteln.

Das sodann zu diskutierende andere fundamentale Modell Adelungs kann als sein *geschichtsphilosophisches* Modell bezeichnet werden. Es ist ebenso fundamental wie das diskutierte epistemologische Modell, aber zu diesem gänzlich heterogen, ja bisweilen, wie sich zeigen wird, sogar konträr. Wie dieses indes, ja wie Adelungs Denken überhaupt, ist es im prinzipiellen Denkansatz der Aufklärung verwurzelt. Alles aufklärerisch gestimmte Denken, sei es vor, gleichzeitig zu oder nach Adelung (für letzteres seien exemplarisch genannt *Hegel* und *Marx*) interpretiert Geschichte als einen *Fortschrittsprozeß*. Ist man sich hierin auch einig - offen bleibt und in den verschiedenen Ausarbeitungen unterschiedlich beantwortet wird die Frage nach dem Substrat dieses Prozesses. Die spezifische Differenz der Adelungschen Bestimmung des Fortschrittsprozesses ist, daß dieser als ein *kultureller* Fortschrittsprozeß gefaßt wird. Kultur bei Adelung ist die Totalität aller menschlichen Betätigungen und Bestrebungen, seien diese nun ökonomischer, technischer, philosophischer, literarischer, künstlerischer, sexueller, gastronomischer Art oder welcher Art immer. *Kultur* wird von Adelung, der wesenhaften Polysemie dieses Ausdrucks entsprechend, konsequent als Beides gedacht : als *Prozeß* der Kultur (Kultivierung) hin zu einem vorgestellten Endzustand, der höchsten Kultur - und diesem *Zustand* selbst als Endpunkt des Kultivierungsprozesses. Hinsichtlich eines zentralen Bereiches des Kulturprozesses, des Geschmacks, bezeichnet Adelung die spezifische Art des Fortschritts terminologisch als *Verfeinerung*. Dabei werden im Adelungschen geschichtsphilosophischen Ansatz diese Prozeßelemente in ihrer Prozessualität nicht als voneinander isoliert gedacht, sondern als permanent miteinander interagierend. Adelungs theoretische Souveränität und Uneinseitigkeit manifestiert sich darin, daß nicht eines der Prozeßelemente als alleinbestimmendes angesetzt wird und die anderen zu Epiphänomenen degradiert werden (wie es in der Folgezeit von Hegel und Marx gedacht wird, die allein den "Geist" bzw. die ökonomischen

---

[24] Styl 1, 22 - 2, 1

Produktionsverhältnisse als primär ansetzen), sondern den kulturellen Fortschrittsprozeß als in seiner konkreten Totalität denkt - und dies nicht zuletzt hinsichtlich der Applikation auf Sprache und sprachliche Phänomene. Denn das Theorem vom kulturellen Fortschrittsprozeß wird für den uns in vorliegender Arbeit interessierenden linguistischen Kontext interessant und relevant aufgrund eines sich aus diesem ergebenden weiteren Theorems. Wir wollen es als das *kulturhistorische Äquivalenztheorem* bezeichnen. Es lautet in Adelungs klassischer Formulierung : "Sprache und (...) Cultur stehen in dem genauesten Verhältnisse mit einander."[25] Dies will sagen : Nicht nur, daß der kulturelle Fortschrittsprozeß und der sprachliche Prozeß unabtrennbar-korrelativ zusammenhängen; diese beiden Arten von Prozessen halten zudem stets die gleiche Niveauhöhe. Einer niedrigen Kultur korrespondiert eine niedrige Sprache; einer hohen Kultur korrespondiert eine hohe Sprache. Fraglich und von Adelung nicht diskutiert noch gar gelöst ist, wie eine solche Niveauhöhe von Kultur bzw. Sprache zu Vergleichszwecken bestimmt oder gar gemessen werden kann. Darüberhinaus ist in dieser Konstatierung der bloßen Äquivalenz oder Parallelität noch nicht ausgemacht, welches der beiden äquivalenten Momente den Primat oder die bestimmende Funktion besitzt. Aber Adelung ist nicht so einseitig-starr (wie etwa der Marxismus), daß für ihn eines dieser Momente und nur dieses das bestimmende Moment wäre. Er denkt in dieser Frage durchaus zweiseitig. Anders gesagt, er verrennt sich nicht in das Insistieren auf der einen oder anderen denkmöglichen Position, sondern hält sich offen für Jegliches, was die Historie an faktisch realisierten Strukturzusammenhängen darbietet. So würdigt er gleicherweise den Fall sprachlichen Fortschritts, der kulturellen Fortschritt anstößt, wie kulturellen Fortschritts, der sprachlichen Fortschritt impliziert. Und obschon er dezidiert progressistisch denkt, verliert er ebensowenig die Denkmöglichkeiten kulturellen Verfalls, der die Sprache mitbetrifft, wie sprachlichen Rückstandes, der kulturellen Fortschritt abriegelt, aus dem Blick. Alle diese Möglichkeiten werden von Adelung nicht bloß abstrakt diskutiert, sondern immer wieder historisch-konkret exemplifiziert.

Ist Geschichte Geschichte der prozedierenden Totalität, d.h. der Kultur, so ist ihrerseits Kultur Kultur der Totalität der beteiligten Individuen, d.h. des jeweiligen *Volkes*. Hierbei ist "Volk" von Adelung in keiner Weise ethnisch-nationalistisch oder gar rassistisch gedacht, sondern ein Volk ist konstituiert und von anderen Völkern abgegrenzt durch die jeweilige Sprache. Eher noch konvergiert der Adelungsche Begriff des Volkes mit dem Gesellschaftsbegriff des späteren historischen Materialismus. Kultur ist demnach nicht Kultur großer Individuen, und seien diese

---

[25] UL 7, 4 - 5 passim, Styl passim

noch so bedeutsam, sondern diese sind, was sie sind, nur durch die geschichtliche Vermittlung mit dem Ganzen in seiner Geschichte. Ist Kultur jeweils Kultur eines Volkes, so darf dies Volk seinerseits, Adelung zufolge, nicht monolithisch-unstrukturiert vorgestellt werden. Es besitzt seine Subsysteme. Deren von Adelung wie auch von der traditionellen Soziologie als relevantest gedacht sind die Großgruppen, die als Klassen oder Schichten bezeichnet werden können. Eine soziale Klasse als solche wird von Adelung ganz formal bestimmt vermittels des stärkeren Zusammenhalts der Individuen untereinander (bzw. des geringeren oder nicht bestehenden Zusammenhangs mit Individuen der anderen Klasse(n)). Das Volk (bzw. die Gesellschaft) seiner Gegenwart wird von Adelung, den Marxismus antizipierend, dichotomisch als in zwei Klassen zerfallend gedacht - die obere und die untere Klasse. Diese Klassen konstituieren sich jedoch nicht etwa, wie in jenem, vermittels ökonomischer Bestimmungen (Besitz oder Nichtbesitz an *Produktionsmitteln*), sondern, konsequent gedacht in den Kategorien des Adelungschen kulturhistorischen Modells, vermittels kultureller Bestimmungen, dem Besitz oder Nichtbesitz an Kultur. Daß die gebildete Klasse mit der besitzenden faktisch extensionsgleich ist, ist ein Umstand, der für Adelung außer Betracht bleibt. Ebenso außer Betracht bleibt für ihn jede mögliche prinzipielle Kritik an der Klassengesellschaft als solcher. Dem kulturhistorischen Äquivalenztheorem zufolge kann eine solche kulturell bedingte Spaltung der Gesellschaft in Klassen nicht ohne Konsequenz bleiben hinsichtlich der Sprachlichkeit dieser Klassen. Hier hat Adelung dem Diskussionszusammenhang vorgedacht, den wir heute als Soziolinguistik bezeichnen würden. Das in kulturhistorischen Bestimmungen gedachte "Sein" der verschiedenen Klassen zugehörenden Individuen determiniert deren Bewußtsein, und dieses wiederum determiniert ihre Sprachlichkeit (Soziolekte)[26]. Die Angehörigen der kulturell höher stehenden Klassen sprechen die edlere, die der niederen Klassen - Adelung bezeichnet sie im Unterschied zur obigen Verwendung dieses Ausdrucks als "das Volk" - sprechen eine rohe und unedle Sprache[27]. Demzufolge sind es jene, die genuine Träger des von Adelung als allwirksam gedachten kulturellen Fortschrittsprozesses sind. Andererseits ist Adelung nicht so blind zu verkennen, daß die soziolektalen Lexika der oberen und der unteren Klassen nicht zwei vollständig voneinander abgeschottete Systeme sind; es gibt zahlreiche Lexeme, die beiden Soziolekten zugehören, sie sind darum auch nicht unedel. Nur solche Lexeme, die ein-

---

[26] Wir sehen hier, wie Adelung sein geschichtsphilosophisches und sein epistemologisches Modell konsistent zusammenzudenken vermag. (Nicht immer gelingt es.)

[27] Adelung kann in diesem Diskussionszusammenhang so weit gehen (bzw. er ist so konsequent), eine ganze "Textsorte", die Sprichwörter, da der Lebenswelt der niederen Klassen korrespondierend, als stilistisch niedrig abzuwerten.

zig dem Soziolekt der niederen Klassen zugehören (deren von Adelung so bezeichneten "Eigenheiten"), sind per se unedel.
Eng gekoppelt mit Adelungs soziologisch-linguistischem Modell ist seine Theorie der Standardsprache sowie der Dialekte. Die Standardsprache ist kein Allgemeines, das über den einzelnen Dialekten schwebt, sondern ist, als einer dieser Dialekte, der sich im Verlauf des kulturellen Fortschrittsprozesses zu einer solchen dominierenden Position herausprozessiert hat. Er ist damit (lediglich) primus inter pares. Dieser Dialekt ist nach der Auskunft Adelungs das Obersächsische. Diese Standardsprache (Leitvarietät) ist indes nicht nur diatopisch (regional) eingegrenzt; sie ist es auch diastratisch (hinsichtlich der Sozialerstreckung). Die Standardsprache ist, präzise bestimmt, die Sprache der oberen Klassen Obersachsens. Die oberen Klassen der übrigen Provinzen, sofern sie obere Klassen (Kulturträger) sind, sprechen diese selbe Leitvarietät, und das Provinzielle jeglicher Provinz wird per se von der unteren Klasse und nur von ihr gesprochen. Was Adelung gleichermaßen verworfen hat, wenngleich als getrennte, fällt somit in eins zusammen : das regional Provinzielle und das sozial Niedere.

Wenn Adelung den strukturellen Zusammenhang zwischen der Gesellschaftlichkeit des Menschen und seiner Sprache diskutiert, erörtert er, wie Gesellschaftlichkeit Sprache als solche konstituiert. Dies ist ersichtlich ein anderes Thema als die soziolinguistische Zuordnung von Klassenpositionen und sprachlichen Codes (Soziolekten); denn dieses ist auf jenem als undiskutiert Vorausgesetztem fundiert. - Es ist nicht etwa Gott[28] oder ein eminentes Individuum, sondern *Gesellschaft* in ihren kulturellen Handlungszusammenhängen, die Sprache erfordert und diese zugleich konstituiert (produziert und in Funktion erhält). Diese notwendige, dialektische Zusammengehörigkeit von Genese und weiterer geschichtlicher Fortgestaltung von Sprache im kulturellen Fortschrittsprozeß faßt Adelung in die immer wiederkehrende Formel "Bildung und Ausbildung von Sprache"[29]. Mehr noch : Sprache ist so sehr durch Gesellschaft bedingt, daß einer konkreten Gesellschaft in ihrem komplexen und differenzierten Sosein das Sosein einer bestimmten Sprache korrespondiert[30]. Diesen strukturellen Zusammenhang bezeichnet Adelung terminologisch mit dem für ihn höchst relevanten Terminus des "*Conventionellen*". Derselbe bezeichnet nicht die Konventionalität von Zeichen wie in der modernen Linguistik, sondern das Determiniertsein von Sprache durch die zusammenkommenden (convenire) Umstände einer Gesellschaft; wir können interpretierend auch vom "Konkreten" spre-

---

[28] Die Vertreter der "theologischen" These der Sprachkonstitution rekurrieren auf Joh 1,1 "Im Anfang war das Wort."
[29] Vgl. Styl 1 60, 28 - 29 passim.
[30] Nichts anderes als eine Reformulierung des kulturhistorischen Äquivalenztheorems.

chen (concrescere : zusammenwachsen). Die Totalität dieser gesellschaftlichen Umstände konstituiert Sprache und deren Strukturen in ihrer Konkretion auch über den Kopf der beteiligten Individuen hinweg; ihr Bewußtsein ist nur in defizienter Weise involviert. Dies ist strukturell notwendig, denn bei übergroßer subjektiver Bewußtheit und Reflexion könnte die soziale Determination und Kontrolle von Sprache nicht mit der ihr eigenen faktischen nachtwandlerischen Sicherheit funktionieren.[31] Das "gewisse dunkle Gefühl", vermittels dessen Sprache und ihre Strukturen konstituiert werden, ist fundiert in einer "individuellen Stimmung des gesellschaftlichen Lebens"[32] (Grundstimmung; Geist, Gesinnung, Mentalität). Diese Stimmung selbst ist in sich nicht etwa unwandelbar - sie korrespondiert dem Entwicklungsstand der Kultur der Gesellschaft. Jenes gewinnt durch diese Stärke und Dauer; für die Individuen erscheint es als dunkel, in sich selbst ist es gewiß (certus). Adelung stellt den Zusammenhang von Gesellschaftlichkeit und Sprache nicht nur dar, er affirmiert ihn entschieden; die Gesellschaft "nötigt" die Sprecher, sich an die sozial konstituierten, gesicherten und kontrollierten Lexembedeutungen bzw. grammatischen Strukturen zu halten. - Der konkrete (einmalige, chronologisch fixierte, allermeist nicht historisch datierbare) Akt der Lexemkonstitution (Zeichenstiftung) unterliegt nicht der subjektiven Willkür des ihn vollziehenden Sprechers; dieser ist im betreffenden Moment von der komplexen gesellschaftlichen Situation in der Totalität ihrer Strukturmomente so determiniert, daß er kein anderes Lexem konstituieren kann als das faktisch von ihm konstituierte. Die an der lexemkonstituierenden Gesprächssituation partizipierenden anderen Sprecher vernehmen den Neologismus, verstehen ihn, internalisieren ihn, geben ihn weiter. Da die Konstitution dieses bestimmten Lexems, Adelung zufolge, vom individuellen Sprecher unabhängig ist, muß und wird sie sich immer wieder so vollziehen; sie ist also vollständig determiniert (motiviert) und keineswegs arbiträr. - Sprache ist, Adelung zufolge, "Theil des gesellschaftlichen Bandes"[33]; dies nicht in gesellschaftskritischer Intention als Kritik an Sprache als einem ideologischen konstitutiven Moments einer bestimmten Klassengesellschaft, sondern Gesellschaftlichkeit *als solche* (Arbeit, Produktion, Verteilung - als ökonomisch

---

[31] In diesem Kontext wird sichtbar, wie die unterschiedlichen Ansätze in Adelung gegeneinanderlaufen. Einerseits affirmiert Adelung vehement die *Klarheit*; andererseits sieht er sich genötigt zu konzedieren, im Kontext der gesellschaftlichen Konstitution von Sprache ist so etwas wie Klarheit überflüssig, ja sie erwiese sich im Sinne der konstitutiven Strukturen sogar als kontraproduktiv. - Darüberhinaus zeigt sich in diesem Kontext, welche fundamentale, zentrale Rolle die Klarheit in Adelungs System einnimmt; sie erscheint nicht etwa nur im epistemologischen Modell, um dann fallengelassen zu werden, immer wieder bricht sie durch, und wo nicht, wird sie implizite mitgedacht.
[32] Styl 1 55, 5 - 6
[33] Styl 1 55, 9 - 10

notwendige Strukturmomente einer jeglichen Gesellschaftsformation) ist strukturell notwendig fundiert in Sprache, steht und fällt mit ihr.[34] Das Individuum ist zur eigenen Existenzsicherung auf diese arbeitsteilige Gesellschaft angewiesen, und mit ihr auf Sprache; einzig das psychopathologische Individuum fällt tendenziell daraus heraus. - Im Kontext der Diskussion des Zusammenhangs von Gesellschaft und Sprache kommt Adelung zu einer gegenüber dem epistemologischen Modell modifizierten Funktionsbestimmung von Sprache. Hieß es dort, die "Absicht" von Sprache sei die Vermittlung (Mitteilung) von epistemischen Entitäten wie Vorstellungen, Begriffen, Gedanken - so erkennt Adelung nun die sprachliche Vermittlung der menschlichen "Bedürfnisse" innerhalb sozioökonomischer Strukturzusammenhänge als ebenso konstitutive Funktion von Sprache. "Das dringende allgemeine Bedürfniß"[35] der strukturell notwendig bedürftigen Menschheit konstituiert Sprache und hält sie in permanenter Funktion; und vermittels so konstituierter (konkreter) Sprache konstituiert sich ein konkretes geschichtliches Volk. Das Individuum ist daher genötigt, schon allein zur Deckung der eigenen Bedürfnisse, sich dem Volke und seiner Sprache zu unterwerfen[36].

Ein wesentliches Stück, vielleicht gar das wichtigste, am meisten innovative von Adelungs Sprachkonzeption ist seine Sprachursprungshypothese. Sie hängt, sachlich und terminologisch, eng mit der Konzeption von Sprachlichkeit und Gesellschaftlichkeit zusammen und kann daher in unmittelbarem Anschluß an diese diskutiert werden. Sie ist breit ausgearbeitet zu finden in Adelungs "Umständlichem Lehrgebäude"; das Stylbuch setzt sie als diskutiert voraus und diskutiert sie daher nicht mehr. Adelung geht aus von der Sprachursprungshypothese Herders in dessen Essay "Abhandlung über den Ursprung der Sprache" (1772) und geht darüber hinaus. In der Sprachursprungshypothese werden Adelungs basale Modelle (Theoreme), das epistemologische Modell und das geschichtsphilosophisch-historische Modell zusammengedacht; es zeigt sich deren Komplementarität sowie ihre polare Spannung bis hin zum offenen, wenngleich von Adelung offenbar nicht bemerkten Einanderwidersprechen. In der Adelungschen Sprachursprungshypothese kulminiert sein gesamtes sprachhistorisches Denken, und wir verstehen dieses erst von jener her adäquat.

Wird der Ursprung von Sprache thematisiert, so impliziert dies, daß der dem kulturellen Fortschrittsprozeß parallele und korrelative men-

---

[34] Dieser strukturelle Zusammenhang von Gesellschaft (Kultur) und Sprache ist wiederum eine Modifikation des Adelungschen kulturhistorischen Äquivalenztheorems.
[35] UL 98, 26 - 27
[36] Vgl. in diesem Kontext das in vorliegender Arbeit S. 124 - 159 Gesagte hinsichtlich des strukturellen Zusammenhangs von Gesellschaft und Individuum (Schriftsteller).

tal-sprachliche Prozeß in seiner Prozeßstruktur aufgedeckt werden muß. Adelung denkt diesen Prozeß in der bereits eingeführten Terminologie des epistemologischen Modells und in Parallelität zu dessen Aufwärtsbewegung. Gibt es in diesem eine dem individuellen Subjekt inhärierende Bewegung innerhalb der epistemologischen Trias Empfindung - Vorstellung - Begriff, so wird dies nun auf den phylogenetischen Geschichtsprozeß übertragen. So wie die *Empfindung* innerhalb der abstrakt-unhistorischen epistemologischen Trias als das basale Moment aufgezeigt wurde, so erscheint sie zugleich als das Moment, mit dem historisch der sprachlich-kulturelle Fortschrittsprozeß anhebt. Im Anfang war Empfindung. Da es die Empfindung ist, mit der der Geschichtsprozeß beginnt, und nicht, wie in der von Adelung bekämpften theologischen Sprachursprungshypothese ("Im Anfang war das Wort." Joh 1,1) der Sprache verleihende Schöpfergott, kann Adelung vom "*geringen*"[37] Ursprung von Sprache und Begriffen sprechen. Solcher Empfindung korrespondiert sogleich das Empfindungswort (Interjektion) - Adelung bezeichnet es auch als "Grundton"; die anderen Arten von sprachlichem Ausdruck (Vorstellung und Begriff) bauen nicht nur systematisch-morphematisch, sondern ebensosehr chronologisch-prozessual hierauf auf. Vermittels Affigierung und Komposition entstehen aus Interjektionen Wörter "im engeren Verstande".

In jeglicher Sprachursprungshypothese, demzufolge auch der Adelungs, sind zwei Problemzusammenhänge zu unterscheiden und gesondert zu diskutieren : die Genese der einzelnen Lexeme und sodann die Genese der Syntaktik. Adelung geht auf beides ein, diskutiert indes breit vor allem das erste Thema, und das zweite als etwas, das sich finden wird[38].

Die wissenschaftliche Disziplin vom Sprachbeginn bezeichnet Adelung in bewußter Absetzung vom tradierten Sprachgebrauch als *Etymologie* - in seinem Sinne gedacht ist sie ein konstitutives Stück der Anthropologie. Der hierin thematisierte Beginn und der in diesem anhebende Prozeß wird von Adelung auf drei strukturellen Ebenen entfaltet, die er indes immer wieder zusammenführt bzw. durch ununterschiedene Verwendung derselben Terminologie als im Wesentlich-Strukturellen identisch anzeigt. Da ist zunächst der im rein Kategorialen sich abspielende

---

[37] Styl 1 4, 28
[38] Natürlich ist diese Genese der Syntaktik strukturell etwas fundamental verschiedenes von der Konstitution einzelner Lexeme, und sie müßte daher gesondert diskutiert werden. Nur tut Adelung das faktisch nicht; er begnügt sich mit seinem Theorem, alles in der Sprache sei *conventionell*. Dieser Diskussionsverzicht Adelungs ist keineswegs zufällig, sondern er verweist auf ein fundamentales Manko in seinem Ansetzen; es ist eine Nuß, die er nicht knacken kann.

Prozeß[39]; da sind darüberhinaus die von Adelung explizit parallelisierten realhistorischen Prozesse (Beginnstrukturen) der Ontogenese (Kindheit) und der Phylogenese (Kulturbeginn). Letzterer muß in jeglicher Sprachursprungshypothese thematisiert werden, demzufolge auch in der Adelungs. Dieser Anfang ist, was seinen Klarheitsgrad anbetrifft, Adelung zufolge, *dunkel*; das ergibt sich unmittelbar aus dem kulturhistorischen Äquivalenztheorem in Verbindung mit dem Fortschrittstheorem. In solchem dunklen, rohen und primitiven Anfang vollziehen sich, Adelung zufolge, die primären Lexemkonstitutionen - der Anfang von Sprache. Adelungs These hinsichtlich dieser Lexemkonstitutionen lautet : Die primären Lexemkonstitutionen vollziehen sich aufgrund onomatopoetischer Imitation von Naturlauten. Das sie vollziehende Individuum *merkt sich* ein Merk=mal des empfundenen komplexen sich darbietenden Lautäußerungsganzen des zu bezeichnenden Gegenstands. Hierin ist das sprachliche Zeichen motiviert. Adelung wendet sich mit dieser These nicht nur implizit, sondern explizit gegen die entgegengerichteten Thesen des Arbitraritätscharakters von Sprache, der willkürlichen Absprache bei den Lexemkonstitutionen und dem Entspringen der Sprache aus so etwas wie einem "inneren Drang". Das konstituierte Lexem steht mit dem imitierten Naturlaut in der Relation der "*Ähnlichkeit*" - ein in diesem Kontext für Adelung zentraler Terminus. - Das eine ist das *Wie* der Sprachgenese - eine andere Frage ist die nach dem *Wer* derselben. Adelungs These : Der Mensch ist es, der Sprache erfunden hat; er ist "Sprachschöpfer", "Spracherfinder", "Urheber der Sprache" (und nicht Gott oder das Sein oder der Zufall). Das scheint zunächst trivial - wie könnte es anders sein? Lautet die Antwort indes so, so sind wir mit dem Herderschen Paradox konfrontiert : "Der Mensch ist nur Mensch durch Sprache; um aber die Sprache zu erfinden, müßte er schon Mensch sein."[40] Adelung unternimmt kühne (verzweifelte) Denkversuche, das Paradox aufzulösen; ganz befriedigen kann keiner. Er unterscheidet zwischen dem *bloßen* Menschen (prähumanen Menschenwesen) und dem *vernünftigen* (genuinen) Menschen. Jener besitzt Sprache nur potentialiter; dieser actualiter. Der Übergang von der Potenz (Sprechbedürfnis) zum Akt (Sprache) fällt zusammen mit der Anthropogenese. Adelung bestimmt den genannten Spracherfinder näherhin als roh-primitiven "Sohn der Natur"[41] und nicht etwa als intellektuell besonders herausstehendes Individuum. Denn Differenzierungen im Bildungsgrad werden erst mit bereits konstituierter Sprache möglich. Das prähumane

---

[39] Vgl. das epistemologische Modell Adelungs. Auf verblüffende Weise koinzidiert der von Adelung gedachte immanent-geistige Entwicklungsprozeß mit der von *Hegel* gedachten Bewußtseinsdialektik in der "Phänomenologie des Geistes" (1807).
[40] Herder, Über den Ursprung der Sprache (Gesammelte Schriften, VII, 1, 47) Vgl. Bußmann, S. 493.
[41] UL 183, 29 - 30

Menschenwesen ist ein Tier - mit Keim zur Vernunft. - Der *Anfang* des Prozesses ist der Anfang des *Prozesses.* Der Anfang des Sprachprozesses ist dunkel; aber dies ist kein Anlaß, an dessen Perfektibilität zu (ver-) zweifeln, sondern eben dies nötigt ihn, sich immer höher zu entwickeln, bis zu den höchsten Höhen der Kultur und ihrer Klarheit. An die *Bildung* der Sprache schließt ihre *Ausbildung* an (Adelungs immer wiederkehrende dialektische Formel "Bildung und Ausbildung"). Die strukturelle Dialektik von Erkenntnis und Sprache (keins ist ohne das andere) entläßt aus sich den dialektischen Prozeß ihres wechselseitigen Sichhochschaukelns. An die Konstitution der den fundamentalen menschlichen Empfindungen korrespondierenden uranfänglichen ersten interjektionalen "Wurzellaute" (Basismorpheme) schließt sich deren Kombination zu komplexeren Strukturen (Lexemen) an und damit tendenziell das unabschließbare ungeheure morphematische System einer Einzelsprache. Die Onomatopöie spielt in diesem Kontext eine für Adelung zwiespältige Rolle. Einerseits ist sie das unübergehbare Fundament jeglichen Sprachlebens und sollte damit in ihrem vollen Recht gesehen und gewürdigt werden; andererseits ist sie ihm, ob ihrer uranfänglichen Primitivität, sozusagen peinlich, und er begrüßt es, wenn die Sprache in ihrer Ausbildung sich von diesen Anfängen wegentwickelt - von denen sie sich indes niemals vollständig ablösen und lösen kann.

In Adelungs Sprachursprungshypothese ist - unausbleiblich - ein anthropologisches Modell impliziert. Denn wer Aussagen macht über so etwas wie Sprache und namentlich über die eminente Periode ihres Beginns, der sieht sich gezwungen, die Grundstruktur des Menschen zu umreißen, der das Lebewesen ist, das primär durch Sprache bestimmt ist. Der anfängliche "primitive" Mensch hat eine knappe Anzahl - selten über wenige hundert - von Grundempfindungen, die in der ontologischen Struktur des Menschen fundiert sind; jeglicher dieser Empfindungen korrespondiert auf der sprachlichen Seite genau ein von Adelung so bezeichneter "Grundton"; auf die Stufe dieser in sich einfachen basalen Grundempfindungen bleibt der Mensch lange Zeit gebannt, und ebenso bleibt die menschliche Sprache lange auf die Stufe der diesen korrespondierenden einfachen basalen Grundtöne gebannt; setzt der kulturelle Fortschrittsprozeß (was die Empfindungen betrifft) ein - und Adelung zufolge tut er dies mit unausweichlicher Notwendigkeit -, so resultiert zugleich ein Fortschritt im sprachlichen Bereich[42], durch Derivation, Affigierung, Komposition werden die Grundtöne zu immer komplexeren Strukturen modifiziert; jedoch die Anzahl der verwendeten basalen Grundtöne bleibt dabei die selbe geringe, so daß auch das noch so komplizierte System entwickelter Sprache genötigt ist, mit diesen auszu-

---

[42] Eine sozusagen epistemologische Variante von Adelungs kulturhistorischem Äquivalenztheorem lautet : "Sprache und Vorstellung oder Erkenntnis halten immer gleichen Schritt." (Styl 6, 1 - 2)

kommen. Anders formuliert : Mag sich der Mensch in seinem kulturellen Fortschritt noch so sehr steigern - und Adelung ist erklärter Maßen ein großer Anhänger und ein Propagandist des Fortschritts -, so bleibt es ihm doch verwehrt, sich vollständig von seinen primitiven Anfängen loszureißen, er ist ständig auf dieselben zurückbezogen, "zurückgeworfen", und paradoxer Weise ist das Medium, darin Dergleichen sich manifestiert, das denkbar geistigste : seine Sprache. Der Wilde schaut ihm immer noch aus den Augen.

Ein nicht zu vernachlässigendes Theoriestück der Adelungschen Sprachkonzeption ist seine Theorie des *Sprachgebrauchs*. Zu diesem Terminus kommt er im Kontext der Diskussion des Normativen bzw. Regelhaften in der Sprache - der *Sprachrichtigkeit* . Diese ist die Applikation des generellen Regelbegriffs ("Regeln sind allgemeine Vorschriften des Verfahrens, d.i. der Einrichtung unser freyen Veränderungen."[43]) auf sprachliches Verhalten. Der Sprachgebrauch fungiert als die solche Regeln setzende Instanz ("oberster Richter"). Er *be*schreibt nicht, wie wir Sprecher, Sprache gebrauchend, uns faktisch verhalten, "was der Fall ist", sondern er schreibt *vor*, wie wir uns verhalten *sollen*. Übertretungen des Sprachgebrauchs sind daher prinzipiell möglich und immer wieder faktisch - wenngleich sie freilich kontraproduktiv sind im Sinne der "Absicht" von Sprache - der Verständlichkeit. - Es gibt allerdings, was namentlich im Kontext der Diskussion der Dialekte relevant ist, nicht "den" Sprachgebrauch, sondern eine Vielzahl von "Sprachgebräuchen", korrespondierend der Pluralität der Varietäten und ihrer Sprechergruppen. - Der Frage nach dem *Grund* des Sprachgebrauchs fällt in sich zusammen; da er der letzte Grund im Bereich des Sprachlichen ist, ist er selbst grund=los. Der Sprachgebrauch ist, wie die Leute reden; aber sie reden nicht in vollständiger Willkür, sondern in Adäquanz an das vermittels des Sprachgebrauchs immer schon Tradierten. Er rekurriert auf die uranfängliche Lexemkonstitution (Zuordnung des Zeichens zum Bezeichneten) und fungiert dergestalt als so etwas wie das semiotische *Band* zwischen diesen beiden Relaten. Er ist nicht der Ursprung der semiotischen Verbindung, sondern fungiert als deren fortwährendes Ingeltungstehen. - Dem Sprachgebrauch eignet ein Allgemeinheitscharakter, dieser ist jedoch nicht ontisch, sondern normativ. Wie im Vergleichsfalle ethisch allgemeiner Normen setzen Übertretungen ihn nicht außerkraft, sondern richten ihn auf, indem sie nach Sanktion verlangen. Allerdings steht der normative Allgemeinheitscharakter des Sprachgebrauchs in Relation zum ontischen Allgemeinheitscharakter der *allgemeinen Landessprache*. Beide Phänomene treten faktisch immer wieder auseinander, können es indes nicht vollständig; sonst wäre die Sprache eine tote. Der Sprachgebrauch ist "geerdet" in dem, "was

---

[43] UL 91, 20 - 22

wirklich allgemein ist"[44], der zugleich realen und normativen Instanz - dies sind die besten und weisesten Schriftsteller. - Zum Verhältnis von Sprachgebrauch und Sprachregeln. Jener ist, wie expliziert, streng allgemein; diese sind es nicht (schon aufgrund ihrer kulturgeschichtlichen Modifikabilität) - demnach scheint eine Inkonsistenz vorzuliegen. Sie löst sich auf, indem die Allgemeinheit des Sprachgebrauchs eine formale (für alle Sprecher geltende) ist - die Allgemeinheit der Sprachregeln hingegen für die materialen Inhalte gilt und insofern modifikabel ist. - Vorbegriff des Sprachgebrauchs ist der des schon früher eingeführten *Conventionellen* (Gesamtheit der in einer Gesellschaft zusammenkommenden sprachliche Phänomene determinierenden Umstände). Das Conventionelle ist nicht die Konvention im Sinne der bewußten Absprache. Alles in der Sprache ist, Adelung zufolge, durch das Conventionelle fundiert. Die Herrschaft des Conventionellen (der Kultur) über Sprache und sprachliche Strukturen besagt dasselbe wie das kulturhistorische Äquivalenztheorem. Conventionelles und Sprachgebrauch vermitteln zwischen Kultur und Sprache und sind somit Fundament für die im kulturhistorischen Äquivalenztheorem ausgedrückte Zusammengehörigkeit sowie den aus dieser resultierenden kulturellen Fortschrittsprozeß. - Der Sprachgebrauch ist zwar die letztfundierende regelnsetzende Instanz in der Sprache. Es schließen sich an (in absteigender Folge): Analogie (Sprachähnlichkeit) - Etymologie (Abstammung) - Wohllaut. In Streitfällen entscheidet die jeweils nächsthöhere Instanz, in welcher eine Einheit vorliegt.

Ein geringere Relevanz im Adelungschen Gesamtsystem als das soziologische Modell, und daher nicht so breit diskutiert wie dieses, hat dasjenige Modell, das wir als das *psychologische* bezeichnen können. Es wird allerdings nicht, wie jenes, thematisch diskutiert, sondern sukzessive eingeführt. Es ist begreiflich, daß es nicht derart zentral ist wie jenes. Denn Adelungs Denken tendiert dahin, das Ganze, die Totalität und deren Strukturen zu denken und muß daher an sozialen Strukturen und soziologischen Problemstellungen mehr interessiert sein als an solchen des isoliert vorgestellten Individuums der Psychologie. Auch Adelungs systematisches Einsetzen mit den epistemologischen Strukturen des erkennenden Subjekts spricht nicht gegen diese These, denn die hierin eingeführte Klarheits-Thematik tendiert zum Aufgehobenwerden im geschichtsphilosophischen Modell. Das psychologische Modell ist daher, obschon es in gewisser Weise dieselbe Thematik diskutiert wie das epistemologische Modell (den menschlichen Geist), von diesem wohl zu sondern. Letzteres diskutiert die mentalen Phänomene als reine, ideale, Erkenntnis und Wissenschaft erst konstituierende "transzendentale" Entitäten; das psychologische Modell hingegen diskutiert dieselben als re-

---

[44] UL 107, 14-15

ale Gegenstände einer spezifischen positiven Wissenschaft (der Psychologie)[45]. Daher sind auch die verwendeten Terminologien unterschiedliche. - Adelungs Psychologie ist eine dichotomische. Er unterscheidet zwischen den *oberen* und den *unteren Kräften* der Seele. Weitere fundamentale strukturelle Differenzierungen im Strukturbereich "Psyche"[46] nimmt er nicht vor. Extensional gesprochen, gehören zu den oberen Kräften Verstand (bzw. Vernunft) und der Wille, zu den unteren Kräften gehören in erster Linie Empfindungen (Gemütsbewegungen, Leidenschaften, Affekte) darüberhinaus die Aufmerksamkeit, die Einbildungskraft, das Gedächtnis, die Laune, Witz und Scharfsinn. Entsprechend dem epistemologischen bzw. psychologischen Kontext differiert die Bedeutung des Terminus "Empfindungen"; in letzterem Kontext werden sie daher auch als "Empfindungen im engeren Sinn" bezeichnet. Empfindungen können strukturell und graduell differieren - es gibt stärkere und schwächere. Die psychische Fähigkeit, intensive Empfindungen zu haben, bezeichnet Adelung als *Empfindsamkeit*. Der strukturelle Zusammenhang zwischen Empfindung und sprachlichem Ausdruck wird von Adelung als parallele Korrespondenz formelhaft bestimmt : "Wenn das Herz wirklich empfindet, so sagt es, was es empfindet, ohne mehrmals zu wiederholen, daß es empfinde."[47] - Das triadisch strukturierte Epistemologische als Strukturkomplex hingegen gehört dem Verstand (obere Kräfte) zu. Als vermittelnde Instanz fungiert der *Scharfsinn*. Da es der Scharfsinn ist, der Ähnlichkeiten erkennt und das semiotische Verhältnis in Ähnlichkeit fundiert ist, kann jener als das Semiotik und Sprache fundierende mentale Vermögen interpretiert werden. - Adelung nennt und spezifiziert die oberen und unteren Kräfte nicht bloß; er bringt sie in strukturellen Zusammenhang. Dieser Zusammenhang ist ein geschichtlich-dynamischer; hier mündet das psychologische Modell in das historisch-geschichtsphilosophische ein. Am Anfang des Geschichtsprozesses steht die Herrschaft der unteren Kräfte; der Geschichtsprozeß als kultureller Fortschrittsprozeß vollzieht sich als Auseinandersetzung der oberen und der unteren Kräfte; am Ende des Prozesses, der vollendeten Kultur, wird die vollständige Herrschaft der oberen Kräfte stehen. - Konnte es zunächst scheinen, daß das soziologische Modell und das psychologische Modell bei Adelung unverbunden nebeneinanderstehen, so zeigt sich, sie werden doch zusammengedacht, und zwar im Begriff des

---

[45] Diese Unterscheidung hat namentlich I. Kant vorgenommen. R. Eisler erläutert im Blick auf Kants transzendentale Deduktion : "Nicht die psychologischen und sonstigen Ursachen der Erkenntnis, sondern ihre obersten Gründe, die Prinzipien, aus denen sie entspringt, werden hier dargetan und als notwendige Voraussetzungen der Erkenntnis legitimiert, gerechtfertigt." (S. 538)
[46] Adelung selbst spricht terminologisch konsequent von "Seele", bisweilen auch von "Empfindungsvermögen".
[47] Styl 2, 129, 28 - 30

Empfindungsvermögens. Dieses ist, zunächst individuell psychologisch genommen, das Vermögen (potentia), darin die Empfindungs-Akte (untere Kräfte) fundiert sind. Doch dies Empfindungsvermögen ist nichts isoliert Individuelles; es ist in seiner Konkretion determiniert durch ein kollektiv-soziales Empfindungsvermögen, daran das individuelle Subjekt lediglich partizipiert. Im kollektiven Empfindungsvermögen stimmen die gleich gestimmten Individuen zusammen. Letzten Endes ist es das kollektive Empfindungsvermögen, vermittels dessen dem individuellen Subjekt das Conventionelle einer Gesellschaft zugespielt wird.[48]

Zuletzt sei Adelungs Theorie der *abstrakten Ausdrücke* diskutiert. Und zwar darum, weil hierin die immanente Widersprüchlichkeit der Adelungschen fundamentalen Modelle untereinander (epistemologisches Modell und geschichtsphilosophisches Modell) in ihrer vollen Schärfe manifest wird. (Obgleich Adelung selbst das nicht wahrgenommen zu haben scheint.) - Adelung übernimmt aus der Tradition die fundamentale ontologische Unterscheidung zwischen sinnlich-konkreten und unsinnlich-abstrakten Begriffen (bzw. den ihnen jeweils korrespondierenden Lexemen). Diese Unterscheidung indes ist, Adelung zufolge, nicht eine überzeitlich-unveränderliche, sondern ihre Genese ist eine (sprach-)historisch präzise angebbare. Sie ist in den kulturellen Fortschrittsprozesses involviert : Im Anfang, bei den ersten Lexemkonstitutionen, waren alle Begriffe (Lexeme) noch sinnlich; erst im Verlauf des Prozesses sind aus diesen die unsinnlich-abstrakten Begriffe (Lexeme) entstanden. Entscheidend ist, daß Adelung diese Entwicklung nicht, wie die Tradition (Leibniz etwa) das tut, positiv wertet, sondern er wertet sie durchaus kritisch. Im Gegenzug zu jener Auffassung sind für ihn die abstrakten Begriffe nicht klarer als die sinnlichen; der Strukturzusammenhang verhält sich, Adelung zufolge, umgekehrt. "Bei den abstrakten Begriffen läßt sich nichts denken."[49], sie bewirken im Vorstellungsvermögen nurmehr einen dunklen Eindruck, kaum mehr eine Vorstellung. - Was die Abstraktheit/Konkretheit von Begriffen anbetrifft, so gibt es für Adelung keine starre Dichotomie, sondern eine Gradualität. Es gibt anschauliche Begriffe mit unterschiedlichem Grad an Klarheit, und es gibt die abstrakten Begriffe als konträren Grenzfall mit Klarheitsgrad null. Diese

---

[48] Es scheint allerdings, daß Adelung in seiner Diskussion des kollektiven Empfindungsvermögens übers Ziel hinausschießt. Nur den oberen Klassen einer Nation, nicht den unteren, eignet, Adelung zufolge, das spezifische Empfindungsvermögen der Nation. Indes : Wenngleich die oberen und die unteren Klassen sich in ihren sozialen Verhältnissen und den aus diesen resultierenden Sprachstrukturen noch so sehr unterscheiden mögen, es ist doch ein und dieselbe Nationalsprache (Deutsch etwa), die sie sprechen, und dieser korrespondiert ein und dasselbe Empfindungsvermögen. Natürlich ist "Volk" bei Adelung stets als Sprechergruppe und nicht ethnisch bestimmt. Vgl. J. Stalin, "Über den Marxismus in der Sprachwissenschaft".

[49] Vgl. Styl 1 132, 28 - 29.

Gradualität ist eine geschichtlich wandelbare und sich wandelnde : immer wieder ist es faktisch, daß klare anschauliche Begriffe zu immer abstrakteren und ganz abstrakten werden; dies nenne ich die *Tendenz zur Abschwächung* (im Klarheitsgrad). An dieser Stelle wird die immanente Widersprüchlichkeit von Adelungs Konzeption unübersehbar. Zum einen ist, wie breit diskutiert, der kulturelle Fortschrittsprozeß für ihn ein eindeutiger und irreversibler Prozeß von der Dunkelheit hin zur Klarheit und immer mehr Klarheit; andererseits liegt in der Tendenz zur Abschwächung impliziert, daß Begriffe von der anfänglichen anschaulichen Klarheit herdatierend immer abstrakter (unklarer) werden. Da allerdings Adelung die genannte Tendenz zur Abschwächung nirgendwo thematisch diskutiert, kommt er auch nicht dazu, ihr Verhältnis zum kulturellen Fortschrittsprozeß zu letzter Klarheit zu bringen.

2. Sprachbegriff Adelungs

2.1. Definition des Sprechens

Sämtliche sprachtheoretischen Werke Adelungs heben an mit einer Definition des *Sprechens*. Indem Adelung an den Anfang des Textes die Definition der höchsten Begriffe der zu diskutierenden Wissenschaft - der Sprachwissenschaft - stellt, bekundet sich der streng methodisch-systematische Charakter seines Vorgehens. Der zuerst eingeführte Begriff ist zugleich der wichtigste; aus ihm muß alles Weitere sich ergeben[50]. Wir halten uns im folgenden an die Definition des Sprechens aus der "Deutschen Sprachlehre für Schulen" (erste Auflage 1781, fünfte Auflage 1806); und zwar darum, weil sie die chronologisch erste der Adelungschen Sprachdefinitionen ist - Definitionen aus späteren Texten werden vergleichsweise herangezogen. Adelung beginnt dies Werk "Deutsche Sprachlehre für Schulen" mit einer "Einleitung über Sprache, Deutsche Sprache und Sprachlehre"; deren einleitende acht Paragraphen sind überschrieben mit "Sprache überhaupt"[51] "Sprechen heißt[52] im engern und gewöhnlichsten Verstande, die Reihe seiner Vorstellungen durch vernehmliche Laute ausdrücken (...)"[53] [54] - Diese Definition mag auffallen und befremden, hätte man doch mit gleichem Recht erwarten können, daß der als erster zu definierende Begriff der der *Sprache* sein müsse. In de Saussurescher Terminologie : Was Adelung hier definiert, ist nicht die *langue* (Sprache als *System* von Elementen (Wörtern) und Regeln von deren Verknüpfung (Grammatik)) sondern die *parole* (Sprechen als Inbegriff aller menschlichen Sprechakte). Später wird sich zeigen, Adelung bleibt nicht bei solcher Ausschließlichsetzung der parole und Ausschließung der langue.[55]

---

[50] Vergleiche abermals das methodische Vorgehen Spinozas in seiner "Ethik".
[51] DS 3, 1
[52] Adelung erläutert, was "Sprechen heißt"(DS 3, 3). Dies intendiert zunächst die Bedeutung des Begriffs "Sprechen", aber das Verb "heißen" intendiert darüberhinaus auch Geheiß. Es kann also auch davon die Rede sein, was Sprechen von uns verlangt, erfordert u.dgl. Was diskutiert wird, wäre somit ein normativer Sprachbegriff. Vgl. M. Heidegger, Was heißt denken?, S. 150 passim
[53] DS 3, 3 - 5
[54] Adelung beginnt auch sein "Umständliches Lehrgebäude" mit einer Definition des "Sprechens". Die Definition unterscheidet sich von den vorherigen zunächst durch eine anscheinend durchs Vollständigkeitsbedürfnis diktierte Wendung : Sprechen heißt zwar zuweilen im weitesten Verstande, einen Ton von sich geben, in welchem man ansprechen noch von den Orgelpfeiffen braucht; allein im engsten und gewöhnlichsten Verstande ist es (...)" (UL 3, 16 - 20).
[55] Vgl. vorliegende Arbeit S. 38.

Zur Explikation der knappen und gedrängten Definition. Die Rede ist vom "gewöhnlichsten Verstande"[56] [57]. Was also gegeben werden soll, ist lediglich ein Vorbegriff, ein Explikandum, das am Anfang des Diskurses stehen mag, um ungefähr in die Richtung zu weisen, in die es gehen soll. Nicht schon jedoch kann die Rede sein von einem expliziten Begriff von Sprache, wie er nach dem Durchgang durch die Explikation der Sache am Ende sich ergeben wird. *Letzterer* Begriff von Sprache enthält dann den zunächst unterschlagenen Begriff von langue.

Am Anfang des Definiens stehen *Vorstellungen*[58], sie sind bestimmt als eine *Reihe* von Vorstellungen. D.h.: Vorstellungen sind chronologisch-linear geordnet und angeordnet. Diese Linearität folgt jedoch nicht aus dem Begriff der Vorstellung. Es ließe sich doch imaginieren : Ein junger Mensch, tagträumend, auf der Frühlingswiese, und die Vorstellungen gehen ihm richtig schön durcheinander gleichzeitig durch den Sinn. Erst, wenn er die Vorstellungen *sprachlich* äußern soll, durch den Zwang zur Sprachlichkeit sozusagen, werden sie zu einer sukzessiv-linearen Reihe von Vorstellungen. Ein verwandtes Phänomen ist im jugendsprachlichen Phraseologismus genannt "etwas auf die Reihe bekommen" in der Bedeutung von "verstehen".[59] [60] Den psychisch-mentalen "Vorstellungen" auf der Inhaltsseite korrespondieren, Adelung zufolge, auf der Ausdrucksseite die vernehmlichen Laute. Jene werden durch diese *ausgedrückt*. Was Sprache ausdrückt, sind also, Adelung zufolge, nicht extramentale Sachverhalte, sondern lediglich die psychisch-mentalen Vorstellungen "im Kopf" des Menschen, welche sich ihrerseits auf Sachverhalte beziehen. Wir können von Adelungs Psychologismus sprechen. -

---

[56] DS 3, 3 - 4
[57] Wir heute würden sagen "Sinn".
[58] Was mit dem Terminus "Vorstellung" präzise intendiert ist, wird sich expliziter ergeben im Zusammenhang mit Adelungs epistemologischem Modell, wie es im Stylbuch in letzter Deutlichkeit expliziert werden wird. Vgl. vorliegende Arbeit S. 48 - 53. Wir explizieren daher diesen Terminus an dieser Stelle noch nicht.
[59] *Schelling*, in seiner Freiheitsschrift, spricht davon, "(...) wie im Menschen in die dunkle Sehnsucht, etwas zu schaffen, dadurch Licht tritt, daß in dem chaotischen Gemenge der Gedanken, die alle zusammmenhängen, jeder aber den anderen hindert, hervorzutreten, die Gedanken sich scheiden und nun die im Grunde verborgen liegende, alle unter sich befassende Einheit sich erhebt (...)."(Über das Wesen der menschlichen Freiheit und die damit zusammenhängenden Gegenstände, S. 74)
[60] Wichtig ist die Modifikation, die in ADS vorgenommen wird. Hieß es in DS, daß "die Menschen die Reihe ihrer Vorstellungen ausdrücken"(DS 3, 10-11), so ist hier die Rede von den "zu einem Volke gehörenden Menschen (,die) einander ihre Gedanken ausdrücken."(ADS 1, 7-8) Der kleine Unterschied ist überaus bedeutsam. Aus der langage, der Sprachfähigkeit des Menschen schlechthin, also einer anthropologischen Konstante, wird eine spezifische Volkssprache. Und aus der Ausdrucksfunktion von Sprache wird die Mitteilungsfunktion ("einander"). Adelungs Begriff des "Volkes" als Träger von Sprache wird unten S. 85 - 87 diskutiert werden.

Als Medium solchen Ausdrucks fungieren "vernehmliche Laute". Im Terminus "vernehmlich" sind mehrere Phänomene zusammengedacht. Zunächst, ganz vordergründig, besagt "vernehmlich", daß die Laute eine gewisse minimale Lautstärke überschreiten müssen, um gerade noch sinnlich perzipiert werden zu können. Zugleich bedeutet "vernehmlich", daß die Laute phonemisch distinkt, d.h. artikuliert ausgesprochen sein müssen[61]. Endlich enthält "vernehmlich" noch die Bezugnahme auf "Vernunft", welches Wort ja etymologisch von "vernehmen" abzuleiten ist.

Als *Kritik* wäre zu vermerken, daß Adelungs Ansatz hier durchaus mechanisch, abstrakt und naiv ist. Sprache ist durchaus mehr als eine abstrakte, von der konkreten Sprechsituation abstrahierende Relation zwischen einem Inhalt und dessen Ausdruck, sondern Sprache ist eingebettet in reale Kommunikationssituationen. Von der Sprechakttheorie her kann gesagt werden : Sprechen ist Ausdrücken von Vorstellungen, aber es ist mehr, ist Mahnen, Warnen, Fragen, Auffordern, Bitten, Danken, Beleidigen, Loben, Tadeln, Drohen, Ärgern, Brüskieren, Beten, Fluchen, Beschwichtigen, Trösten, Verzeihen, Verurteilen, Schmeicheln, Flehen und was dgl. mehr.

2.2. Anthropologische Konsequenzen

Die so definierte Fertigkeit des Sprechens ist Adelung zufolge "nur allein dem Menschen eigen"[62]. Das "nur" intendiert keine Einschränkung, sondern ein Übermaß. Der Mensch ist das einzige Wesen, das sozusagen damit beschenkt ist, sprechen zu können. ("Eigen" intendiert Eigentum.) Hiermit will Adelung nicht sagen, daß es lediglich ein Proprium ist, eine zufällige Eigenschaft, die eben nur der Mensch besitzt und die anderen Wesen nicht (wie z.B. das Lachen). Sprechen, die Reihe seiner Vorstellungen durch vernehmliche Laute ausdrücken - das ist geradezu die Wesensbestimmung des Menschen. Es ist die alte griechische Definition des Menschen, auf die Adelung implizite rekurriert : der Mensch ist sprechendes Lebewesen, er ist "ζωον λογον εχον"[63]. (Mit dem Unterschied freilich, daß die griechische Definition den Menschen durch die Sprache definiert, Adelung hingegen definiert die Sprache durch den Menschen.)

Was der Mensch dergestalt besitzt, nennt Adelung ein "Vermögen". "Vermögen" bedeutet zunächst ein Können, aber nicht lediglich eine Fähigkeit unter anderen, sondern eine Kraft und Stärke, dergestalt, daß sie das Wesenhafte desjenigen und *nur* desjenigen ausmacht, dem sie gehört. Das Vermögen (nicht eine akzidentelle Eigenschaft) eines Fisches

---

[61] Auf diesen Sachverhalt wird im Stylbuch intensiv eingegangen.
[62] DS 3, 6 - 7
[63] Vgl. Aristoteles, Philosophische Werke passim.

ist es, im Wasser leben zu können. Nicht zufällig ist eine andere, hier zugleich hineinspielende Bedeutung von "Vermögen" : "Reichtum". Mehr noch : wenn Sprechen als solches zunächst nur eine als aktual vorkommende Tätigkeit zu sein schien, so bezeichnet "Vermögen"(potentia) etwas, was potentiell immer da ist und ausgeübt werden kann (actus). Vermittels der sprachlich und terminologisch äußerst bedachtsamen Definition des Sprachlichen als eines *Vermögens* wird dieses, zuvor lediglich als Tätigkeit bestimmt, nun als *Sache* interpretiert. Diese Sache ist die *Sprache*. Adelung ist weit davon entfernt, wie eine naheliegende Kritik vermeint, Sprache zu *hypostasieren*. Der Hypostasierungsvorwurf greift schon deswegen nicht, weil die gedachte "Sache", Adelung zufolge, nicht als Ding im Sinne der Vorhandenheitsontologie gedacht werden darf, sondern als so etwas wie eine in Funktion stehende Struktur, die nie als dinghaft-vorhandene greifbar wäre. Jedoch die Interpretation der Sprache als *Vermögen* gibt Adelung methodisch die Möglichkeit, bestimmte linguistisch-ontologische (sprachphilosophische) Sachzusammenhänge zu problematisieren, die ohne solche Interpretation nicht oder nur schwerlich in den Blick zu bekommen wären; wie aus dem folgenden vielfach erhellen wird. Mit einem Körnchen Salz könnte gesagt werden, die ganze in vorliegender Arbeit gelieferte Adelung-Interpretation versteht sich als Explikation dieses Adelungschen Sprachbegriffs. Nachdem er also zunächst nur das faktische Vorkommen der Tätigkeit *Sprechen* definiert und diese dann am Menschen festgemacht hatte, kann Adelung zur Definition von Sprache übergehen. Sie ist zweierlei. Dieser terminologische Unterschied kann aufs zwangloseste mit den klassischen, von F. de Saussure eingeführten Termini bezeichnet werden. Zum einen ist Sprache das diskutierte Vermögen (langue). Zum anderen ist "Sprache (...) der ganze Inbegriff vernehmlicher Laute, vermittelst welcher die Menschen die Reihe ihrer Vorstellungen ausdrücken."[64] Wir wollen letzteres die *zweite Definition* von Sprache nennen. Mit solchem "Inbegriff" meint Adelung die unendliche Fülle potentieller und aktueller individueller Sprechakte - die parole. Auf diese Weise hat Adelung die langue-parole-Dichotomie, die zunächst - aus unvermeidlichen diskursiven Gründen - aufgegeben schien[65], wieder in seinen Diskurs zurückgeholt.

---

[64] DS 3, 7 - 10
[65] Vgl. vorliegende Arbeit S. 35.

2.3. Funktion von Sprache

2.3.1. "Absicht" der Sprache

Adelungs Definition der Funktion(en) von Sprache ergibt sich aus seiner Definition des Sprechens. Diese Funktion von Sprache bezeichnet er bisweilen als "Bedürfnis", meist als "Absicht" von Sprache. Das Verhältnis solchen Bedürfnisses zu Sprache wird an verschiedenen Stellen unterschiedlich gedacht. Das eine Mal ergibt sich die primäre Funktion von Sprache selbst aus einem tiefer fundierten anthropologischen Bedürfnis. "Das Bedürfniß, seine Vorstellungen anderen verständlich zu machen, ist das erste Bedürfniß von Sprache (...)."[66] Die *Verständlichkeit* ist also, Adelung zufolge, die primäre Funktion von Sprache. In ihr sind die Aus-drucksfunktion[67] und die Kommunikationsfunktion ("anderen") zusammengedacht. Eine in einer Hierarchie von Bedürfnissen sekundäre Funktion von Sprache schließt sich an : "(...) und die Befriedigung dieses Bedürfnisses mit Geschmack ist nur die (!) zweite."[68] - An anderer Stelle hingegen erscheinen die Bedürfnisse nur als etwas, das sprachlich transportiert wird, Sprache selbst wird nicht als bedürfnishaft gedacht; an dieser Stelle kommt die terminologische Unterscheidung von "Bedürfnis" und "Absicht" ins Spiel. "(...) die Absicht der Sprache, dem anderen seine Gedanken und Bedürfnisse hörbar zu machen (...)"[69] -
Die (mehrsinnige) Thematisierung des Bedürfnisses zeigt an : Adelung denkt die Funktion von Sprache nicht als einseitig intellektuell (Mitteilung von bloßen *Gedanken*), sondern zugleich als praktisch-pragmatisch, als eingebettet in Handlungszusammenhänge jeglicher Art.
Die Verständlichkeit (gedacht als abstrakte linguistische Struktur) steht als primäre Funktion von Sprache, Adelung zufolge, über allen weiteren Funktionen derselben, etwa den kommunikativen Absichten der Sprecher. Selbstverständlich besagt dieser Primat der Verständlichkeit nicht, daß sie isoliert von den übrigen Funktionen auftreten könnte; in der realen Sprachverwendung spielen stets alle Funktionen zusammen, insbesondere korreliert Verständlichkeit mit Kommunikabilität. "Es versteht sich, daß ein vernünftiger Schriftsteller (...) das gehörige Maß nicht überschreiten, und nicht da mit Kunstwörtern prangen wird, wo er sich ohne dieselben eben so bündig und verständlich ausdrucken kann."[70] Die allgemeine Verständlichkeit steht, wo sie in Kollision mit der Verwendung von Fachtermini gerät, höher als diese; die Eigenschaft der (allgemeinen) Verständlichkeit und der Kürze, die als Kriterien fun-

---

[66] Styl 1 93, 26 - 28
[67] Vgl. "Definition des Sprechens", vorliegende Arbeit S. 35 - 37
[68] Styl 93, 28 - 29
[69] UL 677, 11 - 12
[70] Styl 2 76, 29 - 77, 2

gierten für die Einführung und Verwendung von Fachtermini[71], gerät so zur richtenden Instanz auch darüber, wo Termini überflüssig, ja schädlich werden. (Es scheint auch, daß Adelung sich implizit gegen Bildung "elitärer" Gruppen wendet, die sich vermittels eines Fachjargons konstituieren und abschotten.)

2.3.2. Absicht der Sprache und Absicht der Sprecher

Adelung spricht von der "allgemeinen Absicht der Sprache"[72] als "mit Wohlgefallen verstanden zu werden"[73]. Mit dieser "Absicht" verhält es sich nicht so, daß sie durch die individuellen oder auch kollektiven willentlichen Setzungen der Sprachbenutzer selber gesetzt wäre und somit durch dieselben auch wieder zurückzunehmen wäre; sondern sie ist als ein strukturelles Apriori in allen einzelnen Sprechakten unwillkürlich mitgesetzt und somit durch den einzelnen Sprecher nicht willentlich modifikabel. Er muß, ob er will oder nicht, sich in diese Struktur von Sprache "schicken"[74]. Denn sie ist eine "allgemeine". Dieser strukturimmanenten Sprachabsicht kontrastiert Adelung eine Mannigfaltigkeit von "jedesmahligen besonderen Absichten des Sprechenden und Schreibenden."[75] Diese, als Mannigfaltigkeit, stehen zur Disposition bzw. zur Wahl und sind somit willentlich gesetzt durch die individuellen Sprachbenutzer. Adelung listet als solche besondere Absichten auf : "Er (der Schriftsteller) will entweder belehren oder unterrichten, oder er will überreden, oder er will die Einbildungskraft unterhalten, oder er will täuschen[76], oder er will endlich belustigen[77]."[78] Fraglich ist, ist diese Auflistung von Adelung intendiert als eine vollständige Disjunktion? - Das Auffallende an dieser Stelle muß sein, daß die "Absicht der Sprache selbst" (Funktion) und die voluntativen Setzungen der Individuen (deren Intentionen), zwei Strukturen, die ontologisch doch heterogen sind, dergestalt zusammengedacht werden, daß letztere als Spezifikationen von ersterer erscheinen.

Adelung setzt die Absichten der Sprecher im allgemeinen in Beziehung zum sprachlichen Ausdruck: "In allen diesen Fällen ist der Ausdruck das Mittel, wodurch er (der Schriftsteller) seine Absicht zu errei-

---

[71] Adelung spricht von der "Eitelkeit, gelehrt zu scheinen" (Styl 1 111, 2 - 3).
[72] Styl 1 166, 19
[73] Styl 1 179, 6 - 8
[74] Es wäre denn, daß er psychopathologisch sich selber aus der Gesellschaft qua Kommunikationsgemeinschaft ausschlösse. Vgl. vorliegende Arbeit S. 139.
[75] Styl 1 166, 20 - 21
[76] Ist - Adelung zufolge - solche Täuschung eine *legitime* Funktion von Sprache - ein Sprachgebrauch oder nicht vielmehr doch ein illegitimer Sprachmißbrauch?
[77] Vgl. die klassische Formel "delectare et prodesse".
[78] Styl 1 179, 9 - 12

chen sucht; er muß folglich mit derselben in dem genauesten Verhältnisse stehen, oder mit anderen Worten, der Ausdruck muß so gewählet werden, daß er der jedesmahligen nicht nur nicht entgegen wirke, sondern selbige vielmehr auf das möglichste unterstützt."[79] Im folgenden bringt Adelung Beispiele für Absichten des Schriftstellers in Verbindung mit der Wahl des Ausdrucks.

2.3.2.1. Absichten des Schriftstellers

Die Absichten des Schriftstellers als eines eminenten Sprachbenutzers sind für Adelung ein eignes zu diskutierendes Thema. Er diskutiert dessen, wie wir auch sagen können, kommunikative Intentionen. "Er will entweder belehren und unterrichten, oder die Einbildungskraft unterhalten, oder rühren und Empfindungen erwecken oder belustigen u.s.f."[80]. Dabei stehen indes diese Möglichkeiten der Modifikation des eigenen Stils nicht distinkt nebeneinander, sondern Kombinationen sind möglich : "Oft verbindet er (der Schriftsteller) mehrere einander nicht widersprechende Absichten miteinander, indem er, wie der Redner, zugleich überzeugen, unterrrichten und rühren, oder wie der Dichter, zugleich belehren und die Einbildungskraft unterhalten kann."[81] Adelung denkt die Absicht(en) des Schriftstellers verflochten in pragmatische Handlungszusammenhänge, jedoch mit tendenziell wachsender Distanz zu Gegenständen seines Schreibens : "Ist die Absicht des Schriftstellers zunächst und unmittelbar auf den Verstand seiner Leser gerichtet, so kann solches in einer dreyfachen Absicht geschehen, theils tägliche Geschäfte, welche das gesellschaftliche Leben erfordert, zu verhandeln, theils den Leser von geschehenen Begebenheiten zu unterrichten, theils endlich auch, ihn von allgemeinen Wahrheiten zu überzeugen."[82] Adelung benennt diese drei Stil-Formen terminologisch als Geschäftsstil, historischen Stil und didaktischen Stil. Die Auflistung scheint eine Climax zu implizieren. Der erste Punkt betrifft die unmittelbare Verflochtenheit schriftstellerischen Handelns in pragmatisch-gesellschaftliche Handlungszusammenhänge; der zweite Punkt erscheint schon losgelöster, bezieht sich zwar immer noch auf reales Geschehen, der Leser aber befindet sich in einer Distanz des Nur-noch-zur-Kenntnis-Nehmens; der dritte Punkt schließlich nennt das "uninteressierte" reine Schauen, die θεορια im griechischen Sinn. - Die Absicht des Schriftstellers kann modifiziert werden durch die Rezipientenbezogenheit des Textes. "Oft werden diese Absichten des Schriftstellers noch durch gewisse Nebenumstände

---

[79] Styl 1 179, 12 - 19
[80] Styl 2 5, 20 - 23
[81] Styl 2 5, 23 - 27
[82] Styl 2 67, 23 - 68, 6

bestimmt (...) Die Nebenumstände sind vornehmlich die Personen, zu welchen man spricht oder für welche man spricht (...).[83]

---

[83] Styl 2 6, 5 - 10

3. Epistemologische Modelle

Im Anschluß an die Definition des *Sprechens* bringt Adelung (sowohl im UL als im Stylbuch) eine Diskussion dessen, was wir interpretierend als seine *epistemologischen Modelle* bezeichnen. Der oberflächlichste vergleichende Blick auf beide Textpassagen zeigt, daß die erste Ausarbeitung (im UL) extrem rudimentärer ist als die zweite im Stylbuch; auch ist die Gedankenführung gänzlich heterogen. Wir wollen es uns daher versagen, beide Ausarbeitungen vermengend, so etwas wie "das" epistemologische Modell Adelungs zu konstruieren; vielmehr soll beiden Ausarbeitungen ihr jeweils eigenes Recht werden, und d.h. zugleich die kritische Differenzierung beider.

3.1. Epistemologisches Modell auf der Stufe des "Umständlichen Lehrgebäudes"

Adelungs Definition des *Sprechens* war : "Sprechen ist, seine Vorstellungen durch vernehmliche Laute ausdrücken."[84] Den Vorstellungen auf der mentalen Seite korrespondieren auf der Ausdrucksseite vernehmliche Laute. Diese Definition fordert eine explizite epistemologische Fundierung. Unter Epistemologie verstehen wir im folgenden die Klärung der reinen transzendentalen (also nicht psychologischen) Struktur und Genese der menschlichen mentalen Strukturelemente. Darüberhinaus diskutieren wir in diesem Kontext - weniger Thema der klassischen Erkenntnistheorie (Kant), hingegen für Adelung zentral - das Verhältnis dieser Strukturelemente zu ihrem sprachlichen Ausdruck. Die so verstandene Epistemologie tendiert somit zugleich zu einer Theorie der Genese von Sprache - obzwar nicht im realhistorischen Sinn[85], sondern im Sinne der reinen, apriorischen Beziehung mentaler Elemente.

Was die Genese des, zuvor unbestimmt gebliebenen, epistemologischen Strukturelements *Vorstellungen* betrifft, so führt Adelung sie auf ein anderes epistemologisches Strukturelement zurück. "Vorstellungen entstehen aus Empfindungen (...)"[86]. Der Ausdruck "Empfindung" ist offensichtlich polysem. Er bedeutet zum einen Gefühl, Sentiment; zum anderen Wahrnehmung, Sinnesreiz. Der vielleicht mißverständliche Ausdruck "Empfindung" gibt Adelung Gelegenheit, beide differenten Bedeutungen unter einem Terminus zusammenzudenken. Den Unterschied der beiden Verwendungsweisen interpretiert Adelung als den von *innerer* und *äußerer* Empfindung - eine Unterscheidung, die auch *Kant* vor-

---

[84] Vgl. vorliegende Arbeit S. 35.
[85] DS 3, 3 - 5. - Vgl. vorliegende Arbeit S. 89 - 108.
[86] UL 4, 1

nimmt[87], dieser jedoch anders als Adelung.[88] Zunächst diskutiert Adelung die inneren Empfindungen - sie sind jeder Art von Lebewesen eigen, also den (höheren) Tieren ebensowohl wie dem Menschen. Was eine innere Empfindung ist, erkennen wir, wenn wir introspektiv in unseren Busen hinabblicken. Eine innere Empfindung ist eine, die primär an den (tierischen oder menschlichen) Leib als solchen gebunden ist. Innere Empfindungen sind also beispielsweise Schmerz, Hunger, Lust, jedoch auch durchaus "höhere"[89] Empfindungen wie die traditionell eher "seelisch" lokalisierten, z.B. Freude, Furcht, Zorn etc. Eine Empfindung ist jeweils einfach, in sich nicht differenziert. Bereits diesen inneren Empfindungen auf der mentalen Seite korrespondiert auf der Ausdrucksseite, nicht erst beim Menschen, sondern schon beim Tier "(...) jede Art eigene(r) und verständliche(r) Laute."[90] Wir sehen bereits hier : schon jeder Empfindung, obwohl sie doch per definitionem erst die Vorstufe und Basis zur bewußten Vorstellung ist, kann jeweils eine Laut-Äußerung korrespondieren. Das ist eine Modifikation gegenüber dem Sprachbegriff von UL 3, 18 - 20, wo nur die *Vorstellungen*, nicht die Empfindungen als sprachlich ausdrückbar diskutiert wurden. Die Lautäußerung ist, Adelung zufolge, - auch bei den Tieren - "verständlich"[91], sofern wir unter Verstehbarkeit nicht schon Bewußtheit und Artikuliertheit verstehen, sondern lediglich dies, daß der Rezipient der Laut-Äußerung von dieser zurückschließen kann, auf die ihr zugrundeliegende und ihr korrespondierende, diesfalls innere, Empfindung. So können wir zurückschließen etwa vom Gebell eines Hundes auf dessen Aggressivität, Erregtheit und was dgl. mehr - d.h, auf *Empfindungen*. Aber der Umfang solcher in sich einfacher Empfindungen und der ihnen korrespondierenden Laut-Äußerungen ist, Adelung zufolge, wie bei den Tieren[92] so auch bei den Menschen, sehr gering. Wir erkennen dies wieder unmittelbar durch Introspektion, wenn wir versuchen, die Arten unserer einfachen (inneren) Empfindungen und die ihnen korrespondierenden Lau-

---

[87] Kant unterscheidet terminologisch zwischen "innerem Sinn" und "äußerem Sinn". Vgl. R. Eisler, S. 492 - 494
[88] Es stellen sich die Fragen - die Adelung nicht stellt - : Wie ist die Korrespondenz strukturiert - korrespondiert jeder Empfindung genau eine Vorstellung, und jeder Vorstellung ein vernehmlicher Laut - und korrespondiert somit jeder Empfindung ein vernehmlicher Laut?
[89] Diese Bezeichnung impliziert natürlich in keiner Weise irgendeine moralisierende Abwertung der Fleischeslust. Sie bezeichnet lediglich das Tieferliegen der Lust in dem (nicht nur) von Adelung angenommenen strukturellen Fundierungszusammenhang im Gegenstandsgebiet "menschliche Psyche". Daher ist das Attribut "höher" hier in Anführungszeichen gesetzt.
[90] UL 4, 4 - 5
[91] UL 4, 4 - 5
[92] Adelung spricht von "jeder Art Tiere" (UL 4, 5 - 6). Jedoch besitzen evident nicht alle Tiere ein derartiges Ausdrucksvermögen, etwa die Fische, die Insekten.

te aufzulisten. Adelung selber bringt keine solche Auflistung, was bedauerlich ist, denn es hätte die Sache sehr geklärt. Er sagt diesbezüglich : "Ein ach! ah! oh! ey! fi! uh! und wenige andere, siehe da das ganze Wörterbuch der menschlichen Empfindungen."[93] Auch diese Wörter (oder Laute) sind, wie die Empfindungen, denen sie korrespondieren, in sich einfach, nicht differenziert, was zugleich daraus erhellt, daß sie kurz und nicht morphematisch gegliedert sind. Die Korrespondenz ist nicht eindeutig, sondern eher vage. Ein "Oh!", was mag es ausdrücken - Schmerz, Erstaunen, Freude? Zwar korrespondiert jeder inneren Empfindung ein Wort, aber der Konnex innere Empfindung-Ausdruck ist nicht so determiniert, wie wir das später bei den äußeren Empfindungen sehen werden. Die aufgeführten Wörter sind als *Interjektionen* zu klassifizieren. An dieser Stelle im UL wird der Begriff der "Interjektion" noch nicht eingeführt, der im epistemologischen Modell, wie es dann im Stylbuch expliziert werden wird, eine fundamentale heuristische Funktion übernimmt. Im Gegensatz zu dem dort verwendeten Beispiel ("Platz!"[94]) werden im UL nur gleichsam unartikulierte Interjektionen genannt. Als solche eignen sie sowohl den (relativ höheren) Tieren als dem Menschen; von daher ist hier noch kein Unterschied zwischen beiden Arten von Lebewesen. Zugleich ist *hier* die Stelle des Übergangs. Wir sehen an dieser Stelle, wie Adelung nun stillschweigend von den Tieren zu den Menschen übergegangen ist und jetzt nur noch von diesen spricht. Und er sagt von deren den "inneren Empfindungen" korrespondierenden Lauten, emphatisch ausrufend : "Welch eine arme Sprache! Sie machen daher keine Sprache in engerer Bedeutung aus, und aus ihnen kann nie eine Sprache im menschlichen Verstande entstehen."[95] [96] Da die inneren Empfindungen etwas sind, was der Mensch mit den Tieren gemeinsam hat, ist auch der ihnen korrespondierende lautliche Ausdruck noch nichts genuin Menschliches. Mehr noch : dieser ist nicht einmal der mögliche genetische Ausgangspunkt für eine menschliche Sprache - wie man vielleicht hätte erwarten können -, und nur "eine Sprache im menschlichen Verstande"[97] ist eine "Sprache in engerer Bedeutung". Die inneren Empfindungen und ihr Ausdruck werden von Adelung nur diskutiert, um kontrastiv zu zeigen, daß der hier ansetzende Weg *nicht* zur genuin menschlichen Sprache führt - daß zwar jedoch jegliche Vorstellung aus einer Empfindung entsteht, nicht jedoch *jegliche* Empfindung Basis einer (genuin sprachlich ausdrückbaren)

---

[93] UL 4, 8 - 10
[94] Styl 3, 31
[95] UL 4, 10 - 13
[96] Die Wendung "menschlicher Verstand" an dieser Stelle ist ambiguos; sie meint zunächst "im menschlichen Sinne", wie wir das heute ausdrücken würden, dann nennt sie das spezifisch menschliche Erkenntnisvermögen.
[97] UL 4, 13

Vorstellung ist und sein kann. Sondern den Ausgang erblickt Adelung vielmehr, indem er zum zweiten Teil seiner Ausgangsdichotomie "innere vs. äußere Empfindung" zurückgeht: den äußeren Empfindungen. "Das Vermögen, äußere Empfindungen durch vernehmliche Töne[98] auszudrucken, ist dem Menschen allein eigen, weil dazu Reflexion oder Besonnenheit[99] gehöret; ein Vermögen[100], welches ihn von den Tieren unterscheidet."[101] Wie können wir dies plausibel machen? Wie sind solche "äußeren Empfindungen" zu denken? Es scheint, Adelung denkt unter den äußeren Empfindungen die von den sog. "Fernsinnen" (Gesicht, Gehör) perzipierten Sinneseindrücke von den dem menschlichen Leib externen Gegenständen - im Gegensatz zu den inneren Empfindungen, die als unmittelbar leibgebunden gedacht wurden. Warum aber gehört *Reflexion* dazu, jene auszudrucken? Adelung läßt uns hier ohne einen Hinweis, wie diese Schwierigkeit zu denken ist. Wir wollen es so stellen : Die Welt, die Wirklichkeit, d.h. das den menschlichen Leib umgebende ihm Externe (und auch der Leib selbst, sofern er von außen wahrgenommen wird), ist - im Gegensatz zu dem mit dem Äußeren unvermittelten, in sich eingekapselten "privaten" Inneren - von einer unüberbietbaren, schier unendlichen Fülle, Komplexheit, Differenziertheit. Hat nun ein Mensch eine äußere Empfindung (Wahrnehmung) (etwa einen Baum), die sich als solche strukturell notwendig auf einen äußeren Gegenstand bezieht, so bezieht diese Empfindung sich nicht auf das Äußere in seiner ganzen Fülle, sondern greift aus dieser ein Einzelnes heraus - den Baum -, und damit tritt mit Notwendigkeit das Übrige zu-

---

[98] Zu beachten ist : Adelung spricht hier von "Tönen", nicht von "Lauten" (wie in DS 3, 3 - 5). Der Unterschied ist, daß "Töne" bereits artikuliert sind. Nicht jeder Laut ist ein Ton.

[99] Vom Unterschied dieser beiden Ausdrücke spricht Adelung hier nicht. Ist das "oder" als "bzw." zu lesen, d.h. ist "Besonnenheit" Adelungs deutsche Übersetzung des Terminus "Reflexion"? - *Herder*, auf den Adelung hier verweist (UL 4, 18 - 20), benutzt, in seinem Essay über den Ursprung der Sache, die Ausdrücke "Reflexion" und "Besonnenheit" synonym. Auch liefert er einen wichtigen Hinweis, wie Reflexion hier zu denken ist. "Der Mensch, in den Zustand von Besonnenheit gesetzt, der ihm eigen ist, und diese Besonnenheit (Reflexion) zum erstenmal frei würkend, hat Sprache erfunden. (...) Der Mensch beweiset Reflexion, wenn die Kraft seiner Seele so frei würket, daß sie in dem ganzen Ozean von Empfindungen, der sie durch alle Sinnen durchrauschet, e i n e Welle (...) absondern, sie anhalten, die Aufmerksamkeit auf sie richten, und sich bewußt sein kann, daß sie aufmerke. Er beweiset Reflexion, wenn er aus dem ganzen schwebenden Traum der Bilder, die seine Sinne vorbeistreichen, sich in ein Moment des Wachens sammeln, auf e i n e m Bilde freiwillig verweilen, es in helle, ruhigere Obacht nehmen und sich Merkmale absondern kann, daß dies der Gegenstand und kein anderer sei."(Herder, S. 426f.) Es scheint, daß Adelung sich diesen Ausführungen anschließt.

[100] Erst mit den "äußeren Empfindungen" also sind wir bei denjenigen Empfindungen angelangt, die qualifiziert sind für eine genuin menschliche Sprache im Sinne des Sprachbegriffs von UL 3, 18 - 20.

[101] UL 4, 13 - 17

rück. Die Reflexion isoliert einen Gegenstand und konstituiert ihn damit *als* Gegenstand. Mehr noch : Dergestalt schafft die Reflexion die Bedingung der Möglichkeit sprachlicher Benennung. - Wenn wir das explizierte Adelungsche Modell bedenken, dann gewahren wir ein Erstaunliches. Es ist, Adelung zufolge, nicht etwa, wie in der Tradition gedacht und noch gegenwärtig vielfach gemeint, ein menschliches Inneres (Seele oder Geist), das sich in einem sprachlichen "Ausdruck" gleichsam von innen nach außen ausdrückt. Diese strukturelle Beziehung gilt, Adelung zufolge, nur für die primitiven, tierhaften inneren Empfindungen. Sondern es ist das Äußere, die Welt, die, durch die äußeren Sinne vermittelt, im sprachlichen Zeichen zur Sprache kommt. Kraß-pointiert könnte gesagt werden : Sprache ist nicht Ausdruck einer Innerlichkeit, denn was innen ist, das sind lediglich Innereien; sondern Innerlichkeit in einem wohlverstandenen Sinne ist immer in Beziehung zu einem Äußeren. Diese strukturelle Beziehung könnte von einem hohen Abstraktionsniveau als zwar richtig, aber trivial gewertet werden - und was als trivial gilt, ist stets eine Frage des angesetzten Abstraktionsniveaus -; für alles Entäußerte gelte, daß es zuvor durch die Sinne aufgenommen wurde. Diese mögliche Kritik übersieht jedoch, daß Adelung in seinen Überlegungen sich dezidiert absetzen möchte von einer Interpretation der Innerlichkeit, die ihm unterstellt werden könnte und die, ihmzufolge, lediglich Gültigkeit besitzt hinsichtlich der spezifischen Innerlichkeit der Tiere.

Indem Adelung dergestalt das gedachte Ausdrucksvermögen charakterisiert hat, hat er den Übergang vollzogen vom bloßen *Sprechen*, davon er, am unmittelbaren Textbeginn (sowohl im UL wie im Stylbuch), ausgegangen war, zur genuin menschlichen *Sprache*, als einem komplexen und differenzierten System menschlicher Weltbewältigung. Er sprach zunächst *ex negativo,* indem er sagte, was diese Sprache *nicht* ist. Auch den Empfindungen, nicht erst den Vorstellungen, korrespondiert mithin so etwas wie eine Sprache, aber diese ist nicht nur faktisch keine genuin menschliche Sprache. Von der inneren Empfindung als solcher führt kein Weg zu den komplexen Systemen sprachlicher Weltbewältigung; es gilt einen anderen Weg zu finden. Das Vermögen, äußere Empfindungen auszudrücken, ist zwar Ausgangspunkt eines Weges hin zu einem Begriff menschlicher Sprache, ist aber noch nicht das Angezielte selbst. Adelung unterscheidet : "(...) der bloße vernehmliche oder hörbare Ausdruck der äusseren Empfindungen ist noch nicht Sprache im engsten Verstande, ob er gleich der Grund derselben ist."[102] Dies ergibt sich aus dem epistemologischen Modell Adelungs, das er im folgenden weiter ausführt. Denn nicht die Empfindungen und was ihnen innerhalb des epistemologischen Modells, sie ausdrückend, unmittelbar korrespondiert, bilden Sprache. Sondern was darauf fundiert ist : "Vorstellungen

---

[102] UL 4, 20 - 23

und Begriffe"[103] auf der mentalen Seite, und auf der Ausdrucksseite die ganze menschliche Sprache in ihrer Fülle und ihrem Reichtum.

An dieser Stelle muß auffallen, daß Adelung nun plötzlich unvermittelt von "Begriffen" zu reden beginnt. War zuvor nur die Rede gewesen von Vorstellungen, auch Gedanken, so wird nun der Terminus des "Begriffs" eingeführt. Aber zunächst steht er nur da, ohne eigens expliziert oder kommentiert zu werden. Wenn wir zum ausgearbeiteteren epistemologischen Modell des Stylbuches übergehen werden, wird sich zeigen, daß dort der Terminus "Begriff" ein expliziter Terminus ist, der von Empfindungen und Vorstellungen begrifflich distinkt unterschieden wird. Nachdem auf diese Weise Adelungs epistemologisches Modell - auf erster Stufe - vollendet ist, können wir verstehen, warum er so ansetzen mußte, wie er es getan hat.

Nach der Diskussion seines epistemologischen Modells ist Adelung soweit, die zweite Fassung der *zweiten Definition*[104] von Sprache vorzulegen : "Sprache im engsten Verstande[105] ist sowohl vernehmlicher Ausdruck der Begriffe, als auch der ganze Inbegriff solcher vernehmlichen Laute, wodurch Menschen[106] ihre Vorstellungen ausdrücken."[107] - Vergleichen wir *diese* Definition von Sprache (nicht von "Sprechen") mit den in DS und ADS gegebenen, so zeigt sich, abgesehen von einigen minimalen Formulierungsvariationen ist kein Unterschied. Aber wenn man den systematischen Ort dieser Definition in den Blick nimmt, zeigt sich : Folgte *dort* auf die Definition des Sprechens unmittelbar die der Sprache, so ist *hier* im UL zwischen diese beiden, sie vermittelnd, das epistemologische Modell eingeschoben.

Den Paragraphen 3 des Stylbuches abschließend, bringt Adelung mehrere Anmerkungen, gleichsam als Fußnoten. Zunächst geht er auf seinen Ausdruck "vernehmlich" ein und bestimmt ihn näher als "hörbar". "Vernehmlich" bedeutet indes mehr als lediglich dem Ohr "hörbar"; es hängt etymologisch mit "Vernunft" zusammen - um vernehmlich zu sein, muß eine Rede zunächst dem Ohr hörbar (akustisch genügend laut) , dann durch die Vernunft begreifbar, d.h. artikuliert, sinnvoll u.dgl. sein. - Weiter setzt er solche akustisch-phonische Hörbarkeit ab von einer anderen möglichen Weise menschlicher Kommunikation : der durch Gebärden. Taubstumme Menschen bedienen sich ja dieser Weise der Verständigung. Adelung wertet sie ab als "äusserst unvollkommene Art, ande-

---

[103] UL 4, 25
[104] Vgl. vorliegende Arbeit S. 38.
[105] Wie oben in UL 4, 22 - 23 gefordert.
[106] Wenn hier von "Menschen" die Rede ist, so will dies nicht sagen, daß diese dergleichen Sprechakte faktisch häufig vollziehen, sondern es ist in beiden Hinsichten eine Wesensbestimmung oder Essentialdefinition.
[107] UL 4, 25 - 29

ren seine Vorstellungen merklich zu machen."[108] Aber ist diese Wertung plausibel? Funktioniert die Gebärdensprache im praktisch-faktischen Gebrauch schlechter als die Wortsprache? Der behende Gebrauch durch die genannten Menschen erweist die Unhaltbarkeit dieser Unterstellung (die überdies eine unhaltbare Beleidigung jener Menschen darstellt). Oder ist sie in so etwas wie dem *Wesen* geringer? Dafür gibt es keinen Anhalt. Unten wird sich zeigen, welche systematischen Vorentscheidungen Adelung dazu zwingen, daß er diese Wertung vornehmen *muß*. Es geschieht im Zusammenhang mit seiner Sprachursprungshypothese, in welcher Adelung davon ausgeht, daß die ersten Festlegungen von Lexembedeutungen in der onomatopoetischen Imitation von Naturlauten bestanden. Würde er die Denkmöglichkeit "Gebärdensprache" ernstnehmen und sie nicht so kurzerhand abtun, so würde er auf das in seinem Sinne "falsche Geleis" einer ganz anderen Semiotik gelangen. - Aus dem selben Grund auch billigt Adelung der Ausdrucksart "Schreiben" kein eigenes Recht zu; er setzt "Schreiben stehet dem Sprechen (...) nicht entgegen, sondern ist bloß ein Hülfsmittel, vernehmliche Töne dem Gesichte vorzumahlen[109], und sie dadurch dem Verstande hörbar zu machen."[110] Zwar ist nicht abzustreiten, daß der Erstspracherwerb über den phonologischen Kanal verläuft; aber kaum ist jener vollzogen, wächst das Kind, zuerst vermittels der Schule, in eine Kultur/Zivilisation hinein, die von Schriftlichkeit getragen und bestimmt ist. Von daher ist die Schrift keineswegs als bloßer Abklatsch oder Widerspiegelung des Phonologischen zu begreifen; sie hat ihr eigenes Recht.[111]

3.2. Epistemologisches Modell auf der Stufe des "Stylbuchs"

Der thematische Schwerpunkt des epistemologischen Modells verlagert sich vom Umständlichen Lehrgebäude zum Stylbuch. Wurde in jenem namentlich epistemologisch fundiert, was "eine Sprache im menschlichen Verstande"[112] im Unterschied zum Ausdruck der Tiere konstituiert, wobei die zentralen epistemologischen Ausdrücke noch im Ungefähren verblieben; so sind diese in letzterem zu explizit herausgearbeiteten Termini erhoben, das Modell ist klar aufgebaut und rückt in seiner formalen Struktur ins Zentrum der Diskussion, und die unmittel-

---

[108] UL 4, 31 - 33
[109] Eine kühne Synästhesie.
[110] UL 5, 1 - 5
[111] Der Übergang von der bloßen Phonie in die Graphie ist eine fundamentale Modifikation in der Vermittlungsweise von Sprache. Übrigens befinden wir uns gegenwärtig geschichtlich in einer diesem Übergang vergleichbaren Periode des Übergangs der Daten-Speicherung und -vermittlung, von den schriftlich fixierten Texten - Büchern - zur elektronischen Datenverarbeitung mithilfe des Computers und des Internets.
[112] Vgl. vorliegende Arbeit S. 45 (Fußnote 96).

bare sprachbezogene Applikation beschränkt sich auf die Diskussion des Verhältnisses der epistemologischen Termini zu den Wortarten.
Das epistemologische Modell im UL befand sich noch im Stadium einer Vorstufe. Es gelangt zu vollständiger Entfaltung erst in Adelungs zweitem Hauptwerk, der "Lehre vom Deutschen Styl"[113]. Darin kommt nicht nur sein epistemolgisches Modell, sondern, man kann sagen, sein ganzes Sprachdenken zur Vollendung.

Nach der Diskussion des Sprachbegriffs[114] sieht sich Adelung (wie schon im UL) genötigt, diesen Sprachbegriff epistemologisch zu fundieren. Das im UL Ausgearbeitete, so fruchtbar es war, konnte ihm noch nicht vollständig genügen. "Die Sachen selbst" bringen es mit sich, daß er noch tiefer in die Epistemologie einsteigt als noch im UL. Daß die Epistemologie nun für ihn noch dringlicher geworden ist, bekundet sich an zwei Tatsachen. Das Noch-tiefer-eindringen-Müssen bekundet sich darin, daß die epistemologische Thematik ausführlich in Paragraphen diskutiert wird, die sie im Titel führen, also nicht als Nebenthema unter anderer Überschrift. Und diese Paragraphen schließen unmittelbar an den Eingangsparagraphen "Erklärung der Sprache" an; die epistemologische Thematik liegt Adelung im Wege, auf dem Wege, er kann sie nicht umgehen, wenn er auf sein genuines Thema "Sprache" zusteuern will. Am Schluß von § 1 Styl hatte Adelung eine epistemologische Reflexion gefordert; sie wird nötig, wollen wir das Nachdenken über Sprache reflex vollziehen : "Es ist nothwendig, noch einen Augenblick bei diesen ersten Begriffen stehen zu bleiben, und sie in ihre Bestandtheile aufzulösen."[115]

Nachdem Adelung in § 1 Styl die Töne als "artikulierte Zeichen unserer Vorstellungen" bestimmt hatte - und "Vorstellung" ist ein epistemologischer Zentralbegriff, bereits im UL -, macht er keinen Punkt, nicht einmal ein Semikolon, sondern schließt unmittelbar an "(...) und da jede derselben (der Vorstellungen) ein eigenes Ganzes für sich ausmacht, so hat sie auch hier ihr eigenes Zeichen, welches ein Wort genannt wird."[116] Damit sind Sprachlichkeit und Erkenntnis zusammengedacht.

Adelung gibt eine Darstellung des gegliederten Aufbaus des menschlichen Erkenntnisapparates, insofern dessen Strukturen für die Strukturen von Sprache konstitutiv sind. Er unterscheidet drei epistemologische Strukturelemente, die, sowohl chronologisch als struktiv, aufeinander aufbauen und dergestalt einen Fundierungszusammenhang konstituieren[117]. Diese Strukturelemente sind bereits in der Überschrift des Para-

---

[113] In vorliegender Arbeit kurz "Stylbuch" genannt.
[114] In Styl § 1. Vgl. DS § 1 (4, 3 - 10), ADS § 1 (1, 3 - 10), UL § 1 (3, 16 - 5, 5)
[115] Styl 1 2, 10 - 12
[116] Styl 1 2, 3 - 6
[117] Über die wesenhafte Mehrdeutigkeit dieses Fundierungszusammenhangs vgl. vorliegende Arbeit S. 61.

graphen, darin sie diskutiert werden, genannt, es sind "Empfindung, Vorstellung und Begriff"[118]. Die Termini traten bereits im epistemologischen Modell des UL auf, jedoch nicht thematisch und nicht zusammen aufgeführt.

Der Ansatz, den Adelung in dieser faktisch letzten und damit endgültigen Ausarbeitung seiner Epistemologie wählt, ist unverkennbar ein sensualistischer. Zwar war bereits der epistemologische Ansatz im UL implizit sensualistisch, indem vom Empfindungsbegriff ausgegangen wurde. ("Vorstellungen entstehen aus Empfindungen."[119]) Aber dabei war es geblieben; der Sensualismus des UL ist noch embryonal; hingegen ist der Sensualismus des Stylbuchs bewußt und explizit. Hier nimmt Adelung den Ausgang vom Grundsatz des Sensualismus, der in seiner klassischen Formulierung lautet : "Nihil est in intellectu, quod non ante fuerit in sensu."[120] Derart statuiert Adelung undiskutiert : "Ich kann es wohl für bekannt voraussetzen, daß alle unsere Erkenntniß aus Empfindungen entstanden ist (...)"[121]. Dieses epistemische Faktum impliziert für Adelung die Methode der Untersuchung : daß "(...) man wenigstens bey diesen anfangen muß, wenn man dem Gange jener nachspüren will."[122]

Diese "Empfindung" definiert Adelung als "das Bewußtseyn des Eindrucks eines Dinges auf einen der äußeren oder innern Sinne".[123] Diese Definition geht über die Bestimmung des Empfindungsbegriffs im UL hinaus; dort hatte es geheißen : "Empfindungen (...) sind entweder innere oder äußere."[124] Indem der Begriff des "Dinges" neu in die Definition aufgenommen wird, bekundet sich Adelungs epistemologischer Ansatz in Styl als ein realistischer. Das UL war in dieser Hinsicht neutral geblieben; dort ist von Empfindungen die Rede, diese sind das positiv Gegebene, und damit hat es sein Bewenden. Woher wissen wir - so könnte der Skeptiker oder der Idealist fragen -, daß es reale Dinge gibt, die unsere Empfindungen bewirken? Diese wirklichen Dinge aber sind es, Adelung zufolge, die einen Eindruck auf unsere Sinne bewirken, "auf einen der äußeren oder innern Sinne."[125] Im Gegensatz zu den unproblematischen äußeren Sinnen scheinen die "inneren Sinne" problematisch. Wenn wir, wie Adelung es mit *Kant* tut, die Existenz eines "inneren Sinnes"[126] annehmen, so kann doch damit nur die Selbst=Präsenz unseres Bewußtseins gemeint sein. Dann jedoch kann nicht die Rede sein von

---

[118] Styl 1 2, 13 - 14
[119] UL 4, 1
[120] Zit. nach Ritter/Gründer, Bd. 9, S. 615. Vgl. vorliegende Arbeit S. 20.
[121] Styl 1 2, 15 - 17
[122] Styl 1 2, 17 - 19
[123] Styl 1 2, 20 - 21
[124] UL 4, 1 - 2
[125] Styl 2, 21
[126] Vgl. I. Kant, Kritik der reinen Vernunft, S. 71.

dem Eindruck eines "Dings" auf dieses Bewußtsein. Dies scheint eine offensichtliche Inkonsistenz.

Vergleichen wir den Empfindungsbegriff des Stylbuchs mit dem des UL. Das UL hatte unmittelbar eingesetzt : "(...) Empfindungen (...) sind entweder innere oder äußere."[127] Dabei jedoch waren die Empfindungen thetisch gesetzt; ihre Genese war nicht problematisiert worden. Dies wird im Stylbuch nachgeholt. Dabei bleibt die Unterscheidung "Innen-Außen" bestehen; aber ihre Relevanz wird entscheidend heruntergeschraubt. Diente diese Unterscheidung zwischen inneren und äußeren Empfindungen im UL dazu, zwischen Ausdruck der Tiere und menschlicher Sprache im engsten Sinne zu differenzieren, so wird nun im Stylbuch letztere Unterscheidung und was aus ihr entwickelt wurde, unterschlagen. Zwar wird die Unerscheidung "Innen-Außen" kurz erwähnt, aber das ist alles. Darüberhinaus wird im Stylbuch, wenn man genau hinsieht, die Unterscheidung nicht mehr getroffen zwischen inneren und äußeren *Empfindungen* als solchen, sondern es sind, im Stylbuch, die *Sinne*, durch die der Unterschied "Innen-Außen" konstituiert wird. Adelung spricht von "äußern oder innern Sinne(n)"[128].

Eine Empfindung, z.B. "dieses Rot" - gegeben einem äußeren Sinn, diesfalls dem Gesichtssinn -, ist unmittelbar und in sich einfach, ein bloßes Faktum. Adelung sagt : "(...) aber auch nur dieses Bewußtsein allein, und weiter nichts."[129]. Als Beispiel für eine Empfindung in ihrer Unmittelbarkeit kann auch eine Schmerzempfindung genannt werden, obschon diese nicht durch einen der klasssischen Sinne perzipiert wird; ihr korrespondiert als sprachlicher Ausdruck der Aufschrei - die Interjektion "au!".

Wenngleich, Adelung zufolge, die Empfindung der universale und fundamentale Anlaß für jegliches menschliche Bewußtseinsleben ist, so erschöpft sich dies Bewußtseinsleben nicht in ihr, sondern treibt über sie hinaus. Der Mensch, ist er nur Mensch, kann auf dieser primitiven Stufe nicht stehen bleiben. Es gibt eine höhere Erkenntnisstufe; Adelung bezeichnet sie terminologisch als "Vorstellung". Der Aufstieg auf diese Stufe wird vollzogen durch die *Reflexion*.[130] [131] Adelung drückt das so aus: "Merkt die Seele auf diesen Eindruck, sucht sie an demselben etwas zu unterscheiden (...)"[132]. Mit der Vorstellung erst ist jene Stufe der Erkenntnis erreicht, die als genuin menschlich angesprochen werden

---

[127] UL 4, 1 - 2
[128] Styl 1 2, 20 - 21
[129] Styl 1 2, 22 - 23
[130] Vgl. die auffallende Konvergenz des hier diskutierten Adelungschen Theorems Adelungs mit der Lehre *Hegels* vom dialektischen Aufstieg des Bewußtseins in der "Phänomenologie des Geistes" (1807).
[131] Vgl. UL 4, 16 - 17, wo die Reflexion in ganz anderer Funktion gedacht wurde.
[132] Styl 1 2, 24 - 25

darf; die *Vorstellungen* waren es gewesen, als deren Ausdruck Adelung in den jeweiligen einleitenden Kapiteln[133] Sprache definiert hatte. Die so bestimmte "Vorstellung" ist nicht als in sich indifferenziert und unabgestuft aufzufassen; sie befaßt in sich mehrere Stufen. Es ist die in sich differenzierte Struktur des äußeren Dinges selber, die die Modifikation des Bewußtseins - Adelung sagt "der Seele"[134] - anstößt. "Dasjenige, was sich an einem Dinge unterscheiden läßt, ist immer sehr vielfach, und nachdem die Seele mehr oder weniger von diesem vielfachen unterscheiden lernet, sind auch bei den Vorstellungen mehrere Grade (...) möglich."[135] An dieser Stelle sagt Adelung noch nicht, in welcher Hinsicht die Vorstellungen graduell differenziert sind.

Allein auch die "Vorstellung" ist noch nicht die letzte, höchste Stufe des Bewußtseins. Die hier gedachte Bewußtseinsdialektik treibt noch über sie hinaus; sie findet ihren Höhe- und damit Endpunkt erst in dem, was Adelung terminologisch als "Begriff"[136] bezeichnet. Er schreibt hinsichtlich dessen Genese : Sobald "(...) ich die Art und Weise der Empfindung und ihrer Ursache einsehe, so entsteht daraus ein Begriff(...)."[137] Adelung definiert den Terminus des "Begriffs" mithilfe des Terminus "Empfindung", davon er ja als fundamental ausgegangen war. (Vgl. mit dieser Verwendungsweise des Terminus "Begriff" die modifizierte Verwendungsweise desselben Terminus im psychologischen Modell. Wohl auch, um implizite diesen Unterschied anzuzeigen, spricht Adelung hier von einem "Begriff im eigentlichsten und schärfsten Verstande"[138].) Indem Adelung im Stylbuch dergestalt Empfindung, Vorstellung, Begriff in einen systematischen Zusammenhang gebracht hat, hat er diese bereits im UL verwendeten Ausdrücke zu expliziten Termini erhoben. Im UL waren sie so zusammengedacht worden : " (Der Ausdruck) ist so wenig Sprache, als bloße einfache Verbindungen Vorstellungen und Begriffe sind."[139] [140]

---

[133] Der jeweilige § 1 in DS, ADS, UL, Styl
[134] Etwa Styl 1 2, 23; Styl 1 2, 29 und passim
[135] Styl 1 2, 27 - 31
[136] Styl 1 3, 3 passim
[137] Styl 1 3, 1 - 3
[138] Styl 1 3, 3 - 4
[139] UL 4, 23 - 25
[140] Adelung legitimiert seine terminologische Unterscheidung (Empfindung - Vorstellung - Begriff) nicht nur durch den "Sprachgebrauch" (Styl 1 3, 6 - 7) sondern auch aus argumentationspraktischen Gründen : Sie sei "für die gegenwärtige Absicht die fruchtbarste." (Styl 1 3, 7 - 8) Und diese Absicht ist ja eine sprachtheoretische und nicht primär philosophische.

3.3. Die Klarheit

3.3.1. Erkenntnisinstanzen und Begriff der "Klarheit"

Es wurde expliziert : Auf die "Empfindung" ist die "Vorstellung" fundiert, auf diese der "Begriff". Was jedoch ist das Kriterium, der Gradmesser für das Niveau der Erkenntnisinstanzen im explizierten Fundierungszusammenhang? *In welcher Hinsicht* sind sie höher oder weniger hoch? Der epistemologische Kontext gibt Adelung Gelegenheit, einen für ihn zentralen, permanent wiederkehrenden Gedanken thematisch einzuführen : es ist der der *Klarheit.* Es ist der Grad an Klarheit, der den Niveauunterschied innerhalb der epistemologischen Trias konstituiert.[141] Notabene : die Erkenntnisinstanzen haben, Adelung zufolge, kein jeweils eigenes - "ontologisches" - Recht, sondern ihre Spezifikation resultiert lediglich aus der graduellen Steigerung an Klarheit. In der Empfindung besteht nur eine geringe Klarheit; sucht die Seele "dieses Bewußtseyn zu einiger Klarheit zu bringen, so entsteht aus der Empfindung eine Vorstellung."[142] Derart "sind auch bey den Vorstellungen mehrere Grade von Klarheit möglich."[143] Der Übergang von der Vorstellung zum Begriff ist gleichfalls ein lediglich gradueller. Das Kriterium für diesen ergibt sich aus einem Rekurs auf die als fundamental angesetzte Empfindung : "Wird die Vorstellung so klar, daß ich die Art und Weise der Empfindungen und ihrer Ursache einsehe, so entsteht daraus ein Begriff (...)"[144]. Hier jedoch muß die *kritische Frage* ansetzen : Wenn der Unterschied der Erkenntnisinstanzen, wie wir gesehen haben, ausschließlich quantitativ bestimmt ist und in keiner Weise qualitativ, mit welchem Recht kann dann überhaupt noch von distinkten Entitäten die Rede sein? Ist die Grenzziehung innerhalb eines vorgestellten Kontinuums von Klarheitsgraden dann nicht vollständig arbiträr und beliebig und könnte also demzufolge bei jeglichem Grad von Klarheit vorgenommen werden? Muß nicht ein echter Unterschied notwendig *qualitativ* sein? (*Hegel* könnte Adelung zu Hilfe kommen mit dem Theorem vom dialektischen Umschlag der Quantität in Qualität.)

---

[141] Dergestalt war der Klarheitsbegriff in der Diskussion des epistemologischen Modell des Stylbuches antizipierend verwendet worden. Sucht die Seele "(...) dieses Bewußtsein zu einiger Klarheit zu bringen, so entsteht aus der Empfindung eine Vorstellung." (Styl 1 2, 23 - 27) Und etwas später : "(...) auch bey den Vorstellungen (sind) mehrere Grade von Klarheit möglich."(Styl 1 2, 30 - 3, 1)
[142] Styl 1 2, 25 - 27
[143] Styl 1 2, 30 - 3, 1
[144] Styl 1 3, 1 - 3

3.3.2. Abriß zum Begriff der "Klarheit" in der Geschichte der Philosophie der Neuzeit bis auf Adelung

Im Falle des Begriffs der "Klarheit" handelt sich um eine Metapher, die, wie jede Metapher, ursprünglich aus dem sinnlichen Bereich stammt Eine mögliche Definition der Klarheit im unmetaphorischen Sinn gibt Krug : "Klar heißt ursprünglich die Luft, wenn sie nicht mit Dünsten angefüllt, oder der Himmel, wenn er nicht mit Wolken bedeckt ist."[145] Adelungs eigene Definition lautet : "Klar nennet man das, was viele Lichtstrahlen durchläßt, einen hohen Grad der Durchsichtigkeit hat."[146] Die Definition der "Klarheit" hinsichtlich unmetaphorisch-geistiger Phänomene bei Krug ist : "Dann heißt aber auch unser Geist klar, wenn er sich seiner Vorstellungen und Bestrebungen bewusst ist, daß er sie gehörig voneinander unterscheidet."[147] "Klarheit (ist) die Freiheit einer Wahrnehmung oder Vorstellung, eines Begriffs, Urteilsgefüges von Verschwommenheit. In der Klarheit hebt sich die Struktur des Gedankens präzis heraus, werden alle Bezüge rein ersichtlich."[148] "(...) in der Logik (wird) auch den Begriffen Klarheit beigelegt, wenn man sie mit solcher Lebhaftigkeit denkt, daß einer vom andern gehörig unterschieden wird."[149] Sodann betont Krug, was auch Adelung sagt : "Es versteht sich dabei von selbst, daß diese Klarheit mehrere Grade zulässt; weshalb man auch die 'durchgängige' und die 'theilweise' Klarheit unterscheidet. Durchgängig klar ist ein Begriff nur dann, wenn er von allen Begriffen, auch den verwandtesten oder ähnlichsten, unterschieden wird; außerdem nur theilweis. Ist ein Begriff so klar, daß man auch seine Merkmale (seinen Inhalt) und seine Unterbegriffe (seinen Umfang) von einander unterscheidet, daß er also gleichsam durchsichtig wird, so heißt die Klarheit bestimmter 'Deutlichkeit'. Im gemeinen Leben begnügen wir uns oft mit der bloßen Klarheit; in der Wissenschaft aber müssen wir es zur möglichsten Deutlichkeit zu bringen suchen. Das Gegenteil der Klarheit ist 'Dunkelheit' (...) Uebrigens kann man die Klarheit auch noch in 'logische' (der Gedanken) und die 'grammatisch-rhetorische' (des wörtlichen Ausdrucks der Gedanken) eintheilen. Diese hängt von jener ab. Denn wer nicht klar denkt, vermag auch nicht klar zu reden und zu schreiben. Das Eine ist aber so fehlerhaft wie das Andere."[150] Ritter/Gründer vermerken zur Begriffsgeschichte des Begriffspaares "Klar und deutlich" : "(lat. clare et distincte). die bereits in der Scholastik vorkommende Formel gewinnt bei Descartes eine zentrale Stellung, indem

---
[145] Krug, Bd. 2, S. 619
[146] Styl 1 126, 11 - 13
[147] Krug, S.619
[148] Neuhäusler, S. 109
[149] Krug, S. 619
[150] ebda, S. 619f.

die Forderung nach Klarheit und Deutlichkeit zum Wahrheitskriterium für Erkenntnisse (perceptiones), zu denen Descartes auch die Ideen zählt, erhoben wird. 'Klar' (clara) nennt Descartes eine Erkenntnis, 'die dem aufmerkenden Geiste gegenwärtig und offenkundig ist' (quae menti attendenti praesens et aperta est); 'deutlich' (distincta) nennt er eine bereits klare Erkenntnis, die 'von allen übrigen Erkenntnissen so getrennt und unterschieden ist, daß sie gar nichts anderes, als was klar ist, in sich enthält' (ab omnibus aliis ita sejuncta est et praecisa, ut nihil plane aliud, quam qoud clarum est, in se contineat). Das Kriterium der 'Klarheit und Deutlichkeit' besteht demnach nicht aus der Verbindung zweier voneinander unabhängiger Kriterien der 'Klarheit' und der 'Deutlichkeit', sondern die Deutlichkeit ist eine vollkommenere Art der Klarheit. Descartes´ Formulierung des Kriteriums der Deutlichkeit enthält genaugenommen zwei verschiedene Auffassungen der Deutlichkeit: Die erste ist die 'äußere' Deutlichkeit, die Unterscheidbarkeit einer Erkenntnis (Idee) von allen anderen (ab omnibus aliis) Erkenntnissen (Ideen); die zweite ist die 'innere' Deutlichkeit, die Zerlegtheit des Inhalts (quod... in se contineat) einer Erkenntnis (Idee). Im Sinne dieser Terminologie scheint Descartes implizit zu meinen, daß die äußere Deutlichkeit die innere bedingt (ita...ut). Dies ist aber keineswegs der Fall. Wenn man z.B. Dreiecke von allen anderen geometrischen Figuren unterscheiden kann, heißt dies noch nicht, daß man eine Merkmalzerlegung des Begriffs 'Dreieck' angeben kann. / Die Ungenauigkeit der Descartesschen Bestimmung von 'klar und deutlich' versuchte Leibniz zu beheben. Er bestimmt die Klarheit als Wiedererkennbarkeit und unterteilt sie in Verworrenheit der äußeren Deutlichkeit. Dabei entspricht die Verworrenheit der äußeren Deutlichkeit, die Deutlichkeit selbst der inneren Deutlichkeit. / Die Leibnizschen Unterscheidungen sind für die Folgezeit bestimmend geblieben. (...) Da aber außerdem, wie bereits bei Descartes, die Deutlichkeit höher eingestuft wird als die Klarheit ohne Deutlichkeit, wird terminologisch auch diese bloße Klarheit (...) der Deutlichkeit gegenüber gestellt, z.B. bei H. Lotze. (...) Vor Kant hat es jedoch bereits Baumgarten in Absetzung von Leibniz unternommen, die Eigenständigkeit der bloß klaren (...) Erkenntnis (...) zu begründen. Der Grund ist folgender : Als Beispiele für verworrene Erkenntisse werden in der Tradition stets sinnlich verbleibende Erkenntnisse genannt, z.B. bei Descartes die Schmerzempfindung, bei Leibniz die Wahrnehmung von Farben, Gerüchen und Geschmäcken, aber auch, in einem weiteren Sinn von sinnlicher Erkenntnis, die ästhetische Erkenntnis: 'Auf diese Weise erkennen wir manchmal ganz klar, ohne irgendwie im Zweifel zu sein, ob ein Gedicht oder ein Gemälde gut oder schlecht gemacht ist, weil es ein gewisses Etwas hat, das uns befriedigt oder unseren Anstoß erregt.' Auf die fehlende Deutlichkeit wird hier durch den Ausdruck 'ein gewisses Etwas' hingewiesen. Würde man Leibniz' Hierarchisierung der Erkenntnisarten zustimmen, so würde die ästhetische Erkenntnis als bloß klare Erkenntnis insbesondere gegenüber der wissenschaftlichen Erkenntnis abgewertet werden. (...)"[151]

Außerdem ist historisch festzuhalten : Der Begriff der "Klarheit" wird namengebend für die geistesgeschichtliche Epoche der "Aufklärung" (frz. "le siècle des lumières"). Im Wort "Aufklärung" ist das Wort "klar" etymologisch enthalten. Es ist die Epoche, in der Adelung lebt und schreibt und der sein Denken zugehört. Das ist, von den hier diskutierten Texten ausgehend, nicht nur ersichtlich an der häufigen affirmativen Verwendung von Termini wie "klar", "Aufklärung", "aufgeklärt", sondern auch an der pejorativen Verwendung der Antonyme "verworren" und namentlich "dunkel".[152]

Auch Adelungs Zeitgenosse Goethe verwendet die Unterscheidung zwischen Klarheit und Verworrenheit in seinen poetischen Texten. So sagt der Herr von Faust, dem Doktor, seinem Knecht : "Wenn er mir jetzt auch nur verworren dient, / So werd ich ihn bald in die Klarheit führen."[153]

3.3.3. Zum Klarheitsbegriff bei Adelung

Immer wieder verwendet Adelung die Termini "klar", "Klarheit", sowie deren Antonyme "dunkel" und "Dunkelheit"; so oft, daß man geneigt ist zu meinen, es seien "Schlagworte", mit welchen er auf zu Kritisierendes einschlägt. Diese Meinung übersieht, daß die genannten Begriffe bei Adelung durchaus operationale Begriffe mit dem Status von Termini sind. Daher ist es unausbleiblich, daß sie einmal definiert und diskutiert werden. Dies tut Adelung im Stylbuch S. 125-165. Er verfährt hier wie sehr oft in diesem Werk, daß er die sprachwissenschaftliche Thematik unter einer Überschrift diskutiert, darunter man sie zunächst gar nicht suchen würde, nämlich dem 1. Teil "Allgemeine Eigenschaften des Styls"[154]. Der Text hebt an mit einer Verhältnisbestimmung der Termini "Klarheit" und Deutlichkeit". Es "sind zwey Nahmen einer und derselben Eigenschaft, nur mit dem Unterschiede, daß der erstere ein wenig mehr figürlich ist, als der letztere."[155] Dies ist evident eine andere Bestimmung als etwa bei Leibniz[156], der sich philosophisch abmüht, diesen Ausdrücken einen terminologischen, mitunter gar paradox anmutenden Unterschied abzugewinnen. Nichts von alledem bei Adelung; der Unterschied fällt weg, und die Termini sind (nahezu) synonym.

---

[151] Ritter/Gründer, Bd. 4, Sp. 846f. (Stichwort "klar und deutlich")
[152] Etwa Styl 1 11,3; 11,7; 11,16; 12,9 - 10; 22; 12,27, passim
[153] J.W. Goethe, Faust 1, Zeilen 308f. (der Herr)
[154] Styl 1 S. 33 - 552
[155] Styl 1 126, 8 - 11
[156] Vgl. vorliegende Arbeit S. 55 - 57.

Das Antonym zur "Klarheit" bei Adelung ist die "Dunkelheit". Immer wieder tritt dieser Terminus bei ihm auf, wenn Phänomene abgeurteilt werden sollen, die Adelung als dezidierter Aufklärer verwirft. Als Synonyma fungieren "verworren" und "zweydeutig". Die Definition der "Dunkelheit" ist : "(...) die Dunkelheit (ist), wenn die Aufsuchung des wahren Verstandes Mühe erfordert."[157] Als den äußersten Extremfall der Dunkelheit, die völlige Abwesenheit von Licht, gleichsam die Finsternis, begreift Adelung "die Unverständlichkeit"[158]. Dennoch ist die Unverständlichkeit nicht einfach bloß eine graduelle Steigerung der Dunkelheit; es besteht ein struktureller Unterschied. Diesbezüglich schreibt H. Habe über "(...) das Unverständliche, das ich nicht mit dem Schwerverständlichen verwechselt haben möchte - das Schwerverständliche läßt sich 'übersetzen', und es zu verdolmetschen ist die Aufgabe der Literaten; das Unverständliche ist jedoch unübersetzbar, so daß es in der Tat nicht verdolmetscht (...) werden kann."[159]

Auf welchen Gegenstandsbereich bezieht sich die Qualität der "Klarheit" bei Adelung? Er stellt vor allem den Bereich des Sprachlich-Stilistischen heraus. An die unmetaphorische Bestimmung dessen, was in der Natur "klar" bedeutet[160], schließt er an, was es in jenem Bereich bedeutet : "Die Klarheit des Styles, bei den Römischen Schriftstellern Perspicuitas, ist also diejenige Eigenschaft desselben, nach welcher die ganze Vorstellung, welche der Sprechende hat, rein und unvermischt durch die Worte gleichsam durchscheinet; wo der Vortrag lauter Licht, und die Rede ein heller Strom ist, wo man überall auf den Grund sehen kann."[161] Jedoch kann der Terminus ebensowohl auf epistemische Phänomene Anwendung finden.

Adelung diskutiert die Denkfigur der Dunkelheit eines Erkenntnisgegenstandes als solchen; um sie schließlich abzuweisen. Adelung zufolge kann prinzipiell jeder beliebige Gegenstand mit "Leichtigkeit" diskutiert werden. Er lehnt also eine Interpretationstendenz ab, wie sie sich etwa in den Worten W. Biemels ausspricht : "Vielleicht ist es gut, einmal die umgekehrte Deutung zu versuchen, also anzusetzen, daß die Schwie-

---

[157] Styl 1 151, 26 - 28
[158] Styl 1 151, 28
[159] H. Habe, Erfahrungen, S. 161
[160] Styl 1 126, 12 - 14
[161] Styl 1 126, 14 - 21. - Die unmetaphorische Verwendungsweise von "klar" gibt Adelung hier Gelegenheit, zwanglos die Lichtmetaphorik der Aufklärung einzubringen. Wichtiger noch scheint, daß Adelung hier so etwas wie ein Kommunikationsmodell einführt, ähnlich dem, wie es aus der modernen Linguistik bekannt ist. Das Wort-Zeichen transportiert gleichsam vom Sender zum Empfänger eine Information - mit dem Unterschied jedoch, daß bei Adelung diese "Information" in ihrer Klarheit und Helle gleichsam manifest wird, so daß der Prozeß der Übermittlung zu einem untergeordneten Moment herabsinkt. Ein unerwartet mystischer Zug in Adelung.

rigkeit in der Sache selbst liegt, und vielleicht auch in unserer Trägheit, eine Schwierigkeit wahrhaben zu wollen."[162] Die Lichtmetaphorik der Aufklärung (le siècle des lumières) verwendend, schreibt Adelung ganz optimistisch-naiv : Es ist die erste Pflicht, "(...) über eine schwere Sache nicht eher zu sprechen oder zu schreiben, als bis man das möglichste Licht in seine Begriffe gebracht hat, und ist dieses einmahl geschehen, so folgt die Klarheit des Ausdrucks von selbst."[163] Klarheit des Ausdrucks scheint für ihn eine ganz epiphänomenale Sache.

Wenn Adelung faktisch die Lichtmetaphorik sehr häufig verwendet, so ist das kein Zufall, sondern es resultiert aus seiner geistesgeschichtlichen Situation. Die philosophische Bewegung der Aufklärung hatte sich vorgenommen, entgegen dem "dunklen" Mittelalter, Licht, und d.h. Klarheit zu verbreiten. An einer interessanten Stelle bringt Adelung die Lichtmetaphorik unmittelbar zusammen mit den für ihn zentralen Begriffen von Klarheit bzw. Verworrenheit. Es werden anstelle der im Kontext sonst erwartbaren Ausdrücke "Klarheit" und "Verworrenheit" die Ausdrücke "Licht" und "Schatten" verwendet. "Die Hauptbegriffe müssen den höchsten Grad des Lichtes haben, welcher ihnen nach dem Maße ihrer Wichtigkeit zukommt; hingegen die Nebenbegriffe und bloßen Verbindungsmittel können im Schatten stehen, doch nicht so sehr, daß sie ganz verdunkelt würden (...)"[164] Darüberhinaus erhellt aus der Stelle, daß Licht und Schatten bei Adelung sich keineswegs konträr gegenüberstehen, sondern daß es bei beiden graduelle Abstufungen und Zwischenstufen[165] gibt, so daß ein Kontinuum entsteht. Auch scheint Adelung die Extrema, gleißende Helligkeit und völlige Finsternis, nicht zu schätzen; er bevorzugt die maßvoll-vermittelnden Zwischenstufen.

Wenn Adelung die klaren Begriffe sehr schätzt, so nicht bloß als einen in sich abstrakten Selbstzweck für den Philosophen, der nach einem klar aufgebauten System - wie etwa dem Spinozaischen - verlangt, sondern sie haben auch einen pädagogischen Wert, nicht zuletzt für sein genuines Thema, die Sprachlehre. "Klare und deutliche Begriffe haben auch für die ungebildetste Seele einen unwiderstehlichen Reitz, und jede Sprache würde mit weit mehr Eifer, Vergnügen und Nutzen auch für die Ausbildung des Verstandes erlernet werden, wenn man in ihren Vortrag mehr Deutlichkeit, bey nahe möchte ich sagen, Menschenverstand, brächte, als bisher gewöhnlich ist."[166] Über die Aufgaben des Sprachlehrers vermerkt er : "(...) es ist die Pflicht eines jeden Sprachlehrers, allen Begriffen in der Sprache den höchsten nur möglichen Grad der Deutlich-

---

[162] W. Biemel, Heidegger, S. 129
[163] Styl 1 154, 28 - 155, 1. - Vgl. oben das Faust-Zitat (Fußnote 153).
[164] Styl 2 61, 5 - 11
[165] Den "Goldenen Mittelweg" zwischen den Extrema Licht und Schatten, in gleicher Entfernung von beiden, könnten wir als die "Dämmerung" bezeichnen.
[166] UL 269, 23 - 30

keit und Bestimmtheit zu geben, und die Gründe aller Erscheinungen so tief aufzusuchen, als die Natur der Sache es verstattet."[167] Es scheint also, im Unterschied zum oben[168] Erörterten, bei Adelung eine Klarheit oder Verworrenheit zu geben, die durch die "Sache selbst" bedingt ist und nicht lediglich eine Angelegenheit der Darstellung. - Es schließt sich eine vermeintliche Abwehr an, die in Wahrheit ein stolzes Bekenntnis ist : "Will man das philosophisch nennen, immerhin; allein alsdann muß man auch gestehen, daß gründlich, vernünftig und philosophisch einerley ist, dem nur das seichte, unvernünftige und verworrene entgegen stehen kann."[169]

Was Adelungs eigene Schreib- und Argumentationspraxis anbetrifft, so kann ihm der Schein ausgestellt werden, daß er es vermocht hat, die doch oft schwierige Sache "Sprache" zuallermeist sowohl mit Klarheit als mit Tiefe durchdacht und dargestellt zu haben. Die Klarheit ist von Adelung nicht nur gefordert, sondern in seinem schriftstellerischen Werk allenthalben verwirklicht. Für Adelung trifft der Satz Nietzsches zu : "Wer sich tief weiß, bemüht sich um Klarheit; wer der Menge tief scheinen will, bemüht sich um Dunkelheit. (...)"[170]

Zur eminent wichtigen Funktion des Begriffs der Klarheit bzw. Dunkelheit im Zusammenhang mit dem kulturellen Fortschrittsprozeß vgl. vorliegende Arbeit über Adelungs Sprachursprungshypothese S. 89 - 108.

3.4. Applikation des epistemologischen Modells (Stylbuch) auf Sprache. Die Wortarten

3.4.1. Generell

Nach der unumgänglichen epistemologischen Fundierung des Sprachbegriffs kann Adelung auf sein genuines Thema "Sprache" zusteuern und das zuvor Gewonnene hierauf applizieren. Daher ist § 3 Styl überschrieben : "Anwendung auf die Sprache"[171]. Der Paragraph bringt die Adelung-spezifische Unterscheidung der Wortarten. Das Prinzip der Unterscheidung ergibt aus dem, was die epistemologische Analyse an

---

[167] UL 116, 5 - 10. - Ein schöner Satz. Der Denkende kann nicht unendlich tief hinabbohren, "wie ein Maulwurf, der den Tiefenrausch hat" (diese treffliche Wendung verdanke ich meinem Lehrer H. Knoblauch), sondern er ist auf die sich zeigende und verbergende Sache verwiesen und angewiesen. Ein Zug der Bescheidenheit Adelungs, der hier zum Ausdruck kommt. - Hegel dachte konträr : daß das Erkennen von solcher Kraft sei, daß kein Gegenstand ihm Widerstand leisten kann.
[168] Vgl. vorliegende Arbeit S. 58 - 59.
[169] UL 116, 10 - 14
[170] F. Nietzsche, Die fröhliche Wissenschaft, Aphorismus 173
[171] Styl 1 3, 18

Strukturenerkenntnis erbracht hatte. Wir dürfen hier also nicht die traditionelle Unterscheidung der Wortarten (Verb, Substantiv etc.) aus der klassischen Grammatik erwarten. Adelungs Unterscheidung ist dieser vielmehr systematisch vorgeordnet.

Es wurde expliziert : Die epistemologischen Strukturelemente[172] Empfindung, Vorstellung und Begriff (die epistemologische Trias) sind "bloß in den Graden der Klarheit unterschieden"[173]. Da für Adelung die Parallelität der Inhalts- und der Ausdrucksseite innerhalb des bilateralen Zeichenmodells undiskutiert feststeht, kann er ohne weiteres folgern : "und so sind es dann auch ihre Ausdrücke."[174] Dies impliziert zweierlei. Zunächst : Jedem mentalen Element ("Vorstellung" im weiten Sinn[175]) korrespondiert ein Ausdruck[176]. Und zwar korrespondiert dem einzelnen mentalen Element, je nachdem, wie es spezifiziert ist (in der epistemologischen Trias "Empfindung" - "Vorstellung" im engeren Sinn, wie in § 2 Styl definiert - "Begriff") eine spezifisch andere Art des Ausdrucks. Dies ist eine Applikation des Sprachbegriffs ("Sprache ist Ausdruck der Vorstellungen.") auf die spezifischen Vorstellungen. Dann : Wie bereits für die mentalen Strukturelemente, so ist für die Arten des Ausdrucks das alleinige Unterscheidungs-Kriterium der *Grad an Klarheit*. Notabene : Die Arten des Ausdrucks besitzen den jeweiligen Grad an Klarheit nicht an sich selbst, sondern er resultiert aus der Art des mentalen Strukturelements, dem ein Ausdruck jeweils korrespondiert.

3.4.2. Speziell

Wir wollen die Korrespondenz der mentalen Strukturelemente und der Arten des Ausdrucks in ihrer systematischen Abfolge durchgehen.
1. Einer "Empfindung" korrespondiert die "Interjection", die Adelung auch, um die terminologische und sachliche Beziehung zur "Empfindung" anzuzeigen, als "Empfindungswort" bezeichnet. Interjektionen sind meist durch einen sinnlichen Reiz (in Adelungs Terminologie : eine "Empfindung") ausgelöst. Sie stehen in keinem syntaktischen Zusammenhang. Sie haben oft, was sich als wichtig erweisen wird, onomatopoetischen (schallnachahmenden) Charakter. Lewandowski gibt als Beispiele für Interjektionen : "ach, ah, aha, ach so, ach was, hallo, he, hoppla, naja, oh, oh weh, patsch"[177]. Adelungs Beispiel ist "Platz!"[178]. Er behält dies Beispiel auch im folgenden bei, um zu demonstrieren, welche

---

[172] So seien sie bezeichnet, da Adelung kein eigenes Hyperonym verwendet.
[173] Styl 1 3, 20 - 21
[174] Styl 1 2, 21
[175] Wie in Styl § 1 definiert
[176] Wie ebenfalls in Styl § 1 definiert
[177] Lewandowski, Bd. 2, S. 461
[178] Styl 1 3, 31

Modifikation auf der Ausdrucksseite dem Übergang von der "Empfindung" zur "Vorstellung" und dann zum "Begriff" auf der mentalen Seite korrespondiert.

Mit "Platz!" ist nicht etwa ein öffentlicher Platz (lat. forum) gemeint, sondern ein Zerplatzen, eine Explosion. Ein Luftballon etwa zerplatzt. Dabei gibt er ein Geräusch von sich. Dieses Geräusch ist ein bloßer, unartikulierter Schall, darum graphetisch nicht reproduzierbar. Ein Mensch, wenn er diesen Schall gehört hat (in Adelungs Terminologie "ihn empfunden hat") und sich über ihn verständigen will, kann nun ein artikuliertes Wort bilden, das dem empfundenen Schall phonologisch *ähnlich* ist : eben das Wort "Platz!"[179].[180]

2. Zur "Vorstellung" im engeren Sinn und der ihr korrespondierenden Art des Ausdrucks, dem Wort "im eigentlichsten Verstande"[181]. Im epistemologischen Modell des Stylbuchs nimmt die "Vorstellung" eine Sonderstellung ein. Im Unterschied zu "Empfindung" hie, "Begriff" da, die jeweils einen unveränderlichen Grad an Klarheit besitzen, "sind bey den Vorstellungen mehrere Grade von Klarheit möglich."[182] Der Verschiedenheit des Klarheitsgrads auf der Inhaltsseite korrespondiert eine solche auf der Ausdrucksseite : "(...) da die Vorstellungen mehrerer Grade von Klarheit fähig sind, (sind) auch ihre Ausdrücke nach eben dem Maße"[183] modifikabel. Adelung gibt darum nicht nur *ein* Beispiel, sondern notwendiger Weise mehrere, um zu demonstrieren, auf welche verschiedenen Arten die Interjektion "Platz!" zu einem "Wort" modifiziert werden kann. Die verschiedenen Arten von Modifikationen, unter die ein "Wort" fallen kann, sind "nackte oder angekleidete Wurzelwörter, oder abgeleitete oder auch zusammengesetzte Wörter"[184]. Statt der hier von Adelung verwendeten sich deutscher Wörter bedienenden Sprache seien die von ihm gegebenen Beispiele in linguistisch-wissenschaftlicher Terminologie kommentiert; auch darum, weil Adelung die Arten von Modifikationen zwar nennt, sie aber seinen Beispielen nicht zuordnet. - Die Interjektion "Platz!" kann zu einem "Wort" modifiziert werden : durch Voranstellen eines Artikels ("der Platz") ("es that einen Platz"); durch Verwandlung in ein Verb ("platzen", "plätzen"); durch Verwand-

---

[179] In Comic-Strips etwa kann man dieses Wort, das es im Grunde gar nicht gibt, lesen.
[180] Hierin steckt zugleich ein Ansatz zu einer Sprachursprungshypothese. Sie wird in Styl §§ 4 - 11 weiter ausgeführt werden. Vgl. vorliegende Arbeit S. 89 - 108.
[181] Styl 1 4, 4 - 5
[182] Styl 1 2, 30 - 31 (§2)
[183] Styl 1 3, 26 - 27
[184] Styl 1 3, 28 - 30

lung in ein Substantiv ("Plätzer"[185]); durch Präfixbildung ("das Geplatze"); durch Komposition ("der Platzregen")[186].

Zu Beginn von § 3 Styl hatte Adelung gesagt : "Empfindung, Vorstellung und Begriff sind also bloß in den Graden der Klarheit unterschieden, und so sind es auch ihre Ausdrücke."[187] An die Beispiele anschließend sagt er : "Was dort" (nämlich im Falle der Interjektion "Platz!") "noch bloße Empfindung war, ist (hier) zu Vorstellungen von verschiedenen Graden der Klarheit erhöhet worden."[188] Daraus wäre streng logisch zu schließen, daß die verschiedenen gegebenen Beispiele einen unterschiedlichen Grad an Klarheit besitzen. Doch Adelung gibt keine Hierarchisierung im Grad an Klarheit, weder für die genannten Beispiele, noch für die Arten von Vorstellungen, denen sie jeweils korrespondieren. Er gibt auch kein allgemeines Prinzip möglicher Verifizierung. Er käme dabei in arge Beweisnot. Denn es ist nicht unmittelbar plausibel, daß etwa das Wort "der Platz" bzw. die ihm korrespondierende Vorstellung und das Wort "der Platzregen" bzw. die ihm korrespondierende Vorstellung einen unterschiedlich hohen Grad an Klarheit besäßen. Es mag auffallen, das verwendete Beispiel "platz!" ist unzureichend. Indes ist es das nicht als es selbst, sondern jeder Versuch, innerhalb des hier von Adelung angesetzten Erklärungsmodells zureichende Beispiele zu finden, muß scheitern. Denn der theoretische Ansatz, davon Adelung ausgeht - alle Wörter auf Interjektionen zurückzuführen -, ist in sich irrig und kann daher nur zu irrigen Resultaten führen. Im Kontext der Adelungschen Sprachursprungshypothese wird sich dieser Ansatz als zentral wichtig herausstellen[189].

3. Zum "Begriff". Adelung bestimmt diesen Terminus näher, als zuvor : "(...) der Begriff (macht) in der Seele[190] kein ungetheiltes Ganzes aus (...), sondern (besteht) aus einer Reihe mehrerer klarer Vorstellungen (...)"[191]. Was korrespondiert einem so bestimmten "Begriff" auf der Ausdrucksseite? Adelungs Antwort : "(...) er (läßt) sich nicht durch ein einiges Wort ausdrucken, sondern erfordert deren mehrere."[192] Adelung scheint dies für eine ausreichende Begründung dafür zu halten, daß er hier auf ein Beispiel verzichtet. Doch das wäre nötig gewesen; hauptsächlich, um zu zeigen, wie, der epistemologischen Trias korrespondierend, die Kontinuität mit dem in (1) und (2) verwendeten Beispiel des

---

[185] Was ist ein "Plätzer"? Nach Grimm/Grimm, Bd. 13, Sp. 1924 "klatschender schlag, besonders auf den hintern".
[186] Sämtliche Beispiele Styl 1 4, 3 - 4
[187] Styl 1 3, 19 - 21
[188] Styl 1 4, 5 - 7
[189] Vgl. vorliegende Arbeit S. 89 - 108.
[190] Hier wieder dieser problematische Begriff aus § 2 Styl.
[191] Styl 1 4, 8 - 10
[192] Styl 1 4, 10 - 12

"Platzens" gewahrt werden könnte. Und auch wenn es nicht möglich ist, ein einziges Wort als Beispiel zu geben, so wäre doch eine Verbindung - und zwar kommt es darauf an, *was* für eine Verbindung, ob morphematisch-kompositorischen oder syntaktischen Charakters - von Wörtern, in denen eine Modifikation von "platz!" verwendet wird, denkbar.

Der hier verwendete Terminus des "Begriffs" ist indes zu problematisieren. Adelung sagt *negativ* von ihm, daß er "(...) in der Seele kein ungetheiltes Ganzes ausmacht (...)"[193]. Das ist offensichtlich eine Bezugnahme auf und Entgegensetzung zu § 1 Styl, wo von den "Vorstellungen" gesagt wurde, daß "(...) jede derselben ein einiges Ganzes für sich ausmacht"[194] und daher "auch ihr eigenes Zeichen (hat), welches ein Wort genannt wird."[195] Was aber ist der "Begriff" *positiv*? Er besteht "aus einer Reihe mehrerer klarer Vorstellungen (...)"[196]. Das ist eine andere Bestimmung des Verhältnisses von "Vorstellung" und "Begriff" als in § 2 Styl, wo der Terminus "Begriff" eingeführt wurde und wo es hieß : " Wird die Vorstellung so klar, daß ich die Art und Weise der Empfindung und ihrer Ursache einsehe, so entstehet daraus ein Begriff im eigentlichsten und schärfsten Verstande."[197] Dort war der "Begriff" eine Modifikation der "Vorstellung" hinsichtlich des Klarheitsgrades bzw. hinsichtlich dessen Ursache gewesen; nun ist er eine Kombination von Vorstellungen. Eine offensichtliche Zwiespältigkeit. Lassen sich die beiden Bestimmungen überhaupt vereinbaren? Schien es zuvor noch, ein "Begriff" könne durchaus ein "ungetheiltes Ganzes"[198] sein, etwa von der Art, wie man üblicherweise von einem Allgemeinbegriff spricht, so scheint es jetzt für den Begriff notwendig, eine Kombination von "Vorstellungen" zu sein. Aber Vorstellungen bzw. "Wörter" (im Sinne Adelungs) können auf verschiedene Weisen kombiniert werden. Das eine ist die Verbindung eines Substantivs mit einem Attribut, etwa "ein prächtiges Haus". dies wäre "eine Reihe mehrerer klarer Vorstellungen (...)"[199]. Aber das hindert nicht daran, daß dieser "Begriff" mithilfe eines einzigen "Wortes" ausgedrückt werden könnte. Eine Definition eines Begriffes (Begriff im herkömmlichen Sinne) besteht ja gerade darin, eine Kombination mehrerer Wörter (Definiendum) durch ein einziges Wort (Definiens) zu substituieren. So könnte definiert werden : "Ein 'Palast' ist ein 'prächtiges Haus'." Dafür, daß eine Reihe mehrerer klarer "Vorstellungen" sehr wohl mithilfe eines einzigen Wortes ausgedrückt werden kann, hat Adelung selber wenige Zeilen zuvor ein Beispiel gegeben :

---

[193] Styl 1 4, 8 - 9
[194] Styl 1 2, 3 - 4
[195] Styl 1 2, 5 - 6
[196] Styl 1 4, 9 - 10
[197] Styl 1 3, 1 - 4
[198] Styl 1 4, 8
[199] Styl 1 4, 9 -10

"der Platzregen"[200]. - Oder die andere mögliche Weise der Kombination von Wörtern : "Adelung ist ein Sprachforscher." Man nennt dies üblicherweise ein "Urteil", die Verbindung von Subjekt und Prädikat. Ist es dies, was Adelung mit "Begriff" meint, so trifft zu, was er sagt ("kein ungetheiltes Ganzes - Reihe mehrerer klarer Vorstellungen"); aber diese seine Verwendung dieses Terminus ist der zuvor und allgemein üblichen zuwiderlaufend und wirkt daher verwirrend. Man könnte sich natürlich terminologisch darauf verständigen, das, was bisher "Urteil" genannt wurde, von jetzt an im Sinne Adelungs "Begriff" zu nennen; aber es gibt keinen begründeten Anlaß, das zu tun. Adelung sagt auch nicht explizit, daß er die übliche Terminologie abändern möchte; im Gegenteil, nun, da der Leser nähere Erläuterungen erwartet, hört Adelung auf, seinen "Begriff" zu diskutieren. Er scheint gespürt zu haben, daß seine Konzeption hier eine Schwachstelle besitzt, und hat es darum unterlassen, ein Beispiel zu geben. Ein solches hätte die Sache hier sehr geklärt.

Nachdem er Punkt (1), (2) und (3) diskutiert hat, führt Adelung noch knapp einige weitere Begriffsbestimmungen seiner Terminologie auf. Auf der mentalen Seite wird ein "Gedanke" definiert als "eine Reihe von zusammen gehörigen oder ineinander gegründeten Vorstellungen"[201]. Inwiefern die Vorstellungen zusammengehören bzw. ineinander gründen, worin "Zusammengehören" und "Ineinander Gründen" sich präzise voneinander unterscheiden, wie sich solches von der "Reihe mehrerer klarer Vorstellungen" des "Begriffs" unterscheiden; dies erklärt Adelung nicht, noch gibt er, was nötig gewesen wäre, Beispiele. Dem "Gedanken" auf der mentalen Seite korrespondiert auf der Ausdrucksseite die "Rede". Einer Modifikation des Gedankens derart, daß er "bloß aus dem Prädicate und dem Verbindungsworte bestehet (...)"[202], korrespondiert die "Redensart" als Modifikation der "Rede". Es ist sinnvoll, das Gemeinte mit "Redensart" zu bezeichnen, um den terminologischen Zusammenhang mit "Rede" anzuzeigen. Es kann indes auch kritisiert werden. In der gewöhnlichen Sprachverwendung ist eine "Redensart" soviel wie eine Phrase, ein abgedroschener Ausdruck. Adelung gibt keinen prägnanten Terminus für letztere Form des "Gedankens". Auch formuliert er etwas ungenau; nähme man ihn bei seiner ungenauen Formulierung ("eine Redensart hingegen ist ein Gedanke, welcher bloß aus dem Prädicate und Verbindungsworte bestehet"[203] statt "korrespondiert"), dann stünde die "Redensart" auf der mentalen Seite. Indes wäre Adelung in seiner eigenen Intention und der Durchsichtigkeit seiner Terminologie zuliebe so zu interpretieren, daß die "Redensart" mit der zuvor genannten "Rede" auf der Ausdrucksseite steht.

---

[200] Styl 1 4, 4
[201] Styl 1 4, 12 -14
[202] Styl 1 4, 16- 17
[203] Styl 1 4, 15 - 17

Den Paragraphen abschließend, gibt Adelung den unspezifischen Oberbegriff (das Hyperonym) für die Termini "Interjection", "Wort", und "oft auch Reden und Redensarten"[204]. Er ist "*Ausdruck*". Es wäre sinnvoll gewesen, den Terminus "Ausdruck" zu Beginn des § 3 Styl zu definieren in seiner Korrespondenz zur mentalen Seite und erst dann die Termini "Interjection", "Wort" und "Rede" / "Redensart" einzuführen als dessen mögliche Spezifikationen. So jedenfalls wurde es getan in der oben versuchten Rekonstruktion der Adelungschen Konzeption. Jedoch hat auch die Adelungsche Anordnung ihr Gutes. Durch diese Begriffsbestimmung wird § 3 Styl gewissermaßen resümiert. - Eine wesenhafte Doppeldeutigkeit ist zu vermerken. In § 1 Styl wurde das *Wesen* der Sprache definiert als "Ausdruck unserer Vorstellungen durch vernehmliche Töne der Stimme."[205] Hier nun in § 3 Styl werden diese beiden wesentlichen Begriffe : "Ausdruck" und "Vorstellungen" bestimmt durch ihre *Funktion*.

Gleichsam als Nachtrag und in kleinerem Druck, sagt Adelung, beinahe sich entschuldigend : "Eigentlich gehören diese und die folgenden Betrachtungen in die allgemeine oder philosophische Sprachlehre; allein da im Folgenden sehr vieles seine Erweislichkeit daraus bekommen muß, so konnte ich sie hier nicht ganz übergehen."[206] Diese Bemerkung ist nicht marginal, sondern sie charakterisiert präzise Adelungs methodisches Vorgehen : Er stellt nicht lediglich positivistisch-"faktenhuberisch" Tatsachen fest, sondern trachtet stets danach, in die letzten Fundamente zurückzugehen. Dies gibt seinen Darlegungen einen durchaus philosophischen Anstrich.[207]

---

[204] Styl 1 4, 19 - 20. Das "oft auch" bleibt unklar.
[205] Styl 1 1, 24 - 2, 1
[206] Styl 1 4, 21 - 25
[207] Vgl. Adelungs Bemerkung über das Philosophische UL 116, 10 - 14.

4. Sprache und Kulturgeschichte

Der Ansatz Adelungs ist in sich doppelt. Es kann auch gesagt werden, Adelung steht auf zwei Beinen. Da war zuerst das - diskutierte - epistemologische Modell, eng gekoppelt mit dem Klarheitstheorem. Im folgenden wird Adelungs kulturhistorisches Modell zu diskutieren sein. Daß beide Modelle für Adelung fundamental sind, dokumentiert sich darin, daß sie jeweils zu Anfang seiner linguistischen Texte diskutiert werden, und zwar thematisch. Dies unterscheidet sie von Modellen wie etwa dem psychologischen Modell, die nicht thematisch diskutiert werden, sondern in den Text verwoben sind. Es kann gesagt werden, daß im UL mehr das kulturhistorische Modell, im Stylbuch mehr das epistemologische Modell im Fokus steht. Es wird sich zeigen, daß die beiden fundamentalen Ansätze nicht unverbunden nebeneinanderstehen, sondern interferieren, bisweilen gar kollidieren.

4.1. Der Geschichtsprozeß als kultureller Fortschrittsprozeß

Adelungs fundamentales Theorem hinsichtlich Geschichte kann in die Formel zusammengefaßt werden : *Der Geschichtsprozeß ist kultureller Fortschrittsprozeß*. Die Formel bezeichnen wir als Fortschrittstheorem. Es kommt allerdings in dieser Formulierung bei Adelung nicht vor. Es ist für ihn so fundamental und zentral, daß er immer wieder darauf rekurriert, ja daß sein gesamtes System darauf fundiert ist; es muß daher zuerst expliziert werden. Die Formel zerfällt in mehrere Bestandsstücke, die nacheinander zu explizieren sind.

Der Geschichtsprozeß ist primär ein kultureller, er ist bezogen auf die menschliche Kultur. Damit ist zunächst negativ gesagt, Adelung faßt Geschichte nicht als Geschichte partieller Prozesse auf, und seien sie noch so bedeutend (etwa als Geschichte der Herrscherhäuser[208]), sondern als Geschichte der Totalität. Diese Totalität interpretiert Adelung als *Kultur*. Kultur ist die Totalität aller menschlichen Betätigungen, also ökonomischer, technischer, wissenschaftlicher, literarischer, künstlerischer, philosophischer, religiöser, mythischer, kulinarischer, sportlicher, verkehrstechnischer, sexuell-erotischer, militärischer, kommerzieller, industrieller, agrikultureller, jägerischer, kleidungsmäßig-modischer Art[209] und was dgl. mehr. Indem Adelung all diese Momente, die er freilich nicht in der hier versuchten Weise differenziert und einzeln diskutiert, als Kultur in eins zusammendenkt, vermeidet er die nach ihm aufgetretenen, zueinander komplementären Einseitigkeiten Hegels und Marx', die die

---

[208] Vgl. die Auseinandersetzung mit der Adelung-Interpretation Dörings, vorliegende Arbeit S. 279 - 284.
[209] Zu den aufgelisteten Bereichen vgl. Hansferdinand Döbler, Kultur- und Sittengeschichte der Welt (in 10 Bänden), 1971.

von Adelung gedachte Totalität auseinanderreißen und jeweils eines der Momente in seiner Bedeutung für den Geschichtsprozeß verabsolutieren, sei es das Ideenhafte (Hegel), sei es der materielle Produktionsprozeß (Marx). Von daher ist Adelungs Kulturtheorie eine diskutierenswerte Alternative mindestens zu den beiden genannten geschichtsphilosophischen Theorien. - Geschichte als Kulturgeschichte zu denken, das ist Adelungs originäres Theorem, von ihm in die Diskussion gebracht, zumindest von ihm zuerst derart in den Fokus der Diskussion gestellt, und nicht als die geringste seiner Leistungen anzusehen.

Die so gedachte Kultur ist nicht statisch, sondern sie ist in einem geschichtlichen Prozeß begriffen. Dieser Satz mag unseren neuzeitlich-modernen Denkgewohnheiten trivial anmuten; indes wurde er nicht immer vertreten. Das griechische mythische Denken etwa nahm eine Zyklizität der geschichtlichen Epochen an (Vom Goldenen Zeitalter über das Silberne etc. bis schließlich wieder zurück zum Goldenen Zeitalter). Auch ist die Auffassung vertreten worden, die Bewegungsweise der Geschichte - wenn dann überhaupt noch von "Bewegungsweise" die Rede sein kann - sei ein Auf-der-Stelle-Treten[210].

Dieser Geschichtsprozeß ist ein Fortschrittsprozeß. D.h. graphisch veranschaulicht, die Kurve des quantitativ vorgestellten Fortschritts ist, wenn nicht streng monoton steigend, so doch immerhin monoton steigend. Das Theorem des kulturellen Fortschrittsprozesses impliziert, Adelung zufolge, mehrere weitere Theoreme:
- Das Subjekt des Geschichtsprozesses ist das menschliche Geschlecht als solches und ganzes, d.h. nicht große Einzelne, jedoch ebensowenig, wie der Marxismus lehrt, Klassen der Gesellschaft in ihrem Klassenkampf; ebenso aber nicht die Völker (Nationen), obschon Adelung dieselben als Träger der Sprachen ansieht. Darin ist ein Normatives impliziert : Nicht sollen einzelne Nationen eine Hegemonialstellung einnehmen, sondern der Fortschritt soll allen Nationen in gleicher Weise zugute kommen. Allerdings ist fraglich, ob, wie geschehen, selbst die Menschheit als "Subjekt" der Geschichte angesprochen werden kann; denn, Adelung zufolge, ist, wie stets bei solchen Fortschritts-Modellen, der Geschichtsverlauf in seinem Grundverlauf prädeterminiert, und, was die Individuen modifizieren können, soviel an ihnen liegt, das ist lediglich dessen "Form" (wie das marxistisch ausgedrückt würde[211]).

---

[210] M. Heidegger sagt von der Philosophiegeschichte, paradigmatisch für Geschichte überhaupt : "Sie tritt auf der Stelle, um stets das Selbe zu denken." (Brief über den Humanismus, S. 81) Philosophiehistorisch ist zu beachten, daß die antiken griechischen Geschichtsauffassungen *vor* den großen ausgearbeiteten progressistischen Geschichtstheorien (Aufklärung, Hegel, Marxismus) aufgetreten sind, die Heideggersche Geschichtsauffassung *nach* ihnen. Heidegger sieht sich also genötigt, sich mit jenen auseinanderzusetzen.
[211] F. Engels schreibt verwandten Sinnes über den Geschichtsprozeß: "(...) die verschiedenen Momente des Überbaus (...) üben auch ihre Einwirkungen auf den

- Ziel des Geschichtsprozesses, wo er also gleichsam zur Ruhe kommt, die "post-histoire", ist die Glückseligkeit, oder wie die zu Adelung kontemporäre amerikanische Unabhängigkeitserklärung das ausdrückt, "the pursuit of Happiness"[212]; und nicht etwa z.B. die sittliche Vollkommenheit. Von seinen ethischen Implikationen her erweist sich Adelungs geschichtsphilosophischer Ansatz also als ein entschieden hedonistischer.
- Diese Glückseligkeit ist näher bestimmt als eine gesellschaftliche, d.h. nicht primär individuelle. Das Glück des Individuums ergibt erst mit und aus dem gesellschaftlichen Glück. Es ist allerdings fraglich, ob das "gesellschaftlich" hier so zu lesen ist, daß als Ziel des geschichtlichen Fortschrittsprozesses tendenziell das Glück der gesamten Gesellschaft anzustreben ist, oder ob es in dem prägnanteren Sinn zu lesen ist, daß das Glück überhaupt erst als gesellschaftlich vermitteltes möglich ist, d.h. ob Adelung, zumindest implizit, an eine Veränderung der Gesellschaft, im Sinne des Marxismus, denkt. Auch bleibt fraglich, wie Adelung die strukturelle Beziehung zwischen den beiden von ihm verwendeten Ausdrücken "menschliches Geschlecht" und "gesellschaftlich" denkt.
- Die gesellschaftliche Glückseligkeit bleibt hinsichtlich ihrer Vermittlung nicht unbegründet. Es sind wissensmäßige Faktoren, die sie herbeiführen : "Kenntnisse und Fertigkeiten"[213].

Schließlich sei darauf hingewiesen, daß der hier verwendete interpretierende Ausdruck "kultureller Fortschrittsprozeß" so bei Adelung nicht vorkommt. Er selbst variiert im Ausdruck. Meist sagt er "Fortschritt der Cultur"[214], häufig "Fortschritt in der Cultur"[215]. Bisweilen sagt er "Gang der Cultur"[216], dann wieder "Folge der Cultur"[217]. Auch vom "Fortgange der Cultur"[218], "fortdauernde(r) Cultur"[219] und "immer fortschreitende(r) Cultur"[220] ist die Rede.

Verlauf der geschichtlichen Kämpfe aus und bestimmen in vielen Fällen vorwiegend deren *Form*. Es ist eine Wechselwirkung aller dieser Momente, worin schließlich durch alle die unendliche Menge von Zufälligkeiten (...) als Notwendiges die ökonomische Bewegung sich durchsetzt." (MEW, Bd. 37, S.463, zitiert nach Neumann, S. 299). Die von Engels hier gut marxistisch in ihrer zentralen Funktion für den Geschichtsprozeß gedachte ökonomische Bewegung scheint zu konvergieren mit dem Kulturprozeß, wie Adelung ihn denkt.

[212] Declaration of Independence, S. 10
[213] Styl 2 96, 13 - 17
[214] UL 14, 29, Styl 1 143, 1 - 2; passim
[215] UL 34, 23 - 24; 1 Styl 230, 12; passim
[216] UL 30, 15; Styl 1 80, 21; passim
[217] UL 203, 28
[218] UL 134, 14 - 15
[219] Styl 1 229, 17
[220] Styl 1 295, 8 - 9

4.1.1. Exemplifikationen des Fortschrittstheorems

Adelung exemplifiziert das Fortschrittstheorem an den sog. *Schwäbischen Dichtern* (Minnesang). "Man hat die Erscheinung dieser Dichter mehr als einmahl für unerklärbar ausgegeben; allein sie ist es dem nicht, welcher mit dem Fortschritte des menschlichen Geistes bekannt ist, und den Stufengang der Cultur Deutschlands von dem sechsten Jahrhundert an kennet."[221] Die Applikation des Adelungschen Fortschrittstheorems verhilft zur Erklärung sonst unerklärlich gebliebener geistesgeschichtlicher Phänomene.

Die zur Anwendung kommenden Denkfiguren sind der *Fortschritt des menschlichen Geistes* und der *Stufengang der Kultur*; sie haben bei Adelung generelle Anwendung, auch wenn sie nicht expressis verbis auftreten. - Die Phänomene werden erklärlich, wenn sie nicht nur unmittelbar angestarrt werden, sondern in ihrer Abhängigkeit von der (kulturellen) Totalität gesehen werden, die Gesamtheit der *Umstände* wird dergestalt zum Synonym für Kausalität, und diese Umstände sind, gut soziologisch gedacht, gesellschaftlich-kulturelle. So kann Adelung schreiben : "Alle Umstände waren vielmehr so beschaffen, daß es ein Wunder gewesen seyn würde, wenn um diese Zeit nicht so etwas in Deutschland hätte vorgehen sollen."[222] In diesem Zusammenhang listet Adelung, konkret werdend, einige relevante Faktoren und Kriterien kulturellen Fortschritts auf[223] : Deutschland "(...) hatte an Volksmenge, Macht, Ordnung, Fleiß und Erfindsamkeit außerordentlich zugenommen."[224] Er geht sogar auf unmittelbare poltisch-ökonomische Verhältnisse ein, und differenziert deren Auswirkungen auf die einzelnen sozialen Klassen : "Die Lehnsverfassung, welche sich dem höchsten Gipfel ihrer Größe näherte, verbreitete Glanz, Würde und Macht unter den obern, und der blühende Handel Überfluß und Geschmack unter den niedern Classen der Nation."[225]

4.1.2. Zur Polysemie des Ausdrucks "Cultur"

Der Ausdruck "Cultur" wird von Adelung dezidiert polysem[226] verwendet. Zum einen bezeichnet er den kulturellen Fortschrittsprozeß als *Prozeß*; er könnte auch durch "Kultivierung" substituiert werden. Zum anderen bezeichnet er das *Resultat* dieses Prozesses : den Zustand der vollendeten Kultur am Ende des kulturellen Fortschrittsprozesses. Ade-

---

[221] UL 50, 19 - 24
[222] UL 50, 19 - 24
[223] Vgl. vorliegende Arbeit S. 74.
[224] UL 50, 27 - 29
[225] UL 50, 29 - 34
[226] Und dies, obschon er sich *theoretisch* aufs schärfste gegen Polysemie wendet.

lung spricht von diesem Resultat gelegentlich als von der "höhern Cultur"[227].

Hier allerdings muß die Frage auftreten : Hält Adelung diese (höchste) Kulturstufe in seiner Epoche schon für erreicht, oder erwartet er sie erst für die Zukunft? Die Frage könnte so radikalisiert werden : Ist es, Adelung zufolge, möglich, daß ein solcher End-Zustand faktisch niemals eintritt, da der kulturelle Fortschrittsprozeß endlos sich perpetuiert?

4.1.3. Die Zukunft des kulturellen Fortschrittsprozesses (Grenzen der Kultur)

Wenn Adelung den kulturellen Fortschrittsprozeß der Vergangenheit als eine sich durchhaltende geschichtliche Struktur konstatiert, so ist das eine - wiewohl anfechtbare, zu verifizierende oder zu falsifizierende - historisch-empirische Sache. Jedoch ist es das prinzipielle Anliegen aller derartigen metahistorischen Erklärungsmodelle, nicht nur empirisch Tatsachen und Strukturen aufzuweisen, sondern darüberhinaus Zukunfts-Prognosen zu ermöglichen und sie dem geschichtlich existierenden Menschen gleichsam an die Hand zu geben. Nicht nur die Wissenschaft, die Menschen selber werfen die unumgängliche Frage auf : Wie geht es weiter? Mit dieser Frage kommt ein spekulatives Element in die sonst so solide gewesene Wissenschaft. Auch Adelung kann nicht umhin, die Frage nach der Zukunft und damit dem (möglichen) Ende des kulturellen Fortschrittsprozesses (Kultivierungsprozesses) zu thematisieren. Er spricht in diesem Zusammenhang, Vergangenheit und Zukunft zugleich in den Blick nehmend, allerdings nicht von Anfang und Ende, sondern von *Grenzen der Kultur*. "Hoher Grad der Wildheit und Barbarey (...) und blühender Zustand der Sprache, Künste und Wissenschaften sind die zwey äußersten einander entgegen gesetzten Gränzen der Cultur (...)"[228] Hier ist "Cultur" als Kultivierungs*prozeß*, der an sein Ziel gelangt, monosemiert, und nicht als Kultur*zustand*. Es wird von Adelung nicht ausgeschlossen, daß der Kultivierungsprozeß "endet", dies aber nicht im Sinne von Aufhören, sondern im Sinne von Vollendung, von Einmünden in den Kulturzustand als vollendete Fülle des Prozesses - gleichsam die Hochebene der Kultur, die ihrerseits prinzipiell nicht zu enden braucht[229]. Darum spricht Adelung präzise nicht von "Ende", sondern von "Grenze".

---

[227] UL 33, 21
[228] UL 33, 6 - 11
[229] In ähnlicher Weise denkt der Marxismus den Kommunismus als Ende der Geschichte qua Geschichte von Klassenkämpfen und zugleich als Beginn der genuinen Geschichte der Menschheit. Vgl. MEW Bd. 13, S. 9 (zit. nach Lotter /Meiners/Treptov, S. 127) "Abschluß der Vorgeschichte mit der bürgerlichen Gesellschaft".

Es ist, Adelung zufolge, möglich, die Bewegung des kulturellen Fortschrittsprozesses als stetige Aufwärtsbewegung zu erkennen, nicht jedoch ist es möglich, diese allgemeine Aufwärtsbewegung in ihren besonderen inhaltlichen Bestimmungen zu antizipieren; wiewohl dies gewiß wünschenswert wäre. Wir können nicht "(...) der fortschreitenden Cultur um Jahrhunderte vorgreiffen."[230] Denn die Kultur hat ihre Eigendynamik, sie geht den Weg, den *sie* will, nicht den, den die Individuen wollen; "der Geist weht, wo er will."[231], ist einer geneigt zu sagen. Der Kultur vorgreifen, das wäre "(...) ihr den Weg vorschreiben, welchen sie gehen soll, da man doch nicht weiß, welchen Weg sie gehen wird und gehen kann (...)"[232] Zur Absage an inhaltlich-konkrete Prophetie kommt das stets in Anschlag zu bringende Chaosprinzip : "(...) indem derselbe (der Weg der Kultur) von tausend zufälligen Umständen abhängt."[233]

Der Begriff der Kultur selbst scheint das Moment von Zukünftigkeit zu implizieren. Die Kultur weist über sich hinaus. Adelung stellt die "Sprache bey ihrem Ursprunge"[234] und das "Geschäft der Cultur"[235] gegenüber. Das Wort "Geschäft" ist, wie es scheint, so zu lesen, als sei es nicht eine bereits getane Leistung, sondern eine (zum Teil) noch anzupackende Aufgabe. Insofern verlängert Adelung die Entwicklungslinie seines Theorems vom kulturellen Fortschritt in die Zukunft hinein.

4.1.4. Fortschritt und Verfall

Adelung bedenkt den kulturellen Fortschrittsprozeß mit einer Metapher : Es "brach (...) der schöne Morgen für die Sprache und schönen Künste an, welche die Dämmerung von Carln dem Großen an verkündigt und vorbereitet hatte."[236] Das Schiefe an dieser Metapher ist allerdings : Jeder Tag hat ein Ende. Demgemäß ergibt sich die Frage : Ist Adelung tatsächlich so "naiv" in seinem Fortschrittsoptimismus, anzunehmen, der kulturelle Fortschrittsprozeß *müsse* - sei es mit faktischem Erreichen einer Grenze oder nicht - stetig aufwärts streben - oder kennt er auch die Möglichkeit des *Verfalls*?[237]

Eine bemerkliche Notiz hinsichtlich dieser Problematik findet sich, Adelungs Gepflogenheit gemäß, als beiläufige Nebenbemerkung zu einem anderen Thema, diesmal zur *Neugierde*. (Subjekt der Geschichte ist hier wie stets eine Nation (ein Volk), und der Index der geschichtlichen

---

[230] UL 102, 27 - 28
[231] Vgl. Joh 3, 8.
[232] UL 102, 28 - 31
[233] UL 102, 31 - 32
[234] Styl 1 229, 9 - 11
[235] Styl 1 229, 12
[236] UL 50, 8 - 12
[237] Vgl. vorliegende Arbeit S. 211.

Entwicklung ist hier wie stets der Geschmack. Es ist, Adelung zufolge immer das Volk, das Geschmack hat, nicht primär das Individuum, welches lediglich am Geschmack der Nation partizipiert.) "Hat eine Nation den ihr in einem gewissen Zeitpuncte möglichen höchsten Grad des guten Geschmackes erreicht (...)"[238] Die Formulierung bleibt ambiuguos; ist der absolute Höhepunkt gemeint oder der auf eine Zeitstelle relativ höchste? Man ist geneigt, letzteres anzunehmen, aber der Fortgang des Satzes erweist, daß Adelung vielmehr die erste Möglichkeit im Sinne hatte : "(...) so verleitet die Suche nach dem Neuen sie, weiter zu gehen, und da der Vorrath schöner Gegenstände dem Anscheine nach erschöpft ist, und die wirklich schöne Behandlungsart durch ihre Neuheit auch nicht mehr reitzt, so nimmt man mit minder schönen Gegenständen und Behandlungsarten vorlieb, bloß weil sie die neuern sind. So wird der Trieb zur Neuheit der Vorläufer des schlechten Geschmacks und des Verfallens der schönen Künste und Wissenschaften (...)"[239] Hieraus ergibt sich : ist der absolute Höhepunkt des Geschmacks erreicht, dann treibt der Geschichtsprozeß, durch die Neugierde provoziert, über die erreichte Höhe hinaus und treibt ins minder Schöne. Aus dieser Stelle wird ersichtlich, daß Adelung gar nicht, wie es scheinen konnte, einen permanenten Fortschrittsprozeß bis in alle Ewigkeit annimmt, sondern der Fortschritt kann enden, ja er kann umschlagen in sein Gegenteil, sobald der absolut höchste Punkt erreicht ist, und *muß* es sogar; denn der höchste Punkt ist zugleich der Anfang des Niedergangs. Aber Adelung ist wiederum nicht so vollständig pessimistisch, daß er behaupten würde, solcher "Untergang des Abendlandes"[240] geschähe mit Unausweichlichkeit. Ist denn tatsächlich der höchste Punkt erreicht? Adelung spricht vorsichtig davon, daß "(...) der Vorrath schöner Gegenstände dem Anscheine nach erschöpft ist (...)"[241]. Er konzediert also noch immer verborgene Möglichkeiten der Geschichte, die ihrer Verwirklichung harren. Immerhin, sein sonst vertretenes Fortschrittspathos wird so relativiert. Er ist nicht so blind, anzunehmen, der Fortschritt brächte immer das bessere Neue, ja konträr, das Verlangen nach Neuem qua Neugierde ist sogar geeignet, genuinen Fortschritt zu vereiteln. "Es wird nicht angeknüpft an das gute Alte, sondern an das schlechte Neue."[242] - diesem Diktum B. Brechts hätte er gewiß nicht zugestimmt. Vielmehr verwirft er die "Sucht nach dem Neuen ohne Leitung der Vernunft und des Geschmackes"[243] - Nun könnte noch der Einwand gebracht werden, die Sucht nach Neuem beschränke sich auf den Bereich der Künste, beziehe

---

[238] Styl 1 531, 21 - 23
[239] Styl 1 531, 23 - 32
[240] Vgl. Oswald Spengler, Der Untergang des Abendlandes (1923)
[241] Styl 1 531, 24 - 25
[242] B. Brecht, Die Essays von Georg Lukács, in : Matzner, S. 166
[243] Styl 1 532, 8 - 9

sich also nicht auf die Kultur als ganze. Dem ist entgegenzuhalten, daß, Adelung zufolge, die Bereiche der Kultur - Sprache, Künste und Wissenschaften, Technik und Ökonomie etc. - aufs engste zusammenhängen, indem sie ein Ganzes bilden, und daß eine bestimmte Entwicklung in einem der Bereiche die anderen Kulturbereiche mit sich reißt.

4.1.5. Bewegungsweise des kulturellen Fortschrittsprozesses

Die Bewegung des kulturellen (wie des sprachlichen) Fortschrittsprozesses ist durch *Langsamkeit* charakterisiert. "(...) es gehöret eine ganze Reihe von Jahrhunderten dazu, ehe ein Volk (...) von der ersten zur letzten (Stufe) gelangt."[244] Adelung nennt zweierlei Ursachen : immanente und externe. "Der Fortschritt war freylich langsam und unmerklich, theils wegen der Natur der Sache selbst, theils aber auch wegen der Dazwischenkunft mancher innern und äußern Umstände, durch welche die Cultur (...) aufgehalten ward."[245]

4.1.6. Kriterien der Kultur

Der kulturelle Fortschrittsprozeß bleibt von Adelung nicht unbegründet. An etlichen Stellen nennt er verschiedene Kriterien der Kultur, welche zugleich Faktoren von deren Prozessualität sind. Einige seien aufgeführt:
- "Volksmenge, Wohlstand, Vervielfältigung der Nahrungswege"[246]
- "Nahrungsstand, Künste, Wissenschaften"[247]
- "Geschmack, Einsicht, Wohlstand"[248]
- "Wohlstand, Kunstfleiß und Geschmack"[249]
- "Volksmenge, Kunstfleiß, Wissenschaft und Geschmack"[250]
- "Volksmenge, Geschmack und Cultur"[251]
- "Volksmenge, Erfahrung, gesellschaftliche Verhältnisse"[252]
Fazit : Selten nur fehlt die Volksmenge, und, sofern genannt, ist sie es stets zuerst. Sie spielt eine wichtige Rolle für Adelung.[253]

---

[244] UL 33, 11 - 14
[245] UL 33, 1 - 5. Welche Umstände dies sind, sagt Adelung an dieser Stelle nicht.
[246] Styl 1 42, 25 - 26
[247] Styl 1 44, 3 - 4
[248] Styl 1 44, 25 - 26
[249] Styl 1 49, 2 - 3
[250] Styl 1 51, 9 - 10
[251] Styl 1 84, 19 - 20
[252] Styl 1 295, 11 - 12
[253] Vgl. wie Adelung die Auswirkung der Zunahme der Volksmenge auf die Auffächerung der Dialekte denkt (das sogenannte Bevölkerungstheorem). Vgl. vorliegende Arbeit S. 89, S. 177 - 178, S. 280.

4.1.7. Letztbegründung des kulturellen Fortschrittsprozesses bei Adelung?

Indes sind all diese genannten Kriterien und Faktoren nur vorletztlich. Die Frage stellt sich : Was hält den von Adelung gedachten Fortschrittsprozeß in Gang? Ist es, etwa, das menschliche Streben nach Vollkommenheit? Oder ist es, im Sinne des Marxismus, sein Streben nach ökonomischem Gewinn und erleichterter Arbeit (Produktivitätssteigerung)? Dies müßte von Adelung wiederum ontologisch-anthropologisch begründet werden. Wir versuchen einige Überlegungen in dieser Richtung.

Adelung statuiert : der kulturelle Fortschrittsprozeß ist ein permanenter Prozeß. Unterliegt aber ein Phänomenbezirk, hier die Kultur, dauernder Veränderung, dann ist die Veränderung selbst das Dauernde.[254] Bei dauernder Bewegung muß es also ein Unbewegtes, "Statisches" geben, das die Bewegung - als fortdauernde - bedingt, aus sich entläßt, an- und weitertreibt. Gibt es bei Adelung etwas Derartiges, ein Movens, das den Fortschritt des Empfindungsvermögens, der für ihn ein Letztes, nicht Hinterfragbares ist, bewegt? Bei Marx und dann im Marxismus, zum Vergleich, ist dies den Geschichtsprozeß Antreibende das menschliche Bedürfnis, es sich leichter und bequemer zu machen, verbunden mit dem ökonomischen Gewinnstreben, was zum Fortschritt in den Produktivkräften (Technik) führt, der wiederum zur Geschichte von Klassenkämpfen und deren Dialektik führt. Vom Marxismus als Vergleichsmodell[255] her ließe sich sagen : So lange Adelung sein Geschichtsmodell in den letzten Gründen nicht (besser) zu fundieren weiß, muß das Marxsche Modell, in dieser Hinsicht, als das fundiertere und somit besser gedachte angesehen werden.

Marx gibt uns eine Erklärung, nämlich eine ökonomisch-materialistische, wohingegen Adelung uns hinsichtlich des Movens hinter dem Ge-

---

[254] Vgl. den Zwist zwischen Heraklit und Parmenides zu Beginn der griechischen Philosophie. - Vgl. dazu auch J. Beaufret, Heraklit und Parmenides, in : Wege zu Heidegger (S. 45 - 61).

[255] Wie auffallen dürfte, wird in vorliegender Arbeit immer wieder der Marxismus als Vergleichsmodell zu Adelung herangezogen. Diese Vorgehensweise soll kurz methodisch fundiert werden. Der kontemporäre Marxismus ist, unerachtet des Falls der osteuopäischen kommunistischen Systeme um 1990, von solcher unüberbietbarer Wirkmächtigkeit, daß Jean-Paul Sartre ihn als die "die unüberschreitbare Philosophie unserer Zeit" (vgl. Kindler S. 2246) bezeichnen konnte. Ein kontrastierender Vergleich einer faktisch derartig relevanten Philosophie unserer Epoche mit der Adelungschen Philosophie in der Epoche der Aufklärung kann durchaus Resultate liefern, die nicht bloß historisch interessant, sondern darüberhinaus systematisch aufschlußreich sind. Nicht zuletzt aus dem Grund, daß das Adelungsche Denken manche systematischen Konvergenzen mit dem Marxismus besitzt (etwa der Gedanke von Kultur als Totalität, progressistisches Geschichtsmodell, aufklärerisch-progressive Einstellung). Die Heranziehung des Marxismus hat also keineswegs affirmative philosophisch-ideologische, sondern lediglich methodisch-kritische Funktion.

schichtsprozeß ratlos läßt. Nun könnte gefragt werden : Könnte nicht der Marxsche Ansatz, was die Begründung des Geschichtsprozesses anbetrifft, einfach in das Adelungsche Erklärungsmodell eingebaut werden und dergestalt die letzte Fundierung abgeben, die bei Adelung (noch) fehlt? - Die Frage muß aber verneint werden. Denn das Adelungsche Modell und das Marxsche Modell sind so heterogen, daß sie nicht ineinandergebaut werden können, und zwar heterogen vom Ansatz her. Marx nimmt eine Dichotomie zwischen dem an, was er Unterbau und Überbau nennt, wobei ersterer letzteren determiniert. Adelung nimmt eine solche Dichotomie nicht an, sondern in seinem Begriff der "Cultur" denkt er die Totalität der menschlichen Betätigungen, von der Ökonomie angefangen, bis zu den "Höhen der Kultur" in eins, denkt also "Unterbau" und "Überbau" zusammen und reißt sie nicht historisch-materialistisch auseinander. Und ist nicht letztlich Adelungs Modell, zum mindesten in diesem Punkt, überzeugender, ja sympathischer? Denn es trennt nicht das Überbauhafte von den anderen Bereichen ab, sondern sieht sie in ihrer Einheit. Es ist auch für ihn kein Epiphänomen wie für den Marxismus, sondern in seiner genuinen Bedeutung gewürdigt[256].

Indes läßt uns Adelung doch nicht so ratlos hinsichtlich des letzten Movens des kulturellen Fortschrittsprozesses, wie es scheinen könnte. An versteckter Stelle, wie es seine Gepflogenheit ist, anläßlich der *Mannigfaltigkeit*, bringt er einige Bemerkungen, die geeignet sind, das Phänomen des kulturellen Fortschrittsprozesses besser zu fundieren, als das an den Stellen geschah, wo er thematisch diskutiert wurde. Er nennt als eine Struktur des menschlichen Geistes ("(...) ein sehr notwendiges, und gewisser Maßen wesentliches Bedürfniß unseres Geistes (...)"[257]), daß "(...) die Vorstellungen unaufhörlich fortschreiten und daher auch unaufhörliche Abwechslung und Veränderung fordern."[258] Der erste Teilsatz ist, vergleichbar den Bemerkungen Adelungs über die Dialektik des Bewußtseins[259], verschieden interpretierbar, je nachdem, welche Bezugsebene wir wählen. Nehmen wir zunächst die *individualpsychologische* Ebene, so ist das *Assoziationsprinzip* gemeint, welchemzufolge der menschliche Geist nie still steht und sich eine Vorstellung aus der vorhergegangenen ergibt[260]. Nehmen wir jedoch eine ontologisch umfassendere Ebene, die *historisch-wissenssoziologische*, so ist der Satz als eine Aussage über den kulturellen Fortschrittsprozeß interpretierbar. Im

---

[256] Und weil dem so ist, ist es nicht zulässig, Adelung ohne weiteres für den Marxismus zu vereinnahmen - wie das auf der Leipziger Tagung (1982) geschehen ist.
[257] Styl 1 522, 14 - 15
[258] Styl 1 522, 15 - 18
[259] Vgl. vorliegende Arbeit S. 27.
[260] "(...) der Geist (ist) ein Schwätzer (...)"(Thornton Wilder, James Joyce, zit. nach J. Paris, S. 169), die "in uns ewig schwätzende (...) Vernunft (...)"(Weischedel, S. 141).

Zuge desselben vollzieht sich sowohl eine quantitative Zunahme als vor allem ein Fortschritt im (qualitativen) Erkenntnisgrad der Vorstellungen[261]. Die Vorstellungen selbst als fortschreitende sind es, die "Abwechselung und Veränderung fordern."[262] Damit erfüllen die Vorstellungen eine mehrfache Bedingung : 1. Sie sind allgemeinmenschlich, gehören zur Wesensstruktur des Menschen 2. Sie sind ubiquitär, sie kommen immer und überall vor, wo Menschen sind. 3. Sie besitzen eine unbezwingliche Kraft und Stärke. 4. Sie sind in fortschreitender Bewegung, ja ständiger Steigerung begriffen. Dies alles zusammengenommen, sind sie qualifiziert, das gesuchte letzte Movens hinter dem Geschichtsprozeß abzugeben. - Dieses Letzterklärungsprinzip Adelungs könnte von Seiten des hier gleichsam herausgeforderten Marxismus als "idealistisch" abgeurteilt werden. Allein dies wäre zu vorschnell. Denn wie auch in seinem Begriff der "Cultur" denkt Adelung auch hier das materialistische ("Unterbau") und das idealistische Moment ("Überbau") zusammen. Die in seinem Sinn gedachte Vorstellung ist sowohl "im Kopf" des Menschen als auch unausstreichbar Movens sozioökonomischer Prozesse. Auch hier das oben herausgestellte Einheitsdenken in Adelung.

Damit ist Adelung auf das von E. Husserl herausgestellte Intentionalitätsprinzip gestoßen, das "Auf-Gegenstände-aus-Sein" des menschlichen Bewußtseins. In diesen Denkbahnen bewegt Adelung sich weiter, wenn er fortfährt : "Die Seele[263] bleibt nicht lange bey einem Gegenstande stehen, wenigstens nicht länger, als sie noch etwas Mannigfaltiges an diesem erblickt."[264] Der folgende Satz betrachtet denselben Sachverhalt ex negativo : "Ist dieses (das Mannigfaltige) erschöpft, so erschlaffet sie (die Seele), die Aufmerksamkeit[265] läßt nach, und der Gegenstand wird ihr erst gleichgültig und dann gar zuwider."[266] Im folgenden bringt Adelung schöne Bilder zur Erläuterung dieses Sachverhalts.

4.1.8. Verhältnis der geschichtlichen Epochen

Adelungs progressistisch-aufklärerische Geschichtskonzeption scheint ein bestimmtes Verhältnis der geschichtlichen Epochen untereinander zu implizieren. Es ist nicht wie später bei L. von Ranke, für den "alle

---

[261] Vgl. das marxistische Theorem von der Erkenntnis als fortschreitender Annäherung an den Erkenntnisgegenstand, die sich im Zuge des fortschreitenden Geschichtsprozesses realisiert.
[262] Styl 1 522, 17 - 18
[263] Vorher sprach Adelung vom "Geist", nun von der "Seele". Er scheint jedoch (hier) beide Ausdrücke synonym zu verwenden, scheint keine terminologische Unterscheidung zu machen.
[264] Styl 1 522, 18 - 20
[265] "Aufmerksamkeit", der Adelungsche Ausdruck für "Intentionalität".
[266] Styl 1 522, 21 - 23

Epochen unmittelbar zu Gott"[267] sind, d.h. jede hat ihr eigenes Recht und ist in ihrem eigenen Recht zu würdigen; sondern die jeweils spätere Epoche, da sie im kulturellen Fortschrittsprozeß weiter ist, blickt verächtlich auf die früheren als "dunkel" gewerteten Epochen herab[268]. Und dies Verhältnis ist doppelseitig. So wie wir auf die früheren Jahrhunderte zurück- und herabblicken, so werden auch die künftigen auf uns blicken. "(...) die Tropen, auf welche unsere Nachkommen einmahl mit eben dem Mitleiden herab blicken werden, mit welchem wir jetzt auf die Exempel und Geschichtchen unserer Großväter herab sehen."[269] (Das unvornehm Gehässige ist bis in die Wortwahl hinein spürbar.) Auffallend hieran ist : Der Geschichtsprozeß in seinem Fortschrittscharakter scheint für Adelung so determiniert, nicht durch menschlichen Eingriff modifikabel, daß er es sich durchaus zutraut, die künftige Geschichte zumindest in ihrer generellen Tendenz zu prognostizieren.

4.1.9. Historie als Geschichtsinterpretation

An einer Stelle, wo er historische Texte als bestimmte Textsorte diskutiert, kommt Adelung zu einer unvergleichlich prägnanten formelhaften Bestimmung, wie er Geschichte als Ganzes interpretiert. Zunächst legt er dar, daß es für ihn ganz und gar keine voraussetzungslose, vorurteilslose Historiographie geben kann (obschon doch die Emphase auf wissenschaftliche Voraussetzungslosigkeit und Vorurteilslosigkeit ein dezidiertes Pathos der Aufklärung war). Sondern ein jeder Historiker geht mit einem gewissen, mit einem Ausdruck H.G. Gadamers zu reden, "Vorverständnis"[270] an seine Sache heran. "Bey jeder Geschichte liegt eine gewisse Absicht des Verfassers zum Grunde, oder sollte wenigstens

---

[267] Leopold von Ranke, Über die Epochen der neueren Geschichte.
[268] Viele Menschen, ohne präzise historische Kenntnisse von dieser Epoche zu besitzen, sprechen in stehender Wendung vom "finsteren Mittelalter".
[269] Styl 1 361, 19 - 22
[270] Es scheint legitim, Adelung mit diesem Terminus adäquat zu interpretieren, den er freilich nicht kennen konnte, da er eine Prägung des 20. Jh. ist. Adelung selbst spricht von "Absicht". Aber diese Absicht ist, recht verstanden, nicht die ideologisch intendierte Absicht der Verdrehung, der Geschichtsklitterung, des "Geschichte so Hinbiegens, wie man es gerne möchte". Diese gibt es freilich auch, aber sie ist ein defizienter Modus der rechtverstandenen Absicht. Absicht im positiven Sinn (Adelungs) ist das *Absehen* auf die (In-den-Blick-Nehmen der) äußersten Erkenntnismöglichkeiten der jeweils eigenen, Historie treibenden Epoche, vermittels deren der Historiker den ihm äußersten Grad an Wahrheit und Wahrhaftigkeit gewinnt - alles andere also als eine ideologisch-verfälschende "Absicht". Jenes ist das, was dem Historiker als in seiner Epoche Stehendem vorgegeben ist, worin er "geworfen" ist. Aus diesem Denkzusammenhang heraus scheint der interpretierende Terminus "Vorverständnis" für das, was Adelung hier im Sinn hat, legitim.

zum Grunde liegen."[271] Er konstatiert also nicht nur die Unausweichlichkeit eines derartigen Ansetzens, sondern wertet sie zugleich positiv. (Also nicht : Es sollte nicht so sein, ist aber leider so - sondern : Es soll so sein.) Ist ein solcher Ansatz vorhanden und gelingt es ihm, sich plausibel zu vermitteln, so hört Geschichte auf, ein Chaos unzähliger atomarer Geschehnispunkte zu sein, sondern eine Sinnstruktur hebt sich heraus. Zugleich sollte aber stets im Blick gehalten werden, was Adelung nicht explizit zu reflektieren scheint, daß solche Historie immer nur eine *Interpretation* ist. Als was erscheint Geschichte nunmehr bei Adelung selbst? Die aufgrund des Zusammendenkens aller für Adelung relevanten Momente unüberbietbare Formel lautet : "In einer Universalgeschichte sollte es der allmählige Fortschritt des menschlichen Geschlechts in den zu seiner gesellschaftlichen Glückseligkeit nothwenigen Kenntnissen und Fertigkeiten sein."[272] Dies ist seine unaufgebbare fundamentale Perspektive, durch die er durchgängig auf Geschichte blickt und die daher immer wieder in seinen Texten durchscheint. Die Geschichte eines spezifischen Volkes geht dem parallel : "In der Geschichte eines einzelnen Volkes ist es entweder gleichfalls dieser Fortschritt desselben in der Cultur, oder der Geschichtsschreiber sieht zunächst auf die Verfassung des Staates, der Kirche u.s.f."[273] Der zweite Teilsatz fällt ein wenig ab, zugunsten traditioneller Historiographie als Darstellung bestimmter Ereignisabfolgen; jedoch im ersten Teilsatz ist noch entschieden Adelungs zu würdigender fundamentaler Ansatz ausgesprochen, der Geschichte als Kulturgeschichte, und d.h. als Geschichte der Totalität interpretiert. - Erst aus der faktischen Ansetzung eines derartigen interpretierenden Ansatzes und gleichsam im Licht dessen, kann und muß sich das unausweichliche Geschäft des Historikers, die Auswahl und Gewichtung der einzelnen Ereignisse bestimmen. Diese Struktur selbst allerdings, der Zusammenhang zwischen interpretativem Ansatz und Historie im engeren Sinne, ist nicht von einer bestimmten Geschichtsinterpretation abhängig, sondern gilt generell. Daher kann Adelung, scheinbar konziliant, hinsichtlich der Gültigkeit dieses generellen Strukturzusammenhangs, die Gültigkeit seiner spezifischen Geschichtsinterpretation (seiner "Absicht") dahingestellt sein lassen : "Doch diese Absicht sey nun welche sie wolle, so ist sie es, die die Auswahl der Begebenheiten, und bey jeder Begebenheit die Auswahl der Umstände leiten und bestimmen muß."[274] Ein Satz, der nicht zuletzt für jegliche Sprachhistorie - sei es die Adelungs, sei es die unserer Gegenwart - Gültigkeit besitzt. Erst hernach kann sich der bestimmte, möglichst klare sprachliche Ausdruck ergeben : "Ist diese Auswahl getroffen, so erfordert die Präcision, die Begebenheiten in

---

[271] Styl 2 96, 11 - 13
[272] Styl 2 96, 13 - 17
[273] Styl 2 96, 17 - 21
[274] Styl 2 96, 21 - 24

die wenigsten, aber lichtvollesten und bündigsten Ausdrücke zu kleiden (...)."[275]

4.2. Kultur und Sprache

Adelung lehrt einen korrelativen Zusammenhang zwischen der im Sinne von (2.1.) gedachten Kultur bzw. des kulturellen Fortschrittsprozesses und der Sprache. Seine Formel hierfür lautet : Sprache und Kultur stehen in genauestem Verhältnis miteinander.[276] Wir bezeichnen sie als Adelungs *kulturhistorisches Äquivalenztheorem*. Darin ist der für ihn wie für seine Epoche, die Aufklärung, zentrale Gedanke des (kulturellen) Fortschrittsprozesses und die zentrale Thematik der Mehrzahl seiner Werke, die Sprachthematik, zusammengedacht. Die Formel enthält zwei zu unterscheidende Gedanken. Zum einen die Äquivalenz von Kultur und Sprache. (Wie das im einzelnen zu denken ist, wird zu diskutieren sein.) Zum anderen die Fortentwicklung von Sprache mit dem kulturellen Fortschrittsprozeß. An dieser Stelle ist noch nicht entschieden, welchem der beiden korrelativen Momente, Kultur und Sprache, der sachliche und prozessuale Vorrang zukommt.

Die Korrelation von Kulturgeschichte und Sprachgeschichte wird von Adelung nicht bloß abstrakt-dogmatisch behauptet, sondern sie wird immer wieder in concreto geschildert. Eine Stelle stehe für viele. "Ueberdieß rückte das menschliche Geschlecht durch diese Einwanderungen immer näher zusammen[277], die Gegenstände des Sprechens wurden folglich mehr, und man wurde immer mehr dunkel überzeuget, daß man mehr für den Verstand als für die untern Kräfte sprechen müsse."[278]

4.2.0.1. Bewährung des kulturhistorischen Äquivalenztheorems an der Geschichte der deutschen Sprache im ganzen

Adelung umreißt die Geschichte der deutschen Sprache nicht nur um der Themenvorgabe des Gesamtwerkes willen, "da ich es hier eigentlich mit der Deutschen Sprache zu thun habe (...)"[279], sondern vor allem, weil ihm dies erlaubt, sein zuvor notwendig zunächst abstrakt gebliebenes kulturhistorisches Äquivalenztheorem am konkreten Fall zugleich zu exemplifizieren wie zu bewähren. Ein sprachhistorischer Sachverhalt, das

---

[275] Styl 2 96, 24 - 27. - Hier die immer wieder gern von Adelung verwendete Kleidermetapher. Vgl. vorliegende Arbeit S. 120 u. S. 156. Von ihrem sachlichen Gehalt her ist sie problematisch. Zur systematischen Auseinandersetzung mit ihr vgl. vorliegende Arbeit S. 225.
[276] Reformuliert - vgl. vorliegende Arbeit S. 22.
[277] Das Bevölkerungstheorem. Vgl. vorliegende Arbeit S. 74.
[278] Styl 2 297, 11 - 16
[279] Styl 1 48, 6 - 7

Faktum des zweimaligen Wandels im Vokalismus der deutschen Sprache
- in der Mediävistik geläufig mit den von J. Grimm eingeführten Termini
"germanische" und "hochdeutsche Lautverschiebung" -, erscheint bei
Adelung im Lichte seines Theorems vom kulturellen Fortschrittsprozesses : die "Schriftsprache ist seit dieser Zeit durch drey vorzüglich merkliche Grade der Cultur gegangen."[280] Die Gradualität der Kulturentwicklung wird mit den geschichtlichen Stufen der Entwicklung der deutschen
Sprache (Althochdeutsch - Mittelhochdeutsch - Neuhochdeutsch) parallelisiert.

Kritisch zu fragen wäre : zwar, wenn wir nur auf die Entwicklung der
Sprache als solcher sehen, ist die Gradualität deutlich und unübersehbar;
worin aber manifestiert sich - von der Sache her - die Gradualität in der
Kulturentwicklung? (Vom Marxismus her würde gesagt werden : Sie
manifestiert sich in distinkten Formen der Entwicklung der Produktivkräfte - der Technik. Ob Adelung dem so zustimmen würde, ist zumindest fraglich.)

Adelung schildert im einzelnen die Geschichte der deutschen Sprache
in enger Verkoppelung mit der Kulturgeschichte; davon als Probe nur
der erste Satz : "Die Franken waren unter allen Deutschen das erste
Volk, welches in dem durch die Römer aufgeklärten Gallien einige Cultur
annahm und selbige dem übrigen Deutschlande mitzutheilen suchte;
daher war auch die Fränkische Mundart die erste Deutsche
Schriftsprache (...)"[281] Adelung schildert in § 9 die Kriterien des Kultur-
fortschritts im südlichen Sachsen ("Bergbau, Manufacturen und Kunstfleiß"[282] etc. werden aufgelistet). Er kann also in Styl 1 Kap.1 § 10, indem seine These durch die Historie verifiziert wurde, triumphierend
ausrufen : "Es hätte ein Wunder erfolgen müssen, wenn alle diese Umstände nicht auch sehr mächtig auf die Sprache hätten wirken sollen."[283]
Alle von Adelung aufgeführten geschichtlichen Tendenzen münden
schließlich in das Resultat, daß das Obersächsische "(...) nicht allein
Deutschlands Schriftsprache, sondern auch nach und nach die höhere
Gesellschaftssprache für ganz Nieder-Sachsen ward."[284]

4.2.1. Primat von Kultur oder Sprache?

"Kultur und Sprache halten stets gleichen Stand." - so Adelungs kulturhistorisches Äquivalenztheorem. Dieser Satz wirft die Frage auf, wie
die beiden korrelativen Momente strukturell zusammenhängen, namentlich welches von ihnen das Bewegende (das Movens) und welches

---

[280] Styl 1 48, 15 - 16
[281] Styl 1 48, 16 - 21
[282] Styl 1 49, 30 - 31
[283] Styl 1 50, 16 - 18
[284] Styl 1 51, 22 - 24

das Bewegte ist. Adelungs Äußerungen zu dieser Frage sind keineswegs eindeutig. Zumeist ist er der Auffassung, daß es die *Kultur* ist, die sich entwickelt und dadurch die Sprache voranbringt. Gleichwohl finden sich auch entgegengesetzte Stellen. In beiden Fällen (sei Kultur, sei Sprache das Movens) gibt es Stellen, wo ein Zurückbleiben des Movens das andere Moment retardiert[285].

Zur Bewegung der Sprache durch die Kultur. Einzelne, von Adelung benannte, kulturgeschichtliche Faktoren wirken sich unausbleiblich auch auf die Entwicklung der Sprache aus. "In der Folge, da Handlung, Wohlstand, Geschmack und Sitten in Meissen immer blühender wurden, erstreckte sich die immer fortschreitende Cultur auch auf sie, so daß sie bey der Wiederherstellung der Künste und Wissenschaften im sechzehnten Jahrhundert[286] zur Verfeinerung und Ausbildung der rauhen und vernachlässigten Oberdeutschen Mundart gebraucht werden konnte."[287]

Es gibt Stellen, wo der Zusammenhang noch schärfer als ein Determinismus, ja sogar als ein Automatismus von seiten der Kultur gedacht wird. "So wie Aufklärung und Geschmack auch in diesen Gegenden mehr Platz greifen, so verfeinert sich die Sprache von selbst (...)."[288]

Zur Retardierung der Sprache durch die Kultur. "Oberdeutschland blieb in der Cultur zurück, als selbige in andern Provinzen sehr schnell fortschritt, daher behielt auch dessen Sprache alle die Härten und rauhen Eigenheiten, welche noch so sehr das Gepräge des funfzehnten Jahrhunderts an sich tragen."[289]

Zur Bewegung der Kultur durch die Sprache. Adelung diskutiert dies an einem der von ihm eingeführten vier kulturellen Entwicklungsmodelle[290], und zwar der Annahme der Sprache eines gebildeten Volkes durch ein wildes. "Wenn ein wildes Volk die Sprache eines schon gebildeten annimmt, so thut es in der Cultur (...) in kurzer Zeit sehr mächtige Fortschritte (...)"[291] Und er begründet dies folgendermaßen : "(...) weil es mit der Sprache zugleich die Anlage zu allen den Vorstellungen und Begriffen erhält, welche dessen Cultur ausmachen und beschleunigen."[292] Dergestalt betrachtet, wurzelt Kultur in Sprache. Jedoch dies Wurzeln ist nicht schon, um in diesem Bilde zu bleiben, das Hervorgehen der Pflanze; daher spricht Adelung vorsichtig nur von einer "Anlage" (potentia).

---

[285] Vgl. den Abschnitt "Fortschritt und Verfall", vorliegende Arbeit S. 72 - 74.
[286] Eine polemische Anspielung auf das "finstere" Mittelalter.
[287] UL 82, 6 - 14
[288] UL 86, 11 - 13. - An dieser Stelle sind *Aufklärung* und *Geschmack*, wie oft bei Adelung synonym mit Kultur. Der Kultivierungsprozeß von Sprache wird als *Verfeinerung* gedacht.
[289] UL 76, 28 - 33
[290] Vgl. UL 29, 3 - 30, 22 (§ 16)
[291] UL 33, 25 - 28
[292] UL 33, 28 - 31

Es ist eine Anlage zu *Vorstellungen und Begriffen*[293], die an dieser Stelle nicht lediglich als isolierte epistemologische Strukturelemente aufgefaßt werden dürfen, sondern ebensosehr sind sie es, die zwischen Sprache und Kultur vermitteln. Denn Adelung faßt die "Begriffe" nicht nur als individualpsychische mentale Elemente, sondern stets auch als gesamtgesellschaftlich vorhandene Kenntnisse.

Zur Retardierung der Kultur durch die Sprache. Adelung erläutert dies am Fall der deutschen Sprache, indem er zunächst die Charakteristika einer solchen rohen Sprache auflistet : "(...) die ungeschlachte, fast ganz sinnliche, und an Ausdrücken für feinere geistige Begriffe ganz arme Sprache (war) ein sehr natürliches Hinderniß der Ausbildung, und es war mehr als ein Jahrhundert nöthig, ehe sie nur den unentbehrlichsten fremden Begriffen angepasset werden konnte."[294] Unentbehrlich sind solche Begriffe (Kenntnisse), die ein Volk instandsetzen, den Weg der Kultur zu gehen. Aber immerhin denkt Adelung so kulturoptimistisch, daß er nicht anzunehmen scheint, der Weg der Kultur könne vollständig unbetreten bleiben; daher spricht er nur von einer "verzögerten Ausbildung der Sprache und der Nation"[295].

Die Zwiespältigkeit, welche in der fraglichen strukturellen Beziehung zwischen Kultur und Sprache liegt und die auch Adelung nicht auflösen kann, ist aufs schönste in der - von Adelung selbst verwendeten - zweideutigen Formel "Cultur der Sprache"[296] zusammengefaßt. Adelung spielt hier mit dem doppelten Genitiv : Zum einen ist er gen. obj. : Sprache wird kultiviert durch den kulturellen Fortschrittsprozeß; zum anderen gen. subj. : Sprache ist es, die den Kultivierungsprozeß vollzieht. In beiden Lesarten bleibt bestehen : Kultur und Sprache stehen nicht, sich nichts angehend, nebeneinander, sondern sind strukturell aufeinander bezogen - im Sinne des Adelungschen kulturhistorischen Äquivalenztheorems.

4.2.2. Verfeinerung

Innerhalb des generellen kulturellen Fortschrittsprozesses eignet dem sprachlichen Fortschrittsprozeß ein spezifischer Charakter des Fortschreitens. Adelung bezeichnet sie terminologisch als *Verfeinerung*. Er betont an vielen Stellen, geradezu topisch, es kann gesagt werden, er

---

[293] Sie werden an dieser Stelle nicht unterschieden.
[294] UL 33, 32 - 34, 4
[295] UL 34, 9 - 10. - Die Stelle ist zugleich deswegen aufschlußreich, weil es hier nicht allein die Sprache, sondern gleichermaßen das Volk ist, das ausgebildet wird. Der Begriff der "Ausbildung", bei Adelung meist in der dichotomischen Formel "Bildung und Ausbildung" verwendet, kann hier wie sonst bei ihm, als Synonym für "Fortschritt" gelesen werden.
[296] UL 33, 5

hämmert es ein : daß die Sprache eine beständige Verfeinerung erfährt. Was ist Verfeinerung? Adelung beläßt es keineswegs bei der bloßen Vokabel, sondern er löst den Terminus ein. Vor allem an zwei Stellen im Stylbuch. Zuerst 85f., wo es darum geht, welcher Ausdrücke die Sprache sich "schlechterdings und ohne alle Bedingung entladet"[297] (Kritische Zwischenfrage : Wenn denn das Sichentladen so schlechterdings sich vollzieht, wie konnte es geschehen, daß die Sprache diese Ausdrücke überhaupt aufgenommen hat?) Zweite Stelle 212, wo es um die "Folgerungen" aus der "Würde" geht (Würde und Sozietät).

Oft wird der derartige Verfeinerungsprozeß von Sprache mit dem Theorem des *Geschmacks* zusammengedacht. "So bald sich eine Sprache mit Geschmack verfeinert (...)"[298].

Der Verfeinerungsprozeß als solcher wird im Sinne des kulturhistorischen Äquivalenztheorems mit dem kulturellen Fortschrittsprozeß zusammengedacht. "(...) dieses rühret daher, weil die Verfeinerung einer Sprache nur nach und nach, nach dunkel empfundenen Grundsätzen, geschiehet, und mit dem Wachsthum einer Nation in Geschmack und Sitten in gleichen Schritten gehet."[299] "Geschmack und Sitten" stehen hier synonym für Kultur. Die Äquivalenz wird hier mit der schönen Metapher bedacht "in gleichen Schritten gehen".

4.2.3. Langsamkeit des Sprachprozesses

Wie der kulturelle Fortschrittsprozeß[300], so ist der Sprachprozeß durch *Langsamkeit* charakterisiert. Adelung rekurriert auf den klassischen Satz "Natura non facit saltus."[301] - um ihn auf Sprache zu applizieren. "In den Sprachen geschieht kein Sprung, so wenig als in der übrigen[302] Natur."[303] Adelung zufolge ist dies als generelles Gesetz des Sprachprozesses anzusehen. Dies Gesetz wird spezifiziert und exemplifiziert an den *Analogien*, die Adelung bestimmt hatte als "Sprachähnlichkeit, d.i. das übereinstimmige Verfahren in ähnlichen Fällen."[304] Den Sprachprozeß, zunächst soweit er die geschichtliche Modifikation von Analogien be-

---

[297] Styl 1 85, 15 - 16
[298] UL 311, 14 - 15
[299] UL 312, 13 - 17
[300] Vgl. vorliegende Arbeit S. 70.
[301] Vgl. Linné, Philosophia Botanica (1751).
[302] Diese Wendung zeigt : Adelung faßt Sprache durchaus als naturhaft auf. Indes : Mag auch die Natur keinen Sprung machen - der Geist macht Sprünge. Und, um emphatisch zu sprechen und Adelung zu widersprechen, Sprache ist Geist. Vgl. hierzu allgemein Hegels Theorem vom dialektischen Sprung. Hinsichtlich Adelungs Grundorientierung, ob Sprache naturhaft sei, vgl. vorliegende Arbeit S. 145 (Fußnote 627)
[303] Styl 1 79, 12 - 13
[304] Styl 1 65, 6 - 8

trifft, bestimmt Adelung daher als langsames Fortschreiten : "Jede[305] Sprache schreitet daher nur sehr unvermerkt von einer Analogie zur anderen (...)"[306] Dies impliziert zugleich : den an diesem Prozeß beteiligten Sprachbenutzern ist der Sprachprozeß meist gar nicht als solcher bewußt. - Adelung generalisiert den zitierten Satz, der zunächst nur von den Analogien sprach, hinsichtlich Sprache im ganzen : "Eben so unvermerkt schreitet auch die Sprache in ihrer Ausbildung und Verfeinerung fort."[307] Dies heißt : Der Sprachwandel ist nicht etwa nur ein wertneutrales, gleichgültiges Weiterschreiten von einer Analogie zur anderen, sondern dieser Prozeß ist stets getragen von und aufgehoben in einem umfassenderen Fortschrittsprozeß, einer gerichteten Entwicklung vom weniger Wertvollen hin zum Wertvolleren. Hier zeigt sich wiederum, wie Adelung sein Fortschrittstheorem und sein kulturhistorisches Äquivalenztheorem zusammendenkt.

4.3. Kollektivität des kulturellen Fortschrittsprozesses/Sprachprozesses (Sprache und Völker)

Sowohl der kulturelle Fortschrittsprozeß (Gang der Kultur) als der mit ihm in engster Korrelation stehende Sprachprozeß ist, Adelung zufolge, stets ein kollektiver, einer der Völker (Nationen) als Ganzheiten. Eine historisch reale Sprache ist stets hingeordnet auf eine Sprachbenutzer-Menge[308] Volk. *Völker* sind die genuinen Träger von Kultur und von Sprache, nicht Individuen, und seien sie noch so bedeutsam. Adelungs allgemeinste, daher auch leerste und trivialste, Bestimmung der Geschichtlichkeit der so gedachten Völker ist in eine Formel zusammengefaßt, die an das Herakliteische Prinzip eines beständigen Wandels gemahnt. "Völker entstehen, werden verändert, und gehen unter (...)."[309] Solcher (als kulturell zu interpretierenden) Geschichte der Völker parallelisiert Adelung unmittelbar die Entwicklung der ihnen korrespondierenden Sprachen: "(...) so auch die Sprachen."[310] Dies ist eine Modifikation des kulturhistorischen Äquivalenztheorems, erweitert um die neu eingeführte Bestimmung des *Volkes*. Umgekehrt ist hier die notwendige Kollektivität von Sprachlichkeit als in einer geschichtlichen Relation ste-

---

[305] Also auch hier wieder die generelle Geltung.
[306] Styl 1 79. 13 - 15
[307] Styl 1 79, 22 - 23
[308] Diese Definition erlaubt Adelung, gleichsam en passant, die Definition des Unterschiedes von lebenden, toten und gelehrten Sprachen einzuschieben. "Sprachen, welche noch jetzt von ganzen Völkern gesprochen werden, heißen lebendige, ihre Gegensätze aber todte Sprachen. Diejenige unter den letztern, durch welche uns der Weg zur Gelehrsamkeit gebahnet wird, werden im vorzüglichsten Verstande gelehrte Sprachen genannt."(DS 4, 5 - 11)
[309] DS 4, 4 - 5
[310] DS 4, 5

hend herausgestellt. *Kritisch* ist zu fragen, wie Adelung die explizierte Parallelität Völker-Sprachen denkt. Sie bedeutet nicht die Trivialität, daß Sprachen "eben auch" entstehen, modifiziert werden, untergehen. Adelung will doch mehr sagen, nämlich : eine Sprache entsteht *mit* einem bestimmten Volk, wird *mit* dessen Modifikationen selbst modifiziert, und geht *mit* dem Untergang des Volkes mit Notwendigkeit unter. Es besteht also so etwas wie eine ontologische Klammer zwischen einem Volk und seiner Sprache.

Die geschichtliche Fortentwicklung der Völker hat, Adelung zufolge, eine generelle Tendenz : "Wilde Völker werden (...) gesittet."[311] Die Stufe der Wildheit wird von Adelung oft als Stufe der "Roheit" bezeichnet. Daß wilde Völker gesittet werden, dies ist eine konkrete Applikation des Adelungschen Fortschrittstheorems.

Es gibt, Adelung zufolge, prinzipiell mehrere Wege, die solcher Gang der Kultur verlaufen kann; aber sind auch unterschiedliche Wegverläufe möglich und geschichtlich faktisch aufgetreten, so ist das, gleichsam vom Prozeß selbst intendierte, Ziel stets das gleiche : das höchste Stadium der Kultur. Die Völker also, und mehr noch die Individuen, die, radikal gedacht, lediglich Strukturmomente eines Volkes sind, haben im Grunde keine freie Entscheidungsmöglichkeit über den Prozeß ihrer Geschichte; sie können in ihrem Handeln nur dem übergeordneten kulturellen Fortschrittsprozeß zur Hand gehen. (Allenfalls können sie, als Reaktionäre, in vergeblichem Trotz gegen die Entwicklungstendenz des kulturellen Fortschrittsprozesses sich stemmen; ein, Adelung zufolge, zum Scheitern verurteilter Versuch.)

Adelung unterscheidet vier mögliche Wege. Hierbei ist der kulturelle Fortschrittsprozeß und der Sprachprozeß im vorhinein ineins gedacht. "Entweder durch Eroberung oder durch innere Fülle. In jedem Falle sind wiederum zwey andere möglich."[312] Was den ersten Fall anbetrifft, so wird entweder das wilde Volk durch ein gesittetes Volk gebildet und nimmt dann dessen Sprache an; oder, konträr, das wilde Volk besiegt das gesittete, worauf es sich "nach demselben bildet"[313] (Man denke an die Annahme der französischen Sprache durch die Normannen in der Normandie im 10. Jh.) - Hinsichtlich der beiden Untermöglichkeiten des zweiten Falles vermerkt Adelung : "Ein wildes Volk wird durch Volksmenge und innere Fülle bey der Unmöglichkeit fernerer Ausbreitung gezwungen, den rohen Stand der Natur[314] zu verlassen, und in eine engere bürgerliche Gemeinschaft zu treten. Hat ein solches Volk keine bekannte gesittete Nation in seiner Nachbarschaft, so gehet es seinen eige-

---

[311] UL 29, 12 - 13
[312] UL 29, 13 - 15
[313] UL 29, 23
[314] "Natur" hier als Gegenbegriff zu "Kultur".

nen Weg und wird ein Original."[315] (Adelung nennt als Beispiele die Ägypter, die Chinesen u.a.) "Oder es nimmt (...) ein benachbartes gesittetes Volk zum Muster, und übertrifft oft sein Original (...)"[316] (Beispiel : die geschichtliche Abfolge Griechen - Römer - Deutsche.)

In all diesen Explikationen ist das gemeinte Volk (zuerst noch) als homogene Einheit gedacht. Adelung verkennt indes keineswegs, daß Völker in Substrukturen (soziale Klassen) zerfallen. Das Verhältnis von Sprache und Sprachprozeß zu den sozialen Klassen wird in § 7 "Sprache und Gesellschaft" diskutiert.

---

[315] UL 29, 27 - 34

[316] UL 30, 4 - 6. Dies Theorem der Initiierung des kulturellen Fortschrittsprozesses durch quantitative Progression der Bevölkerung sei bezeichnet als Bevölkerungstheorem. Es wird funktional namentlich in Adelungs Theorie der Dialekte.

5. Sprachursprungshypothese

Der Sprachprozeß wird von Adelung nicht bloß im allgemeinen diskutiert. Er diskutiert darüberhinaus mehrere relevante Aspekte. Deren exponiertester ist evidenter Maßen der Ursprung von Sprache. Er wird breit diskutiert im "Umständlichen Lehrgebäude"; das Stylbuch beschränkt sich, da im UL bereits alles gesagt ist, auf wenige Andeutungen, die jedoch über das in jenem Gesagte hinausweisen.

5. 1. Methodisches

Bevor wir zur Diskussion der Sprachursprungsproblematik übergehen, muß auf ein prinzipielles methodologisch-epistemologisches Problem hingewiesen werden, das in der Struktur der Kulturgeschichte impliziert ist und das Adelung mit voller Schärfe gesehen und ausgedrückt hat. Es ist der unermeßliche Hiatus, der zwischen dem Subjekt und dem Objekt der Sprachursprungsforschung klafft. Der moderne linguistische Wissenschaftler (sei es derjenige von Adelungs Epoche, sei es der unserer Epoche), von der vollendeten Kultur geprägt und von ihrer Höhe auf die Periode der Sprachentstehung zurück- und hinabblickend, vermag sich nur höchst unzureichend in das Erkenntnisvermögen und, damit zusammenhängend, in die sprachliche Kompetenz der "Spracherfinder" einzufühlen : "(...) dieses macht die Untersuchung des Ursprunges der Sprache so schwer, weil es dem in der so sehr verfeinerten bürgerlichen Gesellschaft erzogenen Menschen überaus schwer fällt, sich in die Lage des noch ganz sinnlichen Naturmenschen zu versetzen, und auch nur wahrscheinlich zu bestimmen, wie derselbe die Gegenstände außer sich empfunden, und welchen Gang seine noch unausgebildete Seele genommen, wenn sie ihre Vorstellungen davon hörbar machen wollte."[317] Es ist Adelung dezidiert darum zu tun, daß wir, wenn wir die Spracherfindung in den Blick nehmen, nicht von unseren Vorstellungen, denen der fortgeschrittenen Kultur, ausgehen, sondern daß wir uns ganz in die Immanenz der Perspektive der Spracherfinder hineindenken. So schreibt er : "Es kommt (...) ganz darauf an, wie wir uns jede dieser (...) Bestimmungen (...) vorstellen, oder vielmehr, wie sich die ersten Spracherfinder dieselben vorgestellet haben."[318] Von daher auch Adelungs Kritik an der "metaphysischen" Interpretation der Sprache : "Der metaphysische Begriff (...) kann uns hier nicht leiten, weil er die Dinge aus einem andern Gesichtspuncte ansiehet, die Sprachlehre aber den Gesichtspunct

---

[317] UL 184, 12 - 21
[318] UL 606, 23 - 27

behalten muß, aus welchem die Sprachschöpfer die Dinge ansahen und ansehen konnten."[319]

Adelung parallelisiert die "dunkle" Periode des stammesgeschichtlich "ersten Anfanges der Cultur"[320] mit der gleichfalls dunklen Periode, des ontogenetischen Anfangs, der Kindheit : "So wenig wir uns jetzt auf die Entwickelung unserer Begriffe in der Kindheit besinnen können, so wenig wissen wir auch historisch von der ersten Ausbildung unseres Geschlechts."[321] Hinzu kommt, Adelungs Bedenken noch verschärfend : Von den frühen Menschen qua homo sapiens (Cro-Magnon-Typus) haben wir zwar keine schriftliche historische Überlieferung, wir wissen jedoch (aufgrund von Schädelfunden), daß ihr Erkenntnisapparat etwa so wie der des heutigen Menschen strukturiert gewesen sein muß. Von den von Adelung vorgestellten "Spracherfindern", die doch wohl *vor* den Cro-Magnon-Menschen anzusetzen sind, wissen wir nicht einmal dies, wir wissen im Grunde nichts vom psychisch-mentalen Leben ihrer "noch unausgebildete(n) Seele"[322] (und das impliziert deren sprachliches Leben), und das macht die historisch rekonstruieren-wollende Sprachursprungsforschung so überaus schwierig, ja tendenziell vergeblich.

5. 2. Über den spekulativen Charakter des Adelungschen Vorgehens

Hinsichtlich der positiv angewandten Methode vermerkt Adelung : Das folgende ist "(...) aus dem Baue der Sprache selbst, und wo dieser aufhöret, aus der Natur des Menschen und dem Umfange seiner Fähigkeiten geschöpft."[323] Es wird also ausdrücklich deduktiv und nicht empirisch verfahren. Man kann auch sagen, es wird spekulativ[324] verfahren. "So muß es gewesen sein." (Doch das ist evident, denn die diskutierten Phänomene liegen nicht zutage, sondern sind verborgen und müssen daher erschlossen werden.)

Es muß immer klar vor Augen stehen, daß alles, was über den Sprachursprung gesagt wird (sei es von Adelung, sei es aus unserer Perspektive), nur Mutmaßung, Hypothese, Spekulation sein kann, da die thematisierten Phänoneme nicht unmittelbar zugänglich sind. H. Bußmann vermerkt diesbezüglich : "Sprachursprungshypothesen (sind) durch keiner-

---

[319] UL 614, 28 - 33
[320] UL 184, 21
[321] UL 184, 24 - 27. - Dies scheint die einzige Stelle, wo Adelung explizit Phylogenese und Ontogenese parallelisiert. Von daher fällt ein Licht auf seine Darstellung "des" Menschen, wobei bei ihm stets ununterschieden bleibt, ob die Phylogenese, die Ontogenese oder eine Bewußtseinsdialektik im Sinne der "Phänomenologie des Geistes" Hegels intendiert ist.
[322] UL 184, 19
[323] UL 183, 7 - 10
[324] Dieser Terminus intendiert hier keine Abwertung.

lei sprachwiss. Methoden verifzierbare Konstruktionen bzw. Mutmaßungen über die Entstehung der Sprache (...). Einigermaßen gesicherte Erkenntnisse über Sprache reichen ca. 5000 bis 6000 Jahre zurück, die Menschheitsentwicklung aber erstreckt sich über einen mutmaßlichen Zeitraum von einer Million Jahren. Somit sind alle Hypothesen über Sprachursprung (...) rein spekulativ (...)."[325] Indes sind die Adelungschen sprachursprungshypothetischen Überlegungen von so spekulativer Kraft, so ausgearbeitet und ineinander verzahnt, daß man sich ihrer bestrickenden Wirkung nur schwer entziehen kann und geneigt ist, auszurufen : Immerhin! So *könnte* es gewesen sein.

5.3. Etymologie als Wissenschaft vom Sprachursprung

Vor der Diskussion der Adelungschen Sprachursprungshypothese muß diejenige Wissenschaft in ihrer Möglichkeit und ihrem Gegenstandsbereich umrissen werden, die so etwas wie Sprachursprung thematisiert. Damit eine Wissenschaft überhaupt möglich sei, muß in ihrem Gegenstandsbereich eine Rationalität und d.h. erkennbare Regularität walten. Dies trifft, Adelung zufolge, für den Bereich der Konstitution von Lexemen (und deren Substrukturen, den Morphemen) zu. "Sylben und Wörter sind nicht willkührlich oder von ungefähr aus Buchstaben entstanden, sondern die Spracherfinder sind dabey nach gewissen allgemeinen Grundgesetzen zu Werke gegangen (...)."[326] Diese Regularität indes ist keine manifeste, sondern partiell verborgene; für sie gilt, was, Adelung zufolge, für alle sprachimmanenten Regularitäten gilt : sie wurden "(...) von ihnen, wie alles in der Sprache, nur dunkel empfunden (...)"[327]. Die wissenschaftliche Disziplin, die sie ans Licht (in die Erkenntnis) hebt, bezeichnet Adelung als *Etymologie*. Es ist, verglichen mit dem unter diesem Titel tradierten Fach, eine radikal neu definierte Etymologie. Ihren Gegenstandsbereich umreißt er so : "(...) sie allein (ist) im Stande (...), den menschlichen Verstand bis in seine Kindheit zu verfolgen, die Anfangsgründe seiner Begriffe zu entwickeln, und den ganzen Stufengang seiner Erkenntniß[328] zu zeichnen."[329] Es kommt darauf an, "(...) dem Gange des menschlichen Geistes in Bildung der Begriffe nachzuspüren, und durch

---

[325] H. Bußmann S. 492f.
[326] UL 179, 1 - 4
[327] UL 179, 5 - 6
[328] In den hier verwendeten Formulierungen ("Kindheit des Verstandes", "Anfangsgründe der Begriffe", "Stufengang der Erkenntnis") wird wiederum die notwendige Mehrdeutigkeit sichtbar, der Adelungs Denken der Genese stets anheimfällt, wie es scheint, ohne daß er selbst es bemerkt : Ist die Phylogenese oder die Ontogenese oder so etwas wie eine "Phänomenologie des Geistes" (im Sinne Hegels) gemeint? An der hier diskutierten Stelle ist es der Kontext, der auf die Bedeutung "Phylogenese" monosemiert.
[329] UL 179, 14 - 17

dieses Mittel bis zu dem ersten Ursprunge nicht allein einer, sondern aller Sprachen hinauf zu steigen."[330] Etymologie, wie Adelung sie versteht, ist demnach erheblich mehr als eine trockene Beschäftigung mit der Herkunft von Wurzeln und Stämmen; sie ist, und das ist das Erregende, so etwas wie die Wissenschaft von der Anthropogenese und damit ein konstitutives Stück der Anthropologie. Alles, was Adelung über den Sprachursprung zu sagen hat - und das ist viel -, ist Beitrag zur so verstandenen Etymologie qua Anthropologie.

5.4. Erste Lexemkonstitutionen

Adelung diskutiert nicht die Genese "der" Sprache, unabhängig von der der einzelne Lexeme, sondern er bleibt stets konkret bei diesen. Ineins mit deren Konstitution muß sich die Genese von Sprache fassen lassen. Das Kapitel, in dem die Adelungsche Sprachursprungshypothese extensiv diskutiert wird, ist daher überschrieben : "Ursprung der Sprache und Ursprung der Wörter"[331]. Wenn Adelung der Auffassung ist, daß das allgemeine Prinzip der Entstehung der ersten Lexemkonstitutionen angegeben werden kann, dann impliziert dies : hier waltet eine immanente Rationalität und nicht das Zufallsprinzip der Arbitrarität. Der Satz vom Grund ist nicht außer Kraft gesetzt. Adelung rekurriert auf die antike philosophische Tradition : "(...) die Stoiker behaupteten, daß jedes Wort seine Ursache habe."[332]

Adelungs These hinsichtlich der primären Lexemkonstitutionen und damit des Sprachursprungs ist : *Die Konstitution der primären Lexeme vollzieht sich durch onomatopoetische Imitation von Naturlauten.* Adelung selbst formuliert so : "(...) die erste Grundlage der Sprache (ist) Nachahmung der tönenden Natur (...), und (...) der Mensch (ward) durch die Töne außer ihm veranlasset (...) ihre Nachahmung durch ähnliche Laute des Mundes zu versuchen, und sich dadurch ein Merkmahl von dem empfundenen Gegenstande einzuprägen."[333] Sprache in statu nascendi ist, Adelung zufolge, nur so denkbar : "Sprache kann (...) ursprünglich und eigentlich nichts anders, als hörbarer Ausdruck der hörbaren Merkmahle der Dinge, oder Nachahmung der tönenden Natur seyn."[334] Die onomatopoetische Nachahmung der Naturtöne durch die menschliche Sprache nennt Adelung "tönende Sprache"[335] Das Beispiel, das Adelung im UL für eine onomatopoetische Imitation von Naturlauten gibt, ist :

---

[330] UL 181, 17 - 21
[331] UL 177, 2 - 3
[332] UL 180, 9 - 10
[333] UL 130, 25 - 31
[334] UL 192, 11 - 14
[335] Styl 1 160, 11 (Adelungs selbstkritisches Selbstzitat aus "Versuch einer Geschichte der Cultur des menschlichen Geschlechts")

"(...) Fisch (ist...) eigentlich eine Nachahmung des Lautes (...), welchen ein mit Floßfedern versehenes Wassergeschöpf durch seine schnelle Bewegung im Wasser verursacht (...)"[336] Das Stylbuch bringt als Beispiel den "Donner"[337].

Diese These hat unzweifelhaft eine gewisse Plausibilität für sich. Der ursprüngliche Modus von Sprache ist evidenter Maßen nicht die "stille Schrift"[338], sondern tönende gesprochene Sprache. Daß letztere möglicherweise Imitation der Naturlaute ist, die täglich-alltäglich auf den Menschen eindringen und ihn bedrängen, liegt nahe. Adelung gibt mehrere unmittelbar plausible Beispiele für seine These. Auf den auf der Hand liegenden Einwand, die Mehrzahl der Lexeme seien keine solchen Onomatopöien, wird später eingegangen werden.[339]

Die onomatopoetische Imitation von Lauten der tönenden Natur durch Laute menschlicher Sprache impliziert die *Ähnlichkeit* dieser mit jenen. Das ist keine nebensächliche Bestimmung, sondern erweist sich als zentral für das Adelungsche System. Diese Ähnlichkeit ist, Adelung zufolge, den Spracherfindern nicht klar, sondern sie wird nur dunkel empfunden. Auch dies zentral.

Das *Hörbare*, darauf Sprache fundiert ist, muß indes, Adelung zufolge, kein unmittelbar reales sein, es kann auch ein phantastisch vorgestelltes sein. "(...) wenn die Dinge, welche man ausdrücken will, nicht wirklich tönen, so glaubt man sie doch tönen zu hören, und druckt sie nach der dunkeln Empfindung des Hörbaren aus."[340] Es bleibt dunkel, wie Adelung dies näherhin vorstellt : wie solches nicht gehörte Hörbare zustande kommt.

Die primär konstituierten Lexeme sind fundiert auf der Imitation tönender Naturdinge. Was jedoch ist, genaugenommen, hierbei der referentielle Gegenstand, darauf diese Zeichen sich beziehen? Adelung spannt eine Mannigfaltigkeit von Möglichkeiten auf : "die Bewegung und die Handlung, welche den nachgeahmten Laut hervor brachte, dann das Ding, an welchem man den Laut bemerkt hatte, eine Eigenschaft, ein Umstand usf."[341] - Adelung bleibt nicht dabei stehen. Wenn er den Terminus "Substantiv" etymologisch korrekt von "Substanz" ableitet, so bleibt es nicht bei dieser bloßen Worterklärung, sondern er identifiziert die so eingeführte Substanz ontologisch mit der "Körperwelt"[342] im Sin-

---

[336] UL 300, 4 - 8
[337] Styl 1 8, 16 - 18
[338] Vgl. F. Hölderlin, An die Deutschen (zweite Fassung).
[339] Vgl. vorliegende Arbeit S. 107.
[340] UL 784, 14 - 18
[341] UL 201, 32 - 34
[342] UL 289, 20

ne des Materialismus[343]. Diese Körperwelt wird sprachhistorisch als Grund und Movens der Sprachgenese angesetzt. "(...) weil die Körperwelt nicht allein die erste Veranlassung zur Erfindung der Sprache gab, sondern sie auch leitete (...)"[344] Adelung gerät hier in eine gewisse Kollision mit seinem Theorem der onomatopoetischen Imitation. Zwar sind die Naturlaute, wie Adelung zu konzedieren wäre, unzweifelhaft durch die Körper der Körperwelt verursacht, aber qua Laute erfährt der Mensch sie als primär in der Zeit und nicht, wie die Körper, als im Raume existierend. Oder anders ausgedrückt : wenn die Körper *als* Körper als Sprachgrund angesetzt werden, dann ist der Sinn, der primär Zugang zu diesem Sprachgrund liefern soll, durch einen anderen ersetzt; es ist nun der Raum erschließende Gesichtssinn und nicht mehr das zeitliche Phänomene erschließende Gehör, wie in Adelungs erstem sprachursprungshypothetischen Ansetzen. Die Naturlaute sind nicht so geradezu "zu fassen" wie die räumlichen Dinge. Wenn Adelung wenig später als "die erste Veranlassung zur Sprache, folglich auch zu den Nahmen der Dinge (...) die außer dem Menschen befindlichen hörbaren und sichtbaren Dinge (...)"[345] bestimmt, so hält er sich in der Unentschiedenheit. Freilich sind die hörbaren Dinge (zumeist) auch sichtbar - allerdings nicht in Adelungs immer wieder angeführtem Zentralbeispiel des Donners -, aber wenn er die sichtbaren Dinge *als* Veranlassung nennt, so könnte man meinen, sie seien es aufgrund ihrer Sichtbarkeit; und dies ist seiner eigenen Theorie konträr.

"(...) die Sprache (stützte sich) ursprünglich ganz auf das Hörbare (...)"[346] "Der Ursprung der Sprache und ihre erste Ausbildung gründet sich ganz auf das Hörbare."[347] Von diesem Urprung kommt sie, solange sie ist, nie ganz los; so wie auch ein Mensch, solange er im Dasein steht, nicht von seiner Geburt loskommt. Aber für beide gilt : sie entfernen sich immer mehr von ihrem Ursprung. Hinsichtlich der Sprache heißt das : sie wird immer weniger sinnlich und immer mehr geistig-begriffshaft; nie aber wird sie ganz *un*sinnlich. Die Sprache entfernt sich so weit von ihrem sinnlich-hörbaren Ursprung, daß das zuerst allein vorhandene Hörbare zu einem untergeordneten Moment wird. "Bei meh-

---

[343] Bekanntlich ist die Bestimmung der Substanz in der Geschichte der Philosophie strittig. Descartes, der als wesentlicher Markierungspunkt genommen werden kann, nimmt als endliche Substanzen nicht nur die Ausdehnung (res extensa, die Körperwelt im Sinne Adelungs), sondern auch die denkende Seelensubstanz (res cogitans) an.
[344] UL 289, 19 - 22
[345] UL 290, 4 - 7
[346] UL 746, 11 - 12
[347] UL 748, 10 - 12

rerer Ausbildung häufen sich die figürlichen Bedeutungen, und dann macht das Hörbare oft nur noch den kleinsten Theil aus."[348]

5.4.0.1. Belege Adelungs für seine These vom onomatopoetischen Ursprung der Lexeme

Zum Beleg seiner These von der onomatopoetische Imitation von Naturlauten bringt Adelung zwei (unterschiedlich strukturierte) primitive Stufen sprachlicher Weltentdeckung, die - gerade aufgrund ihrer Primitivität - paradigmatisch stehen können für jene frühe, rohe Periode der ersten Lexemkonstitutionen. Er parallelisiert den kindlichen Spracherwerb auf früher Stufe (mit der ersten selbständigen Entdeckung und Benennung von tönenden Gegenständen) mit den "rohen", auf primitivem Kulturniveau stehenden Menschen. "Die Erfahrung lehrt uns, daß Kinder, wenn sich die Aufmerksamkeit bey ihnen anfängt zu entwickeln, und Menschen, die durch die Cultur noch nicht verfeinert sind, einen natürlichen und unwiderstehlichen Drang haben, alle ihnen vorkommende neue Gegenstände nach dem Tone zu bezeichnen, mit welchem sie sich ihnen das erstemahl darstellen."[349] Adelung gibt mehrere Beispiele, und er vermerkt in deren Zusammenhang auch den, Primitivität anzeigenden, Hang der Dialekte zu Onomatopöien. - Aus dieser Bemerkung ergibt sich ein mehrfaches. Die Parallelität der Kinder mit den rohen Menschen in der Verwendung von Onomatopöien verweist allerdings auf den möglichen onomatopoetischen Ursprung von Sprache. Zugleich ist das erste (lat. primus) zugleich das Primitive in dem Sinne, daß die sich anschließende (ontogenetische wie kulturgeschichtliche) Entwicklung davon wegführt. Das führt Adelung im folgenden aus, indem er den primitiven Anfang der Sprache mit der paradiesischen Nacktheit des Menschen[350] vergleicht: "Je mehr der Mensch in der Cultur wächst, desto mehr entledigt er sich dieser tönenden Wörter, weil er sich dieses rohen und einfachen Ursprunges seiner Sprache und seiner Erkenntniß eben so sehr schämt, als seiner ursprünglichen Nacktheit, und er möchte sie gern alle verbannen, wenn sie ihm nicht in tausend Fällen unentbehrlich wären."[351]

Als weiteres Argument für den onomatopoetischen Ursprung der Lexeme bringt Adelung die *Taubgeborenen*. "Die Laute, die sie, sich selbst überlassen, hervor bringen, sind (...) Ausdrücke innerer Empfindung, und also bloße thierische unförmliche Schälle (...)"[352]. Zur *Kritik*. Beweist Adelung hiermit, was er zu beweisen sich vornimmt? Er beweist nur,

---

[348] UL 748, 12 - 15
[349] UL 189, 1 - 7
[350] Vgl. Gen 3, 8 - 11.
[351] UL 189. 21 - 27
[352] UL 190. 8 - 11

daß der primäre Spracherwerb über den phonologischen Kanal vermittelt wird, bzw. wie er selbst sagt, "(...) daß zur Sprache das Gehör wesentlich nothwendig ist (...)"[353]; aber das ist relativ trivial. Kein innerer Sinn ohne äußeren Sinn, würde *Kant* sagen. Adelung beweist allenfalls, daß bei Verkümmerung des äußeren Sinnes (wie bei Taubheit) auch der innere Sinn und dessen sprachlicher Ausdruck verkümmert und letzterer reduziert bleibt auf unmittelbaren Ausdruck innerer Empfindungen[354], so daß der Betroffene auf eine prähumane, quasitierische Sprachstufe regredieren kann.

5.4.1. Wörter als hörbare Merkmale der Dinge

Im Zusammenhang mit der These von onomatopoetischen Ursprung der ersten Lexemkonstitutionen hat Adelung zugleich die bislang noch nicht diskutierte These vertreten : Die Lexeme sind hörbare Merkmale der Dinge. Sprache ist onomatopoetische Imitation der Naturdinge. Zugleich stehen die Lexeme zeichenhaft für diese Dinge. Dies kann Adelung in die kühne These zusammenschließen, sie seien hörbare Merkmale der Dinge selbst. In der Sprache kommt gleichsam die vordem un=ausgesprochene Natur selbst zu Wort.

Adelung diskutiert seine Bestimmung der Wörter als *Merkmale der Dinge* näher. Sie steht zunächst gleichberechtigt neben der eingangs gegebenen Bestimmung der Wörter als *vernehmliche Ausdrücke der Vorstellungen*[355], auf welche Adelung daher als erstes rekurriert. Jedoch beide Bestimmungen stehen nicht isoliert nebeneinander, sondern sie werden von Adelung in Beziehung gesetzt. Wie verhalten sie sich strukturell zueinander? Er sagt, daß die Vorstellungen "(...) klar seyn müssen, wenn ihre Ausdrücke ihre Absicht erreichen und zu Merkmahlen dienen sollen."[356] Die Klarheit der Vorstellungen ist also nicht nur eine wünschenswert-positive Eigenschaft der Lexeme, sondern sie erweist sich als notwendig für deren Konstitution als solche. Wie kommt es von der dunklen Vorstellung, die unumgänglich zu Beginn des Denkprozesses steht - sowohl phylogenetisch als ontogenetisch als im Sinne einer "Phänomenologie des Geistes" - zu einer solchen klaren Vorstellung? Adelung bestimmt den psychologischen Übergang von der dunklen zur klaren Vorstellung als Reflexionsprozeß, dessen Resultat die Isolierung eines Merkmals des intendierten Dinges ist. "Eine klare Vorstellung entsteht aus einer dunklen, wenn die Seele bey wiederhohlter Empfindung der letztern bey derselben verweilet, und sich ein Merkmahl

---

[353] UL 190, 25 - 26
[354] Vgl. das epistemologische Modell auf der Stufe des Umständlichen Lehrgebäudes, vorliegende Arbeit S. 43 - 49.
[355] Vgl. vorliegende Arbeit S. 35.
[356] UL 191, 3 - 5

von dem empfundenen Dinge absondert, an welchem sie es wieder erkennen kann."[357] Der Ausdruck "Merkmal" ist hierbei also beim Wort zu nehmen. Der Zeichenstifter *merkt sich* von dem zu bezeichnenden Gegenstand eine Lautäußerung, um ein dieser ähnliches Lexemzeichen zu konstituieren, das er sich *merkt*, um den Gegenstand wieder zu evozieren. - Damit ist der strukturelle Zusammenhang zwischen beiden Bestimmungen dessen, was die Wörter sind, aufgezeigt. Bei Wiederholung eines derartigen Reflexionsprozesses steigert sich der Klarheitsgrad der Vorstellung und wird *deutlich*.[358] Da die Wörter den Vorstellungen korrespondieren, verhält sich die Genese der klaren Wörter aus den Ausdrücken der dunklen Empfindungen ganz parallel der Genese der klaren Vorstellungen aus den dunklen Vorstellungen. "So wie nun klare Vorstellungen aus einzelen dunklen entstehen, so entstehen auch die Wörter, als Ausdrücke der erstern aus den Ausdrücken der dunkeln Empfindungen."[359] Diese Genese indes, so einfach sie hingeschrieben ist, wird für Adelung zum eigentlichen Problem. Er diskutiert mehrere Möglichkeiten. Zuerst die Enstehung der Sprache "nach willkührlich gewählten Lauten"[360]. Hierbei schwächt er seine These[361] vom Menschen als *Erfinder* der Sprache dahingehend ab, daß Sprache wenigstens nicht *willkürlich* erfunden werden konnte. "Zu geschweigen, daß Verabredung willkührlicher Zeichen schon Sprache und deutliche Begriffe voraus setzt, die doch erst entwickelt und erfunden werden sollen."[362] Damit hat Adelung das Herdersche Paradox[363] wieder in seine Reflexion eingeholt. Aber auch die als nächste diskutierte Möglichkeit, Sprache sei "durch den Drang innerer Empfindung"[364] entstanden, wird abgewiesen. Sie scheitert an der ungenügenden Vermittlung mit der dinghaften Außenwelt. Dieser Erklärungsversuch scheitert vor allem daran, daß die diskutierte notwendige Bedingung klarer Vorstellung - Isolation eines Merkmals - nicht ausreichend gegeben ist. "(...) wie (kann) innere Empfindung von äußern Gegenständen, ohne ein abgesondertes hörbares Merkmahl, je so klar werden (...), daß sich eine vernehmliche Sprache darauf bauen ließe"[365]? Schließlich wird das oben bereits diskutierte Argument der Taubgeborenen nochmals aufgerufen[366].

---

[357] UL 191, 5 - 10
[358] Adelung unterscheidet also an dieser Stelle zwischen Klarheit und Deutlichkeit, und zwar als Stufen eines aufsteigenden Prozesses.
[359] UL 191, 14 - 17
[360] UL 191, 17 - 18
[361] Vgl. vorliegende Arbeit S. 98 - 99.
[362] UL 191, 25 - 28
[363] Vgl. vorliegende Arbeit S. 28.
[364] UL 191, 28 - 29
[365] UL 191, 29 - 33
[366] Vgl. vorliegende Arbeit S. 95 - 96.

5.5. Wer hat Sprache erfunden?

Adelung vertritt dezidiert die These, "Daß die Sprache von Menschen erfunden worden."[367] Diese These ist, weder in Adelungs Epoche noch von ihrem sachlichen Gehalt her, so selbstverständlich, wie sie namentlich unseren heutigen Denkgewohnheiten scheinen mag. Adelung spricht in diesem Sinne zumeist von den "Spracherfindern"[368]. Bisweilen spricht er auch von den "Sprachschöpfern"[369] und "Urhebern der Sprache"[370] Aber in diesen Formulierungsvariationen scheint kein sachlicher Unterschied zu liegen. Mit dieser These wendet Adelung sich zugleich gegen mehrere Auslegungstendenzen in der Sprachursprungsproblematik, die zeitgenössisch vertreten wurden : Es ist unzutreffend, "(...) die erste Sprache für eine unmittelbare Erfindung Gottes, oder für ein Werk des Zufalles, oder auch für die Frucht eines gemeinschaftlichen Einverständnisses über willkührliche Laute auszugeben."[371] Resümierend sagt er : "Aus allem, was bisher von dem Ursprunge der Sprache und dem Baue der Wörter gesagt worden, erhellet zugleich, daß der Bau der Sprachen weder so metaphysisch und göttlich, als einige behaupten, noch so willkührlich, als andere wollen. Sie beruhen, ihrem Ursprunge nach, ganz auf dunkel empfundenen Ähnlichkeiten (...)"[372] So vorgehend, hält Adelung den aristotelischen Mittelweg zwischen den beiden möglichen konträren Auslegungstendenzen. Adelung würdigt die These von der Gottesursprünglichkeit der Sprache ironisch, sie sei "(...) freylich sehr bequem, hat aber auch außer dieser Bequemlichkeit nichts für sich aufzuweisen."[373] Adelung macht jedoch nicht, wie es wissenschaftlich wäre, die gegnerische These möglichst stark. Als Begründung für die eigene These fungiert ein allgemein bleibender Hinweis auf die Struktur von Sprache : "Der ganze Bau der Sprache zeigt, daß sie sehr menschlich ist."[374] Dieses "sehr menschlich" ist wohl als "menschlich, allzu menschlich", im Sinne Nietzsches[375], zu lesen - "menschlich" nicht nur im Sinne von Menschenhaftigkeit, sondern im Sinne von Unvollkommenheit. Wäre nämlich Sprache tatsächlich unmittelbar von Gott geschaffen, so wäre sie als solche vollkommen und es hafteten ihr nicht all die Mängel und Ungenauigkeiten an, die ihr faktisch anhaften.

---

[367] UL 183, 13 - 14
[368] UL 179, 3 passim
[369] UL 227, 33
[370] UL 232, 27 - 28
[371] UL 181, 26 - 29
[372] UL 238, 17 - 23
[373] UL 183, 15 - 17
[374] UL 183, 17 - 18
[375] Vgl. F. Nietzsche, Menschliches, Allzumenschliches (1778).

Zur Kritik. Sprache ist evidenter Maßen unvollkommen, und es ist dies auch der Mensch. Hieraus folgt noch nicht, daß dieser deren Schöpfer ist, sondern allenfalls, daß nicht Gott dieser Schöpfer ist. Es ergibt sich als Aufgabe, nach einem allerdings unvollkommenen Ursprung von Sprache zu suchen. Dieser Spracherfinder ist, da er am Beginn des kulturellen Fortschrittsprozesses steht, mit Notwendigkeit primitiv. Das ergibt sich per definitionem aus dem Adelungschen Fortschrittstheorem in Verbindung mit dem kulturhistorischen Äquivalenztheorem : Die Kultur und Sprache zu Beginn müssen primitiv sein. "Wäre die Erfindung und Ausbildung der Sprache ein Werk eines reifen und aufgeklärten Verstandes, so würde (...) Allein so verräth auch hier alles die dunkele Empfindung, welche Sprache schuf und ausbildete (...)"[376]

5. 5.1. Anthropologische Konsequenzen

Wird, wie Adelung das tut, Sprache radikal als menschliches Produkt gedacht, so schlägt diese Bestimmung zurück auf die Bestimmung des Wesens des Menschen (der anthropologischen Struktur). Adelung kommt hierzu, indem er zunächst das *Motiv* des derart als Spracherfinder gedachten Menschen zu seiner Erfindung diskutiert. Er hat Sprache, negativ, "(...) nicht von ungefähr und noch weniger zur Lust und aus lieber langen Weile erfunden."[377] Sondern er ist, positiv gedacht, getrieben, ja umgetrieben, von einem sich unwillkürlich durchsetzenden "Bedürfniß zu sprechen"[378]. Dies Bedürfnis ist "auf das innigste"[379] fundiert in der anthropologischen Struktur. Adelung bringt diese "Natur"[380] in engste Beziehung zur menschlichen "Bestimmung zum gesellschaftlichen Leben"[381], wo er sie nicht gar identifiziert.[382] Das emphatische Wort "Bestimmung" zeigt an, daß die Gesellschaftlichkeit nicht eine akzidentelle Eigenschaft des Menschen ist, sondern ein Zug seines Wesens, wie der aufrechte Gang, die spezifisch menschliche Hand und was dgl. mehr. So auch das darin fundierte Sprechbedürfnis; "(...) ohne dasselbe (ist er) nicht Mensch (...)."[383] Adelung unterscheidet im folgenden, entgegen der Tradition, die den Menschen wesenhaft und d.h. durchgängig als animal rationale definiert und damit dessen Vernünftigkeit zu einer notwendig-

---

[376] UL 309, 12 - 21
[377] UL 183, 19 - 21
[378] UL 183, 21
[379] UL 183, 21 - 22
[380] UL 183, 22
[381] UL 183, 22 - 23
[382] Zum präzisen Zusammenhang von Sprachlichkeit und Gesellschaftlichkeit, wie Adelung ihn denkt, vgl. vorliegende Arbeit S. 115 - 159.
[383] UL 183, 24

unausbleiblichen Bestimmung erklärt, zwischen dem *bloßen* Menschen und dem *vernünftigen* Menschen. Das Menschenwesen, das lediglich erst potentialiter das Bedürfnis zur Sprache besaß, ist *bloßer* Mensch; sobald er actu Sprache besitzt, ist er vernünftiger, d.h. genuiner Mensch. Ohne das Sprechbedürfnis kann er "(...) nicht Mensch, und ohne eine erfundene und wenigstens zum Theil ausgebildete Sprache nicht vernünftiger Mensch seyn (...)."[384] Der Übergang von der Potenz (Sprechbedürfnis) zum Akt (Sprache) ist identisch mit der genuinen Anthropogenese. Es ist dies aber alles anderes als ein gleichgültiger Schritt - es ist ein Sprung über einen Abgrund; und dieser Sprung ist zugleich Ur=sprung von Sprache. Kann das noch (sit venia verbo) prähumane Menschenwesen von sich aus diesen Sprung über den Abgrund vollziehen, etwa durch eine einfache "Erfindung" von Sprache, wie Adelung das vorstellt? Mit dieser Frage soll nicht Adelung von oben herab abgekanzelt werden, sondern das Augenmerk auf ein nach wie vor ungelöstes Problem gerichtet werden. Im genannten "Abgrund" liegen alle Schwierigkeiten und das ganze Geheimnis dessen verborgen, was sowohl Adelung als auch noch uns Heutige als Sprachursprungsproblematik umtreibt. Daß wir diesen Abgrund rekonstruierend nicht zu überbrücken vermögen, ist der Grund dafür, daß wir die Sprachursprungsproblematik nicht auflösen können. (Im Sinne der Darwinschen Evolutionstheorie würde gesagt werden können, daß die "missing links" fehlen, bzw. deren zureichende linguistische Interpretation.)

Im folgenden wird der zuvor nur allgemein angesprochene "Mensch" qua Spracherfinder spezifiziert. Adelung sagt zunächst negativ, "Daß die Sprache nicht von ausgebildeten oder mit vorzüglichen Einsichten und Erkenntnissen begabten Menschen erfunden worden (ist)."[385] Der positiv gedachte Spracherfinder ist vielmehr "(...) der einfache ganz rohe und sinnliche Sohn der Natur (...)"[386] Mit dieser Gewichtsverlagerung auf letzteren will Adelung nicht sagen, daß vorhandene Intellektuelle etwa müßig gewesen wären, sondern, daß diese faktisch noch nicht existent waren. Zu dem Moment, da das, wie Adelung immer wieder betont, noch rohe Volk Sprache konstituiert hat, waren dessen sämtliche Mitglieder roh, da sie keine Sprache besaßen; und die bildungs- sowohl als klassenmäßige Differenzierung zwischen den Individuen wird erst durch Sprache konstituiert. Erst wo Sprache ist, ist Bildung möglich, und wo Bildung, Differenzierung innerhalb der Bildung. - Adelung charakterisiert den genannten Sohn der Natur im folgenden näher als "wie er aus den Händen seines Schöpfers kam"[387]. Ist dies nur eine unernsthafte theologische Akkomodation? Es müßte gefragt bzw. rekonstruiert werden,

---

[384] UL 183, 24 - 26
[385] UL 183, 26 - 29
[386] UL 183, 29 - 30
[387] UL 183, 30 - 31

inweweit Adelung (denkend in der Epoche der Aufklärung) noch das theologisch tradierte Schöpfungsschema der biblischen Genesis (mit der Erschaffung des Menschen am sechsten Schöpfungstag[388]) ernsthaft teilt, oder inwieweit er bereits das Darwinsche Evolutionsmodell, mit dessen Abstammung des Menschen aus unermeßlichen naturhaften Vorzeiten, antizipiert, das, von seiner ersten Publikation 1859 an, heute nicht mehr bestritten wird, auch nicht von theologischer Seite. Adelungs Abweisung der These von der Gottesursprünglichkeit der Sprache bezeigt seine Ablösung von theologischen Erklärungsschemata[389]; aber wenn er anzunehmen scheint, der Mensch sei unmittelbar von Gott geschaffen, warum nicht das ganze Erklärungsschema annehmen und damit, auch die menschliche Sprachlichkeit komme unmittelbar von Gott? Das unmittelbare Vorangehen der Wendung vom "Sohne der *Natur*", sofern dies nicht bloße Floskel ist, zeigt zumindest sein Schwanken in dieser Frage. Gegen die "theologische" These vom unmittelbaren Hervorgehen wendet sich das Wiederaufgreifen der Denkfigur der Differenz zwischen Potenz und Akt, die als unermeßlicher anthropogenetischer Hiatus interpretiert wurde. Auf diese Differenz kommt Adelung zu sprechen, wenn er das vorsprachliche, prähumane Menschenwesen so charakterisiert: es ist "(...) mit Fähigkeit und Anlage zu allem, aber noch in keinem Stücke mit Ausbildung und Entwickelung versehen, welche ihm selbst überlassen blieb (...)"[390] Ja, der Sohn der Natur wird von Adelung rundheraus "als Thier"[391] bezeichnet, und er schreibt ihm folgende tierhafte Eigenschaften zu : "Vermögen der willkührlichen Bewegung, und auch ohne klare Begriffe instinctmäßig für seine Nahrung zu sorgen"[392]. Auf solcher tierhafter Basis erhebt sich der prähumane "Überbau" : "(...) noch mehr als Thier hatte er auch das Vermögen, Sprache zu erfinden, und dadurch den in ihm liegenden Keim zur Vernunft thätig zu machen und zu entwickeln."[393] Dieser *Keim zur Vernunft* indes, den Adelung ganz unbefangen niederschreibt, ist das eigentlich Rätselhafte. Wie ist er zu denken? Doch wohl nicht wie die Vernunftanlage der Kinder, die nach einigen Jahren natürlicher Entwicklung den "Gebrauch der Vernunft" erreichen. Denn die von Adelung vorgestellten prähumanen Menschenwesen besitzen selbst noch als Erwachsene lediglich diesen "Keim". Um Sprache zu erfinden, genügt Adelung die bloße "Anlage zur Erkenntniß"[394]. Adelung scheint im Ernst zu meinen, diese noch prärationalen

---

[388] Gen 1-2
[389] Man vergegenwärtige sich in diesem Kontext Adelungs lebensgeschichtlich-soziale Herkunft aus einem protestantischen Pfarrhaus.
[390] UL 183, 32 - 34
[391] UL 184, 1
[392] UL 184, 2 - 4
[393] UL 184, 4 - 8
[394] UL 184, 8

Wesen seien imstande gewesen, das ungeheuere, bewunderungswürdige Gebäude menschlicher Sprache zu errichten. Wir stoßen hier, wir stoßen in diesem Diskussionszusammenhang immer wieder auf das berühmte Herdersche Paradox : "Der Mensch ist nur Mensch durch Sprache, um aber die Sprache zu erfinden, müßte er schon Mensch sein."[395]
Adelung gibt einen Hinweis, daß es die menschliche *Gesellschaftlichkeit* ist, die die ersten Zeichenkonstitutionen verursacht (durch Isolierung eines Merkmals, wie oben[396] diskutiert) und damit das prähumane Menschenwesen über die Schwelle zum genuinen Menschen hebt. "So lange bis der erste Mensch dazu gelangte, sich ein hörbares Merkmahl von den Dingen außer sich abzureißen, und dazu mußte er, bey seinen Fähigkeiten und bey seiner Bestimmung zum gesellschaftlichen Umgange, sehr bald gelangen, war er nur ein bloß dunkel empfindendes Geschöpf, welches (...) noch keine klaren und noch weniger deutliche Vorstellungen hatte, weil die sich erst mit der Sprache entwickeln konnten."[397] Gesellschaftlicher Umgang erwirkt Sprache, und dieses Erwirken hat, Adelung zufolge, geradezu gewaltsamen Charakter. Die Naturlaute wurden nachgeahmt, "(...) weil das Bedürfniß des gesellschaftlichen Umganges sie erpreßte (...)"[398] "Erpressen" hat hier die doppelte Bedeutung von "Erzwingen" und "Herauspressen". - Zur *Kritik*. Ein Fragezeichen wäre hinter das "sehr bald" zu setzen. Macht denn bloße Gesellschaftlichkeit schon den Menschen? Auch gewisse Arten von Tieren besitzen ihre spezifische Gesellschaftlichkeit, ohne daß sie dadurch zu Menschen würden. Gewiß, Adelung meint die spezifisch *menschliche* Gesellschaftlichkeit; aber mit dieser Setzung ist bereits das spezifisch Menschliche gesetzt, ohne daß es als solches ausgewiesen wäre. Der Unterschied zwischen prähumanem Menschenwesen und genuinem Menschen wird definiert mithilfe von Termini des epistemologischen Modells. Jenes besitzt *Empfindungen*, dieser besitzt *Vorstellungen*. Damit ist für Adelung mit dem Übergang von jenen zu diesen der Sprung zum genuin Menschlichen gegeben.

5.6. Konstitution der "Wurzellaute" (Basismorpheme)

Die interessanteste Periode im Zusammenhang mit jeglicher Sprachursprungshypothese und somit auch der Adelungschen muß diejenige sein, darin die "Wurzelwörter" (Basismorpheme) konstituiert wurden. Die dieser Periode voraufgegangenen prähumanen Menschenwesen waren im Grunde nur Tiere, und *danach* ist die Sprache als gebildete, ob-

---

[395] Gesammelte Schriften, VII, 1, 47, zit. nach Bußmann, S. 493. Vgl. vorliegende Arbeit S. 97
[396] Vgl. vorliegende Arbeit S. 46 - 47.
[397] UL 192, 17 - 26
[398] UL 201, 28 - 29

gleich noch nicht (vollständig) ausgebildete bereits vorhanden. Interessant ist namentlich die Frage, ob die doch relativ geringe Anzahl von Basismorphemen (fast) "mit einem Schlage" da war, oder ob eine relativ lange Übergangsperiode bestand, und wie das Sprachleben in dieser Periode gegebenenfalls strukturiert war. Solange wir sie nicht zu rekonstruieren vermögen, und wir können es faktisch nicht, ist uns der Blick in den entscheidensten, spannendsten, erregendsten Umbruch der Sprachgeschichte und damit in die Sprache selbst verwehrt.

Die Konstitution der primären Lexeme sich vornehmend, erkennt Adelung, daß sie nur erhellt werden kann durch die Analyse der Konstitution von deren Substrukturen, den Morphemen. Die Situation im Moment des unmittelbaren Sprachanfangs charakterisiert er so : "Die erste Empfindung des Hörbaren in der Natur war nur dunkel, so auch der erste Ausdruck derselben (...) Beobachtung und Aufmerksamkeit machten die Empfindung klärer und den Ausdruck bestimmter."[399] Diese uranfänglich-primitivsten sprachlichen Ausdrücke, die unmittelbar den in sich einfachen Empfindungen korrespondieren, bezeichnet Adelung terminologisch als "Wurzellaute (...), weil sie nur noch Ausdrücke einzeler Empfindungen sind, die noch bey weitem nicht alle die Klarheit haben, derer sie fähig sind."[400] Die hier verwendete Wurzelmetapher bezeichnet das noch unausgefaltete Mögliche, darin der ganze "unaufhaltsame" kulturelle Fortschrittsprozeß mit seiner Steigerung im Grad der Klarheit keimhaft beschlossen liegt, der dereinst die höchsten Höhen der Kultur erreichen wird. Die Wurzellaute sind dessen erster Anfang. In der Terminologie der modernen Linguistik würden sie als "Basismorpheme" bezeichnet werden.

Adelung charakterisiert die Situation im Moment des Sprachbeginns näher, indem er schreibt, "Daß der erste Versuch der Sprache aus einsylbigen Schällen bestand, aus wahren Interjektionen (...)"[401] Dies resultiert notwendig aus der in sich undifferenzierten Struktur der durch menschliche Sprache imitierten Naturlaute : "(...) so wie der vorüber gehende Laut in der Natur sie veranlaßte."[402] Diese Interjektionen sind nichts "(...) anders als Wurzellaute, welche die Empfindung als bloße Empfindung bezeichnen, und zwar sowohl die innere Empfindung (...), als auch, und zwar am häufigsten und fruchtbarsten, die äußere (...)"[403] Adelung läßt dem Entspringen der Sprache aus Empfindungen sein relatives Recht, ohne in Zweifel zu lassen, daß dem Ausdruck äußerer Empfindungen, die zugleich Merkmale der Dinge sind, entschieden der Vorrang, was den Fortschritt der Sprache als ganzer betrifft, zukommt.

---

[399] UL 193, 1 - 6
[400] UL 193, 14 - 17
[401] UL 200, 1 - 3
[402] UL 200, 3 - 4
[403] UL 200, 4 - 8

Aus den äußeren Empfindungen entspringen quantitativ die meisten und qualitativ die wichtigsten Lexeme, wogegen die bloßen inneren Empfindungen unvermittelbar ins Innere der Seele eingekapselt bleiben; damit bleibt auch ihr sprachlicher Ausdruck unvermittelt und nicht entwicklungsfähig[404]. Im Gegensatz dazu bekundet sich in der wechselseitigen Vermittlung zwischen äußeren Empfindungen und ihrem sprachlichen Ausdruck ein reger Austausch zwischen Welt und Seele, der sich im Verlauf des Prozesses, sowohl des "kleinen" individualgeschichtlichen wie des "großen" kulturgeschichtlichen, immer mehr steigert. Die "(...) letztern (sind) Grund und Anfang der ganzen Sprache (...) dagegen die erstern für bloße thierische Schälle gehalten werden müssen, welche immer Interjektionen bleiben, und sich wegen ihrer Armuth und engen Bezirkes nie zu Vorstellungen zusammen reihen lassen."[405] In letzterer Wendung ist angedeutet : eine Vorstellung ist nicht isoliert-abgekapselt, sondern stets eine Verbindung untergeordneter Elemente. (Vgl. den Phraseologismus "auf die Reihe kriegen".)

Was den morphematischen Status der Wurzelwörter anbetrifft, so denkt Adelung in der Unterscheidung zwischen *Wurzelwörtern* (die primären Lexemkonstitutionen) und *Stammwörtern* dieselbe Unterscheidung, den die moderne Linguistik zwischen Morphemen als solchen und Basismorphemen macht. "Es sind nicht alle Wurzelwörter zugleich Stammwörter, weil nicht von allen andere Wörter abgeleitet werden."[406] Die Stammwörter bzw. Basismorpheme sind es, die zusammen mit den Affixen das (unabschließbare) morphematische System einer Sprache erst konstituieren. Adelung ist daher des Lobes voll für die Leistung derartiger Morpheme für das morphematische System und damit für die Ausbildung der Sprache im ganzen. Und dies gar, wenn man in Erwägung zieht, daß diese ungeheure Leistung, so wie er es denkt, auf einem rohen und dunklen Kulturniveau vollzogen wurde. "Indessen ward doch die Sprache durch dieses Mittel gar sehr bereichert, und auch die Bestimmtheit der Begriffe würde ausserordentlich gewonnen haben, wenn man dieses fruchtbare Hülfsmittel mit Bewußtseyn und nach deutlichen Begriffen angewandt hätte. Allein so verräth auch hier alles die dunkele Empfindung und das rohe Gefühl der ersten Sprachschöpfer."[407] Was Adelung hier im Sinn hat, ist so etwas wie die Applikation des Begriffsapparat auf sich selbst. Hierbei allerdings ist es unausbleiblich - aufgrund des unausstreichbaren hermeneutischen Zirkels -, daß die Begriffe, die zur Anwendung kommen, zunächst keine anderen sind, als diejenigen, von denen ausgegangen wurde, nämlich die durch die frühen Spracherfinder konstituierten. Gewißlich wird es im Verlauf des

---

[404] Vgl. vorliegende Arbeit S. 46 hinsichtlich des epistemologischen Modells.
[405] UL 200, 9 - 14
[406] UL 227, 22 - 25
[407] UL 227, 25 - 32

kulturellen Fortschrittsprozesses möglich, in gleichsam spiralförmiger Bewegung, den Klarheitsgrad der Begriffe immer mehr zu steigern; aber auch diese Spirale führt letztlich zurück auf die zuerst konstituierten Begriffe, so daß ein Abschied von ihnen, oder, wenn man so will, eine Emanzipation, nicht vollständig möglich ist.

In der Diskussion der Wurzelwörter stößt Adelung auf drei erstaunliche mit ihnen strukturell zusammenhängende Sachverhalte. Zunächst werden, wie er korrekt konstatiert, allerdings zwar in der uns dunklen und undurchsichtigen Periode der "Spracherfinder" neue Wurzelwörter (Basismorpheme) konstituiert, niemals jedoch in den ausgebildeten Sprachen seiner bzw. unserer Gegenwart. Adelung fragt : "Warum kann jetzt in keiner einzigen bekannten Sprache, aller neuen Begriffe ungeachtet, ein neues Wurzelwort mehr gemacht werden, außer nur in dem Falle, wenn sich ein neuer Gegenstand durch einen neuen, bisher noch nicht bekannten, oder doch noch nicht zur Sprache angewandten Laut darstellet?"[408] Adelung hat mehr recht als seine eigene Einschränkung. Sobald ein neuer Gegenstand auftritt, was freilich im Verlauf des kulturellen Fortschrittsprozesses immer wieder und immer häufiger geschieht, so muß das betreffende Volk "(...) bey Erweiterung seiner Vorstellungen seine Zuflucht zu andern Hülfsmitteln nehmen (...)."[409] Es sind deren nur zwei : 1. Bei Übernahme eines Gegenstandes aus einem fremden Kulturkreis zugleich Übernahme des fremdsprachlichen Namens (z.B. "Computer"). 2. Bildung eines Neologismus unter Verwendung des vorhandenen morphematischen Systems. Niemals jedoch wird in der Periode der Kultur ein neues Basismorphem aufgrund Onomatopöie konstituiert. Diese Zeit ist unwiderruflich dahin - "daß (..) diese wenigen Wurzellaute von jedem Volke sehr frühe, und noch lange vor seiner eigentlichen Cultur erschöpft werden müssen (...)."[410]

Der zweite erstaunliche Sachverhalt im Zusammenhang mit den "Wurzelwörtern" ist der geringe Begriffsumfang dieses Begriffs (was ein und dieselbe Sprache anbetrifft). Adelung konstatiert, "Daß der wahren Wurzelwörter in jeder Sprache nur wenige sind, im Deutschen ungefähr nur 600 (...)."[411] Diese faktisch geringe Anzahl interpretiert Adelung aus den Strukturzusammenhängen seiner onomatopoetischen Sprachursprungshypothese; sie ist bedingt durch Notwendigkeiten auf der Seite der Naturtöne, also auf der phonemischen bzw. der Ausdrucksseite. "(...) warum anders, als weil die merklich unterschiedenen Naturtöne ihre eingeschränkte Anzahl haben."[412] Adelung mutmaßt, daß bei der immensen Anzahl inhaltlicher Elemente ("Begriffe") die Anzahl der ausdrucks-

---

[408] UL 201, 15 - 21
[409] UL 201, 25 - 26
[410] UL 201, 22 - 24
[411] UL 201, 3 - 5
[412] UL 201, 5 - 7

mäßigen Elemente, der Wurzelwörter ebenso ansteigen müßte - falls nämlich "Sprache Ausdruck innerer Empfindung wäre oder auf Verabredung willkührlicher Zeichen beruhte."[413] Mit dem Theorem der geringen Anzahl sind somit für Adelung zugleich die gegnerischen Sprachursprungshypothesen abgeschmettert. - Indes ist auch eine andere Spekulation hinsichtlich der geringen Anzahl der Basismorpheme denkbar; eine Spekulation, die Adelung in der Einleitung zum Stylbuch aufgreift. Jedem Basismorphem korrespondiert eine fundamentale anthropologische Struktur, und deren Anzahl ist notwendig sehr eingeschränkt. Sobald der Mensch nur *als* Mensch ist, und das ist er evident bereits als "roher" Mensch, müssen alle derartigen Strukturen vorhanden sein, und mit ihnen auch die ihnen jeweils korrespondierenden Morpheme (Wurzelwörter). Alle übrigen Strukturen, die im Verlauf des kulturellen Fortschrittsprozesses neu auftreten, sind nicht anthropologisch fundamental, sondern abgeleitet, und sind daher durch morphematische Kombination (Ableitung, Affigierung, Komposition) der fundamentalen Morpheme abdeckbar. Dieses Modell argumentiert dem zuvor explizierten konträr, nämlich semantisch-inhaltsseitig.

Der dritte erstaunliche Sachverhalt ist die "Kürze" der Wurzelwörter. Sie wird von Adelung psychologisch, aus der Psyche des rohen Menschen, erklärt : "Daß jedes Wurzelwort ursprünglich einsylbig war, weil der noch rohe Naturmensch seine ganze Vorstellung mit einer Öffnung des Mundes hervor drängte (...)."[414] Anders "bey mehr Cultur und Verfeinerung"[415] - wofür Adelung Beispiele bringt. (Dies ist allerdings fraglich angesichts der Entwicklung vom Ahd. zum Mhd.)

5.7. Sprachursprung und Kulturgeschichte

Evidenter Maßen kann die Sprache nicht auf dem primitiven Niveau stehenbleiben, das sie im Moment der ersten Lexemkonstitutionen besaß, soll sie den "Gang der Kultur" gehen und dessen Ziel erreichen, die ihr, Adelung zufolge, mit Notwendigkeit bestimmt sind. Ihre immanente Dynamik treibt darüber hinaus. Diese vollzieht sich in dialektischer Wechselwirkung der Sprache mit der Vernunft, die in diesem Kontext als synonym mit Kultur zu denken ist; das kulturhistorische Äquivalenztheorem findet demnach zugleich auch auf den Zusammenhang von Sprache und Erkenntnis (bzw. Vernunft) Anwendung. Zunächst konstatiert Adelung den notwendigen, wenngleich zunächst noch als statisch gedachten strukturellen Zusammenhang zwischen Erkenntnis und Sprache. "Ohne Anlage zur Erkenntniß findet keine Sprache, aber ohne Spra-

---

[413] UL 201, 13 - 15
[414] UL 200, 15 - 18
[415] UL 200, 22 - 23

che auch keine deutliche Erkenntniß statt."[416] Hier scheint es, daß actualiter die Sprache vor der Erkenntnis vorhanden war, wobei erstere freilich potentialiter durch das bedingt war, was Adelung den "Keim zur Vernunft"[417] nennt. Der strukturelle Zusammenhang entläßt aus sich eine geschichtliche Bewegung, die ebenfalls ausgesprochen dialektisch ist als ein gegenseitiges Sichhochschaukeln : "Beyde gehen in gleichen Schritten neben einander und bilden sich wechselweise aus."[418] Zur *Kritik* : Adelung scheint nicht zu sehen, daß in diesem Zusammenhang keine allmähliche Entwicklung, und sei sie wechselweise, statthaben kann, sondern nur ein qualitativer Sprung. Er ist zu fragen, wie er sich eine solche nur teilweise ausgebildete Vernunft und Sprache vorstellt; und hier warten erhebliche Schwierigkeiten auf ihn. (Das bereits genannte Problem der Rekonstruktion der "missing links" in linguistischer Hinsicht[419].)

5.7.1. Der kulturelle Fortschrittsprozeß führt vom Onomatopoetischen weg

Adelung hat die Stufen der Entfernung der Lexembedeutung weg von der Lexemkonstitution in extenso dargelegt. Das Resümee davon ist : Es besteht eine kulturgeschichtliche Tendenz, eine notwendige Entwicklung innerhalb des kulturellen Fortschrittsprozesses, die entschieden wegführt von der ursprünglich-onomatopoetischen Bedeutung eines Lexems hin zu dessen "übergetragener" Bedeutung, wobei diese mehrere Grade der Entfernung von jener erreichen kann. Der Grad der Entfernung ist hierbei abhängig von der "Bestimmtheit des Tönens", d.h. von der Artikuliertheit der Lautgestalt. Die Wörter, "Die am unbestimmtesten tönen, gehen dabey, ihrer tönenden Bedeutung nach, am ersten verloren, weil sie zu übergetragenen Bedeutungen am geschicktesten sind, und daher auch am ersten und häufigsten dazu gebraucht werden (...)"[420] Der Grad der Entfernung kann dabei so weit gehen, daß die "(...) tönende Bedeutung nach vielen Jahrhunderten übergetragener Begriffe oft kaum noch zu errathen ist."[421] Es ist unmittelbar evident, daß es sich so verhält, denn bei sehr vielen Lexemen kennen wir tatsächlich den ursprünglichen Naturlaut nicht - selbst wenn das Adelungsche Theorem vom onomatopoetischen Ursprung aller Lexeme tatsächlich zutrifft. Es scheint fast, daß Adelung der Denkfigur der Entfernung vom onomatopoetischen Ursprung dringend bedurfte, um eine Rationalitätslücke in seiner Argu-

---

[416] UL 184, 8 - 10
[417] UL 184, 7
[418] UL 184, 10 - 11
[419] Vgl. vorliegende Arbeit S. 100.
[420] UL 189, 27 - 32
[421] UL 189, 34 - 190, 2

mentation zu schließen; denn der Einwand gegen seine These vom onomatopoetischen Ursprung liegt auf der Hand, daß bei den allermeisten Lexemen dieser Ursprung in keiner Weise sichtbar ist und Onomatopoetika vielmehr die seltene Ausnahme von der Regel sind.

6. Psychologisches Modell

Adelung definiert Psychologie als "genug Kenntnis des menschlichen Herzens"[422]. Das mit traditioneller Metapher als "Herz" Bezeichnete ist strukturell identisch mit dem, was Adelung sonst auch als "Seele"[423] oder strenger terminologisch als "Empfindungsvermögen", nie jedoch als "Psyche" bezeichnet, wie wir es hier gelegentlich tun. Diese Seele zerfällt, Adelung zufolge, strukturell in zwei Ebenen.

6.1. Untere und obere Kräfte

Adelungs Psychologie ist eine dichotomische. Er unterscheidet streng zwischen den "untern Kräften der Seele"[424] und "den obern Kräften"[425]. Schon diese raumhaft-metaphorischen Bezeichnungen der beiden Arten von Kräften zeigt an, daß er die letztgenannten höher gewertet wissen will als die erstgenannten.

Was zunächst die unteren Kräfte betrifft, so gibt Adelung eine Disjunktion, es sind "die Aufmerksamkeit, die Einbildungskraft, die Gemüthsbewegungen, der Witz[426] und der Scharfsinn"[427].[428] An anderer Stelle werden genannt "(...) die Aufmerksamkeit, das Gedächtniß, die Empfindungen oder Gemüthsbewegungen, die Einbildungskraft, der Witz, der Scharfsinn und die Laune (...)"[429] Oder, an anderer Stelle : "Nächst der Einbildungskraft ist diejenige Klasse der untern Kräfte, welche man die Gemüthsbewegungen und Leidenschaften, sonst aber auch wohl die Affecten, Begierden und Empfindungen in engerer Bedeutung, zu nennen pflegt, die wichtigste (...)"[430] Den *Gemüthsbewegungen* näherhin als einer "Classe der unteren Kräfte"[431] gehören auch die *Empfindungen* an. Adelung spannt ein Kontinuum hinsichtlich

---

[422] Styl 2 151, 26 - 27
[423] An einer Stelle sagt Adelung : " (...) so wird sich das Herz nach und nach erheben, die Seele wird alle Kräfte ausdehnen" Beide Termini so nah beieinander, das läßt auf eine präzise terminologische Unterscheidung schließen - oder es wäre nur dahergeredet. Aber diese präzise terminologische Unterscheidung wird von Adelung nicht explizit geliefert.
[424] Z. B. Styl 1 274, 13 - 14 passim
[425] Z.B. Styl 1 275, 15 passim
[426] "Witz" bei Adelung freilich nicht im Sinne von "iocus", sondern im Sinne von Gewitztheit, Schlauheit.
[427] Styl 1 283, 1 - 3
[428] Adelung deutet an, daß die Disjunktion nicht vollständig ist; es handelt sich nur um die "untern Kräfte der Seele, welche hier in Betrachtung kommen können" (Styl 1 282, 30 - 31)
[429] Styl 2 365, 22 - 25
[430] Styl 2 125, 6 - 11
[431] Styl 1 457, 4

des Grades der Stärke der Gemütsbewegungen auf, von den bloßen Empfindungen über die Bewegungen und Begierden bis zu den Leidenschaften. Die Empfindungen, die wir in epistemologischem Kontext kennengelernt hatten, werden dergestalt auch *psychologisch* interpretiert und in das Bezugssystem der Adelungschen Psychologie eingeordnet. Als Beispiele für Empfindungen nennt er : "Witz, Munterkeit, Vertrauen und Wohlwollen"[432]. Die Empfindungen können ihrerseits graduell differieren, es gibt schwächere und stärkere. Als Beispiele für schwache Empfindungen nennt Adelung "Zufriedenheit und Heiterkeit der Seele, Hoffnung, Mitleiden, Dankbarkeit, die schwächern Grade der Liebe und Zärtlichkeit, Verlangen, Sehnsucht, Kummer, Gram, Reue"[433] Oder an anderer Stelle : "Zu den schwächern oder sanften Empfindungen (...) gehören die Zufriedenheit, das Vergnügen, die Traurigkeit, und die schwächern Grade aller derjenigen Gemüthsbewegungen und Leidenschaften, welche mehrerer Grade der Stärke fähig sind (...)"[434] Als Beispiele für starke Empfindungen nennt er "heftige Freude, Entzücken, Schrecken, Entsetzen, Schmerz, Abscheu, Zorn, Haß, Rache, Eifersucht, Wuth, Muth, Kühnheit, Patriotismus"[435] Adelung legt Wert darauf, daß unerachtet aller graduellen Differenz zwischen den Empfindungen die generelle Empfindungsstruktur unangetastet bleibt. "Wohlwollen, Gefallen und Vertrauen sind zwar Empfindungen schwächerer Art, aber sie sind doch Empfindungen (...)"[436]

Die Fähigkeit, in besonderer Stärke Empfindungen zu haben, nennt Adelung "Empfindsamkeit"; er spricht von "sehr reitzbare(r) Empfindsamkeit"[437]. Und er sagt : "Wenn das Herz wirklich empfindet, so sagt es, was es empfindet, ohne mehrmals zu wiederhohlen, daß es empfinde."[438] Hier faßt Adelung in knappster Formulierung den Zusammenhang zwischen Empfindung (als Art von Gemütsbewegung) und Sprache, um die die Einleitung zum Stylbuch, ja das ganze Werk Adelung in vielen und verwickelten Passagen sich müht. Daß Adelung vom "Herzen" spricht, zeugt, wie auch das bekräftigende "wirklich", von größter Emphase. Der ganze Satz erinnert an das biblische "Wes das Herz voll ist,

---

[432] Styl 2 309, 30 - 310, 1
[433] Styl 2 135, 1 - 5
[434] Styl 2 126, 13 - 18
[435] Styl 2 144, 20 - 23. - Es fällt auf, daß der als letztes genannte "Patriotismus" von allen genannten Affekten der einzige ist, der von Adelung mit einem Fremdwort bezeichnet wird. Die anderen Affekte sind mit Grundwörtern der deutschen Sprache ausgedrückt, scheinen also zur conditio humana, zur menschlichen Grundausstattung zu gehören, wogegen es sich denken ließe, daß der Patriotismus in einem höheren Stadium der Kultur, der internationalen Weltzivilisation, verschwinden wird.
[436] Styl 2 26, 5 - 7
[437] Styl 2 366, 15
[438] Styl 2 129, 28 - 30

des geht der Mund über."[439] Keine Verstellung ist mehr möglich und auch keine Reflexion ("ohne mehrmals zu wiederholen").

Zu den oberen Kräften zählt Adelung, neben dem Willen, vornehmlich den Verstand[440]. Der Verstand, das ist der erkennende, intellektuelle Teil der Psyche, wohingegen das Emotionale den unteren Kräften zugehört. Daher auch ist das Epistemologische mit seiner triadischen Struktur dem Verstand eigen. Adelung unterläuft jedoch eine gewisse terminologische Zweideutigkeit bzw. Ungenauigkeit, wenn er im epistemologischen Modell "das Empfinden" (im Sinne von "Wahrnehmen") als unterstes Moment der epistemologischen Trias dem Verstand zuordnet, andererseits im psychologischen Modell "die Empfindung" (im Sinne von "Emotion") den unteren Kräften zuordnet. Die terminologische Konfusion Adelungs rührt daher, daß in zweierlei systematischen Kontexten derselbe Ausdruck verwendet wird, der indes im einen Kontext etwas anderes bedeutet als im anderen Kontext. Zwar geht jeweils aus dem Text hervor, was Adelung jeweils gemeint hat. Immerhin ist er so konsequent, den Terminus der "Empfindung", der in epistemologischen Kontexten oft zwischen "Wahrnehmen" und "Emotion" (Gefühlsbewegung) changierte, in psychologischen Kontexten nur im letzten Sinne zu verwenden. Jedoch ist es unausweichlich, auf den prinzipiellen Unterschied zwischen Epistemologischem und Psychologischem hinzuweisen. Die Epistemologie diskutiert die mentalen Elemente "objektiv", bezogen nur auf das Objekt der Erkenntnis (sei dieses ideal oder empirisch). Die Psychologie diskutiert die mentalen Elemente "subjektiv", welche Rolle sie im psychischen Haushalt, "im Kopf" des Subjekts spielen. Sie beziehen sich nicht auf Objekte, sondern sind selbst Objekte einer Wissenschaft, der Psychologie. So leicht der Unterschied zwischen Epistemologischem und Psychologischem auch zu statuieren ist, so geht aus Adelungs Text nicht zweifelsfrei hervor, ob er selbst diesen Unterschied klar gesehen und gedacht hat. Um der systematischen Klarheit willen jedoch mußte er hier diskutiert werden.

Adelung hat sein psychologisches Modell nicht auf einmal, sondern sukzessive eingeführt. Die epistemologische Trias des Stylbuch, im Vergleich dazu, war nahezu zu Beginn des Textes eingeführt worden (in der Einleitung); die "unteren Kräfte der Seele" jedoch relativ spät, und zwar im neunten Kapitel des ersten Teiles des Stylbuches, überschrieben "Von

---

[439] Mt 12, 34. Vgl. vorliegende Arbeit S. 120 - 121.
[440] Vgl. Styl 1 275, 15 - 17. - Es scheint durchaus, Adelung macht terminologisch keinen Unterschied zwischen "Vernunft" und "Verstand", sondern verwendet beide Ausdrücke synonym - so, wie es die aufklärerische Tradition vor *Kant* generell getan hat. Erst Kant nimmt eine streng philosophische terminologische Unterscheidung vor, welche freilich fortan philosophisch verpflichtend und unhintergehbar geblieben ist. Vgl. R. Eisler, S. 572 - 578 und 579 - 584. Sehen wir die Tradition durch Kant, entsteht leicht der Schein, auch vor ihm sei die genannte Unterscheidung bereits vorgenommen worden.

der Lebhaftigkeit des Styles, oder von den Figuren"[441]. Es wurde systematisch notwendig, die unteren Kräfte *hier* einzuführen, weil über sie das *Lebhafte* des Stiles, also nicht ein psychologisches, sondern ein linguistisches Thema definiert wurde : "Ein Ausdruck ist lebhaft, wenn er eine der unteren Kräfte der Seele in Bewegung setzt. Die Lebhaftigkeit des Styles ist folglich diejenige Vollkommenheit desselben, nach welcher er auf die untern Kräfte der Seele wirket, oder dieselben in Bewegug setzt; oder mit andern Worten, welche eine anschauende Erkenntniß gewähret, bey welcher man das Bezeichnete klarer denkt, als das Zeichen oder Bezeichnende."[442]

6.2. Verhältnis der Seelenkräfte zueinander

Adelung begnügt sich nicht damit, die beiden Arten von Kräften der Seele nur zu nennen und ihre Spezifikationen aufzuzählen. Sondern er sucht das strukturelle Verhältnis zwischen unteren und oberen Kräften zu bestimmen. Dies Verhältnis ist kein statisches, ein für allemal feststehendes, sondern es ist ein geschichtlich-dynamisches. Adelung schreibt : "Diese (die untern Kräfte) üben noch immer eine sehr große Herrschaft über die obern aus (...)"[443] Die Arten von Kräften kommen also nicht friedlich nebeneinander vor, sondern sie streiten wider einander; und eines von ihnen übt mit Notwendigkeit Herrschaft über das andere aus. Dies nun, daß das herrschende Prinzip, Adelung zufolge, die unteren Kräfte sind, das ist eine Antizipation Schopenhauers und Freuds und bringt ihn in Distanz zu einem "optimistischen Idealisten" wie Hegel. Zugleich ist Adelungs psychologisches Modell, wenn wir auf das Ganze des Systems sehen, - und das bringt ihn doch wieder in eine gewisse Nähe zu Hegel - ein historisch situiertes; zwar üben die unteren Kräfte Herrschaft über die oberen aus, aber sie tun es "noch". Das heißt, der kulturelle Fortschrittsprozeß kann doch noch und wird dazu führen, daß das Herrschaftsverhältnis sich umkehren wird; dies der - zuversichtliche - Grundgedanke Adelungs. Zugleich impliziert dies eine moralische Forderung an den Menschen, daß er sich bemühen soll, daß die oberen Kräften in ihm zur Herrschaft gelangen. Es ist S. Freud, der sagt : "Wo Es war, soll Ich werden."[444] Das Freud-Zitat ist deswegen hierhergesetzt, um die stupende Konvergenz mit Adelung zu zeigen. Abgesehen von der Terminologie, kennt Freud sowohl die Unterscheidung zwischen oberen und unteren Seelenkräften wie den Streit zwischen denselben, die Geschichtlichkeit dieses Streits und die zuversichtliche Hoffnung auf Beendung des Streits im Sinn der Herrschaft der oberen Kräfte.

---

[441] Styl 1 274, 2 - 3
[442] Styl 1 274, 12 - 20
[443] Styl 1 275, 24 - 25
[444] Vgl. S. Freud, Studienausgabe passim.

Wenn Adelung zwischen den unteren und oberen Kräften der Seele unterscheidet, so impliziert diese Unterscheidung keine Abriegelung der Seelenkräfte voneinander, sondern zwischen ihnen findet durchaus eine Vermittlung statt, so daß die Psyche zuletzt doch in ihrer Einheit erscheint. Vermittelnde Instanz hierbei ist der *Scharfsinn*. Adelung formuliert es als Frage : "Sollte der Scharfsinn nicht etwa der Uebergang der untern Kräfte der Seele zu den obern, oder zu der Vernunft seyn, indem er unter allen die wenigste Anschaulichkeit erfordert und gewähret?"[445] Was diesen Scharfsinn anbetrifft, so denkt Adelung ihn in struktureller Einheit mit dem *Witz* : "Beyde sind im Grunde eine und eben dieselbe Kraft der Seele, welche sich nur auf verschiedene Art äußert (...)"[446] und definiert ihn als "(...) die Fertigkeit, feine und verborgene Aehnlichkeiten unter verschiedenen (...) Dingen zu entdecken."[447] Erinnern wir uns daran, daß, Adelung zufolge, die fundamentale semiotische Relation zwischen Bezeichnetem und Bezeichnendem durch Ähnlichkeit konstituiert wird[448], so können wir, cum grano salis, den Witz als das Semiotik, ja menschliche Sprache fundierende mentale Vermögen des Menschen bezeichnen. Daher kann Adelung auch schreiben, der Witz ist in Graden "(...) einem jeden Menschen zu Theil geworden (...)."[449]

Adelung, obschon ein dezidierter Aufklärer, verfährt dennoch nicht so schematisch, daß für ihn der Verstand einfach das Höherstehende und die Empfindungen (Affekte) das Niedrigere wären. Und dies trotz der wertenden Klassifizierung in "obere Kräfte" und "untere Kräfte". Er würdigt durchaus, was die Empfindungen vor dem Verstand voraus haben. "Der kaltblütige Verstand hat viel nützliches zur Wirklichkeit gebracht, aber alle große und rasche Handlungen, deren Schwierigkeiten die sich selbst überlassene Vernunft tausendmahl würden zurück geschrecket haben, gehören den untern Kräften und besonders den Empfindungen zu. Sie reissen den Willen auf der Stelle zur Thätigkeit hin, und bringen ihn in wenig Minuten weiter, als der kalte Verstand mit allen seinen Gründen ihn in vielen Minuten würde gebracht haben."[450] Es ist allerdings fraglich, aufs Ganze des Adelungschen Systems gesehen, ob solche

---

[445] Styl 1 478, 16 - 20
[446] Styl 1 477, 21 - 23
[447] Styl 1 477, 18 - 21
[448] Vgl. vorliegende Arbeit S. 93.
[449] Styl 1 477, 16 - 17
[450] Styl 2 134, 8 - 18 - Vgl. F. Nietzsche, Die fröhliche Wissenschaft, Aphorismus 38 *Die Explosiven.* "Erwägt man, wie explosionsbedürftig die Kraft junger Männer daliegt, so wundert man sich nicht, sie so unfein und so wenig wählerisch sich für diese oder jene Sache entscheiden zu sehen : das, was sie reizt, ist der Anblick des Eifers, der um eine Sache ist, und gleichsam der Anblick der brennenden Lunte - nicht die Sache selber. Die feineren Verführer verstehen sich deshalb darauf, ihnen die Explosion in Aussicht zu stellen und von der Begründung ihrer Sache abzusehen : mit Gründen gewinnt man diese Pulverfässer nicht." (S. 70)

unvermittelt aufblitzenden Einsichten Adelungs einen Sieg der Phänomene über das System bedeuten, oder ob Adelung es doch vermag, sie bruchlos in sein System einzubauen.

Einmal gar scheint es, daß Adelung seinen sonst strikt durchgehaltenen Schematismus hinsichtlich der psychischen Struktur des Menschen preisgibt, zumindest in Frage stellt. Der Mensch, das ist nicht ein Konstrukt, das aus zwei strukturellen Ebenen besteht, sondern er ist ein lebendiges Ganzes. Fragwürdig werden dann in Konsequenz ebenso sehr die Adelungschen Zuordnungen (z.B. untere Klassen - untere Kräfte)[451]. Der Redner "(...) hat (...) es doch mit vernünftigen Wesen zu thun, welche außer den untern Kräften und dem Willen auch mit Verstand begabt sind."[452]

Adelung bringt, in einer Bemerkung zur Wahrheitsspekulation, diese in Beziehung zur Struktur der Psyche. Die Wahrheit ist bedroht, und zwar durch ein psychologisches Strukturelement - die unteren Kräfte. "Die Wahrheit wird verdunkelt, und der Verstand wird gehindert, sie ohne allen fremden Zusatz zu erforschen und zu erkennen, so bald sich die untern Kräfte mit in das Spiel mischen (...)"[453] Schön ist, wie Adelung die der Wahrheit drohende Gefahr aufs leichteste mit einem Terminus bezeichnen kann, der bei ihm ohnehin pejorative Funktion hat - dem Dunklen, der Verdunklung. Verdunklung ist aber nicht nur, wie das bloße Dunkle, Verunklärung der Wahrheit, es ist ihre vollständige Vernichtung. Schön ist auch, wie Adelung feine, aber wichtige Unterscheidungen ins Spiel bringt - den Unterschied zwischen der Wahrheit als solcher und ihrer Erkenntnis durch den menschlichen Verstand, dann, was diesen betrifft, den Unterschied zwischen Erforschen (Suchen nach der Wahrheit) und Erkennen (Finden derselben). Zugleich ist in dieser rein deskriptiven Passage so etwas wie Adelungs normative Grund-Forderung versteckt, wie er sie immer wieder erhebt : Strebe aus dem Dunklen ins Licht! als Forderung der Aufklärung. Namentlich Goethe, hierin durchaus Aufklärer, hat diese Forderung vertreten und wissenschaftlich fundiert.[454]

---

[451] Vgl. hierzu das psychologische Modell, vorliegende Arbeit S. 109.
[452] Styl 2 342, 18 - 21
[453] Styl 2 109, 1 - 5
[454] Zum Zusammenhang von Dunkel und Licht bei Goethe vgl. Zur Farbenlehre, S. 326, 330f, 337, 368, 384, 489, 525 passim.

7. Sprache und Gesellschaft

7.1. Sprache und Klassenstruktur der Gesellschaft

7.1.1. Im allgemeinen

Adelung nimmt, seiner Gepflogenheit entsprechend, einen marginalen möglichen Einwand zum Anlaß für eine prinzipielle Betrachtung, diesmal über den Zusammenhang von Sprache und Sozialstruktur. Den den Einwand Machenden irritiert die (scheinbare) Diskrepanz zwischen dem hohen normativen Anspruch der Standardsprache und der faktisch oft nachlässigen Ausdrucksweise des Volkes selbst in derjenigen Provinz, die die Standardsprache trägt - Obersachsen. Adelung nennt diese Ausdrucksweise polemisch das "Provinzielle"[455].

Adelung leitet die Diskussion ein mit der These, Sprache sei in mehreren Hinsichten strukturell abhängig von der Art ihrer Träger, der Menschen, die sie sprechen. "Jede Sprache hängt in Ansehung ihres Reichthumes von dem Umfange der Kenntnisse, in Ansehung ihres Wohlklanges, ihrer Feinheit, ihrer Reinigkeit und Biegsamkeit aber, von dem Geschmacke derer ab, welche sie reden."[456] Der Umfang des Ausdrucks "Sprache" ist hier sehr weit zu nehmen; er bezeichnet nicht nur die einzelnen Landessprachen, sondern auch die Dialekte und Soziolekte (denn um letztere geht es ihm im folgenden), kurz alle möglichen Varietäten in ihrer jeweiligen Zuordnung zu einer bestimmten Sprechergruppe. Und wie sich Sprechergruppen konstituieren, das ist eine Frage der Struktur von Gesellschaft. Daher kann Adelung, nur scheinbar unvermittelt, zur Diskussion der Sozialstruktur übergehen. Wenn so etwas wie "Gesellschaft" thematisch wird, so nicht *im ganzen* in ihrer Beziehung zu Sprache, sondern in ihrer Differenzierung in Klassen[457]. Wie definiert Ade-

---

[455] Styl 1 56, 28-29 passim
[456] Styl 1 57, 7 - 12
[457] An dieser Stelle stellt sich die Frage, wie sollen die Substrukturen von Gesellschaft terminologisch bezeichnet werden? In der "bürgerlichen" Soziologie hat sich der Terminus "Schichten" eingebürgert. Der Marxismus hingegen spricht von "Klassen". "Classen", das ist auch der Ausdruck, den Adelung verwendet. Wenn hier der Terminus "Klassen" verwendet wird, so geschieht es in Anlehnung nicht an den Marxismus, sondern an Adelung selbst. - Es gibt eine schöne Stelle bei Adelung, wo dieser Ausdruck, nur weniges voneinander entfernt, sowohl von Wörtern als auch von Menschen gebraucht wird. "Die unterste und niedrigste Classe der Wörter dieser Art ist immmer die, welche den beleidigenden Begriff zugleich durch eine Onomatopöie ausdruckt. (...) Ich bemerke nur, daß diese Ausstoßung allemahl zuerst in den obern Classen geschiehet (...)"(Styl 1 85, 23 - 30) Diese Äquivokation verweist auf eine seit der Zeit Adelungs geschehene Begriffsverschiebung. Denken wir heute im Zusammenhang mit dem Ausdruck "Klassen" an soziale Phänomene, so bezeichnet Adelung damit noch ganz unschul-

lung zunächst (nicht die einzelnen Gesellschaftsklassen, sondern) den Begriff einer Gesellschaftklasse als solcher? Ganz formal. Er definiert ihn nicht, wie der Marxismus das tut, ökonomisch, d.h. über den Besitz oder Nichtbesitz an Produktionsmitteln, sondern schlicht über den faktischen Zusammenhang der Individuen untereinander : "(...) die Individua jeder Classe (sind) genauer unter sich, als mit den Individua der übrigen Classen verbunden (...)"[458] Unmittelbar darauf setzt er solche Klassenunterscheidung - soziolinguistisch, könnte man sagen - mit den Unterschieden der Kodes in Beziehung : "(...) so muß dieses Eigenthümliche jeder Classe ganz natürlich[459] auch auf die Vorstellungen und deren Ausdruck einwirken."[460] Wenn Adelung den Unterschied zwischen den Klassen nicht nur gleichsam ontologisch definiert, sondern zugleich epistemologisch ("Vorstellungen"), wobei letzteres von ersterem determiniert ist, dann antizipiert er das Diktum L. Feuerbachs "In einem Palast denkt man anders als in einer Hütte."[461]

Die Existenz der Klassengesellschaft selbst ist für Adelung ein unhinterfragbares, notwendiges Faktum. An einer Stelle - vielleicht zu allgemein gehalten, jedoch von hohem philosophischen Abstraktionsniveau - legt er die notwendige Differenziertheit der Gesellschaft in Klassen dar und denkt sie zusammen mit den Differenzen im mentalen und sprachlichen Bereich : "Da es nun in jedem Volke von einigem Umfange und einiger Cultur mancherley Arten von Verbindungen gibt, indem ein Theil desselben immer mehr und enger miteinander verbunden sind, als der andere, so ist es ganz natürlich, daß dieses auf die Vorstellungen und Ausdrücke wieder den gewöhnlichen Einfluß haben und allerley Abweichungen und Abänderungen in beyden verursachen muß."[462] Die Klassenspaltung existiert faktisch in der führenden Provinz wie überall. "Ober-Sachsen hat so wie jede andere Provinz mehrere Classen von Einwohnern, welche bald mehr bald weniger miteinander verbunden sind."[463] Der relativierende Nebensatz zielt darauf, daß alle Klassen, so sehr sie auch differieren mögen, dennoch miteinander das ganze Volk

---

dig das, was wir heute als "Mengen" (im Sinne der Mengentheorie) bezeichnen würden.

[458] Styl 1 210, 27 - 29

[459] Mit der Wendung "ganz natürlich" drückt sich Adelung um die genaue Bestimmung der Kausalzusammenhänge herum. Der Begründer der modernen Soziolinguistik (also der Linguistikdisziplin, mit dessen Problemen Adelung sich hier auseinandersetzt), B. Bernstein, hat sich jahrelang damit abgemüht. "Die Benennung, die ansatzweise Definition und der Versuch des empirischen Nachweises der schichtenspezifischen Kodes hat bei Bernstein von etwa 1958 bis 1972 verschiedene Phasen durchgemacht."(Lewandowski 3, 879)

[460] Styl 1 210, 29 - 211, 1

[461] L. Feuerbach, WW 10, 122ff., zit. nach Lay, S. 125

[462] Styl 1 210, 10 - 18

[463] Styl 1 57, 12 - 14

ausmachen, das ja, Adelung zufolge, der genuine Träger von Sprache ist[464]. Insofern die Individuen konvergieren, sind sie "ein Volk", sofern sie differieren, konstituieren sich Klassen, Stände (so nennt Adelung die Substrukturen der Klassen), Gruppen aller Art. "Da jede Classe, und in jeder Classe beynahe jeder Stand, seine eigenen individuellen Umstände hat, so hat das auch den gewöhnlichen Einfluß auf dessen Sprache."[465] Das ist eine notwendige Folgerung aus Adelungs Theorem des Conventionellen. Oben in § 13 Styl hieß es : "(...) alle die Verschiedenheiten, welche Sprachen und Mundarten unterscheiden, sind wesentliche und nothwendige Folgen der eigenthümlichen Umstände jeder beysammen lebenden Gesellschaft (...)"[466]. Solcher Begriff von "Gesellschaft" ist nun zu dem von "Klasse" konkretisiert.

Adelung teilt die Gesellschaft in nur zwei Klassen[467] ein - die obere und die untere; diese raumhafte Metapher zeigt an, daß Adelung die Unterscheidung zwischen diesen Menschengruppen, Klassen genannt, als dezidiert wertend vorstellt, im Unterschied zu wertneutralen Unterscheidungen von Gruppen wie etwa der Trägergruppen von bestimmten Haarfarben. Das Unterscheidungskriterium zwischen den Klassen sind für Adelung nicht, wie für den Marxismus, ökonomische Faktoren, sondern solche, die letzterer dem "Überbau" zurechnen würde; es sind "Geschmack, Sprache und Sitten"[468]; es sind die Kriterien, an denen sich für Adelung kultureller Fortschritt ablesen läßt. Wird die Unterscheidung so vorgenommen, so kann das Ergebnis gar nicht anders als dichotomisch ausfallen; wohingegen im Falle der Einteilung aufgrund ökonomischer Kriterien prinzipiell beliebig viele Klassen angenommen werden können, korrespondierend der Art des Einkommens, der Berufsarten etc. Da die Unterscheidung nicht aufgrund handfester, objektiv nachprüfbarer Kriterien (marxistisch : Besitz oder Nichtbesitz an Produktionsmitteln) erfolgt, sieht Adelung sich außerstande, "die Gränzlinie, wo sich beyde (Klassen) scheiden, genau anzugeben (...)[469]. Auch ist der Wechsel eines Individuums von einer Klasse in die andere aufgrund solcher "kulturellen" Kriterien viel leichter vorstellbar; dies macht die exakte Grenzziehung noch schwieriger. Daher beläßt es Adelung bei einer bloßen Polarität, bei der einfach konstatiert wird, daß es einen Unterschied gibt.

---

[464] Vgl. vorliegende Arbeit S. 85 - 87.
[465] Styl 1 57, 14 - 17
[466] Styl 1 54, 23 - 27
[467] Damit hat Adelung die Gesellschafts-Interpretation von K. Marx antizipiert. Dieser schreibt : "Unsere Epoche (...) zeichnet sich (...) dadurch aus, daß sie die Klassengegensätze vereinfacht hat. Die ganze Gesellschaft spaltet sich mehr und mehr in zwei große feindliche Lager, in zwei große, einander direkt gegenüberstehende Klassen." (Kommunistisches Manifest, S. 71)
[468] Styl 1 57, 29
[469] Styl 1 57, 31 - 32

Ohne die Schwierigkeit aufgelöst zu haben, winkt er ab : "Genug beyde Classen sind vorhanden, und sind im Ganzen hinlänglich unterschieden."[470]
Adelungs Frage hinsichtlich des Zusammenhangs zwischen der so vorgestellten Sozialstruktur und Sprache ist : "welche von beyden (Klassen) der Sitz und die Quelle der Schriftsprache ist."[471] Er gibt zur Antwort, daß eine derartige "ausgebildetste Mundart"[472] nur in den oberen Klassen[473] gedeihen kann. Dies ist im Grunde eine Tautologie per definitionem. Sind die "oberen" Klassen als diejenigen definiert, denen Geschmack und Sitte vorzüglich eignen, dann sind sie es auch, denen die differenzierteste Varietät eignet. Diese mithilfe kultureller Faktoren definierte obere Klasse ist nun faktisch extensionsgleich mit der auch politisch und ökonomisch herrschenden Klasse. (Formel : "Bildung und Besitz".) Diese Identität ist jedoch nur eine (in Adelungs Epoche) historisch-faktische; sie ist es nicht mit apodiktischer Notwendigkeit. Es ließe sich eine Gesellschaftsformation vorstellen, in der die gebildete Klasse (zum großen Teil) der ökonomisch bestimmten unteren Schicht zugehört. (Historisch real im Falle von griechischen Sklaven als Lehrern im antiken Rom. Oder man denke an das heutige sog. "akademische Proletariat".) Auch ist, Adelung zufolge, die untere, ungebildete Klasse - und damit deren Soziolekt - als solche unabschaffbar; wohl können einzelne Individuen ihr entrinnen, indem sie sich bilden, aber dann gehören sie per definitionem der oberen Klasse an; und Ungebildete, also den so definierten niedrigen Klassen Angehörende, scheint es, muß und wird es immer geben. Daher kann Adelung sagen : "Diese (die unteren Klassen) behalten also ihr Provinzielles, ihr Unreines (...) für sich."[474]
Die unteren Klassen bezeichnet Adelung auch als "das Volk"[475]. Dieser Sprachgebrauch ist auffallend, denn oben[476] war für ihn das Volk das Ganze einer Gesellschaft, das eine bestimmte Einzelsprache trägt. Hier nun ist Volk auch nicht die beherrschte Masse im Gegensatz zu den Herrschenden, sondern es sind die Ungebildeten im Gegensatz zu den Gelehrten und Gebildeten. Adelung setzt sogar ausdrücklich das "Ganze" und das "Volk" voneinander ab : "Das Volk ist hier (in Ober-Sachsen)

---

[470] Styl 1 58, 5 - 7
[471] Styl 1 58, 8
[472] Styl 1 58, 10 - 11
[473] Adelung spricht in einer feststehenden Formel immer wieder von den "obern und edlern Classen"(Styl 3 409, 1). Ist es aber ausgemacht, daß diese Klassen, die in einem soziologisch deskriptiven Sinn die oberen sind, zugleich in einem moralisch wertenden Sinne die edleren sind? Das wäre zumindest zu diskutieren. Ein Marxist könnte fragen : Wie können sie moralisch edler sein, wenn sie doch die Ausbeuter sind?
[474] Styl 1 58, 13 - 14
[475] Styl 1 57, 18 passim
[476] Vgl. vorliegende Arbeit S. 81 - 83.

zwar nicht so sehr Volk, als in andern Provinzen, aber gegen das Ganze ist es doch immer Volk[477], und seine Sprache muß daher immer ihr eigenes Rohes und Ungeschlachtes haben."[478] Das Volk ist hier nicht so primitiv wie in den anderen Provinzen, aber primitiv ist es doch. Ist es weniger primitiv, so partizipiert es am Abglanz der differenzierten Varietät der gebildeten Schichten. Aber letztlich bleibt es für Adelung dabei : "(...) das Volk (...) spricht so unrein, so unedel (...)"[479]. Bisweilen kommt es zu Kollisionen des Adelungschen Begriff des Volkes mit dem heute üblichen. So schreibt Adelung : "Zu diesen Versammlungen gehören nun auch die gottesdienstlichen Versammlungen, weil sie, dem größten Theile nach, aus dem Volke bestehen."[480] Dieser Satz ist nur verständlich, wenn Adelungs Begriff des Volkes angesetzt wird : Volk als die niederen Klassen; wird der heute übliche Volksbegriff angesetzt (Volk : das Ganze, die Gesellschaft), so wird der Satz unverständlich - wie kann das Ganze einen Teil bilden? Darüberhinaus enthält der Adelungsche Satz einen Hinweis : das Volk im Sinne der unteren Klassen ist den oberen Klassen stets quantitativ überlegen. Und dies ist möglicherweise der Grund, warum beide Phänomene (von Adelung) gleichermaßen mit dem Terminus "Volk" bezeichnet werden : da die unteren Klassen quantitativ so überlegen sind, fallen die oberen Klassen demgegenüber kaum ins Gewicht. Den oberen Klassen zugehören, und d.h. Adelung zufolge auch, eine verfeinerte Sprache sprechen, das ist eine Sache Weniger, eine "elitäre" Sache. An einer Stelle bringt Adelung eine kühne, wiewohl ideologische, Parallelisierung des eigenen Volksbegriffes mit dem explizierten psychologischen Phänomen der unteren Kräfte : "(...) weil das Volk am meisten nach dem Einflusse der untern Kräfte handelt, und daher am vortheilhaftesten vermitels dieser geleitet und geführt wird."[481] Die Rede, die hier diskutiert wird, erscheint als ideologisches Instrument zur Beherrschung des Volkes.

Adelung denkt indes nicht so "unhistorisch", daß er die Klassenspaltung und, ihr korrespondierend, die Varianz der Soziolekte, lediglich als gegeben konstatiert. Wenn Kultur und Sprache, Adelungs kulturhistorischem Äquivalenztheorem zufolge, immer in engem Bund befindlich, einem permanenten Fortschrittsprozeß unterliegen, dann muß es auch möglich sein, die historisch-kulturellen Bedingungen der Genese einer - regional und sozial eingegrenzten - Leitvarietät anzugeben : "(...) der Geschmack (hat sich) hier seit mehreren Jahrhunderten mehr als in irgend einer andern Provinz Deutschlands gereinigt, verfeinert und verbreitet

---

[477] An dieser Stelle wird also der Ausdruck "Volk" nicht so sehr deskriptiv als vielmehr abwertend-polemisch verwendet.
[478] Styl 1 57, 18 - 21
[479] Styl 1 56, 29 - 30
[480] Styl 2 338, 27 - 29
[481] Styl 2 338, 22 - 25

(...), so daß er nicht nur in der Sprache, sondern auch in allem, was in sein Gebieth gehöret, dem ganzen Deutschlande zum Muster hat dienen können."[482]

7.1.2. Das Kulturniveau der einzelnen Klassen

Adelungs kulturhistorischem Äquivalenztheorem zufolge korrespondiert Sprache dem Stand der Kultur. Dies gilt nicht bloß von der Gesellschaft (Volk) im allgemeinen, sondern ebensosehr von deren Subsystemen, den sozialen Klassen und Gruppen. Kultur innerhalb einer in soziale Klassen zerfallenden Gesellschaft ist kein einheitliches Phänomen, sondern differiert entsprechend diesen sozialen Klassen. Das kulturelle Niveau eines Individuums, und, dem korrespondierend, das Niveau seiner Sprachverwendung ist determiniert durch seine Klassenposition. Die oberen Klassen sind, Adelung zufolge, die genuinen Träger der Kultur und der verfeinerten Sprache, wohingegen die unteren Klassen (fast) keine Kultur und nur eine rohe Sprache besitzen. Und nur, wo Kultur ist und, ihr korrespondierend, eine verfeinerte Sprache, kann *Fortschritt* von Kultur und Sprache sein. Also nur bei den oberen Klassen - wohingegen die niederen Klassen auf ihrem niedrigen Niveau stagnieren. "Es ist schon oben bemerket worden, daß die Sprache des gemeinen Volkes, welches in der Cultur selten wächst, sich in einem sehr großen Zeitraume immer gleich bleibt. Nicht so die Sprache der obern Classen der Nation, welche in ihren äußern Umständen ganz von der Cultur abhängt."[483]

Dies erörtert Adelung im besonderen anhand der sozialen Klassen der Gesellschaft seiner Zeit. Dabei fällt zugleich auf weitere Phänomene ein Licht. Für die untere Klasse steht paradigmatisch der Landarbeiter. Über ihn schreibt Adelung : "Sein Beruf und die Gegenstände des ländlichen Lebens machen den Reichthum seiner Vorstellungen aus, und die Art, wie er sie einkleidet[484] und ausdrückt, ist seinen rohen Sitten und seinem ungebildeten Geschmacke genau angemessen."[485] Der Ausdruck "Reichtum" scheint hier zunächst freilich ironisch, denn der Landarbeiter ist doch alles andere als ein reicher Mann; zum anderen ist er aber gar nicht ironisch, denn in einem gewissen Sinn hat jeder Mensch einen Reichtum, nämlich das, was die ganze Sorge seines Daseins ausmacht, worum seine Arbeit, sein Denken, sein Sprechen sich dreht. Dieser Zusammenhang zwischen Sorgestruktur und Sprachverwendung ist in dem Schriftzitat ausgesprochen : "Wes das Herz voll ist, des geht der Mund über."[486] Das Herz selbst ist determiniert durch den Gehalt der Existenz.

---

[482] Styl 1 58, 18 - 24
[483] UL 85, 28 - 33
[484] Hier wieder die Kleidermetapher.
[485] Styl 1 211, 6 - 10
[486] Mt 12, 34

Dies sagt ein weiteres Schriftzitat : "Wo euer Schatz ist, da ist auch euer Herz."[487]

Von der Klasse der Landarbeiter hebt Adelung die Klasse "der Bürger in den Städten" ab.[488] Die Determination der Denkungsart durch die - gesellschaftlich bedingte - Art der Arbeit ("Beschäftigung" sagt Adelung) gilt, Adelung zufolge, hier ebensosehr wie bei jenen, wenngleich er sich nicht auf alle Strukturmomente von Sprache erstreckt. Es handelt sich demnach bei dem strukturellen Zusammenhang von sozialer Position und Sprachverwendung, der jeweiligen konkreten Erfüllung unerachtet, um ein anthropologisch generelles Phänomen. "(...) dessen Beschäftigung wieder von anderer Art ist, daher auch seine Vorstellungen und Begriffe zum Theil verschieden sein müssen (...)[489] Die zunehmende Komplexion der Sozialstruktur auf dieser Stufe der Gesellschaft wirkt sich mit einer Steigerung von "Cultur und Geschmack"[490] aus. Und dies wiederum führt zu einer Steigerung hinsichtlich der Struktur von Sprache. Bemerkenswert ist dies darum, weil Adelungs Formulierung an dieser Stelle verrät, daß er an so etwas gedacht haben dürfte, was K. Bühler als "Symptomfunktion von Sprache"[491] bezeichnet hat; an der Sprachverwendung eines Individuums sind Strukturen ersichtlich wie regionale und soziale Herkunft, Bildungsgrad, psychische Disposition und was dgl. mehr. Adelung schreibt : da der Bürger "(...) durch die enger verschlungenen Bande des städtischen Lebens schon mehr Cultur und Geschmack hat (...), so muß dieses auch an seinem Ausdrucke merklich sein."[492]

7.1.3. Vulgarität des Soziolekts der unteren Klassen

Adelung verabscheut Vulgarismen; und er schiebt die Verantwortung für die Genese und den Gebrauch dieses Stilphänomens, soziologisch argumentierend, ganz den unteren Klassen zu. Immer wenn er kritisch auf "niederen" Stil zu sprechen kommt, wird seine Argumentation soziologisch. Die *Eigenheiten* des niederen Volkes, also Lexeme, die nur von diesem verwendet werden, erscheinen ihm als per se verurteilenswert. "Das sind lauter Eigenheiten des niedrigen Volkes, nicht aber des vertraulichen edlen Umgangs."[493] "Für den edlern Styl sind die meisten

---

[487] Mt 6, 21. Vgl. vorliegende Arbeit S. 106.
[488] Styl 1 211, 11 - 12
[489] Styl 1 211, 12 - 14
[490] Styl 1 211, 16
[491] K. Bühler, Sprachtheorie, S. 28 passim
[492] Styl 1 211, 15 - 18
[493] Styl 2 27, 5 - 7. - Auffallender Weise spricht Adelung hier nicht vom "Volk" schlechthin oder von den "niedrigen Klassen". Einer sozialen Klasse wird nicht

Kunstwörter (...) zu niedrig, weil sie (...) aus der Sprache des gemeinen Lebens entlehnet sind."[494] Er wertet also nicht nur die niedere Sprachverwendung, sondern zugleich die ihr korrespondierende Lebenswelt ab, getreu seinem kulturhistorischen Äquivalenztheorem. - Adelungs Verachtung der Sprache der unteren Klassen geht so weit, daß er sie nicht einmal als bewußt eingesetztes literarisches Stilmittel gelten läßt; wie sie später etwa G. Hauptmann und C. Zuckmayer[495] verwendet haben. So schreibt er : "Mittelmäßige Schriftsteller setzen oft den ganzen Charakter in niedrige Vorstellungsarten, und glauben ihre Personen natürlich reden zu lassen, wenn sie ihnen den ganzen Schmutz der untersten Classen in den Mund legen."[496] Mit diesen Andeutungen dürfte Adelung den zeitgenössischen Sturm und Drang intendiert haben. [497]- Aufgrund seiner schematischen Identifikation des Ausdrucks der sozial niederen Klassen mit dem sprachlich-wertmäßig niederen Ausdruck sieht sich Adelung gezwungen, eine ganze Textsorte, die Sprichwörter, abzuwerten. Sie sind für ihn niedrig, "(...) weil sie gemeiniglich in den untern Classen entstehen, ihrer Denkungs- und Vorstellungsart am angemessensten sind, und oft widrige und unedle Bilder und Anspielungen enthalten."[498] - Andernorts kommt er auf die Sprichwörter zurück; er charakterisiert sie als die "Maximen und Sentenzen des großen Haufens, da sie auch nur dessen Fähigkeiten und Vorstellungsarten angemessen, und daher gemeiniglich von niedrigen Gegenständen hergenommen sind (...)"[499]

Bei näherem Bedenken indes wird die schematische These von der Vulgarität des Soziolekts (der Eigenheiten) der unteren Klassen fraglich. Zunächst ist Adelung so realistisch zu konzedieren, daß die oberen Klassen mit ihrer Sprache und die unteren Klassen mit der ihren keine vollständig voneinander abgeschotteten Systeme sind, sondern daß sie unausweichlich immer wieder in kommunikativen Kontakt miteinander geraten. Er analysiert diesen Sachverhalt und schließt eine Empfehlung

---

eine andere soziale Klasse, sondern eine modifizierte Weise menschlichen Sichverhaltens gegenübergestellt.

[494] Styl 1 159, 4 - 8

[495] Ersterer etwa in "Die Weber" (1893), letzterer in "Schinderhannes" (1927).

[496] Styl 2 235, 10 - 14

[497] Auch in dem jüngst zuende gegangenen Jahrhundert gab es Stimmen, die sich ähnlich geäußert haben wie Adelung in oben der zitierten Stelle : "(...) diese heute über die ganze westliche Welt verbreitete Legion von Dichtern, deren Lebensberuf es ist, im Scheußlichen und Gemeinen zu wühlen (...)" (Emil Staiger anläßlich der Verleihung des Literatur-Preises der Stadt Zürich, zit. nach M. Frisch, Tagebuch 1967-1971, S. 63)

[498] Styl 1 221, 19 - 23

[499] Styl 1 519, 4 - 7

an : "Weil man[500] in dem gesellschaftlichen Umgange die Unterredung mit den untern Classen nicht entbehren kann[501], so wird man leicht an manche Eigenheiten derselben gewöhnt, welche sich denn oft auch in den edlern Umgang mit einschleichen. Es ist daher die gehörige Aufmerksamkeit nötig, sich ihrer zu enthalten."[502]
Darüberhinaus sieht Adelung sich genötigt, seine These zu relativieren; und zwar in zwei Kontexten : dem der allgemein-menschlichen und dem der äußerst niedrigen Lexeme. Hinsichtlich der ersten schreibt Adelung, daß nicht jeder Ausdruck unedel ist, oder unedel seyn kann, dessen sich die untern Classen bedienen, weil sonst der größte Theil der Sprache unedel seyn müßte."[503] Das Lexikon jeder Sprache besitzt einen Grundbestand von Lexemen, die jeder Mensch mit Notwendigkeit immer wieder verwendet - sie gehören sozusagen zur anthropologischen Grundausstattung. Folglich werden sie auch von den Angehörigen aller Klassen verwendet.[504] Adelung nennt als Beispiele "seyn, werden, ich, du, er, und tausend andere"[505] Nur da kann von niederem Ausdruck die Rede sein, wo die Wörter der verschiedenen Klassen für ein und dieselbe Sache differieren; hier ist, Adelung zufolge, selbstverständlich der Ausdruck der niedern Klasse unedel. Er resultiert aus "der eigenthümlichen Denkungs- und Empfindungsart der untern Classen"[506] - diese steht "der erhöheten und veredelten[507] Denkungs- und Empfindungsart der obern Classen"[508] gegenüber. Die von den oberen Klassen verwendeten Lexeme sind sämtlich und per se edel. - Zum zweiten Punkt. Adelung relativiert seine schematische These, wenn er aufzeigt, daß es ein Lexikon gibt, das noch unter dem als zunächst zuunterst eingeschätzten Lexikon der unteren Klassen und ihrer einzelner Vertreter

---

[500] Wer sind diese "man"? Adelung scheint sich ohne weiteres mit dem Klassenstandpunkt der oberen Klassen zu identifizieren.
[501] Dies notwendige Miteinander-zu-tun-Haben der oberen und der unteren Klassen ist allerdings nicht primär eine linguistische Frage, sondern ergibt sich aus ökonomisch-gesellschaftlichen Strukturzusammenhängen.
[502] Styl 2 321, 24 - 30. - Diese Empfehlung Adelungs gälte, mutatis mutandis, auch für den Umgang mit der heute geläufigen Jugendsprache. Es erstaunt, durchaus gebildete Menschen, die beruflich mit Jugend zu tun haben, im "edlern Umgang" Wörter wie "hammerhart" gebrauchen zu hören.
[503] Styl 1 212, 10 - 13
[504] Vgl. J. Stalin, Marxismus und Fragen der Sprachwissenschaft.
[505] Styl 1 212, 13 - 15
[506] Styl 1 212, 18 - 20. - Hier spricht Adelung wiederum im Plural von *den* unteren Klassen; wohingegen er an der Zentralstelle, an der er die Struktur der Gesellschaft diskutiert (vgl. vorliegende Arbeit S. 117 - 118) im Singular von *der* oberen und *der* unteren Klasse gesprochen hat.
[507] Daß hier von "veredelt" und nicht schlichtweg von "edel" die Rede ist, läßt darauf schließen, daß auch diese Edelheit nichts einfach Vorhandenes oder Gegebenes ist, sondern Resultat des kulturellen Fortschrittsprozesses.
[508] Styl 1 212, 21 - 22

rangiert; ein Lexikon, das also, Adelung folgend konsequent gedacht, keiner sozialen Klasse präzise zuzuordnen wäre. "Ausdrücke und Vorstellungsarten, welche selbst in den niedrigen Classen für unedel und niedrig gehalten werden, sind für die schöne Kunst auf immer unbrauchbar, auch wenn sie die niedrigsten Personen auftreten und handeln läßt."[509]

Die kühnste Relativierung der schematischen These findet sich an der Stelle, wo Adelung auf "das Edle aus der Denkungs- und Vorstellungsart eines Kindes"[510] zu sprechen kommt. Hier springt ins Auge, daß die sonst verwendete starre Dichotomie "edle höhere Klasse - unedle niedrige Klasse" aufgegeben ist. Das Attribut "edel", sonst ausschließlich für die oberen Klassen reserviert, wird auf das *Kind* ausgedehnt. Ein Kind kann edel sein, d.h. doch wohl, jedes Kind kann das, komme es aus welcher sozialen Klasse immer. Vermutlich resultiert das Edle des Kindes daraus, daß es noch vor der Aneignung des Vorstellungsvermögens der einen oder der anderen Klasse steht, welche in ihrem Gegenüberstehen das genuin Menschliche auseinanderreißen; daß das Kind noch reine Möglichkeit ist, bevor es durch die Klassenstrukturen determiniert wird. - Die Befindlichkeit des Kindes ist auch deswegen für Adelungs System im ganzen relevant, da hier die eine Interpretationsmöglichkeit der Entwicklung des Bewußtseins greift.[511] Wenn Adelung "diese Denkungsart, so roh, wie sie ist"[512] charakterisiert, so ist das "roh" nicht abwertend gemeint, wie es auch bei den "rohen Völkern" nicht abwertend gemeint ist, sondern es bedeutet, daß das Kind, wie jene Völker, noch ganz am Anfang steht. Das bedeutet zugleich, daß der Fortschrittsprozeß der Sprache und Kultur, der auf der Ebene des Ganzen (Volk bzw. Gesellschaft als Totalität) bereits abgelaufen ist, sich in jedem Kind als einem "neuen" Menschen erneut ereignet und reproduziert. Folglich müssen die strukturellen Kategorien, die auf jene Anwendung fanden und die Adelung entwickelt hatte, auch auf diese anwendbar sein.

7. 2. Individuum und Gesellschaft

7.2.0. Dialektik von Gesellschaft und Individuen

Bevor wir zur Diskussion des Verhältnisses von Individuum und Gesellschaft bei Adelung übergehen, sei es gestattet, eine trivial scheinende Überlegung einzuschalten, weil sie eine Gefahr bezeichnet, der Adelung bisweilen zu erliegen scheint. So wie es kein Obst für sich geben kann, sondern nur Äpfel, Birnen, Kirschen etc., so gibt es auch

---

[509] Styl 2 325, 25 - 29
[510] Styl 2 27, 27 - 28
[511] Vgl. vorliegende Arbeit S. 76 - 90.
[512] Styl 2 27, 28 - 29

keine "Gesellschaft" für sich, sondern sie geht restlos in die Individuen auf. Es macht also keinen Sinn, die Begriffe "Gesellschaft" und "Individuum" undialektisch auseinanderzureißen und abstrakt gegenüberzustellen. Alles, was einen Gesellschaftsverband im Ganzen betrifft, und dazu zählen namentlich derartige Denkfiguren wie die Adelungschen Sprach- und Kulturprozesse, müssen doch letztlich an Individuen festgemacht werden (können), die einzig das an einer Gesellschaft Reale sind - woran denn sonst. Auch die Rede von gesellschaftlichen Strukturen und Tendenzen bleibt ohne eine solche Fundierung abstrakt. Wenn Adelung in kritischer Absicht die Bedeutung des sich in seiner Rolle für das Ganze überschätzenden Individuums zurechtstutzt, sollte er sehen, daß er nicht des Guten zu viel tut und mit dem Bade des "Individuums" zugleich das Kind "Gesellschaft" ausschüttet.

7.2.1. Generell (im Blick auf M. Luther)

Wenn Adelung das Verhältnis von Individuum und Gesellschaft diskutiert, dann figuriert, der Themenstellung auf Sprachliches und Stilistisches entsprechend, als Individuum stets das *schreibende* Individuum, d.h. der Schriftsteller.

Adelung diskutiert dies nicht abstrakt, sondern anhand eines konkreten Beispiels. Im Kontext der Würdigung der Verdienste *Luthers* um die Ausbildung der deutschen Sprache diskutiert er prinzipiell den Zusammenhang zwischen (großem) Individuum und objektiv-gesellschaftlichen Strukturen in der Ausbildung der Sprache. Zunächst rühmt Adelung "(...) den großen Fortschritt, (den man wird) bewundern müssen, welchen die Sprache in ihrer Feinheit, Biegsamkeit in so kurzer Zeit machte."[513] Sodann jedoch wird dies relativiert : "Diese Veränderung war schnell, aber doch kein Sprung."[514] Wäre sie ein Sprung gewesen, so läge die Vermutung nahe, sie sei das Werk des Dazwischentretens *eines* Mannes, Luthers; so indes erweist sie sich als Resultat eines tiefer in objektiven Strukturen fundierten Prozesses, dessen "Ausdruck" Luther war[515]. Dieser Gedanke wird expliziert, indem Adelung Luther hineinstellt in die geschichtliche Bewegung der Sprache seiner Zeit (Geschmack, Ausstoßung veralteter Lexeme aus dem Lexikon) : "(...) Luther müßte den für sein Jahrhundert wirklich feinen Geschmack nicht gehabt haben, welchen er wirklich besaß, wenn er nicht das Rauhe und Harte dieser Mundart sehr bald hätte einsehen sollen, daher er sie immermehr durch die Meißnische oder Obersächsische zu verfeinern suchte, und die in der Sprache des gesellschaftlichen Lebens ungangbar gewordenen

---

[513] UL 62, 23 - 26
[514] UL 62, 27 - 28
[515] Vgl. die Hegelsche Denkfigur der List der Vernunft. Siehe auch Ritter/Gründer, Historisches Wörterbuch der Philosophie, Band 5, Sp. 343.

Oberdeutschen Wörter und Ausdrücke durch allgemein verständliche ersetzte."[516] Indes ging diesem derart markierten "subjektiven" Eingreifen Luthers in den Sprachprozeß des Obersächsischen eine objektive Geschichte desselben vorauf, die Adelung folgendermaßen schildert : "Die Obersächsische Mundart war schon vorher durch Handlung, Wohlstand und verfeinerte Sitten beträchtlich ausgebildet worden, und jetzt, da Obersachsen zugleich der Sitz der Künste und Wissenschaften war, ward sie es noch mehr."[517] Es sind ökonomisch-kulturelle Faktoren, die eine objektive Situation geschaffen haben, darin das Eingreifen Luthers allererst möglich wird.

Dergestalt kann Adelung die Verdienste Luthers um den Sprachprozeß differenziert würdigen : "Aus diesem Gesichtspuncte muß man Luthers Verdienste um die Deutsche Sprache ansehen, wenn man diesem großen Manne auf der einen Seite nicht zu viel, auf der andern nicht zu wenig, zuschreiben will."[518] Zu viel - das wäre, Modifikationen des Sprachprozesses einzig und allein der Person Luthers zuzuschreiben; zu wenig - das wäre, etwa im Sinne des marxistischen historischen Materialismus, alles auf gesellschaftliche Bedingungen zu schieben, deren bloßer Ausdruck Luther gewesen wäre. Sondern Adelung denkt das Subjektive und Objektive zusammen; indem Luther mit der ganzen Entschiedenheit einer Ausnahmepersönlichkeit, die er zweifellos war, sprachlich-gesellschaftliche Entwicklungstendenzen, von denen er seinerseits partiell geprägt war, aufgegriffen und befördert hat, hat er denselben erst zum Durchbruch, zur Manifestation verholfen. So kann Adelung schreiben : "Eigenmächtig hat Luther diese Veränderungen wohl nicht gewagt; er fand sie zum Theil schon in der Mundart des Landes, worin er geboren war und lehrte, und wandte sie nur in Schriften auf die alte Oberdeutsche Mundart an (...). Er war dabey bescheiden genug, der natürlicher Weise und von sich selbst immer weiter gehenden Cultur der Sprache zu folgen."[519] Aus letzterem Satz geht hervor, daß Adelung den sprachlichen Fortschrittsprozeß als einen letzten Endes naturhaften Prozeß auffaßt, der vom Menschen zwar in vielen Hinsichten modifiziert werden kann, wobei es jedoch nicht in dessen Gewalt steht, ihn willkürlich von sich aus in Gang zu setzen, anzuhalten oder gar umzukehren. (So wie der Mensch den Lauf eines Flusses modifizieren kann, es aber nicht in seiner Gewalt steht, das generelle Naturgesetz abzuändern, daß Wasser einmal den Berg hinab fließt.)

Die Individuen (Dichter), mögen sie subjektiv durchaus Genies sein, sind doch, was den Raum des ihnen faktisch Erreichbaren betrifft, vom Entwicklungsstand des kulturellen Fortschrittsprozesses abhängig. Ob-

---
[516] UL 64, 1 - 9
[517] UL 64, 11 - 16
[518] UL 65, 1 - 5
[519] UL 65, 13 - 22

jektive Rahmenbedingungen können sich restriktiv auswirken. Dieser Prozeß bekundet sich in zwei Hinsichten : Was den Geschmack anbetrifft, bekundet er sich als Verfeinerung; was den Verstand anbetrifft, bekundet er sich als Aufklärung. So kann Adelung schreiben : "Opitzens und einiger anderer dichterisches Genie war für das siebzehnte Jahrhundert immer einige wichtige Erscheinung; allein der Geschmack war noch nicht genug verfeinert, und der Verstand noch nicht genug aufgeklärt, daß sie es zu einem beträchtlichen Grad der Vollkommenheit hätten bringen können."[520]

7. 2. 2. Verhältnis des linguistischen Schriftstellers zum Sprachprozeß

Adelung kann nicht umhin, wenn er die Stellung des Individuums zur Gesellschaft und ihrem übergreifenden Prozeß (dem kulturellen Fortschrittsprozeß und Sprachprozeß) diskutiert, an seine eigene Rolle als Sprachlehrer und linguistischer Schriftsteller zu denken.

Die positiven Aufgaben des Schriftstellers umreißt er wie folgt : "Fasset der Schriftsteller die nothwendigen Begriffe zusammen, setzet er sie in das hellste Licht, dessen sie fähig und bedürftig sind, befreyet er sie von allen überflüßigen Bestimmungen und Nebenbegriffen, welche zur Bündigkeit nichts beytragen, und wählet er zu ihrem Ausdrucke die edelsten und treffendsten Worte, mit Beobachtung der möglichsten Sprachrichtigkeit und Reinigkeit, so hat er alles geleistet, was man (...) von ihm zu fordern berechtigt ist."[521]

Die Verpflichtung des Sprachlehrers allerdings ist eine doppelte; sie bezieht sich nicht nur auf eine innerhalb des kulturellen Fortschrittsprozesses als isoliert vorgestellte Sprache, sondern darüberhinaus auf die Kultur im ganzen. Dieser Zusammenhang ergibt sich notwendig aus dem kulturellen Aquivalenzprinzip. "Es ist jedes Sprachlehrers Pflicht, diesen Gang der Sprache und ihrer Cultur zu studiren (...)."[522] "Cultur" ist hier auf eine schöne und bedachtsame Weise ambiguos. Gemeint ist die Kultur im ganzen - und der Kultivierungsprozeß der Sprache als solcher. Es ist darüberhinaus Pflicht des Sprachlehrers, den kulturellen Fortschrittsprozeß, sofern er sich als Verfeinerung der Sprache manifestiert, zu befördern, "(...) und der Sprache da nachzuhelfen, wohin sie sich zu neigen scheinet, das heißt, in zweifelhaft scheinenden Fällen, wenn die alte Form nebst der neuern verfeinerten noch zugleich üblich ist, allemahl für die letzte zu entscheiden."[523] Adelung beklagt die konträre Verfahrensweise der zeitgenössischen Sprachlehrer : "Allein zum Unglücke kehren es unsere Sprachlehrer gerade um; sie kennen weder die

---

[520] UL 68, 10 - 17
[521] Styl 2 74, 14 - 23
[522] UL 312, 18 - 19
[523] UL 312, 19 - 24

Sprache, noch den Gang ihrer Cultur, suchen da einzureissen, wo sie fortbauen sollten, und schreiben ihr dagegen selbst erdachte Verbesserungen vor, welche in ihren Bau gar nicht passen."[524] Adelung würde sich hierüber nicht so heftig beklagen, sähe er nicht die wenn auch begrenzte Möglichkeit des Individuums, dem allgemeinen Prozeß gegenzusteuern; eine Möglichkeit, die er sonst eher gering zu achten scheint.

Hiermit bekunden sich zugleich die Grenzen der Möglichkeiten der Einflußnahme der Sprachlehrer auf den Sprachprozeß. Adelung mahnt zur Bescheidenheit des winzigen schreibenden Individuums gegenüber dem übergewaltigen gesamten kulturellen Fortschrittsprozeß, davon es nur ein Moment ist. Daraus ergibt sich für Adelung : Sprachlehrer als solche haben nicht das Recht, ihre Sprache zu modifizieren. Vielmehr ist es der Sprachgebrauch, der hier zuständig ist. Und dieser Sprachgebrauch datiert von den ersten faktischen Lexemkonstitutionen durch die "Spracherfinder". "Hätten Sprachlehrer das Recht, ihre Sprache vollkommener zu machen, wie so viele diesen stolzen Gedanken hegen, (...)"[525] - indes, sie haben es nicht. "Ein Sprachlehrer hat (...) hier so wenig zu befehlen und vorzuschreiben, als in andern Fällen, sondern muß alles dem Gange der Cultur und Aufklärung überlassen."[526] Schließlich spricht Adelung das Wehe angesichts der Ohnmacht des Individuums (Sprachforscher) gegenüber dem übergewaltigen Sprachprozeß. "Freylich wehe dem Sprachforscher, der nach ein Paar Jahrhunderten solcher Verfeinerung die Wurzel eines Wortes aufsuchen will!"[527] Es scheint, Adelung schätzt die eigene Tätigkeit als linguistischer Schriftsteller auch so ohnmächtig ein. In diesem Zusammenhang fällt seine Metapher für diesen übergewaltigen Sprachprozeß. "(...) wer kann dem unaufhörlichen Stufengange menschlicher Dinge Gränzen vorschreiben, und wo ist der Tropfen Wassers, der den Strom des Flusses hemmen könnte?"[528] Obschon doch Adelung in weiten Passagen allerdings progressistisch denkt, gibt es durchaus konservativ anmutende Stellen bei ihm. Schriftsteller, die sich als individualistische Neuerer gebärden, sollen sich an das halten, was die Tradition auf den Weg gebracht hat. "Wären einzele Glieder der Nation berechtigt, Neuerungen einzuführen, oder könnten sie selbige mit einiger Hoffnung des Erfolges wagen, so dürfte man nur auf dem von unsern Vorfahren bezeichneten Wege fortgehen."[529] - Wie im folgenden zu explizieren sein wird, werden die Individuen (die Schriftsteller) für Adelung erst relevant und schätzenswert, wenn sie nicht in verändern wollender, sondern in konservierender Funktion (im Sinne

---

[524] UL 312, 24 - 29
[525] UL 228, 24 - 26
[526] UL 788, 19 - 22
[527] UL 104, 10 - 12
[528] UL 104, 13 - 16. - Zur Flußmetapher vgl. vorliegende Arbeit S. 126.
[529] UL 160, 28 - 32

des Sprachgebrauchs) auftreten. - Woher diese merkwürdige Doppelgesichtigkeit Adelungs? Die Marxisten würden es sich (zu) leicht machen, wenn sie etwa sagen würden, er steht einmal zwischen zwei geschichtlichen Epochen. Die mit Adelung kontemporären Stürmer und Dränger in ihrem revolutionären Überschwang gingen Adelung doch zu weit, da macht er nicht mehr mit, da beharrt er auf dem konservativen Prinzip.

7. 2. 3. Positive Aufgaben des Schriftstellers

Wenn es bislang den Anschein hatte, Adelung erkenne dem Individuum qua Schriftsteller eine untergeordnete Funktion als bloßes Moment des kulturellen Fortschrittsprozesses zu, so ist dies bloß die eine Seite des Sachverhalts. Die andere Seite ist, daß dem Schriftsteller eine eminente, gleichsam ontologisch fundierte Funktion zugewiesen wird. Im Zusammenhang der Diskussion des Sprachgebrauchs[530] schreibt Adelung : "In einer durch Wissenschaften und Geschmack ausgebildeten allgemeinen Schriftsprache, dergleichen die Hochdeutsche ist, bestehet dieser allgemeine Gebrauch in der Übereinstimmung der besten und weisesten Schriftsteller."[531] Dies ist eine erhebliche Würdigung der Funktion der Schriftsteller, die sonst bei Adelung eher die Rolle der vergeblich eifernden Neuerer einnehmen. Es ist fast wie bei M. Heidegger, der sagt : "Die Denkenden und Dichtenden sind die Wächter dieser Behausung (der Sprache)."[532] Die Schriftsteller fungieren als reale Kontrollinstanz für den richtigen Sprachgebrauch. Ist eine höhere Einschätzung der Funktion des Schriftstellers vorstellbar?

Adelung kann indes nicht umhin, sich mit der Übersteigerung der eigenen Position auseinanderzusetzen; deren These ist : "(...) die Sprache erhalte ihre Bildung und Festigkeit nur allein von guten Schriftstellern, und besonders von guten Dichtern."[533] Adelung weist die These zurück. Und indem er das tut, kann er noch präziser die Funktion der Schriftsteller qualifizieren. Nicht diese sind es, die eine Sprache "bilden" - dies vollziehen die frühen rohen Naturmenschen zu Beginn des Sprachprozesses, die alles andere als verfeinerte Schriftsteller sind[534]. Ihre genuine Funktion ist vielmehr : "(...) sie sammeln nur das allgemein Gute und Schöne, was schon in der Sprache ausgebildet da liegt, heben es heraus,

---

[530] Vgl. vorliegende Arbeit S. 162 - 163.
[531] UL 107, 17 - 21 - Man beachte die schöne Unterscheidung und zugleich In-Beziehung-Setzung der beiden fundamentalen Phänomene "allgemeine Schriftsprache" und "allgemeiner Gebrauch".
[532] M. Heidegger, Über den "Humanismus", S. 5
[533] UL 108, 22 - 24 - Hier ist die bei Adelung sonst gebräuchliche Formel "Bildung und Ausbildung" zu "Bildung und Festigkeit" modifiziert.
[534] Vgl. vorliegende Arbeit S. 100 - 101.

und stellen es der Nation in einem schön verbundenen Ganzen dar."[535] Ihre Funktion ist also eine vermittelnde. Sie "(...) tragen (...) zur Bildung ihrer Nation und Sprache viel bey (...)."[536] Hierin kommt eine Gewichtung zum Ausdruck, die bei Adelung schon öfters anklang : die Bevorzugung des gesprochenen Sprachmodus vor dem geschriebenen[537]. Real, produktiv, innovatorisch ist Sprache nur in der mündlichen Kommunikation, in der Begegnung "von Mensch zu Mensch", hierin allein auch geschehen die Lexemkonstitutionen, die Sprache "bilden"; der schriftliche Modus ist demgegenüber nur vermittelnd und d.h. zugleich konservierend. Die Schriftsteller haben, namentlich wenn sie ihre Funktion als Kontrollinstanz des Sprachgebrauchs ausüben, sich an das zu halten, was das Volk an gebildeter und ausgebildeter Sprache bereits konstituiert hat. Umgekehrt gilt : "Wagen sie neue Ausdrücke, neue Figuren, so geschiehet es allemahl nach den Regeln der strengsten Analogie, die ihnen ihr Geschmack bald entdeckt."[538]

Adelung kann gar die Funktion des Schriftstellers mit der des bildenden Künstlers parallelisieren. Sie liegt im Prinzip der Mimesis. "So wie der Künstler nur das Schöne der Natur nachahmt, so muß auch der Schriftsteller aus der Sprache des gesellschaftlichen Umganges nur das wirklich Gute und Schöne ausheben; sein Ausdruck muß die Natur nachahmen, muß aber nicht die rohe und ungebildete Natur selbst seyn, wenn er nicht allen Reitz verliehren soll (...)"[539] [540] Auffallend hieran ist : Der Vergleich des Gesellschaftlichen mit der Natur, d. h. zugleich des dem Menschen Vorgegebenen und nicht von ihm Veränderbaren. Zugleich ist ein differenziertes Verhalten des Menschen sowohl zur Natur wie zur Gesellschaft angezeigt : er kann das Gute und das Schlechte, das zweifellos beides vorkommt, voneinander scheiden und sich nur dem Guten zukehren. Die Natur (wie die Gesellschaft), ohne solche Modifikation betrachtet, also gleichsam als Ding an sich, wird als "roh und ungebildet" abgewertet. Dies vielleicht symptomatisch für das Verhalten des bürgerlichen Intellektuellen jener Zeit zu seiner noch feudalen Gesellschaft.

Adelung betont die Verpflichtung des Schriftstellers gegenüber dem kulturellen Fortschrittsprozeß. "Eine lebendige Sprache ist unaufhörlichen Veränderungen ausgesetzt, und wenn sie von dem Fortschritte eines Volkes in den Begriffen und in dem Geschmacke herrühren, so ist der Schriftsteller in den übrigen Arten des Styles verbunden, ihnen zu folgen, weil er sonst wider die Ueblichkeit, und oft selbst wider die

---

[535] UL 108, 25 - 29
[536] UL 108, 34 - 35
[537] Vgl. vorliegende Arbeit S. 93.
[538] UL 108, 29 - 33
[539] Styl 2 23, 10 - 17
[540] Im folgenden kann Adelung seine Abwertung der Onomatopöie wiederholen.

Klarheit und Deutlichkeit anstoßen würde."[541] An dieser Stelle greift Adelung mehrere bereits explizierte Theoreme auf und verbindet sie auf eine schöne Weise. Er beginnt mit einer Bestimmung der lebenden Sprache im Gegensatz zur toten, die geradezu eine Definition ist : sie steht im παν τα ρει des niemals abreißenden Sprachwandels auf allen strukturellen Ebenen der Sprache. Dieser Wandel unterliegt, so weit es aus dieser Stelle hervorgeht, nicht sprachimmanenten Gesetzen, sondern er ist von außen angestoßen durch den kulturellen Fortschrittsprozeß (Begriffe und Geschmack). Hierbei bleibt offen, ob der Sprachwandel auch von anderen Faktoren und gegebenenfalls von welchen angestoßen werden kann, ja selbst, ob möglicherweise Faktoren auf ihn einwirken können, die im Sinne des kulturellen Fortschrittsprozesses kontraproduktiv sind. Der Schriftsteller, da er nicht Herr über Sprache und Sprachwandel ist, ist gehalten, diesem Wandel des Sprachgebrauchs zu entsprechen. Widersetzt er sich dem und "trotzt" auf eine transitorische Sprachperiode, so läuft er Gefahr, dem Unverständnis und der Inkommunikabilität (Fehlen von Üblichkeit, Klarheit und Deutlichkeit) zu verfallen. Derselbe Sachverhalt kann auch so ausgedrückt werden, daß ein schriftstellerisches Produkt, erhebt es Anspruch auf Kunsthaftigkeit, sich nicht, es sei denn zum Zweck der Parodie, der tradierten Gestaltungsmittel bedienen darf, sondern die seiner Zeit adäquaten Gestaltungsmittel finden muß. Immerhin hat der Schriftsteller, Adelung zufolge, soviel Wahlfreiheit, daß er nicht jedem "Trend" der Sprache blind folgen muß, sondern nur solchen Tendenzen, darin sich der kulturelle Fortschritt manifestiert. Dies ist allerdings sein Amt, als vermittelnde, multiplikatorische Instanz gesellschaftlichen Fortschritts, was Sprache betrifft, zu fungieren.

7.2.4. Das ideale Individuum

Adelung denkt struktural, d.h., wenn er den Träger von Sprache und Kultur in den Blick nimmt, dann erscheint als dieser meist das ganze Volk bzw. die Nation, weniger das Individuum. Dennoch wäre der Vorwurf unberechtigt, er verlöre das Individuum als solches aus dem Blick. Nur denkt er, namentlich wenn er das ideale und vorbildliche Individuum bestimmt, dieses nicht in der isolierten Individualität des Individualismus, sondern bezogen auf die Gesellschaft und deren Kultur; er bestimmt es als den "cultivierten Menschen"[542]. Adelung spricht auch vom "gebildeten Menschen"[543] An anderen Stellen ist die Rede vom "wohlge-

---

[541] Styl 2 73, 8 - 15
[542] Styl 3 397, 11
[543] Styl 3 409, 8

sittete(n) Menschen"[544] bzw. vom "gesitteten Mensch(en)"[545]. Der so gedachte ideale Mensch ist nicht etwa der Revolutionär, der sich über den von der Gesellschaft ausgeübten Zwang hinwegsetzt, sondern er schickt sich in die allgemeinen Gesetze, denn : "Welcher gesittete Mensch hat sich wohl über gute Gesetze beschweret, indem auch sie keine andere Absicht haben, als Absicht und Mittel des glücklichen gesellschaftlichen Lebens in das gehörige Verhältniß zu setzen, und die Kräfte des rohen sich selbst überlassen Menschen auf gewisse wohlthätige Puncte einzuschränken."[546] Auch im Bereich des staatlich-gesellschaftlichen Lebens also steht der gesittete Mensch dem rohen Menschen entgegen. Und dieses staatlich-gesellschaftliche Leben wird gedacht in Begriffen, die bei Adelung sonst vor allen im Bereich der Ästhetik ihren Ort haben (Absicht-Mittel[547]). Stehen diese im gehörigen Verhältnis, so ist das gesellschaftliche Leben schön, und, vor allem, glücklich; ein eudämonistischer Zug in Adelung. Damit antizipiert er die eudämonistische Formel J. Benthams : Das Anzustrebende, Seinsollende, das ist "das größte Glück der größten Menschenzahl"[548].

7. 3. Struktureller Zusammenhang von Sprache und Gesellschaft

7. 3. 1. Konstitution von Sprache durch Gesellschaft

Als Resultat der Diskussion hinsichtlich des strukturellen Verhältnisses von Sprache und Schriftsteller-Individuen können wir festhalten : "Sie (die Schriftsprache) ist kein Werk der Schriftsteller"[549]. Im folgenden bringt Adelung "einen noch stärkeren" Beweisgrund zur Widerlegung der gegnerischen These; stärker, weil "aus der Natur der Sache"[550] hergenommen. Adelung nimmt an dieser Stelle, seiner Gepflogenheit entsprechend, ein relativ marginal scheinendes Thema (das Verhältnis der Schriftsprache und der Schriftsteller) zum Anlaß, um ein wesentliches Stück seiner Sprachkonzeption zu diskutieren : die Konstitution von Sprache durch Gesellschaft. Diese Konstitution ist strukturell etwas anderes als der oben[551] diskutierte Sprachursprung vermittels der frühen Lexemkonstitutionen durch die rohen Spracherfinder. Deren Diskussion setzte die gesellschaftlichen Rahmenbedingungen als undiskutiert-

---

[544] Styl 3 397, 14 - 15
[545] Styl 3 399, 28
[546] Styl 3 399, 28 - 400, 2
[547] Vgl. vorliegende Arbeit S. 218.
[548] J. Bentham, zit. nach Krause/Graupner/Sieber S. 40
[549] Styl 1 52, 16
[550] Styl 1 54, 14
[551] Vgl. vorliegende Arbeit S. 92 - 95.

selbstverständliche voraus; wohingegen sie im folgenden eigens thematisiert werden sollen. Die Konstitution von Sprache durch Gesellschaft ist von Adelung in einem unüberbietbar konzentrierten Satz in nuce zusammengefaßt : "Die Sprache ist nicht allein ein Bedürfniß, sondern auch ganz das Werk des engern gesellschaftlichen Lebens, und alle die Verschiedenheiten, welche Sprachen und Mundarten unterscheiden, sind wesentliche und nothwendige Folgen der eigenthümlichen Umstände jeder beysammen lebenden Gesellschaft, welche so stark wirken müssen, daß auch ohne klares Bewußtsein bey einer so großen Menge eine und eben dieselbe Wirkung erfolgt."[552] Dieser Satz ist so zu lesen, daß bereits auch das "Bedürfniß" und nicht allein das "Werk" auf den Genitiv "des engeren gesellschaftlichen Lebens" bezogen ist. Sprache hat also eine (mindestens) zweifache Beziehung zu so etwas wie Gesellschaft. Gesellschaft ist im diskutierten Zusammenhang als prozedierende Totalität, die "ganze" Gesellschaft gedacht. Adelung verwendet gelegentlich den Terminus "Gesellschaft" auch im Sinne der "feinen Gesellschaft", d.h. den oberen Klassen der Gesellschaft im erstgemeinten Sinn. Den oberen Klassen stehen, wie diskutiert, die unteren Klassen bzw. das "Volk" gegenüber, welcher letztere Terminus von Adelung ebensosehr für das Ganze als Träger einer Einzelsprache verwendet wird, so daß "Volk" in diesem Sinn und "Gesellschaft" im ersten Sinn synonym sind. Was den zitierten Satz anbetrifft, so ist Sprache nicht nur ein *Erfordernis* der Gesellschaft in all ihren ökonomischen, intellektuellen und anderen Handlungszusammenhängen, die Adelung in ihrer Totalität terminologisch als "Cultur" bezeichnet, intendiert, sondern die Gesellschaft funktioniert zugleich als ein selbstreguliertes System, das diese ihr eigenen Erfordernisse zugleich selbst bedient, indem sie Sprache produziert und in Funktion erhält. Letzteres ist im Terminus "Werk" genannt; dieser faßt zusammen, was Adelung sonst in die Formel "Bildung und Ausbildung" faßt : die dialektische, notwendige Zusammengehörigkeit von Genese und weiterer Fortgestaltung von Sprache im Verlauf des kulturellen Fortschrittsprozesses. Sprache ist "Werk" der Gesellschaft - das besagt zum einen : die Gesellschaft hat die Sprache konstituiert, sie ist deren causa efficiens; nicht ist es Gott oder ein isoliertes Individuum. Es besagt zum zweiten : Sprache ist so etwas wie das Mittel, vermittels dessen sich das engere gesellschaftliche Leben vollzieht. Mit dem "engern gesellschaftlichen Leben" ist offensichtlich nicht das *schlichte* gesellschaftliche Leben gemeint, das bloße Zusammen-Vorhandensein in einem bestimmten, abgegrenzten Gebiet; dies wäre ein uneigentlicher Begriff von Gesellschaft. Sondern das *gesteigerte* gesellschaftliche Leben ist gemeint, das genannte Interagieren in Handlungszusammenhängen. (Es scheint aller-

---

[552] Styl 1 54, 21 - 29

dings, daß Adelung in der späteren Wendung von der nur "beysammen lebenden Gesellschaft" inkonsequenter Weise wieder zurückkehrt zum uneigentlichen, bloß "akkumulativen" Verständnis von Gesellschaft.) Auf diese Auslegung deutet zuerst der Komparativ "enger" und die Verwendung des keineswegs irrelevanten, sondern emphatischen "Lebens". Wenn Adelung, etwa im Kontext von lebenden und toten Sprachen, vom "Leben" spricht, dann impliziert das stets eine, wenn auch unausgesprochene, Wertung. Leben, das ist das Seinsollende schlechthin, im Gegensatz zum Tode. Es erhellt, daß eine so als "lebendig" gedachte Gesellschaft in sich sehr komplex strukturiert sein kann, ja muß, wenn wir die Möglichkeit von Differenzen und Differenzierungen im Stand der Kultur bedenken, d.h. in Strukturen wie Stand der Technik, Produktionsweise, Verteilungsweise, Bevölkerungsdichte, Klima und was dgl. mehr ist - Adelung nennt diese Faktoren hier nicht, aber andernorts[553] listet er sie auf. Da aber, dem kulturhistorischen Äquivalenztheorem zufolge, Kultur und d.h. hier Gesellschaft auf der einen Seite und auf der anderen Seite Sprache aufs engste zusammenhängen, folgt, daß derartigen in sich differenzierten Strukturen von Gesellschaft eine ebensolche Differenziertheit der Sprachen untereinander korrespondieren muß. Wie sich die Gesellschaften (Völker) unterscheiden, so die Sprachen. Dies, d.h. der strukturelle Zusammenhang zwischen der gesellschaftlichen Situation in ihrer sich bis in die einzelnen Momente ausprägenden Komplexität und der Strukturiertheit von Sprache, ist das Phänomen, daß Adelung in der Einleitung zum Stylbuch terminologisch als das "Conventionelle" (Konkrete) bezeichnet. Mit diesem "Conventionellen" intendiert Adelung nicht das, was die moderne Linguistik als die "Konventionalität von Zeichen" bezeichnet, sondern vielmehr dies, daß die jeweilige komplexe gesellschaftliche Situation eine Sprache (bzw. einen Dialekt oder eine sonstige Varietät) vollständig determiniert; daher können wir interpretierend auch vom "Konkreten" sprechen (etymologisch von "concrescere" = zusammenwachsen).

Diese gesellschaftlichen Umstände, die sich in Sprache, ein Marxist würde sagen, "widerspiegeln", wirken nun mit solcher Intensität ("so stark") - denn da sie das Ganze, die Totalität ausmachen, so gibt es nichts "neben" ihnen, das sie aufhalten könnte - auf Sprache und ihre Strukturen ein, daß sie "eine und eben dieselbe Wirkung" bewirken, die entgegenwirkende Quantität der beteiligten Individuen ("bey einer so großen Menge") überwindend, und zwar "auch ohne klares Bewußtsein". Namentlich letztere Wendung ist wichtig. Zwar ist das Bewußtsein der beteiligten Individuen involviert, aber es ist dies in defizienter Weise. Das subjektive Bewußtsein begnügt sich hier damit, dem zu entsprechen, was die gesellschaftlichen Umstände über seinen Kopf hinweg verfügen.

---

[553] Vgl. vorliegende Arbeit S. 74.

Ja, es muß so sein, denn würden die Menschen über die Einführung und Verwendung bestimmter Lexeme bzw. grammatischer Strukturen sich groß Gedanken machen, diskutieren u.dgl., dann könnte die soziale Determination und Kontrolle von Sprache nicht mit solch nachtwandlerischer Sicherheit funktionieren, wie sie es faktisch tut. Die permanente Reflexion : Warum sagt man (in dieser Einzelsprache) gerade so und nicht anders? würde in sich rotieren, ins Leere laufen, ja geradezu ins Psychopathologische. - Diese Kräfte, die die subjektive Vernunft der Individuen übermächtigen, sind dabei in sich gar nicht irrational-diffus, sondern sie haben in sich eine eigene Logik. Sie ist in eins eine Logik gesellschaftlicher Handlungszusammenhänge und eine Logik des Funktionierens von Sprache.

Wir sehen an dieser Stelle: Obschon Adelung entschiedener Aufklärer ist und demzufolge im Grunde die "Klarheit", die "klaren Vorstellungen" hochschätzt, wie er es auch immer wieder tut und bekundet, kann er doch in der Ausgestaltung seines Systems nicht umhin zu konzedieren, daß in der (Sprach-)Geschichte faktisch Kräfte am Werk sind, die sich stärker erweisen als das subjektive Bewußtsein der Individuen.

Wenn nun mehrere Individuen in ihrer Sprachverwendung übereinstimmen (wenn Adelung als Beispiel die unterschiedliche Konjugation desselben Verbes in verschiedenen deutschen Dialekten nennt, dann kommt es ihm nicht so sehr auf die Verschiedenheit der Dialekte untereinander an, sondern vielmehr auf die Übereinstimmung innerhalb eines Dialekts), so ist diese Übereinstimmung fundiert nicht in einem "klaren Bewußtseyn eines hinlänglichen Grundes"[554]. Damit will Adelung keineswegs sagen, daß es in diesem Strukturzusammenhang keinen hinreichenden Grund gibt - einen solchen muß es, dem Satz vom Grund zufolge, stets geben -, sondern daß der hinreichende Grund den beteiligten Individuen nicht bewußt ist. Die Übereinstimmung ist vielmehr fundiert in "einem gewissen dunkelen Gefühle"[555]. Obschon das Gefühl dunkel ist, so ist es doch gewiß, - "gewiß" hier also nicht im Sinne von Undeutlichkeit, sondern im Sinne von Gewißheit (certitudo). Und dies Gefühl seinerseits - und damit letztlich die genannte Übereinstimmung - ist fundiert "ganz in der individuellen Stimmung des gesellschaftlichen Lebens."[556] Gesagt ist nicht, das Gefühl sei fundiert in der Gesellschaft oder im gesellschaftlichen Leben; sondern es ist fundiert in dessen *individueller Stimmung*. Mit "individuell" ist hier nicht etwa die Befindlichkeit des einzelnen Menschenindividuums gemeint, sondern das Wort deutet auf die individuelle komplexe gesellschaftliche Situation in ihrer Einmaligkeit, welcher dann eine einmalige Sprache korrespondiert. Und

---
[554] Styl 1 55, 2 - 3
[555] Styl 1 55, 4
[556] Styl 1 55, 5 - 6

was Adelung hier scheinbar vage mit dem irrationalistisch scheinenden Wort "Stimmung" anstatt des rationaler scheinenden "Grundes" nennt, ist also nichts anderes als die Kompetenz der Sprecher. Noch ein Wort zur Opposition von "Gefühl" und "Stimmung". Es ist offensichtlich, daß beide Termini ähnliche Phänomene bezeichnen, sich indes auch unterscheiden. Die Sprech-Kompetenz manifestiert sich in einem Gefühl, das, wie jedes Gefühl, augenblickshaft, flüchtig, transitorisch ist. Um die nötige Stärke und Dauer zu gewinnen, muß es in einem anderen Phänomen fundiert sein, welches stärker und dauernder ist; und als dies fungiert die "Stimmung". Adelung hätte statt von "Stimmung" auch von "Grundstimmung" sprechen können; die Grundstimmung gibt den Grund ab für das bloße Gefühl. Die so gedachte Stimmung ist so etwas wie ein über lange Zeit andauernder "Geist", eine "Gesinnung" oder eine Mentalität in einer bestimmten Gesellschaft, korrespondierend der Entwicklung der Kultur dieser Gesellschaft. Ist die Stimmung dauernd, so ist sie doch nicht unwandelbar. Sie wird modifiziert, korrespondierend den Modifikationen der Gesellschaft. Ist das Gefühl auch zeitmäßig flüchtig, so ist es doch nicht ohne Kraft; seine Kraft bezieht es, indem "es auf die engern gesellschaftlichen Verhältnisse gegründet"[557] ist; deren geschichtlichem Fortschreiten korrespondiert ein Fortschreiten von jenem. Schlicht ausgedrückt : Je mehr die Menschen miteinander zu tun haben, desto mehr werden sie wissen, was sie sagen.

Dieses Adelungsche Denkmodell vermag zugleich zwei Phänomene zu erklären, auf die Adelung selbst an dieser Stelle gar nicht zu sprechen kommt : die Einheit der Sprache und ihre Differenzierung in Dialekte. Sofern die gesellschaftlichen (Grund-)Gegebenheiten in einem Volk, qua Träger von Sprache, überall dieselben sind, wird dort auch überall die gleiche Sprache gesprochen; insofern aber die Bedingungen differieren (und, dem principium individuationis zufolge, differerieren sie stets, wenn auch mitunter nur wenig), differieren auch die Dialekte.

Die gesellschaftlichen Umstände müssen "so stark wirken (...), daß auch ohne klares Bewußtsein bey einer so großen Menge eine und eben dieselbe Wirkung erfolgt." "(...) aus einem gewissen dunkelen Gefühle, welches (...) so stark wirken muß (...)" Die Umstände bzw. das in ihnen fundierte Gefühl *müssen* so stark wirken, das bedeutet hier nicht nur, daß sie kausal vollständig determiniert sind, sondern daß sie eine genuine Funktion haben, die sie erfüllen müssen; und diese Funktion wird von Adelung affirmiert : es *soll* so sein. Sie besteht darin, daß die Umstände die Individuen determinieren, sich an die als korrekt definierten Lexembedeutungen bzw. grammatischen Strukturen zu halten. Die Lexembedeutungen werden dadurch die korrekten, indem sie sozial gesichert sind. Man hört ein Wort immer wieder, und nur in der gehörten

---

[557] Styl 1 55, 11 - 12

Bedeutung kann man selber es dann verwenden. Diese soziale Sicherung von Lexembedeutungen muß so zwingend sein, daß sie auch "ohne klares Bewußtsein" funktioniert. Die soziale Kontrolle von Sprache ersetzt gleichsam das klare Bewußtsein, welches zum Zeitpunkt der Zeichenstiftung bei den Worterfindern wohl vorhanden gewesen war.

Adelung läßt offen, was genau er hier mit "wirken" meint. Dies allerdings nicht aus denkerischer Ungenauigkeit, sondern diese Wortverwendung will besagen : der Umfang all dessen, was hier mit "wirken" gemeint ist, ist möglichst weit zu fassen. Gemeint sind : alle sprachlichen Phänomene, sofern sie nur sozial bedingt, sozial vermittelt und sozial kontrolliert/sanktioniert sind. D.h. vor allem Wortbedeutungen, grammatische Regeln etc.

Wie geschieht nun, Adelung zufolge, die gesellschaftlich determinierte Einführung von Lexemen? (Von der erheblich schwieriger zu denkenden Einführung syntaktischer Strukturen sei hier abgesehen.) Wir greifen hier über den vorliegenden Adelungschen Text hinaus und auf frühere Explikationen zurück, ohne sie indes stets durch Zitat kenntlich zu machen. Jede Lexembedeutung als Zuordnung von so etwas wie einer Vorstellung oder eines Begriffs (in der Verwendung dieser Termini im Adelungschen epistemologischen Modell) zu einem Zeichenkörper datiert von einer Zeichenstiftung her. Dieser Akt der Zeichenstiftung ist jeweils ein einmaliger, chronologisch fixierter, obschon in den allermeisten Fällen von uns nicht mehr historisch datierbarer Akt. Adelung ist der Meinung, daß dieser Vorgang der Zeichenstiftung, von einem Sprecher zu einem bestimmten Zeitpunkt vollzogen, ganz und gar nicht dessen subjektiver Willkür unterliegt, sondern der Sprecher ist zum Zeitpunkt der Zeichenstiftung von seiner komplexen gesellschaftlichen Situation in der Totalität ihrer Strukturmomente so determiniert, daß er ein ganz bestimmtes Wort konstituieren muß, eben dasjenige Wort, das er dann faktisch konstituiert. Die sprachexternen gesellschaftlichen Faktoren und die sprachimmanenten Faktoren (Adelung faßt sie mit dem semantischen Terminus der "Ähnlichkeit" zwischen sprachlichen Zeichen und Bezeichnetem) wirken so unausweichlich-zwingend, "daß sie ihnen (den "Spracherfindern") auch wider ihren Willen den Laut abgepresst haben würde, welcher der Nahme des Dings ward." Da die Zeichenstiftungs-Situation nicht und nie in der Einsamkeit der stillen Klause sich vollzieht, sondern in der gesellschaftlichen Kommunikation, im Gespräch - der zeichenstiftende Sprecher konstituiert dasjenige Wort, das er in der Gesprächssituation eben jetzt benötigt -, so vernehmen die anderen Gesprächspartner das neue Wort, verstehen es (aus dem Kontext der aktuellen (Gesprächs-) Situation, darin sie miteinander stehen), internalisieren es und geben es dann weiter. "So kommt das junge Wort zu aller

Welt."⁵⁵⁸ Adelung ist darüberhinaus der theoretischen Auffassung : Nicht nur in der einzelnen Gesprächssituation wird dies bestimmte Lexem konstituiert, sondern ein und dasselbe Lexem muß mit Notwendigkeit überall (an allen Orten des Sprachgebietes) und zu allen Zeiten (zumindest in der Zeitspanne der Entstehung, der "Bildung" der einzelnen Sprache) konstituiert werden. Sei es, daß um den Zeitpunkt der Zeichenstiftung hundert Sprecher zugleich unabhängig voneinander dasselbe Lexem konstituieren; sei es auch, daß ein Lexem, bereits konstituiert, wieder der Vergessenheit anheimfiel - das macht nichts, es wird, Adelung zufolge, mit Notwendigkeit (immer) wieder konstituiert werden. Eine höchst merkwürdige, "mystische" und unplausible Auffassung Adelungs, die vor allem der Denkfigur der "Arbitrarität" sprachlicher Zeichen zuwiderläuft, die, obzwar freilich nicht mit der jetzt geläufigen terminologischen Bezeichnung, seit Platons "Kratylos"-Dialog, als ein "basic" europäischer Linguistik-Tradition gilt. Aber Adelung kann nicht anders als so zu denken, von seinen systematischen Voraussetzungen her : dem Theorem der Genese sprachlicher Zeichen durch onomatopoetische Imitation von Naturlauten. Nicht die Phänomene (im Sinne Goethes) und deren vorurteilslose Betrachtung sind für ihn primär, sondern er erliegt in diesem Zusammenhang dem Systemzwang.

Wenn nun Adelung sagt, daß durch die gesellschaftlichen Umstände "auch ohne klares Bewußtsein bey einer so großen Menge eine und eben dieselbe Wirkung erfolgt", so ist allerdings zum mindesten zweideutig und interpretationsbedürftig, was genau damit gemeint ist. Meint er, daß die gesellschaftlichen Umstände zum Zeitpunkt der Zeichenstiftung so stark wirken, daß mehrere Sprecher, auch unabhängig voneinander, ein und dasselbe neue Wort (den Neologismus) konstituieren? Oder aber meint er, daß, ist ein Wort erst einmal eingeführt, verbreitet und akzeptiert, die gesellschaftlichen Vermittlungsinstanzen und die meist stillschweigende, gelegentlich auch ausgesprochene soziale Kontrolle von Sprache so stark wirken müssen, daß die Sprecher, wollen sie überhaupt verstanden werden, sich wohl oder übel an die gesellschaftlich akzeptierte Wortbedeutung (den Konsens) halten müssen? Offensichtlich liegen zwei heterogene Phänomene vor : das eine Mal ist von Sprachentstehung die Rede, das andere Mal von sozialer Kontrolle der Kommunikation. Wir wollen Adelung zugunsten so vermuten, daß die beiden Phänomene für ihn zusammenhängen. Und sie hängen ja tatsächlich in einer Struktur zusammen : der eminenten Bedeutung von so etwas wie Gesellschaft für die Struktur von so etwas wie Sprache.

Schließlich benennt Adelung, worum es ihm im Durchdenken des Zusammenhangs von Gesellschaft und Sprache im Grunde ging : es kommt

---

⁵⁵⁸ Hans Weigel, Die Leiden der jungen Wörter, S.9

darauf an, nicht "die Einheit seiner Sprache zu verletzen"[559] ; die Einheit der Sprache ist ein "Theil des gesellschaftlichen Bandes". Adelung formuliert vorsichtig; Sprache ist nicht das gesamte gesellschaftliche Band, sondern nur ein Teil davon; weitere Teile wären etwa institutionalisierte Sozialisationsstrukturen, kodifiziertes Recht, Ideologie als Herrschaftswissen und was dgl. mehr. Wenn Gesellschaft, wie expliziert, so stark auf die Sprecher wirkt und sie gleichsam zwingt, die gesellschaftlich akzeptierten Sprachstrukturen (wie vor allem Lexembedeutungen und Syntaktik) einzuhalten, dann handelt sie gleichsam in ihrem eigensten Interesse, im Sinne der Erhaltung von Gesellschaft. Sind keine sprachlichen Strukturen mehr (nahezu) allgemein akzeptiert, dann gerät die Gesellschaft in Auflösung; wie der biblische Mythos vom Turmbau zu Babel illustriert[560]. Will eine Gemeinschaft ein Werk produzieren, so müssen ihre Glieder kommunizieren (können), sonst ist das Werk unmöglich geworden. Kaum nötig zu vermerken, daß hier mit "Gesellschaft" nicht eine bestimmte Gesellschaftsformation (z.B. Feudalismus, Kapitalismus) intendiert ist, die auch gegebenenfalls kritisiert und revolutionär verändert werden kann, sondern menschliche Gesellschaftlichkeit überhaupt ist gemeint; wenn Adelung sagt, Sprache ist Teil des gesellschaftlichen Bandes, so meint er dies nicht in der ideologiekritischen Intention, Sprache sei ein ideologisches Instrument zur Sicherung der Klassengesellschaft. Ist Kommunikation bedroht, dann ist es Gesellschaft überhaupt und damit auch jeder einzelne, der zur eigenen Existenzsicherung auf die arbeitsteilige Gesellschaft angewiesen ist. Wer dieses Band mutwillig zu zerstören unternimmt und dergestalt gegen die eigenen Interessen handelt, der ist nicht, Adelung zufolge, "bey unverdorbenen Sinnen"[561]; die soziale Kontrolle von Sprache muß so stark, so zwingend wirken, daß nahezu jeder von ihr erfaßt wird, nur der nicht, dem die Realität entgleitet. Von daher ist auch einsichtig, daß es keineswegs, wie es oben scheinen konnte, gesellschaftskritisch intendiert war, wenn Adelung davon spricht, daß die "(...) eigenthümlichen Umstände jeder beysammen lebenden Gesellschaft (...) so stark wirken müssen, daß auch ohne klares Bewußtsein bey einer so großen Menge ein und eben dieselbe Wirkung erfolgt (...)"[562]; nicht ist das fehlende Bewußtsein des Volkes beklagt als ein Mangel kritischer Bewußtheit, sondern es wird durchaus affirmiert, ja geradezu gefordert, als notwendige Bedingung des erwünschten Funktionierens von Gesellschaft wie von Sprache[563].

---

[559] Styl 1 55, 8
[560] Gen 11, 1 - 9
[561] Styl 1 55, 7
[562] Styl 1 54, 26 - 29
[563] Adelungs prinzipielle Kritiklosigkeit gegenüber der Klassengesellschaft (seiner Zeit) (vgl. vorliegende Arbeit S. 116) darf nicht darüber hinwegtäuschen, daß

"Soll aber dieses Gefühl so stark wirken, so muß es auf die engern gesellschaftlichen Verhältnisse gegründet seyn, und es wird desto stärker wirken, je enger und fester diese verschlungen sind."[564] Dies, daß Sprache nicht nur auf gesellschaftlichem Nebeneinandervorhandensein der Individuen fundiert ist, sondern desto mehr gefördert wird, je mehr gesellschaftliche Interaktion (Produktion, Austausch im Sinne von Handel, Austausch im Sinne von Kommunikation etc.) geschieht, wurde oben[565] schon diskutiert. Nun ist es eine Tendenz der Neuzeit, daß, aufgrund der Eskalation der genannten Faktoren, auch die Komplexität der Gesellschaft immer mehr eskaliert - ein Phänomen, das von Adelung durchaus im Sinne des Theorems vom kulturellen Fortschrittsprozeß ausgelegt werden könnte. Eskaliert nun die Komplexität von Gesellschaft, dann auch die Intensität der Kommunikation und mit ihr deren soziale Kontrolle - dies ein Phänomen, das Adelung gesehen hat. Verlängern wir nun die Entwicklungslinie des kulturellen Fortschrittsprozesses bis auf unsere Gegenwart - eine Epoche, deren Struktur Adelung, seines progressistischen Denkens unerachtet, niemals erahnt haben dürfte -, so sehen wir die gesellschaftliche Kommunikation so bis ins Gigantische anwachsen, daß niemand sie mehr überblicken kann und daß sogar die Struktur von Gesellschaft selbst dadurch affiziert wird, sie wandelt sich von der Industrie- zur Informations-Gesellschaft.

Ob allerdings Adelungs aus dem Gesagten folgende Vermutung, daß "bey einer sehr großen Volksmenge in einem bestimmten Raume die Einheit in der Sprache allemahl größer" sei, zutrifft, ist etwas anderes. Dies scheint ein theoretisches Konstrukt zu sein; und hinsichtlich seines Zutreffens müssen wir die Empirie befragen.

Konnte es oben scheinen, daß der interpretierende Text immer wieder an die Terminologie und Gedankenwelt des Marxismus anklang, so ist das keineswegs zufällig oder gewollt, sondern es ist in Adelung fundiert. Adelung ist der erste in der deutschsprachigen Linguistik-Tradition, der über den Zusammenhang von Sprache und Gesellschaft explizit reflektiert hat und auf die eminente Relevanz dieser für jene hingewiesen hat. Dies vor allem, daneben auch sein progressistisches Modell der Kulturgeschichte und nicht zuletzt seine generell aufklärerisch-"fortschrittliche" Grundeinstellung mußten ihn für die marxistische germanistische Linguistik der DDR interessant machen. Im Jahre 1982, anläßlich der 250. Wiederkehr von Adelungs Geburtstag, fand in Leipzig ein Kongreß

---

seine Erwägungen hinsichtlich Sprache und Gesellschaft sozusagen als ontologische Strukturen zutreffend sind und von jener Kritiklosigkeit in ihrer Gültigkeit nicht tangiert werden.
[564] Styl 1 55, 10 - 14
[565] Vgl. vorliegende Arbeit S. 133 - 134.

statt[566], in dem der große Aufklärer intensiv gewürdigt wurde - während die westdeutsche germanistische Linguistik stumm blieb.

7.3.2. Sprache und Herrschaft

Im Zuge der Diskussion des strukturellen Zusammenhangs von Sprache und Gesellschaft kann Adelung nicht umhin, sich mit einer bestimmten, auch in unserer Zeit noch antreffbaren Tendenz einer Gesellschaftskritik, die sich zugleich als Sprachkritik versteht, auseinanderzusetzen; diese kritisiert die "Herrschaft" von Sprache bzw. Sprachgebrauch als Herrschaft im soziologischen Sinn[567]. Für diese Kritik in *unserer* Zeit stehe paradigmatisch der Satz Roland Barthes' : "(...) die Sprache als Performanz aller Rede ist weder reaktionär noch progressiv; sie ist ganz einfach faschistisch, denn Faschismus heißt nicht am Sagen hindern, sondern zum Sagen zwingen."[568] Adelung nennt keinen Gegner mit Namen, sondern argumentiert generell, dabei den Zusammenhang zwischen Gesellschaftskritik und Sprachkritik im Kritisierten genau in den Blick nehmend : "Zwar hat es zu allen Zeiten mißvergnügte Glieder der Gesellschaft gegeben, welche zwar an den Vortheilen derselben Theil nehmen, aber sich ihren Gesetzen und Einschränkungen nicht unterwerfen wollen, und sogar die Herrschaft des Sprachgebrauches für die unerträglichste Tyrraney ausgegeben haben."[569] Dieser Sprachkritik hält Adelung entgegen, daß sie ihre eigene Interessenlage verkennt. Und indem er dies expliziert, bringt er, seiner Gepflogenheit entsprechend, anhand eines beiläufigen Anlasses ein wesentliches Stück seiner Sprachkonzeption.

Zuerst nennt er die generelle Funktion von Sprache : "Die Sprache ist das wirksamste Mittel, andern seine Empfindungen, Bedürfnisse und Gedanken mitzutheilen (...)"[570] An diesem Satz müssen zwei Dinge auffallen. Zuerst : Sprache erscheint als Kommunikationsmittel, als effektivstes zwar, aber doch zurückgenommen als nur *eines* unter mehreren; die

---

[566] Zum Leipziger Kolloquium vgl. vorliegende Arbeit S. 273 - 278.
[567] Vgl. P. Handkes Drama "Kaspar" (1968).
[568] Vgl. Timm, S. 141. - Der zitierte Satz von Roland Barthes ist freilich maßlos überzogen. Sprache als solche ist weder faschistisch noch reaktionär noch progressiv, sondern sie ist als ÜBasis und Medium all der sich zwischen den Ideologien abspielenden politischen Diskussionen neutral gegenüber jenen. Das schließt nicht aus, sondern ein, daß Sprache sehr wohl im Sinne des Faschismus oder anderer Ideologien mißbraucht werden kann und wurde. Darüberhinaus ist im zitierten Barthes-Satz eine Verharmlosung des Faschismus impliziert. Er transformiert den Begriff des "Faschismus" aus einem historisch-politischen in einen, mit Sprache als solcher gegebenen, naturhaften und suggeriert damit die Unüberwindbarkeit des Faschismus.
[569] UL 98, 10 - 16
[570] UL 98, 18 - 20

anderen Kommunikationsmittel werden nicht genannt, sondern werden nur erahnbar (etwa Gebärden"sprache"). Der zweite Punkt ist das durch Sprache Mitgeteilte in seiner allgemeinen Struktur. Hierbei werden die Strukturelemente genannt, die bereits aus den epistemologischen Modellen bekannt sind : Empfindungen und Gedanken[571] (die Vorstellungen fallen weg); aber zwischen diesen beiden werden, als neu hinzukommendes Strukturelement, ganz schamhaft eingeschoben, die *Bedürfnisse* genannt. Sprache drückt Bedürfnisse aus. Damit rückt Adelung, vielleicht, ohne daß er es selber sogleich bemerkt, weg von derjenigen anthropologischen Konzeption seiner epistemologischen Modelle, die den Menschen primär als ein Geistwesen ansetzte, hin zu einer mehr pragmatischen Konzeption, die den Menschen als ein in praktischen Handlungszusammenhängen stehendes Wesen begreift, d.h. (nicht nur, aber wesentlich) als ein bedürftiges und diese seine Bedürfnisse innerhalb ökonomischer Strukturzusammenhänge deckendes Wesen[572]; diese pragmatische Konzeption begreift denn auch Sprache primär als in diesen Kontext eingeordnet.

In diesem neu gedachten Zusammenhang steht allerdings die zuerst genannte kommunikative Funktion (Mitteilungsfunktion) von Sprache isoliert da; Adelung fragt (zunächst) nicht, welche praktischen (ökonomischen, kulturellen u.dgl.) Handlungs- und Interessenzusammenhänge solche Mitteilungen und somit die Mitteilungsfunktion von Sprache für die Individuen erforderlich machen. Daher geht die sich anschließende Zweckbestimmung von Sprache als solcher nicht über das bloß Intellektuelle hinaus : "ihr (der Sprache) höchster Endzweck ist daher allgemeine Verständlichkeit unter den einzelen Gliedern einer beträchtlichen Menge Menschen."[573] (Hierbei müßte aus pragmatischer Perspektive *kritisch* eingewandt werden, daß zwar Verständlichkeit in der Tat der höchste Zweck von Sprache, isoliert betrachtet, sein mag, daß jedoch die Verständlichkeit selber in umfassenderen Zwecksetzungen steht und daß daher korrekter Weise nicht, wie Adelung das tut, von ihr als "höchster Endzweck"[574] gesprochen werden kann.) Solche Kommunikation fungiert als das eminenteste *Band* zwischen den Gliedern einer Gesellschaft (Volk), mehr noch, aufgrund solcher Bindefunktion konstituiert sich erst die Gesellschaft (das Volk) als solche. "Sie (die Sprache) ist das engste und genaueste Band der Geschlechter und Nationen, das sicherste Mittel, Völker zu verknüpfen und zu trennen, ja eigentlich das, was Völker zu Völkern macht."[575]

---

[571] Diese stehen hier, von der Sache her synonym, für die "Begriffe".
[572] Worauf namentlich der Marxismus hinweisen würde.
[573] UL 98, 20 - 22
[574] UL 98, 20
[575] UL 98, 22 - 26

Im folgenden geht Adelung allerdings über die isolierte Kommunikationsfunktion hinaus und setzt die *Bedürfnisse*, die oben nur scheu angedeutet wurden, in ihr Recht ein. Trachtet eine Gesellschaft (ein Volk) darnach, sich als solche zu konstituieren, dann muß sie Sprache hervorbringen[576]; und die (reale) Instanz, die das Volk veranlaßt, ja treibt, das sind ökonomische Handlungszusammenhänge, oder, wie Adelung das ausdrückt : "das dringende allgemeine Bedürfniß"[577]. Dieses steht in einer dreifachen Beziehung zu Sprache : es "(...) schuf Sprache, bildete sie aus, und muß sie auch erhalten."[578] Ersichtlich ist das so gedachte Bedürfnis nicht nur eines, das genetisch-imperfektivisch am Beginn der Entwicklung von Sprache steht (Bildung und Ausbildung), so daß diese es hinter sich lassen könnte; sondern es erstreckt sich ebensosehr auf deren Gegenwart und Zukunft. Sprache ist, solange dies Bedürfnis ist - und dieses ist ja, solange das bedürftige Menschengeschlecht ist; das Bedürfnis ist es, das sie in Funktion hält.

Verhält es sich aber so, so impliziert dies eine Verpflichtung für die Individuen, die an dieser Gesellschaft (Volk) partizipieren, "(...) so ist es nicht nur eines jeden, der ein Glied desselben (des Volkes) seyn will, Pflicht, sich diesem stillschweigend errichteten Gesetze[579] zu unterwerfen (...)"[580]. Ein Glied eines Volkes sein wollen, das begreift Adelung freilich nicht in dem "völkisch"-ideologischen Sinne, sich als "Volksgenosse" einer "Volksgemeinschaft" ein- und unterzuordnen, anstatt auf seiner isolierten Individualität zu bestehen; sondern er begreift es in dem schlicht-praktischen Sinne, daß ich als bedürftiges Individuum zur Deckung meiner Bedürfnisse auf das Funktionieren der arbeitsteiligen Gesellschaft (Volk) als ökonomischer Strukturganzheit angewiesen bin, das durch Sprache vermittelt ist und ohne diese Vermittlung zum Stillstand käme. Schlösse ich mich hier aus, indem ich Kommunikation verweigerte, dann müßte ich geradewegs verhungern. Daher schließt Adelung : "(...) sein (des Gesellschaftsgliedes) eigener Vortheil erfordert es auch

---

[576] Oder, wie Adelung es formuliert : "Hat ein Volk einmahl Sprache geschaffen und ausgebildet, und sich dadurch zu einem eigenen Volk erhoben (...)"(UL 98, 28 - 30)

[577] UL 98, 26 - 27

[578] UL 98, 27 - 28

[579] Dies *stillschweigend errichtete Gesetz* ist eine merkwürdige Sache. Die Sprache spricht doch, was bliebe ihr anderes übrig, manchmal spricht sie gar aufdringlich laut. Aber das Gesetz ihres eigenen Funktionierens bleibt bei alldem stillschweigend und unausgesprochen. In allem Gesagten ist es mitgesagt, aber es ist nicht eigens ausgesagt. So wie Wittgenstein sagt : "Das Unaussprechliche ist, - unaussprechlich - in dem Ausgesprochenen enthalten." (Brief an Engelmann, zit. nach Wuchterl/Hübner S. 7) Wiederum ein unerwartet mystischer Zug in Adelung.

[580] UL 98, 30 - 33

(...)"[581] - sich dem Sprachgesetz zu unterwerfen. - Damit hat Adelung den angeführten Sprach- und Gesellschaftskritikern demonstriert, daß ihre Kritik in sich zusammenfällt, da sie mit den eigenen unaufgebbaren (ökonomischen) Interessen der Kritiker in Widerstreit gerät.

7.4. Dialekt und soziale Strukturen

Im Kontext der Dialekte wird ein Mehrfaches zu diskutieren sein. Das Verhältnis der Leitvarietät zu den Dialekten - Das Verhältnis der Dialekte untereinander.

7.4.1. Genese der Dialekte

Eine einzelne Landessprache wird, Adelung zufolge, getragen von einem *Volk*. Indes ist ein Land bzw. Volk nicht in sich unstrukturiert. Beide haben ihre Subsysteme. Die politischen Subsysteme eines Landes, die *Provinzen,* werden jeweils bewohnt von einem *Stamm.* Einem Stamm korrespondiert auf der Seite des Sprachlichen jeweils ein Dialekt, bzw., wie Adelung das bezeichnet, eine *Mundart.*[582]; ein Stamm ist Träger eines Dialekts. Wenn indes Adelung eine Provinz rein politisch definiert : "(...) ein Theil eines und eben desselben Volkes (macht) eine Provinz, d.h. einen eigenen Staatskörper aus."[583], dann scheint er nicht zu sehen, daß die politisch-provinzhaften Grenzen mit denen der Stämme bzw. Dialekte nicht identisch zu sein brauchen. So etwa im Falle der überkreuz verlaufenden Grenzen zwischen den politischen "Provinzen" Baden und Württemberg einerseits, andererseits zwischen dem Fränkischem und dem Schwäbischen als Dialekten. Der geschichtlichen Konstitution der Stämme korrespondiert unmittelbar die Konstitution der Dialekte. Adelung ordnet diese Konstitutionen, was das Deutsche betrifft, in den realen geschichtlichen Kontext ein. "Sobald sich nach der großen Völkerwanderung die heutigen Staaten zu bilden anfangen, klären sich auch die Deutschen Mundarten mehr auf."[584] Bemerkenswert hieran ist, daß Adelung den Konstitutionsprozeß der Dialekte mit demselben, positiv wertenden, Ausdruck bezeichnen kann, mit dem er auch den kultu-

---

[581] UL 98, 33 - 34

[582] Es scheint gar, daß Adelung die Termini "Mundarten" und "Dialekte" terminologisch unterscheidet, wobei letztere die Substrukturen von jenen sind. So kann er schreiben : "Jede dieser Mundarten ist wieder in eine Menge kleinerer untergeordneter Dialecte abgetheilet (...)" (UL 73, 30 - 32) Die Begründung, die er gibt, ist jedoch keine isoliert sprachhistorische, sondern dezidiert politische : "(...) so wie jede dieser fünf großen Völkerschaften aus der Verbindung oder Unterjochung mehrerer kleiner Volksstämme erwachsen ist." (UL 73, 32 - 35)

[583] Styl 1 210, 18 - 20

[584] UL 73, 17 - 19

rellen Fortschrittsprozeß bezeichnet und rühmt, nämlich mit "Aufklärung".

Was die Genese der Dialekte und, sich daraus ergebend, das Verhältnis der Dialekte mit dem eminenten Dialekt, der Leitvarietät, betrifft, so diskutiert Adelung sie in Kontext mit dem Bevölkerungstheorem[585]; also, dem kulturhistorischen Äquivalenztheorem entsprechend, in einem kulturell-soziologischen Kontext. Das Bevölkerungstheorem besagt : Der Bevölkerungszuwachs einer Nation[586] ist mittelbare Ursache für die Differenzierung der der Nation korrespondierenden Sprache in Dialekte. Adelung parallelisiert diesen Prozeß hinsichtlich der Ursache mit der Differenzierung der Einzelsprachen aus der (uns faktisch unbekannten hypothetischen) adamitischen Ursprache. Wie diese sich in mehrere Einzelsprachen unterteilt hat, "so theilet sich ihre Sprache auch mit der Zeit in mehrere Mundarten, die bald mehr, bald weniger von einander abweichen."[587]

Kritisch wäre zu fragen : Ist auch die Genese in beiden Fällen vergleichbar, so scheinen doch zwei heterogene Verhältnisse vorzuliegen. Die faktischen (nicht konstruierten "idealen") Sprecher unterschiedlicher Einzelsprachen kennen in vielen Fällen die jeweils andere Sprache nicht; wohl aber kennt jeder Dialektsprecher die (metadialektale) Standardsprache. Anders formuliert : Auch wenn die Dialekte in noch so vielen Punkten variieren und sich in ihrer Entwicklung von einander wegbewegen, so bleibt doch als gemeinsame Bezugs- und Verständigungsebene die Standardsprache; dieser Strukturzusammenhang ist im genealogischen Verhätnis von Tochtersprache zu Muttersprache (etwa Italienisch - Lateinisch) so nicht gegeben. - Wir sehen an dieser Stelle, daß Adelung gewisse systematische Vorentscheidungen trifft, was den zu diskutierenden Sachzusammenhang betrifft.

Zum Erweis der Richtigkeit seiner These stellt Adelung ein Gedankenexperiment an : "Man vertheile ein und eben dasselbe Volk halb in eine gebirgige Gegend und halb auf das flache Land(...)"[588] Als weitere fakultative Entwicklungsfaktoren neben dieser "Verschiedenheit des Bodens"[589] bietet er an : "(...) die Volksmenge, die Arten des Erwerbes, die Grade der Cultur usf."[590] All dies und die zahlreichen darüberhinaus erdenklichen Faktoren werden "einen großen Einfluß auf die Sprache haben"[591], sie wird sich "in tausend Nebendingen sehr bald verändern,

---

[585] Dessen Übertreibungen können in Sickels Dissertation nachgelesen werden.
[586] Adelung sagt hier nicht, wie sonst, "Volk".
[587] Styl 1 41, 3 - 5
[588] Styl 1 41, 15 - 17
[589] Styl 1 41, 17 - 18
[590] Styl 1 41, 19 - 20
[591] Styl 1 41, 18 - 19

wenn sie sich gleich im Ganzen immer ähnlich bleiben wird."[592] Woher nimmt Adelung diese Gewißheit in der Zukunftsspekulation? Haben sich nicht, wie er anderer Stelle konzediert[593], die Einzelsprachen mit solcher Irreversibilität von der Ursprache wegentwickelt, daß sie keine Gemeinsamkeit mehr mit dieser bewahren? Nun, diese Gewißheit folgt per definitionem aus dem Angesetzten. Solange die Varietäten sich im Ganzen ähnlich bleiben werden, handelt es sich noch um Dialekte; sobald aber die Differenzen einen gewissen Grad übersteigen, handelt es sich nicht mehr um Dialekte, sondern um selbständige Sprachen, d.h. es liegt ein heterogenes Verhältnis der Phänomene vor. Dergestalt gibt Adelung implizit einen Hinweis auf die Definition von Dialekt und Standardsprache. Ein historisches Beispiel für die Verwandlung einer Varietät aus dem Status eines Dialekts in den einer selbständigen Sprache ist die Entwicklung der niederländischen Sprache.

Übrigens sehen wir hier an einem konkreten Beispiel, wie Adelung als relevant für die Sprachentwicklung dezidert sprachexterne Faktoren, nämlich ökonomisch-kulturelle, ansetzt, und nicht etwa (nur) solche einer isolierten sprachimmanenten Dynamik.

7.4.2. Konstitution der Leitvarietät

Adelungs These hinsichtlich der Konstitution der Leitvarietät ist : diese ist nicht etwa eine metadialektale Standardsprache, die über den einzelnen Dialekten gleichsam schwebt, sondern sie ist einer dieser Dialekte selbst, der sich in einem beschreibbaren geschichtlichen Prozeß zu seiner beherrschenden Position herausprozessiert hat. Adelungs Bemühen ist, die Strukturen dieses Prozesses herauszuarbeiten.

Aus dem Diskutierten schien sich jedoch zunächst das Konträre zu ergeben : Alle synchron gesprochenen Dialekte einer gemeinsamen Einzelsprache, im Falle des Deutschen also etwa das Bayrische, Fränkische, Schwäbische, sind, da sie sich innerhalb derselben geschichtlichen Situation konstituiert haben, prinzipiell von gleichem Status und Wert und damit gleichberechtigt. Dies gilt allerdings nur, sofern die den jeweiligen Dialekten korrespondierenden Provinzen bzw. Stämme auf (nahezu, da es in der Welt nichts völlig einander gleiches gibt) gleichem Kultur-Niveau ("einerley Grad der Cultur"[594]) sich befinden. Diese einschränkende Bedingung ergibt sich aus dem kulturhistorischem Äquivalenztheorem. Die Äquivalenz von Sprache und Kultur gilt, wie sich hier zeigt, Adelung zufolge, nicht nur "im großen" für die Nation und ihre Sprache und Kultur, sondern ebensowohl "im kleinen" für die Subsysteme der Stäm-

---

[592] Styl 1 41, 21 - 23
[593] Vgl. vorliegende Arbeit S. 177.
[594] Styl 1 41, 28

me. Solche Gleichwertigkeit der Dialekte gilt namentlich für deren Verwendung durch die Schriftsteller, also für ihre Literarisierung. Diese Anmerkung darf nicht fehlen, zunächst, da es Adelung thematisch um den Stil geht, und mehr noch, da im folgenden intensiv das Verhältnis der Dialekte zur Leitvarietät qua Schriftsprache diskutiert werden wird. Er gibt mehrere historische Beispiele für die Gleichberechtigung der Dialekte; indes aus seiner Reserviertheit geht hervor, er hält diesen Sachverhalt nicht für den natürlichen, sondern für tendenziell transitorisch. Es zeigt sich nämlich, daß die Gleichberechtigung der Dialekte ein übergangshaft-momentaner Schein war, der sich im folgenden als falsch herausstellt. Daher nimmt Adelung im Fortgang der Diskussion die eben statuierte Gleichberechtigung zwischen den Dialekten zurück; "dieser Fall ist doch nur selten."[595] Und das nicht zufällig. Denn der gesellschaftliche Zustand, der diesem Zustand von Sprache, ihn fundierend, korrespondiert, ist transitorisch. Er bezeichnet eine Entwicklungsstufe von Kultur wie von Sprache, die noch am Beginn des kulturellen Fortschrittsprozesses steht und von diesem bald, aus strukturellen Gründen, überholt werden wird. Zudem widerstreitet der geschilderte Zustand der Gleichberechtigung der Dialekte, so wünschenswert in seiner regionalistischen Idyllik er auch anmuten mag, dem - für Adelung unaufgebbaren - Ideal der Einheit der Sprache[596]. Und verhielte es sich tatsächlich so, so ließe das in Geltung stehende kulturhistorische Äquivalenzprinzip selbst die Situation umschlagen und brächte infolge der Einheit der Kultur auch die Differenzen der Dialekte wieder zum Verschwinden. "(...) diese Provinzen (würden), wenn sie einander in der Cultur gleichen sollten, auch unvermerkt eine und dieselbe Sprache annehmen."[597] Schon daß überhaupt eine Differenz der Dialekte vorliegt, läßt auf eine Differenz im Kulturniveau der Provinzen schließen. Der Fall also, daß eine der Provinzen die anderen kulturell übertrifft, ist, Adelung zufolge, nicht nur faktisch der häufigste, er ist auch gleichsam geschichtsphilosophisch im Recht. Die kulturellen Kriterien, in denen eine Provinz die anderen übertreffen kann und es faktisch tut, listet Adelung auf; es sind "Volksmenge, Wohlstand, Vervielfältigung der Nahrungswege usf."[598] Diesen materiell-"unterbauhaften" Faktoren korrespondiert "denn gemeiniglich auch ein höherer Grad des Geschmacks"[599] auf der Seite des "Überbaus"; und vermittels dieser beiden Faktoren wird unausweichlich auch die Sprache in mehreren Hinsichten modifiziert - sie wird "wohlklingender,

---

[595] Styl 1 42, 14
[596] Zur Einheit der Sprache als Forderung der Ästhetik bei Adelung vgl. vorliegende Arbeit S. 205, (Fußnote 941).
[597] Styl 1 42, 21 - 23
[598] Styl 1 42, 25 - 26
[599] Styl 1 42, 27 - 28

biegsamer und reicher für geistige Begriffe"[600]. Adelung begründet dies durch eine Variation des kulturhistorischen Äquivalenztheorems. : "die Sprache (hängt) immer von den eigenthümlichen Umständen jeder Gesellschaft ab"[601]. Alle aufgeführten Strukturmodifikationen werden von Adelung als "Fortschritt"[602] charakterisiert; und dieser Fortschritt haftet nicht nur an den materiellen und damit (vermeintlich) äußerlichen Phänomenen, sondern er greift auch ein in die psychisch-mentale Struktur der beteiligten Individuen. Die ganze epistemologische Trias ist involviert : die Sprache wird "reicher für geistige Begriffe[603] (...), die Vorstellungs-kraft erweitert (sich, ...) die Empfindungskräfte (werden) feiner."[604] Überdies nennt Adelung eine Modifikation der Sitten. [605]

Adelung bestimmt diese eminente, die anderen Provinzen übertreffende Provinz, den "aufgeklärteste(n) und ausgebildetste(n) Theil der Nation"[606], näher. Sehr häufig ist es die Provinz der Hauptstadt, "weil sich Volksmenge und Wohlstand gern um den Sitz der Macht zusammen drängen"[607]. Offensichtlich denkt Adelung an die europäischen Nachbarnationen Deutschlands und deren Hauptstädte wie Frankreich (Paris), Großbritannien (London), Spanien (Madrid). Deutschland hingegen hatte aufgrund seiner spezifischen geschichtlichen Entwicklung zur Lebenszeit Adelungs *keine* Hauptstadt. Er muß also, will er die Übereinstimmung seiner Konzeption mit den historischen Fakten aufrechterhalten, nach einer anderen Erklärungsmöglichkeit suchen. "Allein, daß sie es nicht notwendig sind, wird aus dem Folgenden erhellen"[608] Da wird Adelung, ohne sie ausdrücklich zu nennen, auf die Geschichte der Provinz Kursachsen zu sprechen kommen. Ist es nicht der "Aufenthalt des Hofes"[609], dann sind es "vorzügliche Cultur des Nahrungsstandes, der Künste und der Wissenschaften"[610].

Adelung diskutiert länger kulturhistorisch, welche kulturellen Faktoren bewirken, daß ein bestimmter Dialekt aus den mehreren Dialekten eines Volkes führend wird. "Eine solche verfeinerte und höhere Mund-

---

[600] Styl 1 43, 1 - 2
[601] Styl 1 42, 28 - 29. - Die "eigentümlichen Umstände" als anderes Wort für "Kultur"; "Gesellschaft" *hier* synonym mit "Volk" bzw. "Nation".
[602] Styl 1 42, 30
[603] Wie denkt Adelung die "geistigen Begriffe"? Identifiziert er sie mit den "abstrakten Begriffen"? Das zwiespältige Verhältnis Adelungs zu letzteren wird erörtert in vorliegender Arbeit S. 191 - 203.
[604] Styl 1 43, 2 - 5
[605] Ersichtlich nennt Adelung die Instanzen nicht in der ihnen eigenen systematischen Reihenfolge.
[606] Styl 1 43, 6 - 7
[607] Styl 1 43, 7 - 9
[608] Styl 1 43, 9 - 11
[609] Styl 1 44, 2
[610] Styl 1 44, 3 - 4

art"[611] übernimmt im Sprachleben der Nation notwendig die Funktion der *Standardsprache* bzw. Leitvarietät. Deren Funktion differenziert Adelung in zwei Modi; korrespondierend den Sprachverwendungsmodi gesprochene und geschriebene Sprache. Da ist zunächst "die National-Sprache des gebildeteren Theiles"[612] der Nation. Die Einschränkung betrifft die Sozialerstreckung der Standardsprache; wird sie auch (tendenziell) im ganzen Sprachraum so gesprochen, so doch nicht von allen Sprechern, sie differenziert sich sozialspezifisch aus, d.h. "sie wird sehr oft die gesellschaftliche Sprache der obern Classen"[613]. Adelung identifiziert ohne weiteres die Gebildeten mit den oberen Klassen; eine Identifikation, die heute nicht so ohne weiteres vorgenommen werden könnte, man denke an Phänomene wie das sog. "akademische Proletariat". Wenn Adelung hier von Gesellschaftlichkeit spricht, so ist nicht etwa die *ganze* Gesellschaft gemeint[614], sondern die feine bzw. bessere Gesellschaft[615]. Die zweite Funktion der Standardsprache ist es, "die Schriftsprache der ganzen Nation"[616] zu sein. Daß die Sozialerstreckung im zweitgenannten Fall nicht mehr, wie im Fall der National-Sprache nur die oberen Klassen sind, sondern die ganze Nation, d.h. auch die niederen Klassen, erhellt leicht. Auch der bayerische Bauer, der in seinem Alltag, wenn er spricht, nur seinen Dialekt spricht, wird sich der "Hochsprache" befleißigen, wenn es gilt, an seinen Schatz zu schreiben, d.h., generell gesprochen, "in allen den Fällen, wo allgemeine Verständlichkeit und Geschmack mit in Betrachtung kommen."[617] Adelung begründet dies durch eine Variation seines kulturhistorischen Äquivalenztheorems, diesfalls nur bezogen auf das Schreiben : "Cultur und Schreiben (sind) genau mit einander verbunden."[618]

Wenn Adelung die gesprochene "National-Sprache" *vor* der "Schriftsprache" nennt, so ist das nicht nur eine Frage der zufälligen Reihenfolge; sondern es intendiert einen Fundierungszusammenhang. Die sich als solche herausprozessierende Leitvarietät ist zunächst ein gesprochener Dialekt einer bestimmten Provinz, und sie bleibt dies auch; nur auf die-

---

[611] Styl 1 43, 12 - 13. - Vgl. auch Styl 1 43, 28.
[612] Styl 1 43, 14
[613] Styl 1 43, 15 - 16
[614] Zu Gesellschaft als Totalität vgl. G. Lukács, Rosa Luxemburg als Marxist, in : Geschichte und Klassenbewußtsein (S. 94 - 118)
[615] Zu Sprache und Gesellschaft, vgl. vorliegende Arbeit S. 115 - 120.
[616] Styl 1 43, 16 - 17
[617] Styl 1 43, 17 - 19
[618] Styl 1 43, 20 - 21

sem aufbauend, kann, chronologisch und struktiv, ihre Ausbildung zur Schriftsprache erfolgen[619].
Adelung führt noch einen weiteren Punkt hinsichtlich der Konstitution der Standardsprache an. Er konstatiert einen bevölkerungsmäßigen "Zufluß aus den Provinzen"[620] in die führende Provinz, wodurch "die Sprache (...) eine größere Allgemeinheit erhält, indem die sämmtlichen Mundarten sich in dieser gebildeteren Provinz gleichsam in einem engen Raume zusammen drängen, sich mit der eigenen Mundart der Provinz zugleich ausbilden (...)"[621] Dies führt zu dem Resultat hinsichtlich der Kommunikation zwischen den einzelnen Provinzen : "Daher rühret es denn, daß eine solche Mundart in allen Provinzen gleich verständlich ist. (...) Der Ober-Schwabe und der Hamburger, der Tyroler und der Mecklenburger, der Graubündner und der Pommer verstehen einander gewiß nicht; aber sie alle verstehen Hochdeutsch (...)"[622]; ein weiterer Grund, warum der Dialekt der führenden Provinz "zur Schrift- und Nationalsprache am schicklichsten ist."[623]
Adelung diskutiert die Konstitution des führenden Dialekts zur Leitvarietät ganz im allgemeinen; aber es kann kein Zweifel bestehen - er läßt es an etlichen Stellen durchblicken -, daß der Obersächsische Dialekt gemeint ist. Eine Stelle stehe für viele : "Gerade so (ist) die Hochdeutsche (Mundart), welche im Grunde nichts anders ist, als die durch das Obersächsische gemilderte und durch Geschmack und Wissenschaften ausgebildete Oberdeutsche Mundart."[624] Ein anderes Mal nennt er das Obersächsische : "(...) diese Mundart, als die zierlichste und wohlklingendste in Deutschland (...)"[625]
Adelung begnügt sich nicht damit, festzustellen, daß der explizierte Strukturzusammenhang zwischen den Dialekten und dem Dialekt der führenden Provinz qua Leitvarietät (Obersächsisch) im Falle des Deutschen historisch-faktisch besteht. Sondern er will aufzeigen, daß es sich in diesem strukturellen Zusammenhang darüberhinaus um eine generelle, notwendige sprachgeschichtliche Gesetzmäßigkeit handelt. "Daß dieß der gewöhnliche Lauf der Natur zu allen Zeiten ist, läßt sich aus der Geschichte aller Schriftsprachen beweisen."[626] Die Methode dieses Beweises will also empirisch-induktiv und zugleich vollständig sein; fak-

---

[619] Dies erweist sich als relevant, wenn es gilt, die These abzuschmettern, die Schriftsprache sei etwa nur ein Werk der Schriftsteller; und dann, wenn die Sozialerstreckung der Schriftsprache diskutiert wird.
[620] Styl 1 44, 15
[621] Styl 1 44, 16 - 20
[622] Styl 1 44, 26 - 28; Styl 1 44, 31 - 45, 3
[623] Styl 1 44, 30 - 31
[624] UL 81, 24 - 27
[625] UL 64, 19 - 21
[626] Styl 1 45, 7 - 8

tisch indes beläßt es Adelung bei einigen, allerdings ziemlich ausführlichen, Bemerkungen zum klassischen Griechischen - dem klassischen Gebiet des Altphilologen[627].

7.4.3. Dialekte und Provinzialismen

Adelung hatte - unter der Überschrift "Gebrauch des Hochdeutschen" - diskutiert, wie ein bestimmter Dialekt - das Obersächsische - zur Leitvarietät eines ganzen Volkes sich herausprozessieren kann. Dort hatte er gezeigt, daß die Schriftsprache nicht ein Allgemeines ist, das über dem Besonderen (den Dialekten) schwebt. Sie ist nur "primus inter pares". Damit haben die (übrigen) Dialekte ihr wenn auch eingeschränktes Recht zugewiesen bekommen. Indes war dies noch nicht Adelungs letztes Wort hinsichtlich der Dialekte. Hatte er (dort) positiv die Schriftsprache gerühmt, so finden nun umgekehrt die "Provinzialismen" seine Kritik. Zunächst werden sie definiert : "Provinzielle Bedeutungen, Wörter, Biegungs- und Verbindungsarten sind von der Schriftsprache abweichende Ausdrücke, welche in den eigenthümlichen und localen Umständen des in einer Provinz beysammen lebenden Theils einer Nation gegründet sind."[628]. Auffallend ist, wie Adelung seinen Zentralbegriff des Conventionellen[629] ins Spiel bringt : der Gesamtkomplex der gesellschaftlichen

---

[627] Der Hinweis zum "Lauf der Natur" läßt eine gewisse Grundorientierung Adelungs erkennen : die Sprache ist - für ihn - kein ontologisch-strukturell eigenständiger Bereich, sondern sie ist im Grunde naturhaft wie alle übrige Natur; daher auch ist sie prinzipiell mit den Methoden der mathematisch-exakten Naturwissenschaft beschreibbar und nicht etwa Gegenstand einer selbständigen Geisteswissenschaft. Damit setzt sich Adelung unauffällig, aber entschieden von der klassischen Metaphysik der Neuzeit ab, die, ausgehend von Descartes, in der Unterscheidung zwischen res cogitans und res extensa die Fundierung der zugleich ontologisch-sachlichen als auch wissenschaftlich-methodischen Unterscheidung der Seinsbereiche Natur und Geist vollzog. Diese Grundorientierung Adelungs zeigt sich bereits in seinem sensualistischen epistemologischen Ansatz, wo zwischen Empfindungen, Vorstellungen, Begriffen nur ein gradueller, nicht aber ein struktureller Unterschied gemacht wird. Sie zeigt sich darüberhinaus in seiner engen Koppelung der Sprachentwicklung an den kulturellen und damit zugleich ökonomisch-materiellen Bereich - hier hat Adelung ohne Zweifel dem historischen Materialismus vorgearbeitet. Dies zeigt sich auch im Zusammenhang mit Adelungs impliziter Naturspekulation. Ein weniges später, wo Adelung die gezogene historische Entwicklungslinie zu einer "Kurze(n) Geschichte der Deutschen Schriftsprache" verlängert, zeigt sich abermals seine Orientierung an den Naturwissenschaften : "Ihre Geschichte läßt sich aus den noch vorhandenen Denkmälern genau entwickeln, und beweiset zugleich, daß sie auf eben dieselbe Art entstanden ist und ausgebildet worden als alle übrige."(Styl 1 48, 8 - 12) Sprache, da sie, Adelung zufolge, im Grunde der Natur zugehört, hat auch einige wenige generelle Entwicklungsgesetze, davon das diskutierte von Dialekt und Leitvarietät nur eines ist.

[628] Styl 1 101, 4 - 9

[629] Vgl. vorliegende Arbeit S. 163.

Bedingungen eines eingegrenzten Gebiets, das seinen Ausdruck in dessen Sprache findet. Mit dem Unterschied indes, daß das Conventionelle hier nicht positiv, sondern *kritisch* in Betracht kommt. Die Provinzialismen werden diskutiert, und zwar nicht, insofern sie in ihrer eigenen Provinz vorkommen und dort legitim sind, sondern sofern sie sich in die Leitvarietät eindrängen, d.h. sofern sie dort *stören*. Adelung betont die Unverträglichkeit von Schriftsprache und provinziellen Ausdrücken aufs schärfste. "Schon der Begriff eines provinziellen Ausdrucks erklärt sie für unfähig, in der Schriftsprache aufzutreten."[630] Dies wird begründet, indem der Unterschied in der jeweiligen Fundierungsstruktur herausgestellt wird : "Sie (die provinziellen Ausdrücke) gründen sich auf provinzielle eigenthümliche Umstände; die Schriftsprache aber, welche nicht bloß zum Gebrauch dieser oder jener Provinz ist, gründet sich auf Eigenthümlichkeiten, welche der ganzen Nation gemein sind."[631] Hier kann es scheinen, daß Adelung eine Inkonsistenz unterläuft. Hatte er oben gezeigt, daß die Leitvarietät selbst auch nur ein Dialekt ist und insofern in Eigentümlichkeiten einer Provinz fundiert - nur mit dem Unterschied, daß dieser Dialekt im ganzen Volk als Schriftsprache sich durchgesetzt hat; so kann es hier scheinen, als sei die Schriftsprache doch ein metadialektales Allgemeines, das über dem Besonderen der Provinzen schwebt. Adelung löst den scheinbaren Widerspruch auf, indem er an die Geschichtlichkeit von Sprache erinnert. Mag sein, daß die Leitvarietät zunächst auch ihre lokal-provinziellen Eigenthümlichkeiten besaß; aber indem sie sich zur Schriftsprache läutert, werden dieselben ausgestoßen.[632] "(...) daher hat sie bey und während ihrer Entstehung und Ausbildung[633] alles dasjenige sorgfältig zurück gelassen, was nur allein einem oder dem anderen Theile der Nation eigen ist, weil es für das Ganze diejenige Verständlichkeit nicht haben kann, welche in der Schriftsprache nothwendig ist."[634] Und wenn dies richtig ist, dann gilt es mit logischer Notwendigkeit auch hinsichtlich der Eigenheiten der eigenen Provinz selbst. - Indem Adelung hier begründend von der "Verständlichkeit" spricht, bringt er den höchsten Zweck von Sprache, so wie er ihn definiert hatte, in die Diskussion : die leichte Verständlichkeit.[635]

Adelung zufolge muß die Schriftsprache alle provinziellen Eigenheiten vermeiden, auch die Eigenheiten der fortgeschrittenen Provinz selbst; und sie tut es in der Tat. Wie sind Provinzialismen dann jedoch definiert? Was macht *innerhalb* einer Varietät (und sei es die Leitvarietät

---

[630] Styl 1 102, 14 - 16
[631] Styl 1 102, 17 - 21
[632] Hier wieder das Thema Ausstoßung von Wörtern. Es zeigt sich auffällig die Kohärenz des Adelungschen Denkens.
[633] Hier bringt Adelung einmal nicht seine Formel "Bildung und Ausbildung".
[634] Styl 1 102, 21 - 26
[635] Vgl. vorliegende Arbeit S. 39.

selbst) das auszusondernde Provinzielle aus? Adelung antwortet mit Rekurs auf sein soziologisches Modell. Er kann nicht umhin, von den Voraussetzungen seines das niedere Volk abwertenden Denkens Provinzialismus und Sprache des niederen Volkes zu identifizieren. Nach einer Auflistung mehrerer Ausdrücke vermerkt er, daß sie "(...) immer Meißnische Provinzialismen sind und bleiben, weil sie sich bloß auf Eigenthümlichkeiten der niedern Classen in der Provinz gründen."[636] So zeigt sich : für Adelung ist die Extension des "Provinziellen" in der Sprache mit der der Sprache der niederen Classen identisch; und daher ist der Terminus des Provinziellen im Grunde obsolet. Konnte es zuvor noch scheinen, daß es zwei Varietäten von Sprache gibt, die Adelung gleichermaßen verwirft, nämlich das Provinzielle und das Niedere, so zeigt sich nun, sie sind ein und dasselbe. Auch schien es zuvor, nun positiv gewendet, daß die Eingrenzung der Leitvarietät nach zwei Hinsichten geschah, nämlich zunächst nach der regionalen Hinsicht (Provinz) und dann innerhalb dieser Provinz nach der sozial-klassenmäßigen Hinsicht (Sozialerstreckung), so stellt sich nun heraus, daß es im Grunde bei Adelung nur eine einzige Eingrenzung gibt : die klassenmäßige, denn das niedere Volk ist für ihn per definitionem als solches provinziell. Daher kann er schließlich das Niedere und das Provinzielle in dem Terminus der "Volkssprachen"[637] zusammmenfassen. Ist dann das Provinzielle der anderen Provinzen (als der, darin die Leitvarietät beheimatet ist) "doppelt" provinziell? Nein. Deren obere Klassen sprechen die Leitvarietät - Obersächsisch; und die niederen Klassen der Provinzen sprechen *ihren* provinziellen Dialekt - es sei Bayrisch, Schwäbisch oder was immer.

7.4.4. Bereicherung der Leitvarietät aus den Dialekten?

Wenn Adelung die Frage diskutiert : ist es "(...) erlaubt, die Hochdeutsche Mundart[638], da sie nun einmahl die herrschende ist, aus der Provinzial-Sprache zu bereichern?"[639], so ist nach dem soeben Diskutierten zu erwarten, daß sein Urteil nicht günstig hinsichtlich der Dialekte ausfallen wird. Nichtsdestoweniger zeigt die Diskussion Aspekte, die man nicht ohne weiteres erwartet hätte.

Was Adelung mit dieser Frage thematisiert, ist die Reinheit der Sprache und ihre Bedrohung durch sprachfremde Lexeme. Im UL gibt er sich, was diese Frage betrifft, zunächst noch relativ konziliant; er konzediert durchaus die Möglichkeit, so zu verfahren, rät aber, was die

---

[636] Styl 1 105, 25 - 28
[637] Styl 1 106, 4
[638] Das Hochdeutsche eine Mundart - das ist allerdings eine paradox anmutende Wendung, sofern nicht von den systematischen Voraussetzungen Adelungs ausgegangen wird.
[639] UL 87, 28 - 30

faktische Anwendung betrifft, zu größter Behutsamkeit. "Nun ganz kann man diese Freyheit nicht läugnen; aber sie muß überaus enge eingeschränket (...) werden (...)"[640] Er "verstattet"[641] die Verfahrensweise der Übernahme nur in der Parallelität zum Parallelfall der unter gewissen Bedingungen legitimen Übernahme von Wörtern aus fremden Sprachen ins Hochdeutsche. Es ist "(...) erlaubt (...), ganz fremde Wörter aufzunehmen, nähmlich wenn fremde Gegenstände und nothwendige Begriffe, welche im Hochdeutschen keinen Nahmen haben, mit einem Worte ausgedruckt werden müssen."[642] Die Verfahrensweise ist gestattet, wenn nichthochdeutsche Ausdrücke ins Hochdeutsche aufgenommen werden sollen, sofern die damit bezeichneten Gegenstände ursprünglich in der Lebenswelt eines nichthochdeutschen Sprachbereichs ihren Ort haben. Die Einführung neuer Lexeme, veranlaßt durch Übernahme fremdkultureller Gegenstände, ist verwoben in den gesamten kulturellen Prozeß. "Wenn (...) ein rohes Volk seine Bildung von einem gesittetern erhält, so nimmt es die fremden Werkzeuge, Bequemlichkeiten, Erfindungen, Gebräuche und Einrichtungen oft mit ihren fremden Nahmen an, welches auch gemeiniglich der Fall ist, wenn ein schon ausgebildetes Volk durch Reisen und die Handlung ausländische Bequemlichkeiten einführt."[643] (Indes auch hier, in dem Fall, den er soeben konzediert hat, rät Adelung zur größtmöglichen Selbstbeschränkung : "Dieser Fall wird aber seltener kommen, als man glaubt."[644]) Wenn Übernahmen aus fremden Sprachen gestattet sind, dann nur in solchen Fällen der "semantischen Not", nicht jedoch um der bloßen Kürze des Ausdruckes willen. Hierzu schreibt Adelung, zunächst bezogen auf eine generelle Verhältnisbestimmung der Sprachen : "Jede Sprache hat eine Menge Wörter für Begriffe, welche eine andere Sprache nicht anders als durch mehrere Wörter ausdrucken kann. Was würde aus allen Sprachen werden, wenn jede das Recht zu haben glaubte, in diesem Falle um der bloßen Kürze willen, von der anderen zu borgen."[645] Als positives Beispiel für eine Sprache, die trotz der Versuchung zur Kürze an ihren traditionellen längeren Ausdrücken - und damit an ihrer Reinheit - festhält, bringt Adelung das Französische - und stellt ihm als negatives Beispiel das Deutsche gegenüber, das dieser Versuchung oftmals erlegen ist. Adelung parallelisiert die Übernahme von Lexemen aus den Dialekten mit der Übernahme von Lexemen aus fremden Sprachen : "Eben das gilt auch von Provinzial-Wörtern."[646] Wie die Landessprachen diese Versu-

---

[640] UL 87, 31 - 33
[641] UL 87, 33
[642] UL 87, 33 - 88, 2
[643] UL 210, 11 - 18
[644] UL 88, 3 - 4
[645] UL 88, 11 - 17
[646] UL 88, 28

chungen (seien sie durch Kürze, seien sie anders motiviert) abzuschmettern haben, so im diskutierten Fall die Leitvarietät Obersächsisch die parallele Versuchung. Adelung kann die beiden Fälle darum so ohne weiteres parallelisieren, weil für ihn im Grunde ein und derselbe Fall vorliegt : die Gefährdung der vorbildhaft-idealen Leitvarietät Obersächsisch durch fremde Lexeme, stammen sie nun aus genuinen Fremdsprachen oder aus den gleichfalls "fremden" anderen Dialekten. Damit diese Versuchung in der Tat abgeschmettert und die Reinheit der Sprache bewahrt werden kann, muß "alle nur mögliche Strenge angewandt"[647] werden.

Solche Strenge hinsichtlich der Sprachreinheit ist aus drei Gründen erforderlich; es sind "der Begriff einer Mundart, die allgemeine Verständlichkeit und der gute Geschmack (...)"[648]; diese drei Strukturmomente sind für eine reine Sprache unverzichtbar. Adelung vermerkt zum ersten Punkt : "Der Begriff einer Mundart (ist notwendig), weil sonst das Hochdeutsche keine eigene von andern unterschiedene Mundart seyn würde, wenn sie den Eigenheiten aller übrigen offen stehen könnte (...)"[649] Es wurde aufgezeigt[650], für Adelung ist das Hochdeutsche keineswegs eine allgemeine Sprache, die über allen Dialekten schwebt, sondern durchaus ein besonderer Dialekt ("Mundart"), der sich im Laufe des geschichtlichen Prozesses in diese erstrangige Position hochgearbeitet hat - das Obersächsische. Hätte dasselbe nicht dieses geschichtlich fundierte Eigenrecht den anderen deutschen Dialekten gegenüber, so wäre es schutzlos ausgeliefert dem, was den anderen Dialekten "eigen" ist. Hierbei unterscheidet Adelung *Eigenschaften* und *Eigenheiten*, wobei letztere, so auch im diskutierten Fall, das negativ zu wertende Eigene sind. Die Eigenheiten konstituieren geradezu die Dialekte in Differenz zueinander sowie in ihrer Differenz zu demjenigen Dialekt, der als Leitvarietät fungiert. Daher kann Adelung schreiben : daß "(...) eine Eigenheit der einen Mundart aber mit den Eigenheiten der andern nicht übereinstimmend seyn kann, weil sonst beyde aufhören würden, verschiedene Mundarten zu seyn (...)"[651] - Zum zweiten Punkt. Strenge wird gefordert aufgrund der "allgemeine(n) Verständlichkeit, das erste Grundgesetz in allen Sprachen, weil ein Provinzial-Wort nie allgemein verständlich seyn würde (...)"[652], und, dies der dritte Punkt, des guten Geschmackes, "der in allen seinen Producten ein analogisches und übereinstimmiges Ganzes erfordert (...)"[653]. Dieser gute Geschmack ist, Adelung zufolge, geradezu

---

[647] UL 88, 31
[648] UL 88, 29 - 31
[649] UL 88, 32 - 34
[650] Vgl. vorliegende Arbeit S. 146.
[651] UL 89, 6 - 9
[652] UL 88, 34 - 89, 3
[653] UL 89, 4 - 5

der geschichtliche Faktor, der dem obersächsischen Dialekt seine Funktion als Leitvarietät zugewiesen hat, ein metaphysisches Subjekt gewissermaßen, im Stile der Hegelschen List der Vernunft; daher ist er es auch, der es fürder in dieser Funktion erhalten muß : "Der gute Geschmack hat die Hochdeutsche Mundart aus allen übrigen heraus gehoben, und muß sie daher auch vor der Vermischung mit denselben bewahren."[654]

Adelung schließt seine Bemerkungen über das für die Sprachreinheit verhängnisvolle Unterfangen, die Hochsprache aus fremden Sprachen oder aus den Dialekten vorgeblich bereichern zu wollen, mit einem emphatischen Pladoyer über die - unendlichen, ist man geneigt zu sagen - Ausdrucksmöglichkeiten der Sprache. Hier zeigt Adelung sich als Sprach-Enthusiast. Sprache kann *alles* ausdrücken, sofern nur zwei notwendige Bedingungen zusammenkommen, die zusammen hinreichend sind : Klarheit des Gedachten (als des Inhaltlichen) und hinreichende Erfahrung des Reichtums der Sprache (als des Ausdruckshaften) : "Man bringe seine Gedanken zur Deutlichkeit, und lerne erst den Reichthum seiner Sprache kennen, so wird es nicht an Ausdrücken fehlen."[655] Und verhält es sich nicht so, so liegt dies nicht an der Sprache, die etwa einen Sachverhalt nicht ausdrücken könnte, sondern vielmehr an der Verworrenheit auf der Seite des Inhaltlichen[656] : "Die vorgegebene Armuth der Sprache ist in den meisten Fällen ein Vorwand seichter Köpfe, wenn sie in der Hochdeutschen Mundart nicht den Vorrath von Ausdrücken finden, ihre verworrenen und dunklen Begriffe auf eine eben so verworrene und unbestimmte Art an den Tag zu bringen."[657] Als Exempel für den Fall, daß es durchaus möglich ist, den Reichtum einer Sprache, diesfalls der deutschen, auszuschöpfen, auch wo es durchaus nicht den Anschein machte, bringt Adelung den Philosophen Christian Wolff, der die scholastische philosophische Terminologie ins Deutsche übertragen hat : "Wolf kleidete die Philosophie in die Deutsche Tracht[658], und zwar zu einer Zeit, da die Sprache an nichts weniger als an den philosophischen Gang gewöhnet war. Und doch klagte er nie über ihre Armuth, sondern fand in ihrem Innern Hilfsmittel genug, den ganzen Reichthum neuer Begriffe auszudrucken, womit er die Wissenschaften bereicherte, ohne weder von Fremden noch von den Provinzen zu borgen. Aber frey-

---

[654] UL 89, 9 - 12
[655] UL 89, 31 - 34
[656] Auf die andere Möglichkeit dessen, was in seinem Argument impliziert ist : daß der Mangel an Ausdrucksfähigkeit an der mangelnden Kenntnis des Sprachreichtums durch den Schriftsteller liegt - darauf geht Adelung an dieser Stelle nicht ein.
[657] UL 89, 29 - 31
[658] Wiederum die Kleidermetapher

lich, er gewöhnte sich, jeden Begriff zur Deutlichkeit zu bringen (...)"[659]. Was Wolff dergestalt geleistet hat, ist also, in Adelungs Terminologie zu sprechen, ein Beitrag zur *Ausbildung* der deutschen Sprache. - Adelung schließt mit einem Hieb auf die Schriftsteller seiner Zeit : "(...) und das ist nun freylich nicht die Sache unserer heutigen Mode-Skribenten."[660]

Das *Innere der Sprache* - das ist das geheimnisvolle Zentrum, um das Adelungs Denkbemühungen in diesem Zusammenhang kreisen, ohne daß er es explizit zu Wort brächte. In dieses muß der Schriftsteller eindringen, der - wie Chr. Wolff - darnach trachtet, die Sprache im wohlverstandenen Sinne zu bereichern und damit auszubilden. Nicht, wie diskutiert, aus dem Äußeren und Äußerlichen, den fremden Sprachen und Dialekten, ist die Sprache zu bereichern, sondern aus ihrem eigenen Inneren, ihrem Zentrum. Dies Innere, oder, wie Adelung es auch gerne nennt, der *Reichtum der Sprache*[661], besteht nicht nur in einem quantitativ umfangreichen Lexikon vorhandener Lexeme, sondern, mehr noch, in der Möglichkeit, unbegrenzt neue Lexeme zu bilden, also in der Morphematik. Seiner spezifischen Morphematik, nur noch vergleichbar der des Griechischen, verdankt das Deutsche seine einzigartige Befähigung zum Ausdruck philosophischer Gedankengänge; und die Verwirklichung dieser Möglichkeit nahm, wie Adelung historisch richtig gesehen hat, geschichtlich seinen Ausgang mit Chr. Wolff.

7.4.4.1. Bereicherung der Leitvarietät (Umständliches Lehrgebäude)

Es sei in diesem Zusammenhang daran erinnert, daß bereits im UL das Thema der Bereicherung der Leitvarietät durch dialektale Lexeme knapp diskutiert wurde. Es wird dort von Adelung in dem Kontext des Allgemeinheitscharakters der Leitvarietät gebracht.

Die "Eigenheiten" der Dialekte der Provinzen (also Lexeme, die per se auf ein eingegrenztes Gebiet beschränkt sind) in die Leitvarietät aufnehmen zu wollen, würde deren Allgemeinheitscharakter zerstören. "Allgemeinheit" ist hier im Sinne der Allgemeinverbreitung aller in ihr enthaltenen Lexeme zu verstehen, also als *Allgemeinverständlichkeit*. Jene bloß quantitative Vermehrung wäre also keineswegs als eine positiv zu wertende Bereicherung zu nehmen; an dieser Stelle also kein Umschlag von Quantität in Qualität, im Sinne Hegels. Adelung schreibt : "Sie (die Leitvarietät) mit den Eigenheiten der Provinzen bereichern wollen, würde nichts anderes heißen, als ihre allgemeine Verständlichkeit vernichten und sie von einer höhern Classe zu einer niedern Gattung herab

---

[659] UL 89, 34 - 90, 8
[660] UL 90, 8 - 9
[661] UL 89, 32 - 33. - An anderer Stelle beklagt Adelung die "Unwissenheit und Unkunde des Reichthumes seiner Muttersprache". (Styl 1 111, 1 - 2)

setzen."⁶⁶² Am Schluß bringt Adelung wieder eine gleichsam mengentheoretische Terminologie ins Spiel; nämlich, streng formal argumentiert, würde die Leitvarietät den von Adelung geforderten strengen Allgemeinheitscharakter (im Sinne der Menge allgemeinverbreiteter und daher allgemeinverständlicher Lexeme) verlieren, sobald auch nur *ein* provinzielles, d.h. nicht-allgemeinverbreitetes Lexem Aufnahme fände.

7.4.5. Allgemeinheit der Leitvarietät - Eigentümlichkeiten der Dialekte

Um das Verhältnis von Dialekten und Standardsprache begrifflich zu fassen, bedient sich Adelung der Begriffsdichotomie von "Eigenheiten" und Allgemeinem. Notabene versteht Adelung in diesem Kontext das Allgemeine nicht als die Allgemeinheit des generellen *Begriffs*, sondern als die Allgemeinverbreitung und demzufolge Allgemeinverständlichkeit von Lexemen. Die Varietät "allgemeine Landessprache"⁶⁶³ ist die Menge dieser allgemeinverbreiteten und -verständlichen Lexeme. Sie ist demnach die Leitvarietät. In Differenz zu ihr sind die dialektalen "Eigenheiten" diejenigen Lexeme, die lediglich in einem eingegrenzten Gebiet (einer "Provinz") vorkommen; die Leitvarietät ist die Menge aller Lexeme "mit Weglassung..."⁶⁶⁴, oder wie Adelung auch sagt, "mit Übergehung aller Eigenheiten der Provinzen"⁶⁶⁵. Mengentheoretisch-extensional gesprochen, ist die Leitvarietät die gemeinsame Untermenge der Mengen der Lexeme der Dialekte. Im Sinne der Menge der (potentiellen) Sprecher einer Varietät hingegen ist die Menge der Sprecher der Leitvarietät die Obermenge der Mengen der Dialektsprecher, denn sie alle besitzen neben ihrer Dialekt-Kompetenz eine Kompetenz der Leitvarietät; an *diesen* Sinn von Allgemeinheit hat Adelung gedacht, wenn er von Allgemeinverbreitung bzw. -verständlichkeit spricht.

Im folgenden indes gibt es bei Adelung einige Konfusion, was den Ausdruck "allgemein" anbetrifft. Dieser ist, leider, möchte man sagen, polysem. Im eben diskutierten Kontext bedeutete er soviel wie "allgemein verbreitet" und "allgemein verständlich", und nur dies. Er wurde *nicht* verwendet im Sinn "allgemeiner Begriff". Zu allem Unglück scheint Adelung beide Verwendungsweisen zu vermengen. Er schreibt: "Von ihr (der Leitvarietät) gilt, was von allen höhern Classen überhaupt gilt; diese enthalten immer weniger individuelle Merkmahle, je höher sie steigen (...)"⁶⁶⁶ Was Adelung hier mit "Classe" bezeichnet, würden wir heute als "Menge" bezeichnen. Wie gezeigt, ist zwar die Menge (Klasse) der Sprecher der Leitvarietät Obermenge aller Mengen der Dialektspre-

---

[662] UL 107, 8 - 12
[663] UL 106, 33
[664] UL 106, 30
[665] UL 106, 33 - 34
[666] UL 107, 2 - 4

cher und insofern die höchste Menge (Klasse); keineswegs jedoch ist die Leitvarietät qua Menge der allgemeinverbreiteten und -verständlichen Lexeme die Obermenge aller Lexeme einer Sprache - im Gegenteil ist sie die Schnittmenge aller Mengen der Lexeme der Dialekte. Es scheint allerdings, daß diese Schnittmenge, die bei Adelung eine derartig zentrale Position zugewiesen bekommt, faktisch (was die tatsächlichen Sprachverhältnisse anbetrifft), leer ist; *kein* Lexem (oder vielleicht nur eine ganz minimale Menge davon), gehört *allen* Dialekten an. Vielmehr besteht hier so etwas wie eine Stafette, mit der Struktur, daß ein Lexem ein bestimmter Dialekt hinsichtlich eines Lexemens mit mehreren anderen Dialekten konvergiert, nicht jedoch konvergieren alle Lexeme hinsichtlich ein und desselben Lexems miteinander.

Hinzu kommt ein erheblicher logisch-terminologischer Lapsus Adelungs. Die (dialektalen und allgemeinverbreiteten) Lexeme sind doch nicht als Merkmale einer Begriffsklasse zu fassen, sondern als Elemente einer Menge. Man betrachte zur Exemplifikation die folgende zum Allgemeineren hin aufsteigende Begriffsreihe "Raubfisch, Seefisch, Fisch, Wassergeschöpf, Thier, Körper, Substanz"[667]. Die niedrigeren Begriffe (Klassen) enthalten noch begriffliche Merkmale, die im bei den höheren wegfallen. So impliziert "Fisch" noch "hat Gräten", wohingegen "Thier" dies nicht mehr impliziert. Diese begrifflichen Merkmale sind *Eigenschaften* von Elementen von Mengen, wohingegen die diskutierten Lexeme Elemente von Mengen sind. Die "Armut" (wie Adelung im folgenden sagen wird) einer Varietät (der Leitvarietät) an Lexemen, die "Eigenheiten" einer Provinz sind, und das Fehlen individueller Merkmale einer höheren Klasse sind zwei vollständig verschiedene Dinge, die Adelung an dieser Stelle vermengt.

Die Konfusion steigert sich im folgenden. Adelung führt sein Modell weiter aus. Zuerst stellt er fest : "(...) die Hochdeutsche Mundart ist in Ansehung der provinziellen Bedürfnisse am ärmsten (...)"[668], wobei zu fragen ist, ob hier nicht ein Sinnfehler vorliegt und nicht vielmehr die provinziellen *Ausdrücke* gemeint sind; denn, so scheint es, die durch Dialekte oder die Leitvarietät zu bedienenden (kulturellen) Bedürfnisse sind doch (nahezu) gleich, da Deutschland ein einheitlicher Kulturraum ist. Adelung schließt an : "(...) ob sie (die Leitvarietät) gleich auf der andern Seite an Ausdrücken für allgemeine Begriffe am reichsten ist."[669] Auch hier scheint ein Sinnfehler vorzuliegen. Gewiß ist die Leitvarietät die reichste an allgemein*verbreiteten* und -*verständlichen* Lexemen; dies wurde bereits erörtert, es ist eine Tautologie per definitionem. Keineswegs jedoch ist sie die reichste an allgemeinen Begriffen im Sinne

---

[667] Diese exemplarische Reihe von Adelung selbst (UL 299, 9 - 10).
[668] UL 107, 5 - 6
[669] UL 107, 6 - 8

genereller Termini; diese sind, so scheint es, in Dialekten und Leitvarietät gleichermaßen vorhanden, denn es handelt sich bei ihnen, genaugenommen, nicht um ein sprachlich-ausdrucksseitiges, sondern um ein logisch-inhaltsseitiges Phänomen[670]. Sollte Adelung nicht, was freilich zu konzedieren wäre, schlicht ein Lapsus im Ausdruck unterlaufen sein, so zeigt sich wiederum eine erhebliche denkerische Konfusion in der Vermengung der Verwendungsweisen des Ausdrucks "*allgemein*" : nämlich allgemeinverbreitet und Allgemeinbegriff.

---

[670] Es sei in diesem Zusammenhang daran erinnert, daß der Ausdruck "Begriff" bei Adelung oft die Bedeutung von "(praktischen) Kenntnissen" besitzt.

8. Sprachgebrauch (Normatives in der Sprache)

Unter dem Terminus des "Sprachgebrauchs" diskutiert Adelung das Normative bzw. Regelhafte in der Sprache. Adelungs Definition der Regel im generellen ist : "Regeln sind allgemeine Vorschriften des Verfahrens, d.i. der Einrichtung unsrerer freyen Veränderungen."[671] D.h. Regeln sagen, wie wir uns verhalten *sollen*. Der Begriff der Regel ist nicht identisch mit dem des *Gesetzes*. Letzteres beschreibt, wie ein prozessualer Zusammenhang mit Notwendigkeit sich abspielt, bzw. bezogen auf uns Menschen, wie wir uns verhalten *müssen*, ob wir es wollen oder nicht (Naturgesetze, wie etwa das Gravitationsgesetz). Was die Regeln betrifft, so können wir uns ihnen konträr verhalten, sie übertreten (so wie wir die Regeln eines Spiels, etwa des Skatspiels, übertreten können). Daher sagt Adelung, unser Regeln befolgendes Verhalten sei "frey". Aber es macht Sinn, sich an die Regeln eines Spiels zu halten, sie nicht zu übertreten, das Spiel mitzuspielen. Im Falle des Spieles, das die Sprache ist[672], besteht dieser Sinn darin, verstanden zu werden. Letzteres ist, Adelung zufolge, die höchste Absicht von Sprache. Wer sich nicht an die Regeln von Sprache hält, wird nicht mehr verstanden, d.h. er kann nicht mehr seine sprachlich vermittelte Existenz vollziehen. [673] [674]

Dieser generelle Regelbegriff wird sodann von Adelung auf die Regeln von Sprache appliziert. Er definiert Sprachregeln im Zusammenhang mit dem Terminus der *Sprachrichtigkeit* - und problematisiert unmittelbar darauf die Legitimität der Genese solcher Regeln : "Sprachrichtig ist, was den Regeln, d.i. verbindlichen Vorschriften in der Sprache, gemäß ist. Es ist nur die Frage, wer sie gibt, diese Regeln, wer sie geben kann und darf, und wornach sie beurtheilet werden müssen."[675] Der Begriff der Sprachregel begreift unter sich mehrere Anwendungsgebiete. "Sprachregeln sind (...) allgemeine Vorschriften, nach welchen die Wörter einer Sprache gebildet, gesprochen, gebeuget, verbunden und geschrieben werden."[676] Das wissenschaftliche Gebiet schlechthin, darin Sprachregeln Anwendung finden, wird von Adelung terminologisch als *Grammatik* bezeichnet; er grenzt sie von anderen Gebieten ab : "Ihr Inbegriff macht die Grammatik oder Sprachlehre aus, welche sich daher bloß mit der Richtigkeit der Ausdrücke beschäftigt, so wie ihre Wahrheit

---

[671] UL 91, 20 - 22
[672] Von ferne klingt der Wittgensteinsche Begriff des "Sprachspiels" an, wenngleich dieser nicht vollständig mit dem konvergiert, was Adelung hier denkt.
[673] Vgl. vorliegende Arbeit S. 143.
[674] Vgl. die bekannte Kindergeschichte P. Bichsels "Ein Tisch ist ein Tisch".
[675] Styl 1 64, 12 - 16
[676] UL 91, 22 - 25

ein Gegenstand der Logik ist, und ihr Schmuck in das Gebiet der Redekunst gehöret."[677]

8.1. Begriff des Sprachgebrauchs

Adelung hatte gefragt, wer Sprachregeln gibt, geben kann und darf[678]. Und er gibt zur Antwort : Kein einzelner Mensch darf das; sondern die Sprachregeln setzende Instanz wird von Adelung unter dem Terminus des *Sprachgebrauchs* gedacht. "Der einstimmige Sprachgebrauch der meisten und besten macht die Regel, nicht Eigenheiten des Volkes, oder einzeler Personen."[679] Adelung definiert den Sprachgebrauch als "(...) den ersten und höchsten Gesetzgeber in einer jeden Sprache (...)."[680] Eine andere Definition denkt den Geltungsbereich und die Funktion des Sprachgebrauchs zusammen : er ist dasjenige, das "sich über alles, was nur in der Sprache veränderlich ist, erstreckt, und der höchste Gesetzgeber desselben ist, von welchem keine weitere Appellation Statt findet."[681]

Sein Geltungsbereich hat im Grunde keine Grenzen, bzw. seine Grenzen sind einzig die Grenzen der Sprache selbst, der er die Regeln gibt : "(...) die Gränzen seines Gebiethes (können) nicht mehr streitig seyn. Er erstreckt sich über alles, was zur Sprache gehört, über die Bildung, Bedeutung, Biegung und Verbindung der Wörter, über die Art sie auszusprechen, und sie zu schreiben (...)."[682]

Allerdings muß sogleich präzisiert werden : Es gibt nicht "den" Sprachgebrauch im allgemeinen (so wie es kein Obst im allgemeinen gibt, sondern nur Äpfel, Birnen, Kirschen etc.), sondern ein Sprachgebrauch ist als konkreter stets bezogen auf eine konkrete Sprache[683]. Das impliziert : Die "Sprachgebräuche" verschiedener Sprachen stehen in Konkurrenz zueinander : "So fern derselbe (der Sprachgebrauch) von dem Sprachgebrauche andrer Sprachen abweicht, macht er den Genius oder das Eigenthümliche einer Sprache, in Ansehung einzelner Fälle aber

---

[677] UL 91, 25 - 30
[678] Vgl. vorliegende Arbeit S. 161.
[679] Styl 1 76, 20 - 23. - Die Frage drängt sich auf : was nun, der meisten oder der besten? Es scheint, beides ist nicht zugleich möglich. Der alte Streit zwischen Demokratie und Aristokratie. Adelung scheint sich diesbezüglich nicht ganz im Klaren zu sein; eine offensichtliche Inkonsistenz.
[680] UL 104, 19 - 20
[681] Styl 1 66, 31 - 67, 3
[682] UL 104, 20 - 24
[683] Bzw. auf eine konkrete Varietät. In vorliegender Arbeit S. 175 - 178 wird gezeigt : Adelung negiert die Denkfigur eines allgemeinen deutschen Sprachgebrauchs, sondern es gibt für ihn nur die "Sprachgebräuche" der einzelnen Dialekte, davon das als Leitvarietät fungierende Obersächsisch nur einer unter mehreren ist.

ihre Idiotismos oder Eigenheiten aus."[684] Um daher die Kommunikabilität in einer bestimmten Sprache zu gewährleisten, ist präzise Adäquanz der Sprachverwendung der Individuen an den jeweiligen Sprachgebrauch gefordert. Adelung kleidet die Exemplifikation in eine rhetorische Frage : "Wer befiehlt nehmlich dem Deutschen, seine regulären Verba auf diese Art zu conjugiren, und nicht vielmehr wie der Römer, Grieche, Morgenländer u.s.f.?"[685] Es ist der jeweilige Sprachgebrauch.
Dem nachfragend, zeigen sich weitere relevante Strukturen. Wenn einer fragen wollte : *Warum* verhält sich das so? - so kann ihm nur zur Antwort gegeben werden : so ist es eben. Ist der Sprachgebrauch der höchste Richter und letzte Grund, so ist darin zugleich impliziert : es gibt keine höhere Instanz, es gibt keinen tieferen Grund. Der letzte Grund (im Fundierungszusammenhang des Normativen in der Sprache) ist als solcher mit Notwendigkeit grund=los. Fragen, die hinter ihn zurückfragen, erledigt er mit der einfachen Faktizität seines In-Geltung-Stehens. Der Sprachgebrauch, das ist, wie die Leute reden. Aber sie reden nicht einfach "daher" - in vollständiger Willkür -, sondern sie reden, wie der Sprachgebrauch redet, seit jeher redet, geredet hat. Der Sprachgebrauch geht - unexplizit - auf die uranfängliche, unvordenkliche Zeichenstiftung zurück; "Sprachgebrauch" bezeichnet nicht den Ursprung der Zeichenverknüpfung, sondern den Sachverhalt, daß die jeweilige Zeichenverknüpfung von jener uranfänglichen, ursprünglichen Zeichenstiftung herdatierend immer noch in Geltung ist. Daher kann Adelung sagen, er ist das *Band* zwischen Zeichen und Bezeichneten [686].

8.2. Das Conventionelle als Vorbegriff des Begriffs des Sprachgebrauchs

Als Vorbegriff des Sprachgebrauchs kann der Begriff des *Conventionellen* angesehen werden. Adelung führt ihn folgendermaßen ein : "Dieses Conventionelle, welches wir in der Folge unter dem Nahmen des Sprachgebrauches näher kennen lernen werden, macht auch noch jetzt das Band zwischen den Wörtern und den dadurch bezeichneten Dingen aus (...)"[687] Es ist demnach das Conventionelle, durch welches Lexemkonstitutionen vollzogen werden und ihr fortwährendes Ingeltungstehen gewährleistet wird. Aber nicht nur dies. "In der Sprache (ist) alles[688] conventionell"[689]. Damit will Adelung keineswegs sagen : alles in

---

[684] Styl 1 67, 3 - 7
[685] Styl 1 66, 15 - 18
[686] Ein Wortwechsel, beim Skat mitangehört. "Letzte Runte!" - "Es heißt nicht *Runte*, Mutter!" - "Warum darf ich nicht *Runte* sagen?" - "Weil's falsch ist, Mutter!"
[687] Styl 1 9, 27 - 31
[688] Daß die Wortkonstitution - in Adelungs Sinne - "conventionell" ist, ist durchaus plausibel. Ist es aber schon darum *alles* in der Sprache, z.B. die Regeln der

der Sprache beruht auf bewußter Absprache durch die Individuen; sondern vielmehr : Lexembedeutungen und sprachliche Strukturen sind in ihrer Konkretion determiniert durch die komplexe gesellschaftliche Situation, d.h. dem Zusammenkommen (convenire) aller relevanten gesellschaftlichen Strukturmomente. Adelung paraphrasiert dieses Conventionelle auch als "die innern und äußern Umstände ihrer (der jeweiligen Provinz) Einwohner"[690]. Diese "Umstände" begreifen all das unter sich, was als "Kultur" bezeichnet werden kann. Und da, Adelungs kulturhistorischem Äquivalenztheorem zufolge, Kultur und Sprache auf engste zusammenhängen[691], ergibt sich aus jenen auf der Seite des Sprachlichen "folglich auch die unzertrennlich damit zusammenhängende Art des Ausdrucks"[692]. So erweist sich an der diskutierten Stelle : die vermittelnden Strukturmomente zwischen Kultur und Sprache, deren Korrelation bislang von Adelung immer nur thetisch-dogmatisch gesetzt, aber nicht bewiesen war, sind das *Conventionelle* bzw. der *Sprachgebrauch*. [693] (Wenn Adelung an vielen Stellen anstatt von Kultur von Gesellschaft spricht, so darf man sich davon nicht verwirren lassen; er verwendet beide Ausdrücke gern promiscue.)

Adelung kann, die soeben explizierte Struktur des Conventionellen erläuternd, hinzusetzen, daß alles in der Sprache "von der gleich gestimmten dunklen Empfindung der Absicht und Mittel abhängt"[694]. Mit der "Empfindung" haben wir wieder das basale Moment des epistemologischen Modells vor uns. Konnte es indes in der Diskussion desselben zunächst noch scheinen, daß das angesetzte Subjekt ein isoliert-individuelles sei, so zeigt sich nun, Empfindung (und mit ihr die anderen Strukturmomente) ist von vornherein zu denken als kollektive; sie ist den beteiligten Individuen zu eigen, insofern sie "gleich gestimmte"[695] sind.

Syntax? Die generative Transformationsgrammatik hat versucht aufzuzeigen, daß diese Regeln nicht gesellschaftlich-konventionell sein können, sondern daß sie der Grundstruktur des menschlichen Geistes inhärieren.

[689] Styl 1 64, 18
[690] Styl 1 70, 16 - 17
[691] Vgl. vorliegende Arbeit S. 80.
[692] Styl 1 70, 9 - 10
[693] Es wäre lohnend zu hören, wie sich Adelung das im einzelnen vorstellt. Wie kann eine kulturelle Bestimmung auf ein Detail von Sprache einwirken? Mit Beispielen! Schwierig wird es immer, wenn es konkret werden soll. Und dann : Kultur wandelt sich doch - und dennoch braucht sich Sprache nicht zu wandeln. Ein geschichtlich noch nicht zu lange zurückliegendes Exempel in der Erfahrung der gegenwärtigen Generation ist die friedliche Revolution in der DDR 1989/90 mit ihren allerdings gravierenden kulturellen Modifikationen und ihre Folgen, namentlich auf den Sprachprozeß. Hier liegt, wie es scheint, ein Forschungsdesiderat vor, nicht nur um des Themas willen, sondern um Adelungs abstrakte Theoreme konkret zu fundieren bzw. zu kritisieren.
[694] Styl 1 64, 19 - 20
[695] Styl 1 64, 19

Darin liegt metaphorisch das Zusammenstimmen der Instrumente eines Orchesters, d.h. eines menschlichen Kollektivs; auch liegt darin die menschliche Stimme, die von den beteiligten Individuen übereinstimmend verwendet wird. Und nicht zuletzt liegt darin ein Rekurs auf das erste Kapitel Styl, wo Adelung gezeigt hatte, daß das dunkle Gefühl "seinen Grund ganz in der individuellen Stimmung des gesellschaftlichen Lebens hat"[696]. Des weiteren ist eine solche kollektive, Zeichenstiftung fundierende Empfindung notwendig *dunkel*, da sie nicht den Gipfelpunkt, sondern den Ausgangspunkt der kulturellen Entwicklung markiert[697]. Beides (Kollektivität und Dunkelheit) zusammengenommen, resultiert, "daß einzele Personen keine Sprachregeln geben oder machen können"[698]. Das gilt selbst dann, "wenn es auch die unumschränktesten Monarchen wären"[699]. Adelung spielt hier an auf den Satz "Caesar non supra grammaticos." (Der Kaiser steht nicht über den Grammatikern.)[700]

Adelung begründet dies so : "(...) keine einzele Person (ist) Herr über das Empfindungsvermögen der ganzen Nation oder einer beträchtlichen Classe derselben (...)"[701] Mit dem *Empfindungsvermögen* ist ein neues Strukturelement innerhalb Adelungs psychologischen Modells eingeführt. Die Empfindungen als Akte sind fundiert in diesem Vermögen (potentia). Darüberhinaus ist dies Empfindungsvermögen kollektiv; es gehört nicht primär dem einzelnen Individuum, sondern "der ganzen Nation oder einer beträchtlichen Classe[702] derselben"[703] an; das Individuum partizipiert lediglich daran. Daher hat der Willkürwille des Individuums keinen Einfluß darauf.

Lexembedeutungen sind fundiert im *Empfindungsvermögen*. Dies ist eine psychische Instanz, jedoch keine individuelle, sondern eine kollektive (gesellschaftliche). Es kann jedoch nicht biologisch fundiert sein; sonst wäre es mit der Geburt gegeben, und dies ist unmöglich. Ein Chinese etwa, in Deutschland aufgezogen, erwirbt vermittels der Sozialisation das deutsche Empfindungsvermögen. Vollständig unverständlich scheint : Adelungs Einschränkung, daß nur einer bestimmten Klasse (d.h. der oberen) dieses Empfindungsvermögen eignet. Das ist widersinnig. Es scheint, er wollte Gewissenhaftigkeit zeigen, indem er die schon herausgearbeiteten Bestimmungen seines soziologischen Modells nicht unter den Tisch fallen läßt. Es mag ja alles sein, die untere Klasse spricht so

---

[696] Styl 1 55, 4 - 6
[697] Vgl. Styl 1 54, 27 - 29; Styl 1 55, 2 - 10.
[698] Styl 1 64, 21 - 22
[699] Styl 1 64, 23 - 24
[700] Vgl. Böttcher/Berger/Krolop/Zimmermann, S. 170.
[701] Styl 1 64, 24 - 27
[702] Hier wiederum ist das oben eingeführte Moment der Sozialerstreckung nicht unterschlagen.
[703] Styl 1 64, 25 - 27

unrein, so unedel, sie spricht, mit einem Ausdruck der Soziolinguistik des jüngst zuende gegangenen Jahrhunderts, einen "restringierten Code". Aber dieser Soziolekt ist in jedem Fall Varietät einer gemeinsamen Muttersprache; es ist immer noch und gleichermaßen *Deutsch*, was die beteiligten Individuen sprechen, mögen sie sich noch so sehr in ihrer sozialen Position und den daraus resultierenden sprachlichen Varianten unterscheiden. Hätten die Individuen der unteren Klasse nicht das deutsche Empfindungsvermögen, so könnten sie überhaupt nicht die deutsche Sprache sprechen, ja ohne ein bestimmtes Empfindungsvermögen könnten sie überhaupt nicht sprechen. Selbst der Marxist J. Stalin, in seinem Text "Über den Marxismus in der Sprachwissenschaft", sah sich genötigt zu konzedieren, daß eine Sprache der Nation als ganzer zugehört, nicht nur der einen oder anderen Klasse. Adelung ist an dieser Stelle päpstlicher als der Papst. Und er hatte ja schon im UL richtig erkannt, daß es die Nation (das Volk) ist, dem eine Sprache korrespondiert.

Das Empfindungsvermögen ist eine allgemein-menschliche Struktur, so wie die spezifisch menschliche Hand oder der aufrechte Gang. Es unterscheidet sich von dergleichen naturhaften Vermögen, indem es spezifizierbar ist und in seiner Konkretion notwendig spezifiziert. Es gibt kein menschliches Empfindungsvermögen "überhaupt" (so wie es kein Obst "überhaupt" gibt, sondern nur Äpfel, Birnen, Kirschen etc.), sondern nur ein deutsches, französisches, chinesisches etc. Damit sind indes keine primär ethnischen Bestimmungen gemeint, sondern sprachenbezogene; wie ja Adelung generell "Volk" nicht ethnisch, sondern durch Bezogenheit auf eine Sprache definiert.

8.3. Sprachgebrauch und Herrschaft

Der Sprachgebrauch bestimmt in mehreren Bereichen[704] die normativen Regeln der Verwendung von Sprache durch die Individuen; er schreibt denselben also etwas vor. Und wer läßt sich schon gerne vorschreiben, wie er sich verhalten soll? Reale oder vermeintliche Herrschaftsstrukturen, auch nur Herrschaftsmetaphorik müssen Herrschaftskritik provozieren. So verhält es sich auch im Zusammenhang mit dem Sprachgebrauch, dessen normative, regelnsetzende Funktion leicht als Herrschaft im soziologischen Sinne interpretiert (fehlinterpretiert) werden kann[705]. Namentlich die oftmals von Adelung verwendete Herr-

---

[704] Vgl. vorliegende Arbeit S. 161.
[705] Adelungs explizite Auseinandersetzung mit der gesellschaftskritisch intendierten Sprachkritik seiner Zeit wurde oben intensiv diskutiert. Vgl. vorliegende Arbeit S. 141 - 142.

schaftsmetaphorik[706] ist geeignet, solche Kritik zu provozieren. Adelung scheint diese Tendenz bemerkt zu haben, weswegen er gegensteuert : "(...) der Sprachgebrauch (...) ist (...) kein Tyrann (...)"[707], vielmehr muß er seine allumfassende "Herrschaft" über alle Strukturbereiche in der Sprache ausüben, weil sonst die allgemeine Kommunikabilität tendenziell zerstört wäre : "(...) weil eine jede Abweichung in einem dieser Stücke die Harmonie des Ganzen stören und die allgemeine Verständlichkeit, die erste und einige Absicht der Sprache, hindern würde."[708] Die Kommunikabilität (Verständlichkeit) ist hier der primäre Wert; ihm müssen sich andere Werte unterordnen (so die vermeintliche Freiheit im Den-Sprachgebrauch-nicht-Befolgen). Wäre der Sprachgebrauch preisgegeben, so wäre das Resultat eine babylonische Sprachverwirrung mit deren notwendigen Implikationen; worauf Adelung expressis verbis hinweist : "(...) aus einem durch Sprache verbundenen Volke würde ein neues Babel werden, wo mit der allgemeinen Verständlichkeit auch die Übereinstimmung der Sitten und die Einheit des Willens verloren gehen würden."[709] Daher fordert Adelung "Gehorsam gegen den Sprachgebrauch"[710]. Wenn jedoch derart Gehorsam gefordert werden kann und muß, so impliziert dies die prinzipielle Möglichkeit, diesen Gehorsam auch zu verweigern; daher hatte Adelung im Zusammenhang mit Regeln, also auch Sprachregeln, von den "freyen Veränderungen"[711] gesprochen.

8.4. Sprachgebrauch als eine normative Instanz unter mehreren

Den Irritationen hinsichtlich des Herrschaftscharakters des Sprachgebrauchs unerachtet, kann Adelung nicht umhin, unmittelbar darauffolgend von den "gesetzgebenden Theilen in der Sprache"[712], also ihren normativen Instanzen zu sprechen, deren Fundierungszusammenhang er wie folgt konstruiert :
Höchste Instanz ist, wie bereits diskutiert, "der Sprachgebrauch, als die höchste und unumschränkteste Macht; was dieser einmahl entschieden hat, ist unwiderruflich entschieden (...)"[713] Aber dieser so dezidert scheinenden Feststellung schließt Adelung im folgenden Teilsatz sogleich

---

[706] Etwa : Der Sprachgebrauch ist "der höchste Gesetzgeber (...), von welchem keine Appellation Statt findet." (Styl 1 67, 2 - 3). Der Sprachgebrauch "befiehlt". (Styl 1 66, 15)
[707] UL 109, 4 - 7
[708] UL 104, 25 - 28
[709] UL 105, 18 - 22
[710] UL 105, 24 - 25. - Dieses Sich-dem-Sprachgebrauch-fügen-Sollen faßt M. Heidegger in die Formel "Der Mensch spricht nur, indem er der Sprache entspricht." (Unterwegs zur Sprache, S. 33)
[711] Vgl. vorliegende Arbeit S. 161.
[712] UL 109, 10
[713] UL 109, 12 - 14

die Erwägung der Möglichkeit geschichtlicher Modifikabilität dieses Sprachgebrauches an : "(...) er müßte es denn selbst für gut befinden, in seinen einmahl getroffenen Verfügungen eine Änderung zu treffen."[714] Jedoch der Satz bleibt konjunktivisch und die in ihm enthaltene Frage (noch) unentschieden. Die Frage bleibt dringlich, anhand des evident-unleugbaren Faktums geschichtlichen Sprachwandels (so im Deutschen vom Ahd. über das Mhd. zum Nhd.)[715].

In die Herrschaftsmetaphorik an der diskutierten Stelle mischt sich eine gewisse Menschenhaftigkeit, ja sogar Gotthaftigkeit des Sprachgebrauchs. Dies ist insofern bemerkenswert, als der Sprachgebrauch für Adelung bisweilen geradezu numinosen Charakter anzunehmen scheint, so daß er ihn mit religiös-theologisch aufgeladenen Ausdrücken belegen kann. Etwa "Die letzte Stelle sündigt (...) wider den Sprachgebrauch."[716] Dabei ist der Sprachgebrauch keinesfalls etwas Numinoses, sondern er ist nichts anderes als eine linguistische Struktur. - Adelung schließt Beispiele an, aus denen erhellt, daß der Sprachgebrauch selbst dann recht behält, wenn er anderen, ihrerseits durchaus plausibeln Instanzen widerspricht.

Von diesen nennt Adelung als nächstes dem Sprachgebrauch folgende Kriterium die *Analogie oder Sprachähnlichkeit.* Sie "(...) entscheidet alles das, was jener (der Sprachgebrauch) unentschieden läßt."[717] - Sodann folgt die *Etymologie oder Abstammung* "(...) in solchen Fällen, wo die beyden ersten Entscheidungsgründe schweigen."[718] Als letztes und damit schwächstes Kriterium nennt Adelung den *Wohllaut.* Allen drei Nennungen schließt er etliche Beispiele an.

8.4.1. Die Analogie als regelnsetzende Instanz

Die *Analogie* hat eine bedeutende Funktion in Adelungs Konzept des Normativen in der Sprache, sie ist die unmittelbare auf den Sprachgebrauch folgende und damit zweittiefste Fundierungsstruktur in dem diesbezüglichen Fundierungszusammenhang. Jedoch Adelung geht über diesen engen, bloß linguistischen Begriff der Analogie hinaus und weitet ihn aus zu einem generell-soziologischen. Hierbei schlagen die soziologischen Bestimmungen dessen, was Analogie ist, zurück auf die linguistischen Bestimmungen und präzisieren diese. So schreibt Adelung, daß "(...) die Analogien, selbst ihn ähnlichen Fällen, so verschieden sind, nicht allein bey verschiedenen Völkern, sondern bey einem und eben dem-

---

[714] UL 109, 14 - 16
[715] Zum Verhältnis von Sprachgebrauch und Sprachwandel vgl. vorliegende Arbeit S. 173 - 174.
[716] Styl 2 288, 7 - 8
[717] UL 110, 6 - 7
[718] UL 110, 27 - 29

selben Volke zu verschiedenen Zeiten und in verschiedenen Classen, ja fast in jeder kleinen engern Gesellschaft."[719] Dies ist in soziologischem Kontext gesagt - es geht darum, inwieweit die in einer Nation geltende Analogie bestimmt, was als lächerlich zu gelten hat und was nicht -, und im folgenden bringt Adelung breit Beispiele dafür aus der europäischen und asiatischen Geschichte. Aber der zitierte Satz kann ohne weiteres aus diesem Kontext genommen werden und auf linguistische Phänomene appliziert werden. Dann besagt er, daß sprachliche Phänomene (z. B. Lexemik, Syntax) ihre Gültigkeit, ihre Verstehbarkeit nur haben und haben können, wenn sie sich einer durch Analogie gesetzten Regel unterstellen. Es gibt die verschiedensten und zugleich miteinander konkurrierenden Analogien. Wovon Adelung hier implizit spricht, das sind Nationalsprachen, Historiolekte, Soziolekte und gruppenbezogene Varietäten jeder Art.

Im folgenden weitet Adelung den Begriff der Analogie noch weiter aus, bis er zu einem sozusagen ontologischen wird. Ausgehend von den Analogien im linguistischen Bereich, über die Analogien im soziologischen Bereich, kommt er zu den "herrschenden Analogien der Natur"[720] und den Abweichungen von ihnen. Adelung spekuliert gar über die "Analogien des Geisterreiches"[721], aber sie "sind uns unbekannt"[722].

Adelung bestimmt es als das genuin Menschliche, "mit Bewußtseyn nach deutlich erkannten Analogien zu handeln"[723]. Und dies gilt für alles soziale Handeln und ebensosehr nicht zuletzt für das sprachliche Handeln. Alle Abweichungen von solchen Analogien im sozialen und sprachlichen Handeln bestimmt Adelung als das *Lächerliche*.

8.5. Der normative Allgemeinheitscharakter des Sprachgebrauchs

Adelung setzt die durch den Sprachgebrauch gesetzten Sprachregeln in ihrem Allgemeinheitscharakter in Beziehung zur Allgemeinheit der Leitvarietät. "Sprachregeln, welche die allgemeine Sprache eines ganzen Volkes umfassen und darstellen sollen, müssen aus dessen allgemeinen (sic!) Schriftsprache, folglich im Deutschen aus der Hochdeutschen

---

[719] Styl 2 204, 1 - 5. Die von Adelung intendierten (sprachlichen) Analogien sind, zum mindesten partiell, klassenspezifisch. So spricht Adelung von den "Analogien der edlern Classen" (Styl 2 233, 29 - 30). Indem Adelung die oberen Klassen zugleich als die "edlern" charakterisiert, nimmt er nicht nur eine Unterscheidung, sondern zugleich eine Wertung vor.
[720] Styl 2 205, 9 -10
[721] Styl 2 205, 16 - 17
[722] Styl 2 205, 17
[723] Styl 2 205, 27 - 28

Mundart gesammelt werden. Mundarten können hier keine Regeln geben (...)."[724]

Die Geltung ("Herrschaft") des Sprachgebrauchs ist demzufolge eine streng allgemeine. Aber diese Allgemeinheit ist keine ontische, sondern eine normative. Sie besagt nicht, was allgemein der Fall *ist*, sondern was allgemein *sein soll*. Daß es also faktisch Fälle gibt, die dem allgemeinen Sprachgebrauch widerstreiten, dies setzt ihn keineswegs außer Kraft, sondern richtet ihn vielmehr auf. Sobald ein Sprecher entgegen dem allgemeinen Sprachgebrauch spricht, ihm wider=spricht, sobald wird ihm in aller Regel gesagt: "So kannst du nicht sagen, denn dies widerspricht dem allgemeinen Sprachgebrauch." Dieser Sachverhalt im Bereich des Sprachlichen hat eine formale Parallele im Bereich des Ethischen. Die Übertretung eines ethischen Gebotes (z.B. "Du sollst nicht töten!") setzt dieses nicht außer Kraft - das wäre absurd -, sondern richtet es auf, d.h. es verlangt nach der Sanktion, der Strafe. Daher kann Adelung konsequent schreiben : "Daß sich jeder einzele Mensch bald auf diese, bald auf jene Art von dem Sprachgebrauche entfernt, ist kein Einwurf wider dessen Allgemeinheit (...)."[725] Die Argumentationsfigur, die er indes dabei zur Begründung heranzieht, ist nicht ethisch, sondern platonisch-metaphysisch : "(...) es beweiset weiter nichts, als was man ohnehin schon weiß, daß die Vollkommenheit kein Los endlicher Dinge ist."[726] Dies scheint den doch zu beklagenden Tatbestand der fortwährenden Übertretungen des Sprachgebrauchs weniger zu kritisieren als konziliant-tolerant-liberal zu entschuldigen. Im Geiste des Liberalismus, also der politischen Ausprägung des Denkens der Aufklärung, scheint auch die Gesellschafts-Konzeption zu sein, die Adelung anzuschließen Gelegenheit findet. Er setzt an mit dem Leibnizschen principium individuationis, streift das Rousseausche Prinzip der volonté générale und mündet ins eigene Prinzip des kulturellen Fortschrittsprozesses : "Jeder einzele Mensch hat seine eigenen Züge, Meinungen und Gesinnungen, und doch können sie eine wohl verbundene Gesellschaft ausmachen, so fern sie nur in gewissen allgemeinen Meinungen und Gesinnungen überein stimmen, und eben diese dadurch unter sich verbundene Gesellschaften können auf eben dieselbe Art immer wieder höhere Ganze ausmachen, und doch ihre individuellen Eigenheiten selbst in Rücksicht jeder untergeordneten Gesellschaft behalten."[727] Diesem liberalen Gesellschafts-Modell ("Einheit in der Vielfalt") parallelisiert Adelung sein Modell dessen, wie das Allgemeine (der Sprachgebrauch) und das Besondere (die Idiolekte der Individuen bzw. die individuellen Übertretungen des Sprach-

---

[724] UL 113, 24 - 29
[725] UL 106, 6 - 9
[726] UL 106, 9 - 11
[727] UL 106, 11 - 20

gebrauchs[728]) zueinander sich verhalten : "Eben das gilt auch für die Sprachen. Jeder Mensch hat allerdings auch darin etwas Eigenes, und dennoch können alle an einem und demselben Orte wohnende Menschen, mit Weglassung der Eigenheiten eines jeden, eine allgemein verständliche Sprache haben."[729] Es scheint allerdings, Adelung ist der eigenen Konsequenz zuliebe so auszulegen, daß mit den idiolektalen und dialektalen Besonderheiten an der diskutierten Stelle nur die nichtfehlerhaften, also nicht dem allgemeinen Sprachgebrauch direkt widerstreitenden gemeint sind.

Dergestalt hat Adelung, auf politisch-liberaler Fundierung, sowohl im Gesellschaftlichen wie im Sprachlichen, das Allgemeine und das Besondere zusammengedacht. Er konstruiert im Fortgang einen Fundierungszusammenhang, welchemzufolge über dem relativ Allgemeinen das noch Allgemeinere sich erhebt - und so fort, wenngleich nicht ad infinitum : "Aber auch dieser Ort kann und muß sein Eigenes[730] haben, und dennoch können tausend Orte mit allen ihren Eigenheiten in einer ihnen allen verständlichen Provinzial-Sprache oder Mundart übereinkommen, und hundert solcher Mundarten können, mit Weglassung ihrer Eigenheiten, wieder in einer allgemeinen Landessprache überein kommen."[731] Diese Landessprache bezeichnet Adelung konsequent mit dem Superlativ *das Allgemeinste* : "Diese allgemeine Landessprache ist für Deutschland die Hochdeutsche Mundart, welche, mit Übergehung aller Eigenheiten der Provinzen, bloß das Allgemeinste enthält, und daher in Süden und Norden gleich verständlich ist."[732] Die besonderen Dialekte widerstreiten dem Allgemeinen Sprachgebrauch nicht direkt, sie sind indes für Adelung dezidiert kein Seinsollendes, sondern ein lediglich Geduldetes. Er duldet sie im nüchternen Bewußtsein ihrer Unabschaffbarkeit und damit der Unvollendbarkeit der Sprache, eingedenk, daß der Gebildete (der per se den oberen Klassen angehört), wann immer er will, ins seinsollend-wünschenswerte der allgemeinen Leitvarietät sich erheben kann.

Diese Diskussion des Allgemeinheitscharakters des Sprachgebrauchs setzt Adelung instand, dessen Verhältnis zur allgemeinen Landessprache[733] zu diskutieren. Die beiden Phänomene sind keineswegs, wie man vielleicht meinen könnte, identisch. Die allgemeine Landessprache (Leitvarietät), das ist eine Ist-Bestimmung, sie besagt, wie die Individuen "im allgemeinen" faktisch sprechen. Der allgemeine Sprachgebrauch hin-

---

[728] Diese beiden Tatbestände werden von Adelung, obwohl sie es doch sollten, nicht unterschieden.
[729] UL 106, 20 - 26
[730] Also sein noch relativ Besonderes, weniger Allgemeines.
[731] UL 106, 26 - 32
[732] UL 106, 32 - 107, 2
[733] Vgl. vorliegende Arbeit S. 158.

gegen, das ist, wie diskutiert wurde, eine Sollens-, eine normative Bestimmung und besagt das Ingeltungstehen bestimmter allgemeiner sprachlicher Regeln. Beide Phänomene können auseinandertreten und tun es faktisch jeden Tag. Aber die beiden Phänomene können nicht *völlig* auseinandertreten. Es muß zwischen ihnen offensichtlich ein Zusammenhang bestehen, denn ein allgemeiner Sprachgebrauch, der keine Beziehung (mehr) hätte zu den realen Sprechakten, wäre Sprachgebrauch einer "toten Sprache"[734]. Der Sprachgebrauch darf nicht "abstrakt" über den realen Phänomenen schweben, er muß gleichsam geerdet sein. Das bezeichnet Adelung als das, "was wirklich allgemein ist"[735], nämlich die wirkliche Schnittmenge dessen, "was von dem größten Theile, mit Weglassung aller individuellen, localen, provinziellen[736] Eigenheiten gilt."[737] Aber an welcher zugleich realen und normativen, d.h. vermittelnden Instanz kann dergleichen festgemacht werden? Adelung antwortet mit einem einschränkenden Hinweis hinsichtlich der kulturgeschichtlichen Situation der eigenen Zeit : "In einer durch Wissenschaften und Geschmack ausgebildeten allgemeinen Schriftsprache, dergleichen die Hochdeutsche ist, bestehet dieser allgemeine Gebrauch in der Übereinstimmung der besten und weisesten Schriftsteller."[738] Dies ist eine erhebliche Würdigung der Funktion der Schriftsteller, die sonst bei Adelung eher in die Rolle der vergeblich eifernden Neuerer abgedrängt werden. Es erinnert an M. Heidegger, der sagt : "Die Denkenden und Dichtenden sind die Wächter dieser Behausung (der Sprache)."[739] - Adelung nennt drei notwendige Kriterien eines solchen Schriftstellers, wie er es nennt, "eines classischen Schriftstellers"[740] : "(...) hinlängliche Kenntniß der Sachen, eine gelehrte Kenntniß ihrer Sprache, und zugleich Geschmack genug (...), sich in allen Fällen auf die treffendste, richtigste und edelste Art auszudrucken."[741]

---

[734] Vgl. vorliegende Arbeit S. 71 und S. 208/209 und S. 227.
[735] UL 107, 14 - 15
[736] Man beachte die Climax!
[737] UL 107, 15 - 17
[738] UL 107, 17 - 21. - Man beachte die schöne Unterscheidung und zugleich In-Beziehung-Setzung der beiden fundamentalen Phänomene "allgemeine Schriftsprache" und "allgemeiner Gebrauch".
[739] M. Heidegger, Über den "Humanismus", S. 5. Angespielt ist auf das "Haus des Seins", das, Heidegger zufolge, die Sprache ist.
[740] UL 107, 5
[741] UL 106, 23 - 26

8.6. Strukturelles Verhältnis Sprachgebrauch - Sprachregeln

Adelung diskutiert das strukturelle Verhältnis von Sprachgebrauch und Sprachregeln noch näher. Da die Sprachregeln bloß empirischen Charakter besitzen, ist ihr Geltungsmodus nicht strenge Allgemeinheit, sondern bloße Wahrscheinlichkeit. Sie sind "(...) auch nur wahrscheinlich, und können nicht anders als durch Beyspiele erwiesen werden[742]. Philosophische (d.h. deduktive) Beweise sind hier theils unmöglich, theils nicht hinlänglich, weil in einer Sprache nichts vorhanden ist, wovon nicht auch das Gegentheil Statt finden könnte, und in andern Sprachen wirklich Statt findet."[743] Darüberhinaus sind die Sprachregeln geschichtlich modifikabel, entsprechend dem jeweiligen Stand des kulturellen Fortschrittsprozesses, also auch, was das Diachrone anbetrifft, nicht streng allgemeingültig. "Da die Sprache mit der Erkenntniß und Cultur eines Volkes steht und fällt, so müssen auch die Sprachregeln dem jedesmahligen Zustande einer Sprache und ihrem Gebrauche auf das genaueste angemessen seyn."[744]

Andererseits ist, wie diskutiert wurde[745], der Geltungsmodus des Sprachgebrauchs, der die Sprachregeln setzt, strenge Allgemeinheit. "(...) was dieser einmahl entschieden hat, ist unwiderruflich entschieden (...)."[746] Wie ist Geltung der Sprachregeln, deren Geltungscharakter bloße Wahrscheinlichkeit ist, mit der streng allgemeinen Geltung des Sprachgebrauchs zu vereinbaren? Der einzelne Fall, den der Sprachgebrauch entschieden hat, ist kraft dieser Entscheidung definitiv entschieden. Dies impliziert jedoch nicht, daß diese Entscheidung hinsichtlich anderer, paralleler Fälle generalisierbar ist. Die Analogie, und d.h. die Sprachregel, der der einzelne Fall zugehört, gilt hinsichtlich der anderen Fälle nur (synchron) wahrscheinlich sowie (diachron) modifikabel - und gilt daher nicht streng allgemein.

Hinsichtlich der diachronen Modifikabilität von Sprachregeln und der allgemeinen Geltung des Sprachgebrauchs ist darüberhinaus zu vermerken : Der Sprachgebrauch qua Sprachgebrauch gilt allerdings streng allgemein; was dergestalt in Geltung steht, gilt synchron für alle Sprecher einer Sprache normativ verpflichtend. Das schließt indes nicht aus, sondern ein, daß die jeweiligen *Inhalte* des Sprachgebrauches (die Sprachregeln) durchaus geschichtlich-diachron modifikabel sein können und es faktisch sind. Sobald indes diese Inhalte modifiziert sind, gelten die *neuen* Inhalte wiederum streng allgemein im Sinne des Sprachgebrau-

---

[742] Dies der tiefere methodische Sinn dessen, daß Adelung in seinen Texten so übermäßig viele Beispiele bringt.
[743] UL 113, 8 - 14
[744] UL 113, 14 - 18
[745] Vgl. vorliegende Arbeit S. 170ff.
[746] UL 109, 13 - 14

ches[747]. In diesem Zusammenhang sei erinnert an die formale Parallelität zwischen der streng allgemeinen Geltung des Sprachgebrauchs und der streng allgemeinen Geltung ethisch-normativer Forderungen[748]. Ein geltendes juristisches Gesetz gilt streng allgemein für alle Bürger des Staates. Dennoch ist ein solches Gesetz modifikabel; ist dann das Gesetz modifiziert, so gilt für alle Bürger das neue Gesetz. Die Inhalte des Sprachgebrauchs sind freilich diachron modifikabel; aber die Instanz, die diese Modifikation vollzieht, sind nicht die einzelnen Sprecher, sondern der sprachlich-kulturelle Fortschrittsprozeß selbst. Diese Sprecher sind in jedem Fall gehalten, sich an das zu halten, was (jeweils) der Sprachgebrauch verfügt. Der Sprachgebrauch gilt formal allgemein, wohingegen die Sprachregeln dessen (modifikable) materiale Bestimmung darstellen.

8.7. Rationalität des Sprachgebrauchs

Wenn nun, wie diskutiert, trotz der allgemeinen Geltung des Sprachgebrauches, die einzelnen Sprachregeln nur wahrscheinlich und modifikabel sind, so ruft das den Verdacht ihrer mangelnden Rationalität hervor; sintemal der Sprachgebrauch durch die frühen rohen Spracherfinder gesetzt wurde. Adelung sieht sich daher gezwungen, sich mit diesem Einwand auseinanderzusetzen : "Aber, sagt man, der blinde Gebrauch des unwissenden Volkes hat tausend Unrichtigkeiten und Ungleichheiten in die Sprache eingeführt, und es ist die Pflicht weiserer Glieder die (sic!) Gesellschaft diese Unrichtigkeiten wegzuschaffen (...)"[749] In seiner Diskussion unterscheidet Adelung zunächst zwei Verwendungsweisen des Ausdrucks "blinder Gebrauch". Nimmt man ihn in dem Sinne der *dunkel empfundenen Ähnlichkeiten*, dann gilt er, Adelung zufolge, allerdings generell für Sprache, da - so seine immerfort wiederholte These - " (...) alles in der Sprache auf Befolgung dunkel empfundener Ähnlichkeiten beruhet."[750] "(...) so möchte ich den sehenden (Gebrauch) kennenlernen, oder mit andern Worten, man nenne mir eine Sprache, welche je nach deutlich erkannten Gründen erfunden oder ausgebildet worden. In diesem Verstande ist jeder Gebrauch in der Sprache blind (...)."[751] Ist in diesem Sinne schlechthin alles in der Sprache "blind", d.h. dunkel, so ist es das indes keineswegs in dem anderen Sinne von "blind", d.h. grundlos und schlechthin irrational; wes-

---

[747] Vgl. M. Heidegger : "Die Gewißheit des Entschlusses bedeutet : *Sichfreihalten* für seine mögliche und je faktisch notwendige *Zurücknahme*." (Sein und Zeit, S.307 - 308)
[748] Vgl. vorliegende Arbeit S. 70.
[749] UL 99, 1 - 5
[750] UL 100, 1 - 2
[751] UL 99, 16 - 21

wegen Adelung letztere Verwendungsweise des Wortes ablehnt. Geschahen die anfänglichen Konstitutionen von Sprachstrukturen zwar auf eine dunkle Weise, "(...) so folgt daraus noch nicht, daß bey der ersten Einführung kein Grund dazu vorhanden war."[752] Dunkel bedeutet ja nicht wirr und konfus (grundlos), und der Satz vom Grund ("Alles, was ist, muß einen zureichenden Grund haben, warum es ist."[753]) gilt namentlich hinsichtlich der Spracherfinder : "Ein rohes ungebildetes Volk, und dies ist allemahl Spracherfinder, thut nichts ohne Grund; und wenn derselbe gleich nur dunkel empfunden wird, so ist es doch ein Grund, und kein schlechterer als ein jeder anderer in der Sprache (...)."[754] Adelung exemplifiziert : "Man nehme nur die beyden Fälle, die Declination der Hauptwörter und ihr Geschlecht. Zur Einrichtung beyder hatten die Spracherfinder gewiß[755] ihren guten Grund, ob wir gleich jetzt in den wenigsten Fällen mehr etwas davon wittern können, weil die dunkle Empfindung der Ähnlichkeit, welcher sie dabey folgten, verlohren gegangen ist."[756] Hierin ist zusammengedacht : die durch die *Spracherfinder* dunkel empfundene Ähnlichkeit und das sich anschließende Erlöschen (Abschwächung) im sich anschließenden Geschichtsprozeß. *Kritisch* wäre zu fragen : Wenn die Empfindung ohnehin zu Beginn schon *dunkel* war, wie kann sie *noch* mehr verlorengehen? Unterscheidet Adelung *sachlich* zwischen Dunkelheit und Verlorengehen der Empfindung? Wäre es nicht sinnvoller, konträr anzusetzen - was freilich keineswegs im Sinne Adelungs ist, wohl aber im Sinne der Plausibilität -, daß eine Konstitution eines Lexems bzw. einer Sprachstruktur so etwas wie ein Gedanken*blitz* war - also das konträre Gegenteil einer *dunkel* empfundenen Ähnlichkeit - und daß dessen Helligkeit im Verlauf des Geschichtsprozesses erloschen ist?
Die Rationalität des dunkel Empfundenen - diese Wendung klingt zugegebener Maßen wie ein Paradox - kann dann durchaus vor der späteren rationalen Prüfung bestehen : "(...) das, was nach dunkel empfundenen Ähnlichkeiten in einer Sprache eingeführet worden, nachmahls von manchen nach deutlicher Erkenntniß kann beybehalten werden."[757]

8.8. Allgemeiner Sprachgebrauch?

Im Stylbuch diskutiert Adelung das Verhältnis des Sprachgebrauchs der Leitvarietät zu den (sit venia verbo) Sprachgebräuchen der anderen

---

[752] UL 99, 27 - 29
[753] Chr. Wolff, Vernünftige Gedanken I § 30, zitiert nach Hoffmeister, S. 284
[754] UL 99, 29 - 34
[755] Mit dem "gewiß" deutet Adelung an, daß der tatsächliche Grund alles andere als gewiß ist.
[756] UL 100, 8 - 15
[757] UL 99, 21 - 25

Dialekte; und namentlich sieht er sich gezwungen, sich mit der Frage auseinanderzusetzen, ob es so etwas wie einen "allgemeinen Sprachgebrauch" gibt und geben kann, also einen Sprachgebrauch, der sich auf alle Dialekte gleichermaßen bezieht. Adelung weist einen solchen allgemeinen Sprachgebrauch als ein Konstrukt zurück. Er sagt ausdrücklich : ein "allgemeiner Sprachgebrauch (ist) ein Unding (...)."[758] Denn der Sprachgebrauch ist, Adelung zufolge, nichts, das - wie etwa das Konstrukt des Sprachsystems selbst - abstrakt "in der Luft" und über den parole-Akten schwebt. Sondern er ist immer involviert in den wirklichen Tradierungsprozeß einer Sprache. Vom Moment der Lexemkonstitution herdatierend "sorgt er dafür", daß die jeweils konstituierte Lexembedeutung ("das Band zwischen den Worten und den Dingen"[759]) in Geltung bleibt, um die Möglichkeit reibungsloser Kommunikation zu gewährleisten. Dieser wirkliche Tradierungsprozeß spielt sich nicht in einem abstrakten System ab, sondern da, wo Sprache wirklich gesprochen wird; und das ist, Adelung zufolge, nirgends anders als in den Mundarten, den Dialekten.

Wird nun sogleich entrüstet zurückgefragt : Es gibt doch faktisch eine Leitvarietät bzw. Standardsprache und deren Sprachgebrauch - was auch von Adelung nicht geleugnet wird - müßte dann nicht dieser Sprachgebrauch im Fall einer Divergenz der Sprachgebräuche der Dialekte das entscheidende, letzte Urteil sprechen können? so antwortet Adelung mit nein; und dies aus zwei Gründen.

Zunächst einmal formal argumentierend : Adelung Definition zufolge ist der Sprachgebrauch der "höchste Gesetzgeber (...), von welchem keine weitere Appellation Statt findet."[760] Folglich *kann* über dem Sprachgebrauch (eines Dialektes) gar kein anderer Sprachgebrauch (der Standardsprache) stehen; er wäre denn nicht Sprachgebrauch, und es wäre von den Fundierungsverhältnissen her eine ganz anders zu denkende und terminologisch zu bezeichnende Struktur.

Sodann : Zweifellos besitzt die Standardsprache ihren eigenen Sprachgebrauch; aber dieser hat deswegen nicht schon den Status eines allgemeinen Sprachgebrauches auf einer Meta-Ebene *über* den Sprachgebräuchen der Dialekte der einzelnen Provinzen. Sondern er ist Sprachgebrauch *eines* Dialektes wie die übrigen auch, nur daß dieser - das Obersächsische - zusätzlich die Funktion der Leitvarietät einnimmt. Er ist primus inter pares.

Daher kann Adelung resümierend von dem "allgemeinen Sprachgebrauch als von einem Schein sprechen, "(...) der bey der geringsten Auf-

---

[758] Styl 1 68, 1 - 2
[759] Vgl. Styl 1 9, 27 - 31 und vorliegende Arbeit S. 157.
[760] Styl 1 67, 1 - 3

lösung der Begriffe verfliegt, und nichts als ein Hirngespinst zurückläßt."[761]
Adelung parallelisiert das diskutierte mutmaßliche Verhältnis eines "allgemeinen Sprachgebrauchs" zu demjenigen der Dialekte mit dem genealogischen Verhältnis der hypothetischen adamitischen Ursprache zu den lebendigen, faktisch noch gesprochenen Sprachen. "So wenig es eine noch vorhandene allgemeine Sprache gibt, und geben kann, aus welcher alle übrige Sprachen der Welt oder auch nur eines Welttheiles hergeflossen wären, so wenig gibt es auch in einer Sprache eine solche allgemeine Mundart, zu welcher sich die übrigen als Töchter verhielten und deren Sprachgebrauch der Probierstein und das Aichmaß aller übrigen seyn müßte."[762] Adelung lehnt nicht die Denkfigur einer solchen Ursprache ab; ohne Zweifel *muß* es eine solche irgendwann einmal gegeben haben; was er ablehnt, ist zunächst deren Rekonstruierbarkeit, und dann in unserem Zusammenhang die hypostasierende Setzung einer solchen Ursprache als einer faktisch vorhandenen - so wie im Mittelalter gefragt worden war, welche der vorhandenen Sprachen Latein, Griechisch, Hebräisch denn mit der Ursprache identisch sei.

Daraus ergibt sich : Freilich muß Adelung implizit eine deutsche Stammsprache[763] annehmen. Diese muß es irgendwann einmal gegeben haben, in einem Moment, als das sie sprechende Volk noch nicht "einigen Umfang"[764] besaß. Wäre dem nicht so, so wäre die Einheit der Sprache, die doch, bei allen dialektalen Varianzen und trotz ihrer, sich durchhält, vollständig unerklärlich. Nicht nur aber, daß diese Sprache uns nicht rekonstruierbar ist; sobald sie einmal da ist, in einem bestimmten Moment der Sprachentwicklung, zerfällt sie sogleich in Dialekte. Adelung lehrt, daß jede Sprache, sobald sie vorhanden ist, wieder zerfällt; und das ist ein permanenter Prozeß; Sprache ist in einem permanenten Zerfallensprozeß[765] begriffen. Auf diesen Punkt wollte Adelung mit dem Vergleich der deutschen Sprache mit der Ursprache hinweisen : sobald diese da ist, zerfällt sie in Einzelsprachen; diesen Zerfallensprozeß hat sie mit der deutschen Sprache, mit jeder Sprache, ja sogar auch mit jedem einzelnen Dialekt, sobald er einmal da ist (Zerfallen der Dialekte in Ortsmundarten), gemeinsam. Es ist nur die Frage, wie Adelung diese Denkfigur mit seinem Gedanken des permanenten kulturellen Fortschrittsprozesses konsistent denken will. Ein Argumentationsangebot wäre, daß er Zerfall als Differenzierung begreift : "(...) wobei

---

[761] Styl 1 68, 25 - 27
[762] Styl 1 68, 27 - 69, 3
[763] Von einer solchen spricht Adelung Styl 1 71, 23.
[764] Styl 1 41, 2
[765] Natürlich ist der Ausdruck "Zerfall" hier nicht pejorativ intendiert, sondern er bezeichnet terminologisch den Differenzierungsprozeß der Dialekte.

heute zumeist eine ausgefaltetere Differentiationsstufe auch als 'höher' bewertet wird."[766]

Sobald ein Volk als Träger einer Sprache sich konstituiert hat, beginnt sogleich der Differenzierungsprozeß; das Movens hierbei ist die Verteilung des Volkes im Raum[767], sobald die Individuen nur weit genug voneinander entfernt leben, werden sich ihre Sprachverwendungen bald unwillkürlich mehr und mehr unterscheiden. Hier spielt Adelungs Denkfigur des Conventionellen hinein; wie es für alles in der Sprache verantwortlich ist, so auch für den Differenzierungsprozeß der Dialekte. Adelung faßt diesen Zusammenhang so zusammen : "Die Mundarten entstehen immer mit der Nation und ihrer Ausbreitung selbst, vermittels der localen und conventionellen Umstände ihrer gesellschaftlichen Verbindung (...)."[768] Aus solcher Gleichrangigkeit der Dialekte hinsichtlich ihrer Genese ergibt sich dann auch die Nichtigkeit eines prätendierten allgemeinen Sprachgebrauchs : "(...) so wenig sich bey einer zahlreichen Nation ein Stamm annehmen läßt, von dem alle übrige Provinzen ausgegangen wären, so wenig läßt sich auch eine solche allgemeine Sprache annehmen (...)."[769]

8.9. Spezifikation des Sprachgebrauchs und des Conventionellen

Die Diskussion des (prätendierten) allgemeinen Sprachgebrauches hat gezeigt : Es gibt nicht "den" Sprachgebrauch, sondern jeder Dialekt hat seinen spezifischen Sprachgebrauch. Jedoch Adelung geht über diese These hinaus : Nicht nur die Varietäten Dialekte haben jeweils einen spezifischen Sprachgebrauch, sondern dies trifft für jegliche Varietät, mit der ihr zugeordneten Sprechergruppe, zu. So etwa die Sprache der Dichter : "Dahin gehöret auch der noch bey den Dichtern übliche Gebrauch (...)."[770] Ein solcher "dichterischer" Gebrauch besteht z.B. darin, "(...) jede, auch noch so vornehme Person mit du anzureden (...)."[771] Adelung diskutiert als einen spezifischen Sprachgebrauch (und zwar hier als den eines spezifischen *Stiles*) intensiver den "Sprachgebrauch des Komischen"[772]. Dieser Sprachgebrauch des Komischen resultiert, wie jeglicher Sprachgebrauch, aus der komplexen Situation bestimmter konstitutiver Strukturen : "(...) welcher von dem ganzen Gange des Geistes, nicht bloß eines Volkes, sondern auch jeder Classe desselben und jedes

---

[766] Müller/Halder, Kleines Philosophisches Wörterbuch, S. 88 (Stichwort "Fortschritt")
[767] Das sog. "Bevölkerungstheorem". Vgl. vorliegende Arbeit S. 74.
[768] Styl 1 69, 3 - 6
[769] Styl 1 69, 6 - 10
[770] Styl 2 280, 16 - 17
[771] Styl 2 280, 17 - 18
[772] Styl 2 214, 9

Zeitalters, und von tausend zufälligen und localen Umständen abhängt (...)."[773] Es finden sich also die Strukturen der Soziolektalität (der Herr lacht über etwas anderes als der Knecht) und der Historiolektalität (im Mittelalter wurde über etwas anderes gelacht als in der Neuzeit). Auch fehlt nicht die für Adelung bedeutsame Struktur des Lokalen. Hingegen fehlt merkwürdiger Weise die sonst von ihm nie unterschlagene Struktur der Dialektalität (der Schwabe lacht über etwas anderes als der Obersachse). Allerdings wäre zu fragen, und das ist viel wichtiger, ob dasjenige Phänomen, das Adelung als "Sprachgebrauch des Komischen" bezeichnet, primär ein linguistisches oder nicht vielmehr doch ein primär soziologisches ist. Dann ergäbe sich aus dieser strukturellen Parallele, daß die Individuen in der Sozialisation soziale Strukturen in vergleichbarer Weise einüben, wie sie im Spracherwerb die sprachlichen Strukturen einüben. Und dies wäre ein weiterer Beleg für Adelungs kulturhistorisches Äquivalenztheorem : dem strukturellen Zusammenhang von Kultur (bzw. Gesellschaft) und Sprache. Aus der strukturell notwendigen Grund=losigkeit des Sprachgebrauchs (als einem letzten Phänomen) ergibt sich die Notwendigkeit der Einübung in der Sozialisation : "(...) und von welchem sich denn weiter kein Grund angeben läßt, daher er bloß durch Geschmack und Uebung erlernt werden muß."[774] Neben der Übung steht der bei Adelung bedeutsame *Geschmack* als vermittelnde Instanz. Jedoch bleibt der Unterschied festzuhalten, daß der Sprachgebrauch des Komischen nur vermittelt werden kann aufgrund der Fundiertheit auf einem bereits vorhandenen generellen Sprachgebrauch.

So wie der Sprachgebrauch, so hat auch das *Conventionelle*, das wir als Vorbegriff des Sprachgebrauchs kennengelernt hatten[775], seine - bestimmten Sprechergruppen korrespondierende - Spezifikation. Ja, der Rekurs auf das Conventionelle macht erst begreiflich, warum jeglicher Sprachgebrauch im Modus der Spezifikation sein *muß*. Das Conventionelle ist die komplexe (gesellschaftliche) Situation im Zusammenwirken aller relevanten Strukturmomente. Da jede Sprechergruppe ihre spezifische Situation besitzt, so hat sie zugleich ihr spezifisches Conventionelles und damit ihren spezifischen Sprachgebrauch. Das Conventionelle ist spezifiziert nach Nationen, sozialen Klassen und historischen Epochen zu denken. Adelung bringt die Strukturmodifikationen des Nationellen, des Sozialen und des Historischen zusammen, wiewohl mit stark affektiven Invektiven gegen die unteren Klassen : "Soll das Neue einigen Werth haben, so muß es aus dem schönen Conventionellen der Nation selbst hergenommen werden, nicht aus dem Conventionellen ihres Auswurfes

---

[773] Styl 2 214, 9 - 13. - Diese komplexe Situation bestimmt Adelung als das Conventionelle. Vgl. vorliegende Arbeit S. 163 - 166.
[774] Styl 2 214, 13 - 16
[775] Vgl. vorliegende Arbeit S. 163 - 166.

oder des Pöbels, noch aus dem ihr fremden Conventionellen entfernter Zeiten und Zonen (...)."[776]

Es folgen einige Zitate, in denen die notwendige Spezifikation des Conventionellen zum Ausdruck kommt. Adelung vergleicht Gleichnisse Homers mit solchen seiner eigenen Gegenwart und schließt daran die allgemeine Betrachtung über das Conventionelle : "Homer (...) kann uns hier nicht zum Muster dienen, weil die Begriffe dessen, was edel und unedel ist, mit zu dem Conventionellen gehören, welches bey jeder Nation anders gestimmt ist."[777] Sprachliche Strukturen müssen aus "dem Conventionellen jedes Volkes hergeleitet (...) werden, in dessen eigenthümlichen Umständen immer diejenigen Verhältnisse gegründet sind, welche es nur allein leicht und klar empfinden kann."[778] Also auch das Empfinden in seiner Spezifizität ist fundiert im spezifisch nationellen Conventionellen. "(...) hier zeigt sich das Conventionelle zuerst, indem fast jede große Nation hierin ihr eigenes hat."[779] Die Differenz eines fremden Conventionellen zu unserem : "(...) weil das Conventionelle (...) von dem unsrigen ganz verschieden ist (...)"[780] Das sozial spezifizierte Conventionelle : "das Conventionelle der unteren Classen"[781].

8.10. Konstitution des Sprachgebrauchs

Adelung fragt nach der Konstitution des Sprachgebrauches. Dies ist evident eine andere Frage als die nach der Konstitution einzelner Lexeme. In der Diskussion der Sprachursprungshypothese hatte Adelung aufgezeigt, wie die frühen rohen Spracherfinder Lexeme konstituiert haben. Die Diskussion der Konstitution des Sprachgebrauchs als einer *Struktur* hingegen muß aufzeigen, wie die normative Geltung von Lexembedeutungen und syntaktischen Strukturen als eine solche zustande kommt. Wenn Adelung den Sprachgebrauch metaphorisch als "Band zwischen den Worten und Dingen"[782] bestimmt hatte, so ist die Frage, wie dies Band - als solches, und nicht primär die durch es verbundenen Strukturelemente - konstituiert wurde. Was den formalen Modus betrifft, so hat Adelung bereits vom "stillschweigend errichteten

---

[776] Styl 1 541, 23 - 28. - Adelung tut hier seinen sozialen Vorurteilen keinen Zwang an; heute wäre das nicht mehr angängig, denn wir sind sensibilisiert durch Soziologie, Ideologiekritik, Marxismus und namentlich, was das im engeren Sinn Linguistische anbetrifft, durch die Diskussion um die Soziolinguistik.
[777] Styl 1 375, 1 - 6
[778] Styl 2 291, 27 - 31
[779] Styl 2 292, 7 - 8
[780] Styl 2 298, 24 - 25
[781] Styl 1 218, 7
[782] Vgl. vorliegende Arbeit S. 163.

Gesetze"[783] des Sprachgebrauchs gesprochen. Dies will sagen : Der Sprachgebrauch, wiewohl er expressis verbis als *Gesetz*, also als normativ verpflichtend qualifiziert wird, ist alles andere als laut tönend und explizit, wie die Lexemkonstitutionen als solche es sind, sondern er ist leise-unaufdringlich, und d.h. implizit, in diesen impliziert. Wittgenstein würde sagen : "Das Unaussprechliche ist, - unaussprechlich - in dem Ausgesprochenen enthalten."[784] "Ausgesprochen" bedeutet hier sowohl "explizit" wie "mündlich geäußert".

Noch nicht ist expliziert, welches geschichtliche Subjekt derart den Sprachgebrauch als solchen konstituiert hat. Hierauf antwortet Adelung : es "(...) hat jedes Volk durch stillschweigende Einwilligung das Gesetz gemacht, daß sein einstimmiger und allgemeiner Gebrauch[785] die höchste Vorschrift in seiner Sprache seyn soll (...)"[786]. Jedoch noch bevor Adelung den Satz schließt, korrigiert er sich : "(...) oder vielmehr, dieses Gesetz folgt aus dem Begriffe eines Volkes und einer Sprache auf die natürlichste und ungezwungenste Art von selbst."[787] Adelung ist zu dieser Korrektur genötigt, damit das strukturell-notwendige Moment in der Konstitution des Sprachgebrauchs gegenüber dem willkürlichen Moment mehr hervortritt. Eine "stillschweigende Einwilligung", das klingt, als könne es sich möglicherweise auch konträr verhalten; jedoch muß es sich zwingend so verhalten. Auch der Vergleichsfall der Rousseauschen Konzeption des Gesellschaftsvertrages intendiert ja nicht eine historisch-reale willkürliche Absprache, sondern eine in so etwas wie Gesellschaft notwendig implizierte Struktur; *Kant* hebt dies hervor, wenn er über den Gesellschaftsvertrag schreibt, er sei " (...) eine bloße Idee, die aber ihre unbezweifelte (praktische) Realität hat."[788] So auch hier bei Ade-

---

[783] UL 98, 32
[784] L. Wittgenstein, Briefe an Engelmann 6, zitiert nach Wuchterl/Hübner, S. 7
[785] Bisweilen sagt Adelung für "Sprachgebrauch" einfach nur "Gebrauch". Mitunter verwendet er die Poylsemie dieses Ausdrucks "Gebrauch" zu bewußtem Spiel. So schreibt er : "Der Gebrauch solcher Formen und Ausdrücke, welche der Gebrauch aus der Sprache des kalten Verstandes ausgeschieden, und ausdrücklich für den lebhaftern Ausdruck aufgesparet hat, weil sie mehr Anschaulichkeit, oft auch nur mehr Kürze haben, als der kaltblütigen Sprache des Verstandes angemessen ist; sollte diese Anschaulichkeit auch nur in einer größeren Fülle des Mundes bestehen."(Styl 2 284, 25 - 285, 3) Der Ausdruck "Gebrauch" wird zuerst im einfachen Sinn von Verwendung, Vorkommen, verwendet, dann im eminenten Sinne des spezifisch Adelungschen Terminus "Sprachgebrauch". Diese gedoppelte Verwendung des Ausdrucks "Gebrauch", die bei ersten Lesen dieser Stelle ein wenig verwirrend wirken kann, soll wohl anzeigen, daß die Struktur des Sprachgebrauchs fundiert ist im faktischen Sprache-Gebrauchen durch die Individuen und nur in diesem real wird.
[786] UL 100, 32 - 35
[787] UL 100, 35 - 101
[788] I. Kant, Über den Gemeinspruch : Das mag in der Theorie richtig sein, taugt aber nicht für die Praxis, Werke Bd. 9, S. 153

lung hinsichtlich der Begriffe der Gesellschaft und der Sprache. Diese Begriffe implizieren die unexplizite "stillschweigende" gesellschaftliche Kontrolle über Verwendung von Lexemen sowie syntaktischen und anderen sprachlichen Strukturen. Keine Gesellschaft (Volk) und keines der an ihr partizipierenden Individuen könnte sein ohne die ökonomischen Strukturen und ohne Sprache, die zu deren Vermittlung notwendig ist; Sprache wiederum könnte nicht sein ohne soziale Kontrolle. Gesellschaft (Volk) wird durch Sprache konstituiert, und Sprache wird durch soziale Kontrolle gesichert. Eine wechselseitige Abhängigkeit - wobei indes die Art der Abhängigkeit strukturell differiert. Die soziale Kontrolle von Sprache ist permanent vorhanden, aber sie tritt allermeist nicht hervor, solange nämlich die Sprachverwendung durch die Individuen korrekt ist. Das Moment des Stillschweigens liegt demzufolge nicht nur in der Genese dieser Struktur, sondern ebenso in ihrem Walten (Infunktionstehen). Erst wenn einer dagegen verstößt, wird ihm gesagt : "So kannst du nicht sagen, so sagt man nicht." Diese Struktur (keine andere als die des Sprachgebrauchs), ist, obschon stillschweigend, so mächtig, daß Adelung in diesem Zusammenhang anspielen kann auf die Formel "Caesar non supra grammaticos." "Es (das Volk) hat auch zu allen Zeiten so kräftig über die Beobachtung dieses Gesetzes gewachet, daß selbst Monarchen nicht mächtig genug gewesen, auch nur die geringsten Änderungen in einer Sprache einzuführen (...)"[789]

Sogleich jedoch wendet sich Adelung gegen den auf der Lauer liegenden Einwand : wenn der Sprachgebrauch so sehr gleichsam zementiert wäre, wäre so der dem kulturellen Fortschrittsprozeß korrespondierende Sprachprozeß verunmöglicht? Er antwortet : "Daraus folget aber nicht, daß eine Sprache, wenn sie einmahl erfunden und nothdürftig ausgebildet worden, nunmehr unveränderlich sey. Sie wird verbessert durch das Wachsthum einer Nation in Kenntniß, Geschmack und Sitten (...)"[790] Dies sind kulturelle Faktoren, die dem Kollektiv (dem Volke) als solchem eignen; nicht aber wird Sprache modifiziert durch die Bemühungen fürwitziger Individuen - ein Sachverhalt, auf den hinzuweisen Adelung nicht müde wird. Sprache wird modifiziert "(...) nicht aber durch die Bemühungen einzeler Glieder, deren Einsichten und Einfälle immer nicht das Verhältniß zum Ganzen haben, daß sie die verlangte Wirkung hervor bringen könnten."[791] - In diesem Zusammenhang jedoch ist gegenüber Adelung *kritisch* anzumerken, daß er den *strukturellen* Unterschied illegitimer und legitimer "Sprachneuerungen"[792] nicht deutlich genug herausstellt.

---

[789] UL 101, 3 - 7
[790] UL 101, 10 - 15
[791] UL 101, 15 - 18
[792] UL 101, 25

9. Verstehen und Begeisterung

9.1. Verstehen

Adelung kann nicht umhin, in der Explikation seiner Sprachkonzeption auch das menschliche *Verstehen* zu thematisieren. Wenn er dies tut, so bewegt er sich auch hier im Kategoriensystem seines epistemologischen Modells. Ein sprachlicher Ausdruck besitzt qua Zeichen einen Grad an Klarheit bzw. ein Maximum möglicher Klarheit, wobei Adelung eine graduelle Steigerung von der "Interjection" bis zum "Wort" annimmt. Der Grad der Klarheit eines Ausdrucks ist, genau genommen, der Grad der Klarheit der Vorstellung, der er korrespondiert. Wird der Ausdruck von einem Hörer perzipiert (bzw. in Adelungs Terminologie "empfunden"), so erzeugt er seinerseits im Hörer wiederum Vorstellungen mit verschiedenem Grad von Klarheit. Dieser strukturelle Zusammenhang sei, aufgrund der hier vollzogenen Thematisierung des Verstehensphänomens, interpretierend als Adelungs "hermeneutisches Modell" bezeichnet. Bei Adelung selbst kommt dieser Terminus nicht vor.

Die Konzeption des Verstehensprozesses bei Adelung ist gänzlich schematisch. Der Sender hat eine Information "in seinem Kopf", die im sprachlichen Ausdruck gleichsam verpackt und transportiert wird, um beim Rezipienten als dieselbe Botschaft evoziert, reproduziert zu werden. Diese ganz mechanistische, Kreativität und Phantasie unterschlagende Konzeption des Verstehens impliziert : der Empfänger der Botschaft *kann gar nicht anders*, als diese so zu verstehen, wie der Sender sie intendiert hat, sofern dieser nur die Zeichen für die Botschaft adäquat gewählt hat. Diese Konzeption läuft in letzter Konsequenz geradezu auf Gewalttätigkeit hinaus[793]. So schreibt Adelung : "Der Leser muß den Ausdruck nicht bloß verstehen können, wenn er will, sondern der Verstand muß ihm auch wider seinen Willen in die Augen leuchten, und sich ihm gleichsam aufdringen."[794] Aufdringlich, nicht wahr? Der Leser (Rezipient) wird im Verstehensprozeß, Adelung zufolge, übermächtigt. Das Selbernachdenken hingegen, die notwendige Bedingung produktiven Verstehens, wird von Adelung abgewertet, und zwar sozusagen ästhetisch : "Muß man erst über ihn (den Ausdruck) nachdenken, ehe man ihn verstehen kann, so wird er nicht lange gefallen; (...)"[795] (Um allerdings Adelung gerecht zu werden, sei darauf hingewiesen, daß aus den Prä-

---

[793] Auffallend ist immer wieder die Tendenz zum gewalttätigen Ausdruck in Adelung. So auch im Zusammenhang mit Zeichenstiftung und Lexemkonstitution. "Auf sie (die Spracherfinder) wirkte sie (die Ähnlichkeit) so stark, daß sie ihnen auch wider ihren Willen den Laut abgepresset haben würde, welche der Name des Dinges ward."(Styl 1 10, 3 - 6)
[794] Styl 1 151, 15 - 18
[795] Styl 1 151, 21 - 23

missen seines hermeneutischen Modells auch durchaus konträre Schlüsse gezogen werden können und daß er dies faktisch getan hat. Klare Vorstellungen beim Sender sind Bedingung der Möglichkeit des Nachdenken(können)s beim Rezipienten. Das Nachdenken wird gelobt : "Da sie (die Sender) alsdann keine klaren Vorstellungen haben, so ist es auch unmöglich, daß der Leser etwas dabei denken kann (...)"[796]. Dies soll zeigen, daß Adelungs System keineswegs so überaus konsistent ist, wie es den Anschein macht, sondern daß sich gelegentlich durchaus Brüche und Widersprüche auftun.)

Adelung denkt konsequent in der Metaphorik des modernen linguistischen Kommunikationsmodells. Hie Sender, da Empfänger, der Kanal ist die Sprache. In diesem Sinne definiert er den "Ausdruck" : "Der Ausdruck ist nur das Medium oder der Zwischenkörper, durch welchen die Vorstellungen gesehen werden; dieser muß den möglichsten Grad der Klarheit haben, wenn jene in ihrer vorteilhaftesten Gestalt auftreten sollen."[797] Das "nur" scheint den Ausdruck herabzusetzen zum "bloßen Ausdruck". Adelung affirmiert ganz dezidiert diejenige Sprachkonzeption, für die Sprache nicht eine eigenständige, ontologisch relevante Entität ist, sondern bloß Ausdrucksmittel ist für etwas anderes, wie Vorstellungen, Emotionen etc. J.P. Sartre vertritt den Gedanken : Sprache ist ein Glas, durch das wir die Dinge wahrnehmen.[798] - Bzw. ex negativo, kann es gar zu einer Kollision zwischen Ausdruck und Gegenstand kommen : "Hindert das Medium, d.i. der Ausdruck, den an sich dunklen Gegenstand gehörig zu erkennen, so wird die hohe Empfindung geschwächt und die Absicht des Schriftstellers vereitelt, denn alle Aufmerksamkeit, welche der Leser auf den Ausdruck richten muß, wird dem Gegenstand entzogen."[799] Der sprachliche Ausdruck wird demzufolge als bloßes *Medium* aufgefaßt, er trägt nichts Eigenes zur Erkenntnis bzw. zum Verstehen[800] bei. Die Erkenntnis durchläuft ihn wie einen Kanal. Und dieser Kanal kann, was das Erkennen betrifft, kontraproduktiv werden, wenn er sich zu sehr aufspreizt. Die Aufmerksamkeit des Lesers, als quantitativ begrenzte Größe in einem psychischen Haushalt vorgestellt, wird durch den Ausdruck auf diesen selbst gezogen und so vom Gegenstand (dem vermittels des sprachlichen Ausdrucks eigentlich zu Erkennenden) abgezogen. Adelung argumentiert an der diskutierten Stelle also nicht

---

[796] Styl 1 130, 16 - 18
[797] Styl 1 157, 22 - 26
[798] Vgl. J.-P. Sartre, Was ist Literatur?, S. 17 u. S. 28 passim
[799] Styl 2 170, 13 - 18
[800] "Erkenntnis" und "Verstehen" werden im diskutierten Kontext, von der Sache her, synonym gebraucht. Freilich besteht ein nicht zu unterschlagender Unterschied. Ganz grob gesprochen, kann *Verstehen* als diejenige Form des Erkennens angesehen werden, die sich auf sprachlich verfaßte Texte bezieht; wohingegen das *bloße Erkennen* sich primär auf außersprachlich-unmittelbar gegebene Gegenstände (etwa Gegenstände der Physik) bezieht.

genuin transzendental-erkenntnistheoretisch (epistemologisch), sondern vielmehr erkenntnispsychologisch : es ist die mangelnde psychische Aufmerksamkeit des Subjekts, nicht transzendentale Erkenntnisbedingungen (Anschauungsformen, Kategorien, Ideen im Sinne *Kants*), die in diesem Falle Erkenntnis hindert bzw. mindert.

"(...) das erste Gesetz der Klarheit erfordert, daß der Sprechende alle die Vorstellungen bestimmt und deutlich ausdrücke, welche er dem Leser beybringen[801] will."[802] Ist das denn nötig? Der Leser ist doch nicht so imbezil, daß ihm alles expressis verbis vorgelegt werden muß, was er verstehen soll. Besteht nicht ein Reiz namentlich poetischer Texte im Verschweigen, Andeuten, Anheimstellen, Ahnenlassen, Erratenlassen?

Adelung, so scheint es, denkt das Verstehen des Empfängers (Lesers) in sklavischer Abhängigkeit von den Vorgaben des Senders (Schriftstellers). Folglich müssen aus Kommunikationsstörungen seitens des Senders mit Notwendigkeit auch Kommunikationsstörungen auf der Seite des Empfängers resultieren. So schreibt er :"(...) das Unbestimmte und Schwankende (ist), wenn die zur möglichsten Klarheit nothwendigen Merkmahle entweder gar nicht oder klar genug angegeben sind, daher die Vorstellung bey dem Leser auch nicht anders als schwankend und unbestimmt werden kann."[803]

Schließlich sei noch auf eine merkwürdige Stelle hingewiesen. Adelung schreibt : Es ist Pflicht des Schriftstellers, "(...) seine Ausdrücke so zu wählen, daß gerade diese Vorstellungen erwecket werden, andere aber moralisch unmöglich bleiben."[804] Dies ist, durch die unerwartbare Verwendung des Attributs "moralisch", eine durchaus bedenkenswerte Modifikation des Adelungschen hermeneutischen Modells.

Zusammenfassend kann hinsichtlich des Adelungschen hermeneutischen Modells *kritisch* gesagt werden : Es unterschlägt vollständig die produktive, phantasievolle, spontane Funktion genuinen Verstehens. Der Rezipient bringt doch auch sich selber ein im Verstehensprozeß, sein Vorwissen, seine Interessen, seine ganze geistige Welt.

9. 2. Begeisterung

Adelung kennt darüberhinaus ein Modell, das auffallende formale Parallelen zum eben diskutierten hermeneutischen Modell aufweist. Wir wollen es als *Begeisterungs-Modell* bezeichnen. Er führt es folgendermaßen ein :

---

[801] Man beachte die schöne Doppeldeutigkeit in "beybringen". Zum einen bedeutet es "lernen lassen", zum anderen "vermitteln, übermitteln".
[802] Styl 1 139, 28 - 31
[803] Styl 1 183, 10 - 15
[804] Styl 1 142, 6 - 8

Adelung definiert das "Interesse des Styles (...), wenn er (...) geschickt ist, Empfindungen und Gemüthsbewegungen bey andern zu erwekken."[805] Er ist der theoretischen Überzeugung, daß ein Schriftsteller zur Erweckung einer Emotion im Leser vermittels des Stiles in der *selben* Emotion sich befinden muß. Den Mechanismus stellt Adelung sich dergestalt vor, daß die Emotion (des Schriftstellers) im von ihm produzierten sprachlichen Ausdruck gleichsam aufbewahrt wird, welcher seinerseits wiederum ebendieselbe Emotion (des Lesers) evoziert. "(...) da dem Schriftsteller oft daran gelegen ist, Empfindungen und Gemüthsbewegungen bey seinen Lesern zu erwecken, so muß er sich auch der Sprache bedienen, welche der Seele in diesem Falle eigen ist, oder vielmehr, wenn er, wie seine Pflicht ist, selbst in derjenigen Gemüthsbewegung befindet, welche er bey andern zu erregen sucht, so wird sich dieser Ausdruck von selbst bey ihm einstellen."[806] Ist diese Parallele zwischen der Emotion des Senders und der des Rezipienten faktisch realisiert, so spricht Adelung von *Begeisterung*. Der Ausdruck ist dabei streng formal zu lesen; er bezieht sich bei Adelung nicht nur auf positive Emotionen wie die "Begeisterung" im engeren Sinne, sondern schließt auch negative Emotionen wie etwa die Traurigkeit ein. Der Ausdruck "Begeisterung" kann in doppelter Weise sinnvoll gelesen werden. Der Sender (Schriftsteller) muß selbst begeistert sein, um in erwünschter Weise auf den Rezipienten einzuwirken; und : wird auf den Rezipienten dergestalt eingewirkt, so wird er (im formalen Sinne) begeistert sein.

Die präzise Adelungsche Definition der Begeisterung lautet : "Soll eine ausgedruckte Gemüthsbewegung (...) die nöthige Wahrheit haben, so daß sie eine ähnliche Bewegung bey andern hervor bringen kann, so muß sich der Schriftsteller vorher selbst in dieselbe zu versetzen suchen. Si vis me flere, dolendum est primum ipsi tibi. *Horat.* Dieser Stand der künstlich erregten Gemüthsbewegung, doch ohne die erhitzte Einbildungskraft auszuschließen, nennet man die Begeisterung (...)"[807] Adelung liefert die Etymologie dieser Bezeichnung, indem er zurückgeht auf den "ehemaligen, noch rohen Stand(e) der Cultur, da man alle unbegreifliche Erscheinungen der unmittelbaren Wirkung eines Gottes zuschrieb (...)."[808]

Adelung erläutert die Struktur der Begeisterung an einem Beispiel, sowohl was die Art des Stils als was die Art der zu vermittelnden Emotionen betrifft. "Die vertrauliche Schreibart ist diejenige Art des Aus-

---

[805] Styl 1 457, 24 - 26
[806] Styl 1 457, 15 - 23
[807] Styl 2 128, 19 - 28
[808] Styl 2 128, 28 - 129, 1. - Götterglauben ist dem Aufklärer Adelung zufolge dem primitiven Kulturzustand zuzuordnen. Wie steht es aber mit dem Gottesglauben? Hier sind die Äußerungen des Pfarrerssohns zum mindesten zweideutig. Vgl. das Kapitel über Adelungs Theologie, vorliegende Arbeit S. 229 - 232.

druckes, deren man sich bedienet, so oft man mit Vertrauen auf des andern Liebe und Wohlwollen spricht oder schreibt, und diese Empfindung auch durch den Ausdruck auch bey andern zu erwecken sucht."[809] Diese Art von Ausdruck schwebt sozial nicht "in der Luft", sondern ist fundiert in einer bestimmten sozialen Befindlichkeit : "Das Vertrauen setzt eine Art von Gleichheit voraus, daher diese Art des Ausdruckes so wohl unter Freunden[810] vom Geschmacke[811] im gesellschaftlichen Umgange Statt (...)."[812] "Gesellschaftlich" wird hier ersichtlich nicht im Sinne "auf die gesamte Gesellschaft bezogen" verwendet, sondern hinsichtlich der "feinen" Gesellschaft bzw. des geselligen Miteinanderseins innerhalb ihrer. [813]

Es folgen einige kurze Zitate, die illustrieren sollen, wie Adelung die von ihm diskutierte Denkfigur der Begeisterung sprachlich ausdrückt. "(...) wo feyerliche Empfindungen höherer Art erreget werden sollen (...)"[814] - "(...) daß sie selbst von der Empfindung nicht lebhaft durchdrungen waren, welche sie doch durch ihren Styl erwecken wollten."[815] - "Es ist daher nothwendig, daß alles abgeschnitten werde, was die Empfindung, welche der Schriftsteller erwecken will, nicht unterstützet."[816] - Der Struktur der zu evozierenden Empfindungen korrespondiert die Struktur des Stiles : "Der höhere Styl soll hohe Empfindungen einflößen (...).[817]

In der Diskussion der *Rede* wird die formale Denkfigur der Begeisterung schließlich ausgeweitet auf den intellektuellen Bereich, soweit er emotional fundiert ist; was dort von der *Empfindung* gesagt wurde, wird nun auch von der *Überzeugung* gesagt : "(...) die Begeisterung (...)

---

[809] Styl 2 11, 18 - 22
[810] Vgl. die Freundschaftskultur der Romantik.
[811] Hier ersichtlich eine soziale Funktion des Adelungschen Zentralbegriffs des *Geschmacks*.
[812] Styl 2 11, 22 - 12, 2
[813] Adelung besitzt ein feines Gespür dafür, daß solche Gleichheit im Sinne der zweiten Forderung der Französischen Revolution, der "égalité", in der feudalen Gesellschaft des Deutschlandes seiner Gegenwart alles andere als realisiert war und somit durchaus den Charakter einer Utopie besaß. Daher kann er schreiben : "Die wahre oder angenommene Gleichhheit befreyet diese Art des Ausdruckes von manchem Zwange, welchen die feyerliche und ernste Würde in andern Verhältnissen (Verhältnisse stets als gesellschaftliche Verhältnisse zu lesen) erfordert."(Styl 2 12, 7 - 10)
Die Verwendung des Adjektivs "gesellschaftlich" bei Adelung ist polysem. "Der gewöhnliche Ausdruck des gesellschaftlichen Lebens" (Styl 2 12, 11) ist lesbar als "bezogen auf Gesellschaft überhaupt" oder als "gesellschaftliches Umfeld des jeweiligen Individuums".
[814] Styl 2 330, 11 - 13
[815] Styl 2 25, 11 - 14
[816] Styl 2 52, 13 - 16
[817] Styl 2 43, 7 - 8

ist aber in einem gewissen Grade einem jeden Schriftsteller, und besonders dem Redner nothwendig. Allein sie muß sich bey ihm nicht bloß auf die Empfindungen, sondern selbst auf die Ueberzeugungen erstrecken. Er muß daher von demselben fest überzeugt seyn, wovon er andere überreden will."[818] Damit ist das psychologische Modell des Menschen komplettiert, und das in doppelter Hinsicht : was den Schriftsteller betrifft, so kann er in beiden psychischen Bereichen (Empfindungen/untere Kräfte - Verstand) begeistert sein und auf begeisterte Weise produzieren); und der Rezipient kann in beiden Bereichen angesprochen und begeistert werden.

Zur *Kritik.* Adelung scheint nicht zu sehen, daß das von ihm diskutierte Verhältnis der Emotionen des Schriftstellers und des Lesers seiner Struktur nach *assymetrisch* ist. Die Emotion von jenem *muß nicht* die Emotion von diesem sein und ist es in vielen Fällen nicht. So wird z.B. die Emotion des Hochmuts nicht Hochmut auslösen, sondern Verachtung. Die Bosheit ruft Entsetzen hervor. Die Großmut ruft Dankbarkeit hervor. Oder man denke an einen Massenverführer, etwa einen Goebbels im Sportpalast. Will er seine Zuhörer zu sinnlos-besinnungslosem Taumel hinreißen, so wird er sich nicht demselben hingeben, sondern selber, wie Adelung das ausdrückt, "unter der kaltblütigen Herrschaft der Vernunft"[819] stehen. Es mag sein, daß er sich nach außen hin jenen Anschein geben wird, aber innerlich wird er bedachtsam auf seine Wirkung sein, und es ging ja um die innere Emotion.[820] Adelung verschmiert die strukturelle Differenz in den beiden Emotionen, wenn er undifferenziert schreibt von der Sprache, "(...) die der Seele in diesem Falle eigen ist (...)"[821] Welcher Fall ist genau gemeint : der der Seele des Senders oder der des Empfängers? Und warum die von Adelung gedachte Übereinstimmung der Emotion gar die *Pflicht* des Schriftstellers sein soll, wird nicht plausibel.

Vergleicht man dieses "Begeisterungs-Modell" mit dem zuvor explizierten hermeneutischen Modell, so zeigt sich eine auffallende Parallele. In diesem ist die mentale Instanz des Rezipienten, die angesprochen

---

[818] Styl 2 343, 26 - 344, 3

[819] Styl 1 457, 14 - 15

[820] Gegen diese auch von Adelung vertretene traditionelle Auffassung der emotionalen und erlebnismäßigen Symmetrie von Textproduzenten und Textrezipienten wendet sich in einem poetischen Text - es ist Thomas Manns Roman "Königliche Hoheit" - der Dichter Martini :"'Das alles', sagte Klaus Heinrich, 'ist in der Ichform abgefaßt, in der ersten Person, nicht wahr? Und doch beruht es nicht auf eigenen Einblicken? Sie haben nichts davon wirklich erlebt?'/'Sehr wenig, Königliche Hoheit. Lediglich ganz kleine Andeutungen davon. Nein, die Sache ist umgekehrt die, daß, wenn ich der Mann wäre, das alles zu erleben, ich nicht nur nicht solche Gedichte schreiben, sondern auch meine jetzige Existenz von Grund auf verachten würde. (...)'"(S. 131)

[821] Styl 1 457, 18 - 19

wird, der Verstand; in jenem ist es die psychische Instanz, die Adelung als die unteren Kräfte bezeichnen würde. Sind es in diesem Informationen, die übermittelt und reproduziert werden sollen, so sind es in diesem Emotionen. Die formale Weise der Übermittlung und Reproduktion indes ist in beiden Fällen dieselbe. Dies ist auch der Punkt, wo die Kritik an beiden Modellen gleichermaßen einsetzen muß. Für Adelung ist das rezipierende Verhalten des Empfängers in beiden Fällen gleich : es ist lediglich reproduktiv. Er unterschlägt, handele es sich nun um Informationen oder Emotionen, die aktive, produktive, spontane Rolle genuinen Verstehens. Jedoch der Empfänger kann ganz bewußt *gegen* den Text andenken. Bertolt Brecht schreibt, wenn er den Unterschied des traditionellen und seines epischen Theaters herausarbeitet : "Der Zuschauer des dramatischen Theaters sagt : (...) Ich weine mit den Weinenden, ich lache mit den Lachenden. Der Zuschauer des epischen Theaters sagt : (...) Ich lache über den Weinenden, ich weine über den Lachenden."[822] Insofern muß die Adelungsche Konzeption in diesem Punkt als im Einfühlen sich naiv identifizierend und damit als unkritisch bezeichnet werden.

---

[822] B. Brecht, Das epische Theater, in : Die Stücke in einem Band, S. 986

10. Abstrakte Ausdrücke

10.1. Klarheit, Genese, strukturelles Verhältnis

Von der Thematik des in (9) diskutierten hermeneutischen Modells muß Adelung notwendig zur Problematik der abstrakten Ausdrücke gelangen. Die Frage, die in jenem Modell offen geblieben war, ist : Wenn Vorstellungen einen bestimmten, möglicherweise sogar meßbaren, Grad an Klarheit besitzen und wenn diese Vorstellungen durch den ihnen jeweils korrespondierenden sprachlichen Ausdruck vom Sender zum Rezipienten übermittelt werden, besitzt dann die Vorstellung, die durch das Wort im Bewußtsein (der "Seele", sagt Adelung) des Rezipienten evoziert wird, notwendigerweise den gleichen Grad an Klarheit wie die Vorstellung des Senders; oder, anders gefragt, wird die gesamte darin enthaltene Information übermittelt? Adelung fragt : Es gilt zu "(...) sehen, was in unserer Seele vorgehet, wenn die Wörter einer bekannten Sprache vor ihr vorüber rauschen[823], wenn sie anders gefällig genug ist, sich auf frischer That belauschen zu lassen."[824]

Im Zug der Diskussion dieser Frage sieht Adelung sich genötigt, eine fundamentale ontologische Unterscheidung zu thematisieren, der er im Kontext der Sprachkonzeption letztlich nicht ausweichen kann; er folgt also seiner Gepflogenheit, anläßlich Marginalem Zentrales zu diskutieren. Es handelt sich um die Unterscheidung zwischen Sinnlichem und Unsinnlich-Abstraktem; eine traditionelle philosophische Unterscheidung, bis auf Platon zurückgehend. Adelung führt sie ein als eine vollständige ontologische Disjunktion der Dinge, die unseren Vorstellungen bzw. Ausdrücken korrespondieren; diese Unterscheidung tritt zugleich auf als eine Hierarchisierung. Es gibt sinnliche und unsinnliche "Dinge". Die Anführungszeichen sind erforderlich, da traditioneller Weise die Dinghaftigkeit nur sinnlich-konkretem Seienden zugesprochen wird. Sie unterscheiden sich nach dem Grad der Klarheit, den die ihnen korrespondierenden Vorstellungen bzw. sprachlichen Ausdrücke besitzen. Die *sinnlichen* Dinge sind prinzipiell größerer Klarheit fähig als die unsinnlichen, abstrakten Dinge. Da die Dinge, je nach dem spezifischen Wahrnehmungs-Sinn, mit dem sie perzipiert werden, verschiedener Klarheit fähig sind, kann Adelung innerhalb der sinnlichen Dinge eine zweite, untergeordnete Hierarchie statuieren, wobei er indes nicht angibt, aufgrund welchen Prinzips er die Hierachisierung vornimmt und wie sie zu

---

[823] Ein ersichtlich unglücklich gewählter Ausdruck, denn "Rauschen" scheint Artikuliertheit auszuschließen; und Sprache ist doch, auch Adelung zufolge, artikuliert.
[824] Styl 1 10, 18 - 21 - Die Verwendung des Ausdrucks "Seele" zeigt an : mit dem Diskutierten ist zugleich eine Verstehenspsychologie intendiert.

verifizieren wäre. Am klarsten sind für ihn die Gegenstände[825] des Gesichtssinns, dann folgen die des Gehörs[826] [827]. Die Gegenstände der übrigen Sinne seien "überaus dunkel"[828]. Adelung verzichtet darauf, die Hierarchie innerhalb "der übrigen Sinne"[829] im einzelnen zu bestimmen. Dies wäre gewiß sehr schwierig, wenn nicht gar unmöglich. Ist etwa der Geschmackssinn "klarer" als der Geruchssinn?[830]

Nach der Diskussion der für ihn relativ unproblematischen sinnlichen Dinge geht Adelung zu den unsinnlichen Dingen über. Hinsichtlich der Genese der Bezeichnungen für unsinnliche Dinge statuiert er korrekt, sie seien "insgesamt von sinnlichen entlehnt"[831]. Bezeichnungen geistiger Gegenstände sind chronologisch-ursprünglich *Metaphern* aus dem sinnlichen Bereich. Anstelle Adelungs, der selbst keine Beispiele gibt, seien zwei gegeben. "Begreifen" bedeutet ursprünglich "mit Händen betasten", dann "verstehen"; "Grund" bedeutet ursprünglich und immer noch "Boden", dann "Begründung". "Erst nach lange fortgesetzter Ueberlegung und Abstraction (...)"[832] seien jene, ursprünglich sinnliche Phänomene bezeichnenden, Ausdrücke auf die unsinnlich-mentalen Phänomene übertragen worden. Damit meint Adelung offensichtlich einen Erkenntnisprozeß, aber keinen individuellen, sondern einen kollektiven Erkenntnisprozeß : eine Sprachgemeinschaft (ein "Volk" sagt Adelung) "erringt" sich geschichtlich bestimmte abstrakte Begriffe erst.[833] Dieser

---

[825] Man beachte die feine terminologische Unterscheidung Adelungs. Sofern die Phänomene als unabhängig von den Sinnen gedacht werden, werden sie als "Dinge" bezeichnet; werden sie jedoch gedacht, sofern sie den Sinnen entgegen=stehen, werden sie als "Gegenstände" bezeichnet.

[826] Adelung scheint zu meinen, daß ein bestimmter Gegenstand nur *einem* einzigen Sinn korrespondieren kann. Doch das ist evident falsch. Der Gegenstand, der dem Begriff "Hund" korrespondiert, ist doch Gegenstand sowohl des Gesichtssinns als des Gehörs. Oder man vergleiche die Textzeile der Beatles : "Penny Lane is in my ears and in my eyes." (Lennon/McCartney, Penny Lane, vgl. The Beatles Songbook S. 158)

[827] Hier könnte Adelung ein Bruch in seiner Konzeption *kritisch* vorgehalten werden. Wenn seine Sprachursprungshypothese zutreffend ist, daß die sprachlichen Ausdrücke ursprünglich onomatopoetische Imitationen von Naturlauten sind (Donner-Beispiel), wie ist es damit systematisch zu vereinbaren, daß die Gegenstände des Gehörsinns hierarchisch erst an zweiter Stelle folgen?

[828] Styl 1 10, 27. - Ist der Geruchssinn wirklich so "dunkel", wie Adelung suggeriert? Man denke kontrastiv an M. Prousts aus einer Tasse Tee aufsteigendes Combray. Vgl. Auf der Suche nach der verlorenen Zeit, Teil 1, S. 63 - 65.

[829] Styl 1 10, 26

[830] Daß die Hierarchisierung auch ganz anders vorgenommen werden könnte, zeigt Bloch, Die Lehren von der Materie, S. 7, der den Tastsinn an die Spitze stellt.

[831] Styl 1 10, 28 - 29

[832] Styl 1 10, 30 - 31

[833] "Die Mystik hat (...) die Sprache, vor allem auch die philosophische, um zahlreiche Ausdrücke bereichert und geschmeidiger zur Formulierung innerer Erfahrungen und geistiger Sachverhalte gemacht." Bantel, S. 64. Als Beispiele wer-

Prozeß ist involviert in den kulturellen Fortschrittsprozeß. Es verhält sich demnach nicht so, daß diese Begriffe qua Begriffe bereits vorhanden waren und mit jenen sinnlichen Ausdrücken lediglich behaftet wurden. Die Verwandlung eines sinnlichen Ausdrucks in einen abstrakt-unsinnlichen charakterisiert Adelung so : das ursprüngliche "sinnliche Bild (ist) nach und nach verwischet worden"[834] und an dessen Stelle blieb "ein gewisser dunkler Eindruck."[835]

Man könnte meinen, ausgehend von der traditionellen ontologischen Höherwertung des Geistigen gegenüber dem Sinnlichen, daß das Abstrakte von größerer Klarheit sei als das Sinnliche. (Wie es etwa von Leibniz gedacht wird.) Der entscheidende Punkt bei Adelung diesbezüglich jedoch ist, daß er dies strukturelle Verhältnis konträr denkt gegenüber der rationalistischen Tradition. Das Sinnliche ist, Adelung zufolge, von größerer Klarheit als das Abstrakte; dieses ist jenem gegenüber defizient. Der genannte dunkle Eindruck ist "so dunkel, daß er sich weder denken noch ausdrucken läßt, wenigstens kaum noch den Namen der Vorstellung verdient."[836] Dunkelheit ist Mangel an oder Fehlen von Klarheit. Die "Seele" sucht "dieses dunkle Etwas aufzuklären."[837] Aber dieser Versuch ist vergeblich; alles, wozu sie gelangen kann, ist "(...) entweder der Schall oder das Bild des gehörten oder geschriebenen Wortes."[838] Adelung resümiert das Verhältnis von sinnlichen und unsinnlich-abstrakten Gegenständen : "Sinnliche Gegenstände können daher klar gedacht werden, obgleich nach Beschaffenheit der Umstände mit verschiedenen Graden der Klarheit; allein bey unsinnlichen und abstracten Gegenständen können wir uns höchstens das Zeichen oder das Wort klar vorstellen, das Bezeichnete aber ist so dunkel, daß es nahe an die Empfindung gränzt." [839] Er konzediert immerhin : "Freylich läßt es sich oft in mehrere Vorstellungen auflösen und in eine Beschreibung verwandeln, allein das macht die Sache selbst nicht klärer, sondern es gilt von den einzelnen Vorstellungen und Wörtern, woraus sie bestehen, wieder das vorige."[840]

---

den u.a. genannt : Wesenheit, Bewegung, Einheit, Begriff, Eigenschaft, eigentlich, Eindruck, Einfluß - allesamt "unsinnliche Gegenstände" durchaus im Sinn Adelungs.

[834] Styl 1 11, 1 - 2
[835] Styl 1 11, 2 - 3
[836] Styl 1 11, 3 - 6
[837] Styl 1 11, 6 - 7
[838] Styl 1 11, 6 - 7. - Adelung verbindet die Denkfigur mit einer praktischen Forderung für den intellektuellen Hausgebrauch : "Daß man sich bey abstracten Begriffen wenigstens das Wort so klar als möglich mache, welches denn nichts anders als eine Umschreibung oder Definition geschehen kann, und dann in Verbindung des Ganzen denke."(Styl 1 134, 5 - 9)
[839] Styl 1 11, 9 - 10
[840] Styl 1 11, 17 - 22

10.2. Gradualität, Tendenz zur Abschwächung

Aus dem bisher Diskutierten konnte es scheinen, als gebe es für Adelung eine strikte ontologische Dichotomie zwischen dem Sinnlichen und dem Unsinnlich-Abstrakten. Dies stellt sich jedoch im folgenden als falsch heraus; es gibt für Adelung diesbezüglich keine Polarität, sondern ein Kontinuum bzw. eine Gradualität. So schreibt er geradeheraus : "Die anschaulichen Begriffe selbst sind von verschiedenen Graden der Anschaulichkeit (...)."[841] Anläßlich der Textsorte des *Gleichnisses* schreibt er : "Das Gleichniß sucht einen Begriff durch ein ähnlichen[842] sinnlichern anschaulich zu machen."[843] Und dann : "Die Absicht des Gleichnisses ist, einen weniger sinnlichen Begriff anschaulich zu machen (...)."[844] Es scheint also für Adelung Begriffe zu geben, die "sinnlicher" oder "weniger sinnlich" sind, die also zwischen den Extremen des rein Sinnlichen und des rein Unsinnlichen rangieren : "Ein Trope bestehet in der sinnlichen Darstellung eines unsinnlichen oder doch weniger sinnlichen Begriffs."[845]

Das Diskutierte gibt Adelung Gelegenheit, auf das Theorem zuzusteuern, das wir das *Theorem der Abschwächung* nennen können; bei Adelung selbst kommt dieser Ausdruck nicht vor. Wenn, wie diskutiert, eine Kontinuität im Klarheitsgrad der Begriffe von Adelung angenommen wird, so liegt zugleich der Gedanke nahe, daß diese Gradualität geschichtlich oder psychologisch modifikabel ist, daß sie sich unter den sich wandelnden Bedingungen des kulturellen Fortschrittsprozesses selbst wandelt. Ein im Grunde sinnlich-anschaulicher Begriff kann, geschichtlich und zugleich psychologisch bedingt, so unklar werden, wie es Adelung zufolge ein abstrakter Begriff ist.[846] Er rekurriert auf die Einleitung zum Stylbuch : "Ich habe in der Einleitung bemerkt, daß die Wörter, auch so fern sie sinnliche Gegenstände bezeichnen, in dem gewöhnlichen Stande der Aufmerksamkeit nur einen dunklen Eindruck auf uns machen, welcher wenig Bildliches oder Klares mehr an sich hat (...)."[847] Das Folgende ist daher nur scheinbar paradox : "(...) einen Eindruck, welcher von demjenigen, welchen die Nahmen abstracter und unsinnlicher Begriffe hervor bringen, wenig verschieden ist."[848] Aus dem "wenig" geht hervor, was bereits diskutiert wurde : der Unterschied ist

---

[841] Styl 2 286, 13 - 14
[842] Hier wieder der Begriff der *Ähnlichkeit*. Vgl. vorliegende Arbeit S. 93.
[843] Styl 1 362, 28 - 30
[844] Styl 1 370, 2 - 4
[845] Styl 1 383, 27 - 29
[846] Dies diskutiert Adelung, seiner Gepflogenheit folgend, anläßlich der Struktur der *Einbildungskraft*.
[847] Styl 1 308, 15 - 20
[848] Styl 1 308, 20 - 23

ein lediglich graduellen, und nicht, wie man hätte meinen können, ein wesenhaft-struktureller. Zuletzt muß es jedoch nicht verwundern, da Adelung, ausgehend von seinem epistemologischen Modell, keine strukturellen Unterschiede annimmt; alle Unterschiede im mentalen Haushalt sind ihm nichts weiter, als ein Mehr oder Weniger im Grad an Klarheit. Die abstrakten Begriffe jedoch wurden hier bloß deswegen von Adelung herangezogen, um den äußersten Grenzfall ("Schreckfall" könnte man gar sagen) einer Tendenz zu bezeichnen, die durchaus "normal" scheint. Es ist die Tendenz, daß der Klarheitsgrad, oder wie Adelung hier auch sagt, der "Eindruck", den ein Wort auslöst, im Verlauf wachsender Gewöhnung abnimmt; bei den abstrakten Begriffen, "bey welchen sich im Grunde nichts denken läßt"[849], ist dieser Klarheitsgrad bzw. Eindruck auf null. Das ist aber nicht sein unausweichliches Schicksal. Es ist die genuine Funktion des Schriftstellers, "diesen Eindruck zu verstärken, und die Einbildungskraft des Lesers zu nöthigen, von derselben zu einer klärern Vorstellung überzugehen."[850] Letzteres ist also, Adelung zufolge, prinzipiell durchaus möglich. Daraus ergibt sich die überraschende Folgerung : daß sich bei abstrakten Begriffen nichts denken lasse, dies liegt, Adelung zufolge, nicht etwa daran, daß das Abstrakte ein ausgemachter Humbug wäre, daß das Unsinnliche zugleich das Unsinnige wäre - sondern daran, daß der menschliche Erkenntnisapparat, aufgrund wachsender Gewöhnung, man könnte auch sagen, aufgrund seiner Vergeßlichkeit, für solche Begriffe nicht hinreichend geeignet ist. Und dies wäre eine Konsequenz, die von dem Ergebnisse des Kantischen kritischen Unternehmens nicht gar so weit entfernt ist. Oder wie es im "Faust" heißt : "Nachher, vor allen andern Sachen, / Müßt Ihr Euch an die Metaphysik machen! / Da seht, daß Ihr tiefsinnig faßt, / Was in des Menschen Hirn nicht paßt (...)."[851]

Die Tendenz, zu der die Einbildungskraft bzw. Phantasie geschichtlich die Gegentendenz abgibt, können wir terminologisch als *Tendenz zur Abschwächung* (und zwar im Klarheitsgrad der Vorstellung) bezeichnen. Obgleich Adelung sie expressis verbis wenig diskutiert, muß sie doch als eine fundamentale Größe seines Systems angesehen werden; sie ist in dessen Grundkonzeption eingezeichnet. Sie ist Adelungs anderer, evident fundamentaler Größe entgegengerichtet, der Tendenz von Gesellschaften (Völkern) zum kulturellen Fortschritt (Aufklärung). Impliziert letztere eine notwendige, kontinuierliche Zunahme an Klarheit, so impliziert jene eine Abnahme an derselben. Im Anfang, im Moment der Lexemkonstitution, ist die Klarheit der Vorstellung bzw. des ihr korrespondierenden Lexems noch so übergroß, daß es die Worterfinder gera-

---

[849] Styl 1 132, 28 - 29
[850] Styl 1 308, 24 - 27
[851] J.W. Goethe, Faust 1 1948 - 1951 (Mephisto)

dezu überfällt wie eine Offenbarung. "Auf diese (die Spracherfinder) wirkte sie so stark, daß sie ihnen auch wider ihren Willen den Laut abgepresset haben würde, welcher der Nahme des Dinges ward."[852] Von dieser Zeitstelle an datiert sowohl der kulturelle Fortschrittsprozeß wie die Tendenz zur Abschwächung, und letztere führt in ihrer extremsten Folge zur Bildung von abstrakten Ausdrücken. Diese Tendenz wird in Adelungs Werk faktisch immer wieder erwähnt, aber sie wird, wie es scheint, nirgendwo explizit thematisiert. Eine Stelle stehe für viele. So heißt es in der Einleitung zum Stylbuch : "(...) durch die Länge der Zeit und Abstraction ist das erste sinnliche Bild nach und nach verwischet worden, und es ist ein gewisser dunkler Eindruck zurück geblieben, so dunkel, daß er sich weder denken noch ausdrucken läßt, wenigstens kaum noch den Nahmen der Vorstellung verdient."[853]

Vielleicht kann gesagt werden, daß, Adelung zufolge, der Streit zwischen der Tendenz der Aufklärung und der Tendenz der Abschwächung das verborgene Drama der Weltgeschichte ausmacht.

Es ließe sich eine Stufenfolge der sich abschwächenden Klarheit bilden. Im Anfang die unmittelbare Klarheit der Zeichenstiftung - dann die Klarheit der sinnlichen Gegenstände - schließlich die Dunkelheit der abstrakten Ausdrücke.

Wirkt nun die Einbildungskraft, so wirkt sie der Tendenz zur Abschwächung entgegen, so bildet sich erneut Klarheit. Adelung drückt das folgendermaßen aus : "In allen diesen Fällen reitzet das Neue die Aufmerksamkeit des Lesers, bey dem Gegenstande zu verweilen, und sich ihn klärer als gewöhnlich vorzustellen."[854]

Adelung fordert von den Schriftstellern das Gegenteil von Abschwächung. Der Schriftsteller muß der geschichtlichen Tendenz zur Abschwächung aktiv sich entgegenstemmen. So schreibt Adelung recht gewalthaft-fordernd und aufdringlich : "Der Leser muß den Ausdruck nicht nur verstehen können, wenn er will, sondern der Verstand muß ihm auch wider seinen Willen in die Augen leuchten, und sich ihm gleichsam aufdringen."[855]

Adelung vergleicht die abstrakten Begriffe mit den "abgeschwächten" anschaulichen Vorstellungen. Dies sind anschauliche Vorstellungen, die der Tendenz zur Abschwächung anheimgefallen sind. Nachdem er einige historische Beispiele gebracht hat, wertet er sie als "matt, kalt und stumpf"[856]. Das Überraschende hierbei ist : er zieht diesen die abstrakten Begriffe vor, die er doch sonst stets so sehr bekämpft hat : "Sie sind noch um ein beträchtliches matter als Abstracta, weil der Klang sagt, daß

---

[852] Styl 1 10, 3 - 6
[853] Styl 1 10, 29 - 11, 6
[854] Styl 1 308, 31 - 309, 3
[855] Styl 1 151, 15 - 18. - Vgl. vorliegende Arbeit S. 183.
[856] Styl 1 533, 22 - 23

sie anschaulich seyn sollen, ihre Anschaulichkeit aber doch keine Lebhaftigkeit mehr hat. Sie sind wie schaler Wein, dem man immer gern reines Wasser vorzieht."[857]

Adelung kommt noch auf einem anderen Wege zur Denkfigur der Abschwächung. Die oben zitierte Bemerkung hinsichtlich der Tropen[858] gibt ihm Gelegenheit zu einer prinzipiellen Betrachtung im Kontext mit dem Sprachursprung; nicht hinsichtlich der Lexemkonstitution als solcher, sondern der Konstitution der Tropen. Er setzt an, "daß die Tropen sehr tief in der menschlichen Natur gegründet sind (...)."[859] Dieses "tiefe" Fundiertsein der Tropen ist sowohl chronologisch als strukturell intendiert : da die Tropen von Anfang an zur Menschennatur gehören, sind sie zugleich radikal in dieser verwurzelt. Ja, sie gehören so sehr zu ihr, daß sie mit Erkenntnis und Sprache (welche Adelungs kulturellem Äquivalenztheorem zufolge, immer gleichen Schritt halten[860]) - und Erkenntnis und Sprache machen für die Tradition wie für Adelung das Wesen des Menschen aus - gleichursprünglich sind : die Tropen haben "mit der Erkenntniß und der Sprache selbst ihren Anfang genommen"[861]. Und zwar haben die Strukturmomente Erkenntnis, Sprache, Tropen nicht etwa nur gleichzeitig begonnen, sondern sie sind miteinander so verklammert, daß sie eine strukturelle Trias bilden, deren zeitliches Einsetzen die Menschwerdung des Menschen (die Phylogenese) markiert. Daher kann Adelung die Situation der Sprachgenese in den Blick nehmen, und er tut es, indem er auf sein epistemologisches Modell[862] rekurriert. "Unsere ganze Erkenntniß stammet von sinnlichen Gegenständen außer uns her (...)"[863]. Noch kann es scheinen, daß in dieser Formulierung die zuvor gebrauchte notwendige Mehrdeutigkeit im Terminus des "Herstammens" (der Genese) von Sprache aufrechterhalten ist[864]; ist hier der geschichtliche Sprachursprung gemeint, oder die Genese der Kompetenz im individuellen Spracherwerb oder die dialektische Genese der Struktur des menschlichen Erkenntnisapparates? Indes der folgende Teilsatz ergibt eine eindeutige Monosemierung hinsichtlich der erstgenannten Denkmöglichkeit : "(...) und erst durch die Länge der Zeit ist man ver-

---

[857] Styl 1 533, 23 - 28
[858] "Ein Trope bestehet in der sinnlichen Darstellung eines unsinnlichen, oder doch weniger sinnlichen Begriffs."(Styl 1 383, 27 - 29)
[859] Styl 1 383, 29 - 384, 1
[860] Vgl. vorliegende Arbeit S. 22 und S. 80.
[861] Styl 1 384, 1 - 2
[862] Vgl. vorliegende Arbeit S. 43 - 53.
[863] Styl 1 384, 2 - 4
[864] Vgl. epistemologisches Modell Styl 1 2, 15 - 17.

mittels der körperlichen Gegenstände[865] auf abstracte Begriffe gekommen."[866] Der Satz beschreibt den sprachgeschichtlichen Prozeß, der mit Notwendigkeit der zuvor skizzierten Situation des Sprachursprungs folgt. Sodann rekurriert Adelung auf seine *erste* Definition von Sprache[867] : "Die Sprache ist hörbarer Ausdruck unserer Erkenntniß[868] (...)"[869]; und da Sprache und Erkenntnis immer gleichen Schritt halten[870], korrespondiert einem "Grad"[871] an Sinnlichkeit bzw. Abstraktheit auf der Gegenstandsseite derselbe Grad auf der Seite des sprachlichen Ausdrucks. Die Sprache "(...) konnte also die Begriffe nicht anders ausdrucken, als man sie hatte, d.h. so sinnlich, als sie anfänglich selbst waren und seyn mußten."[872] Adelung faßt, was er hier "sinnlichen Begriff" nennt, terminologisch als "anschaulichen Begriff" und folgert aus dem Vorangegangenen : "Ursprünglich sind also der anschauliche Begriff und dessen Nahme[873] unzertrennlich verbunden (...)."[874] [875] Auf der folgenden Stufe des sprachgeschichtlichen Prozesses - "fortgesetzte Aufmerk-

---

[865] Eine leichte Formulierungsvariation gegenüber oben, wo von "sinnlichen Gegenständen" die Rede gewesen war. Vielleicht hätte Adelung oben besser von den sinnlichen Eindrücken körperlicher Gegenstände sprechen sollen; formulierte er so, so bliebe er noch in der Immanenz des Bewußtseins, die in der zweiten Formulierung überschritten ist. Er will eindeutig gegenüber dem Idealismus behaupten, daß es reale Gegenstände außerhalb des menschlichen Bewußtseins gibt.

[866] Styl 1 384, 4 - 7

[867] Vgl. vorliegende Arbeit S. 20 - 23.

[868] Eine Formulierungsvariation, verglichen mit der einführenden Definition. "Sprechen heißt (...) die Reihe seiner Vorstellungen durch vernehmliche Laute ausdrücken (...)." (DS 3, 3 - 5) Vgl. vorliegende Arbeit S. 23.

[869] Styl 1 384, 7 - 8

[870] Vgl. vorliegende Arbeit S. 76.

[871] Der Ausdruck steht hier in Anführungszeichen, da es sehr fraglich ist, ob es im Bereich von Sinnlichkeit bzw. Abstraktheit eine Gradualität überhaupt geben kann - wie Adelung anzunehmen scheint.

[872] Styl 1 384, 8 - 11

[873] Terminologisch unglücklich gewählt, wenn wir als Bedeutung des Terminus "Nahmen" "Bezeichnung für ein individuelles Seiendes als dieses" festhalten.

[874] Styl 1 384, 11 - 12

[875] Adelung erläutert im Anschluß das Gesagte mit dem Beispiel des "Geistes". Es ist vielleicht nicht unnützlich, in Fußnote zu zitieren, wie Adelung sich die Entwicklungsstufen der Denotationen des Wortes "Geist" vorstellt : "(...) so bald man (...) das Wort Geist dachte oder hörte, stellte man sich auch das Geisten oder Wehen des Windes, oder auch den zischenden Laut eines gährenden Körpers anschaulich vor. (...) man dachte sich (...) bei dem Worte Geist erst den Wind, dann den Athem des Menschen, dann ein sehr feines, aber noch immer körperliches, wirksames Wesen, dann eine thätige unsichtbare Kraft in dem Menschen, und endlich eine ganze Gattung vernünftig denkender, unsichtbarer Wesen."(Styl 1 384, 12 - 385, 2) Diese Stufenfolge kann veranschaulichen, wie Adelung die merkwürdig anmutende Denkfigur des "Mehr und weniger Sinnlichen" vorstellt. - Übrigens : *Hölderlin*, in seiner Privat-Etymologie, leitete das Wort "Geist", ganz anders als Adelung, vom "Gischten" der Wogen ab. (Vgl. P. Bertaux, Friedrich Hölderlin, S. 374)

samkeit und Erfahrung"[876] sind für Adelung hier dessen Movens - schwindet der Sinnlichkeitskeitsgrad des Begriffes mehr und mehr bis hin zum völligen Verschwinden; und dies ist wiederum ein Prozeß der Abschwächung : "(...) so wie man (...) lernte, von der Wirkung zur Ursache, und von der einzelen Ursache zu der ganzen Gattung fortzuschreiten, so dachte man sich auch die Wirkung nach und nach immer weniger lebhaft[877], bis sie sich endlich völlig verlohr. So vergaß man nach und nach (...)"[878].

10.3. Überbrückung des Hiatus Sinnlich - Unsinnlich

Die bereits genannte "Einbildungskraft, oder mit einem Griechischen Worte die Phantasie"[879] fungiert für Adelung als das Vermögen, den garstigen Hiatus zwischen Sinnlichem und Unsinnlich-Abstraktem zu überbrücken. Er definiert sie folgendermaßen : Sie ist "das Vermögen der Seele, sich die Gegenstände und die Ideen davon zu versinnlichen (...), d. i. sich ein sinnliches Bild von solchen Dingen zu machen, welche den Sinnen nicht auf diese Art gegenwärtig sind."[880] Wird diese Bestimmung ernstgenommen und an den ihr zukommenden systematischen Ort gedacht, so ergäbe sich doch eine Möglichkeit, die abstrakten Vorstellungen, "bey welchen sich im Grunde nichts denken läßt"[881], zu denken. Nur dürfen wir dies nicht im Sinne der *Allegorie* denken, sondern als Rekurs auf die ursprüngliche sinnliche Bedeutung des abstrakten Ausdrucks, die es immer gibt.

10. 4. Zur Kritik

Die Adelungsche Unterscheidung zwischen Sinnlichem und Unsinnlich-Abstraktem, so eingängig und handlich sie zunächst scheinen mag, ist doch in sich überaus problematisch und provoziert daher etliche Einwände, Bedenken, kritische Fragen.

Es ist, zunächst, vernünftiger Weise nicht abzustreiten, daß sinnlich gegebene Gegenstände gedacht werden können, aber sobald sie gedacht werden, werden sie nicht gedacht als sinnliche Einzelne, sondern im Medium der Allgemeinheit des Begriffs. Wenn ich z.B. diesen Tisch denke, dann verwende ich den Allgemeinbegriff "Tisch". Hätte ich diesen

---

[876] Styl 1 384, 18 - 19
[877] Eine merkwürdige Stelle. Es gibt, wie es scheint, für Adelung so etwas wie ein "lebhaftes Denken" - obschon doch die Lebhaftigkeit, ihm zufolge, dem Bereich der unteren Kräfte zugehört.
[878] Styl 1 384, 17 - 23
[879] Styl 1 307, 8 - 9
[880] Styl 1 307, 10 - 14
[881] Styl 1 132, 28 - 29

Begriff nicht zur Verfügung bzw., was auf dasselbe hinausläuft, andere Begriffe, woraus ich ihn definieren, konstruieren, ableiten könnte, dann wäre mir das sinnlich Gegebene nicht als *Tisch* erkennbar, sondern es wäre lediglich ein Augenreiz. Der sinnliche Gegenstand ist durch den Begriff vermittelt. Damit ist zum ersten die Legitimität des Allgemeinbegriffs, der zumindest für sinnliche Gegenstände Anwendung hat, aufgezeigt.

Mit dem Ursprung der Allgemeinbegriffe für unsinnliche Gegenstände verhält es sich vertrackter. Aber es ist unabstreitbar, daß wir faktisch in sinnvollen Denkzusammenhängen solche Begriffe sinnvoll verwenden. Z.B. die oben genannten Begriffe "Begriff" und "Grund"[882]. Die Tatsache, daß wir in diesen und ähnlichen Fällen nicht jedesmal auf die sinnliche Vorstellung rekurrieren (müssen), die irgendeinmal auf dem Wege der Metapher Ursprung gewesen sein mag, bedeutet nicht, wie Adelung sagt, daß wir ein klares sinnliches Bild verwischen, sondern vielmehr, daß wir uns von der Bindung an sinnlich-anschauliche Vorstellungen lösen und nun den abstrakten Begriff denken. In den Wissenschaften werden doch deshalb die sog. Wissenschaftssprachen Latein und Griechisch zur Terminologiebildung verwendet, um die Beschränkung durch das Sinnlich-Anschauliche zu vermeiden; eine Gefahr, die naheliegt, wenn Wörter der "Muttersprache" verwendet würden[883].

Wäre das, was der abstrakte Begriff bezeichnet, "nur der Schall oder das Bild des gehörten oder geschriebenen Wortes"[884], dann wäre es ein Zeichen, das gar nichts bezeichnet, denn "der Schall oder das Bild des gehörten oder geschriebenen Wortes"[885], das ist ja nur eine Luftschwingung bzw. ein Tintenfleck. "Name ist Schall und Rauch."[886] Nehme ich ihn aber nicht bloß als leeren, äußerlichen Zeichenkörper, sondern als Zeichen nämlich für den ursprünglichen sinnlichen Gegenstand, dann wäre die Beweislast bei Adelung, zu zeigen, daß dies Zeichen nicht auch sinnvoll "analogisch" verwendet werden kann.

Wäre der Begriff nichts gegenüber der unmittelbar sinnlichen "Empfindung" relativ Unabhängiges, so wäre gar nicht einzusehen, wie überhaupt ein Aufstieg von dieser zu jenem möglich wäre. Dies sei an dieser Stelle allgemein erinnert gegen die Schematik von Adelungs epistemologischer Trias.

In seiner eigenen Argumentationspraxis kann Adelung selber nicht umhin, sich relativ komplizierter unsinnlicher Begriffe zu bedienen, wie "Gegenstand","Ding", "Vorstellung", "Empfindung", "Begriff", "klar" "Seele", "Ausdruck", "Eindruck", u dgl. viele mehr.

---

[882] Vgl. vorliegende Arbeit S. 192.
[883] Wie Adelung es gern zu tun scheint.
[884] Styl 1 11, 9 - 10
[885] ebda.
[886] J.W. Goethe, Faust 1 3457 (Faust)

Außerdem rächt es sich hier, daß er im Argumentationszusammenhang der abstrakten Begriffe fast keine Beispiele verwendet. Täte er es, er käme in arge Beweisnot.

Außerdem scheint es, daß in Adelungs Ansatz zwei Tendenzen gegeneinanderlaufen. Einerseits denkt er in Kontinuität mit dem Barockrationalismus (Leibniz vor allem) den Weg von der Empfindung zum Begriff als Aufstieg, als (hier auch etymologisch zu nehmende) Auf=klärung. Andrerseits ist ihm der unsinnliche abstrakte Begriff weniger klar als die Empfindung.

Adelung beläßt es nicht bei der diskutierten Stelle in der Einleitung zum Stylbuch, sondern er kommt im Stylbuch immer wieder auf die abstrakten Ausdrücke zurück. Aufs Ganze gesehen, muß sich der Eindruck von Ambivalenz und Schwanken befestigen. Und dies nicht durch Zufall, sondern aus prinzipiellen Gründen. Er ergibt sich aus der fundamentalen Inkonsistenz von Adelungs systematischem Ansatz. Was sich bei ihm widerstreitet und nicht zur Einstimmigkeit zu bringen ist, ist der Widerspruch zwischen zweien seiner Modelle, und zwar des epistemologischen Modells und des geschichtsphilosophischen Modells. Jenes betrachtet die Empfindung als Fundament der Erkenntnis schlechthin; alles, was es in diesem Sachzusammenhang sonst noch gibt (Vorstellungen und Begriffe), ist der Empfindung lediglich überbaut. Erkenntnis ist für ihn nur Erkenntnis, wenn sie Verbindung hält zu diesem ihrem Fundament; alles Übrige betrachtet Adelung im Grunde mit Mißtrauen. Ist dies also ein Ansatz "von unten", so steht es im geschichtsphilosophischen Modell konträr. Hier wird betont der Aufstieg "vom Unteren zum Oberen", und das Obere (der kulturelle Fortschritt, der Geschmack etc.) ist prinzipiell das höher Gewertete.

Hier erkühnt sich Adelung, die "Natur der abstracten Ausdrücke"[887] anzugeben. Er begründet seine Abwertung der abstrakten Ausdrücke epistemologisch-apodiktisch : "Wir haben von allem, was nicht unmittelbar in die Sinne fällt, nur so dunkele Vorstellungen, daß sie kaum den Nahmen derselben verdienen (...)."[888] Nun, das ist schlicht unzutreffend. Wir können doch (nahezu) jede Vorstellung in zwei Weisen nehmen : in der unmittelbar-sinnlichen Bedeutung (die Adelung für die einzig mögliche zu halten scheint) und in der abstrakt-unsinnlichen Weise. Die erstgenannte bezeichnet eine Klasse von realen Gegenständen, die ein oder mehrere relevante Merkmale gemeinsam haben. Z.B. der Begriff des Buches. Schon allein dies, daß wir mit dem Begriff stets ein Allgemeines, eine ganze Klasse von Gegenständen intendieren, sollte uns kritisch machen gegenüber Adelungs Konzeption. Das Einzelding, von dem er ja ausgeht, läßt sich nämlich *als* Einzelding überhaupt nicht

---

[887] Styl 1 132, 19
[888] Styl 1 132, 19 - 22

denken; es führt prinzipiell kein Weg vom Einzelding zum Begriff, sondern der Begriff muß gleichsam apriorisch hinzutreten.

Daß wir abstrakte Gegenstände denken können, das ist doch einfach faktisch und evident[889], wir tun es jeden Tag, auch Adelung selber tut es in seiner Argumentationspraxis immer wieder; und daher könnten wir im Grunde auf die Diskussion hierüber verzichten. Indes. Das mit dem Begriff des "Grundes" Intendierte ist uns anschaulich gegeben; wir können uns einen Gegenstand vorstellen, der auf dem Boden liegt. Genauso gut können wir aber uns geistig einen "Grund" vorstellen. Ob wir uns dabei einen real-anschaulichen "Grund" bildhaft vorstellen oder ob wir es gelernt haben, darauf zu verzichten, das ist ganz gleichgültig; wir können uns etwas dabei denken im Sinne eines geistigen Fundierungszusammenhangs. Adelung scheint zu meinen, man könne sich nur dann etwas vorstellen, wenn man es anschaulich-bildlich vorstellend vor Augen hat, und es gebe keine andere Art des Vorstellens. Selbst wenn wir konzedieren, daß der unmittelbar sinnlich-anschauliche Gegenstand auf dem Weg der Metapher Ursache für den geistigen Begriff war - was noch eigens zu diskutieren wäre - (und, wie Kant sagt : "Gedanken ohne Inhalt sind leer."[890]), so können wir doch uns von diesem lösen.

Wenn Adelung zwischen *sinnlichen* und *unsinnlich-abstrakten Dingen*[891] unterscheidet, muß *kritisch* gefragt werden : Sind es die *Dinge* an sich selbst, auf die sich diese Qualitäten primär beziehen? Sind Sinnlichkeit und Unsinnlichkeit (Denken) nicht vielmehr unsere *Zugangsweisen* zu den Dingen? Aber selbst wenn die These von der Zugangshaftigkeit konzediert ist, so bleibt Adelungs Unterscheidung noch zu abstrakt und zu schematisch. Wir können ontologisch das Sinnliche und das Unsinnliche (Denken) unterscheiden, und es ist durchaus sinnvoll, so zu verfahren. Das schließt aber nicht aus, sondern ein, daß in jedem konkreten Erkenntnisprozeß Sinnlichkeit und Denken unabtrennbar zusammenwirken. Das hat namentlich *Kant* in seiner "Kritik der reinen Vernunft" aufgewiesen.[892] Es ist demzufolge unmöglich, wie Adelung das tut, die Dinge säuberlich auseinanderzulegen und zu sagen : Hie die sinnlichen, da die unsinnlichen Dinge. Dieser notwendige Strukturzusammenhang gilt in beiden Richtungen : So gibt es nicht, wie Adelung behauptet, einen bloß sinnlichen Erkenntnisprozeß dessen, "was (...) unmittelbar in

---

[889] "(...) die Geltung des Unterschiedes zwischen spezifischen und individuellen Gegenständen und die unterschiedene Weise des Vorstellens, in der uns die einen und anderen Gegenstände zum klaren Bewußtsein kommen - ist uns durch Evidenz verbürgt." (Edmund Husserl, Logische Untersuchungen, Bd. II. 2. Untersuchung, zit. nach Texte der Philosophie S. 31)
[890] I. Kant, Kritik der reinen Vernunft, Transzendentale Logik
[891] Vgl. Styl 1 10, 22 - 24.
[892] Vgl. I.Kant, a.a.O., vgl. auch R. Eisler, 497f.

die Sinne fällt"[893]; sondern in jeder noch so schlichten "unmittelbaren" sinnlichen Wahrnehmung ist ein Moment von Denken enthalten - sonst wäre es ein bloßes Anstarren, kein genuines Erkennen. Umgekehrt haben ebensosehr diejenigen Entitäten, die Adelung als abstrakte Dinge geringschätzig abtut, ein sinnliches Fundament. So z.B. liegt der "abstrakten" Denkfigur "Fundierungszusammenhang" die mannigfaltige Anschauung von realem Bauten und realen Bauen zugrunde (man stelle sich vor : Bauleute, die ein Haus bauen), und es ist ja nicht abzuleugnen, das die Ausdrücke, mit denen geistige Dinge bezeichnet werden, sprachgeschichtlich-ursprünglich Metaphern aus dem sinnlichen Bereich waren (Grund, begreifen). Das impliziert jedoch nicht, wie Adelung annimmt, daß die sinnlich anschaubaren Dinge die einzig wahren sind und wir, wenn wir abstrakte Ausdrücke verwenden, uns im Grunde nur die Worte (flatus vocis) klar machen können, nicht aber die Sachen selbst, "bey welchen sich im Grunde nichts denken läßt"[894]. Sondern vielmehr umgekehrt : der merkwürdige Sachverhalt der Äquivalenz des sinnlichen und des unsinnlichen Ausdrucks zeigt darauf hin, daß der Mensch, sofern er Mensch ist, im Stande ist, *jeglichen* zunächst sinnlich intendierten Ausdruck - zunächst auf dem Wege der Metapher - in *analoger* Weise auf geistige Sachverhalte anzuwenden. Wir gewahren einen realen Bauvorgang, bilden den zunächst sinnlichen, dann unsinnlichen Begriff "Fundierungszusammenhang", und indem wir letzteren denken, können wir, sofern wir wollen, die Anschauung zur Veranschaulichung vorstellen, wir können jedoch genauso gut darauf verzichten, ohne daß der Begriff dadurch an Präzision verlöre. - Adelung muß der schwerwiegende Vorwurf gemacht werden, daß er das Humanum - die geistige Dimension im Menschen - nicht (genügend) ernst nimmt. Systematisch ist das letztlich in seinem epistemologischen Modell gegründet, das die Glieder der epistemologischen Trias Empfindung - Vorstellung - Begriff nur graduell, nicht aber strukturell unterscheidet, so wie alle Philosophen von Rang das getan haben, die nicht krasse Naturalisten sind (wie etwa Hume). An erster Stelle wäre *Kant* zu nennen, in dessen Denkbahnen sich die vorstehenden Überlegungen zu bewegen suchten.

---

[893] Styl 1 132, 20 - 21
[894] Styl 1 132, 28 - 29

11. Geschmack

11.1. Strukturell

Der Terminus und die Denkfigur des *Geschmackes* ist für Adelung zentral. Dieser Terminus ist in die für ihn fundamentale Konzeption des kulturellen Fortschrittsprozesses eingezeichnet[895]. Der individuelle Geschmack und der Geschmack, den eine Gesellschaft (ein Kollektiv) erreicht hat, ist für ihn der Index der Kultur des betreffenden Individuums bzw. der Kultur dieser Gesellschaft als ganzer. Dennoch wird dieser Terminus erst spät explizit thematisiert. Nachdem Adelung in seinem gesamten voraufgegangenen sprachtheoretischen Werk ausgiebig den Terminus des Geschmacks verwendet hatte, geht er erst am Schluß des Stylbuchs, in dessen Drittem Teil, "Hülfsmittel der guten Schreibart"[896], d.h. am Ende des gesamten Adelungschen sprachtheoretischen Werkes, wie es uns faktisch vorliegt[897], dazu über, diesen doch zentralen Terminus explizit zu thematisieren.

Dabei hat der Kontext, in dem Adelung den Terminus des Geschmackes einführt, zuerst gar nichts zu schaffen mit dem systematischen Kontext, in dem dieser Terminus sonst bei ihm immer begegnet (war): dem kulturellen Fortschrittsprozeß und seinem jeweils erreichten geschichtlichen Stand. Sondern es ist der Kontext der Genieästhetik. Adelung führt aus : "(...) da in den schönen Künsten nicht alles gleich brauchbar ist, was aus den ersteren untern Kräften hervor quillet, so ist dem Genie ein Führer notwendig, welcher dessen Ausbrüche leitet, und dasselbe lehrt, das Brauchbare und Zweckmäßige von dem Unbrauchbaren und Zweckwidrigen, und das Schöne von dem Häßlichen zu unterscheiden und abzusondern, und dieser Führer ist nun der Geschmack."[898]

Adelung definiert den Geschmack : "Der Geschmack ist in den schönen und bildenden Künsten das Vermögen, und in engerer Bedeutung, die Fertigkeit, das Schöne oder Häßliche an einer Sache mit Leichtigkeit zu entdecken und zu empfinden."[899] Der Terminus "Geschmack" ist, wie jeder abstrakte Begriff, metaphorischen Ursprungs : "Das Wort Geschmack ist ein tropischer Ausdruck, der von der Empfindung, welche die Speisen auf der Zunge machen, hergenommen und auf die Empfindung des Schönen und Häßlichen übergetragen worden."[900] Aber Adelung erinnert nicht nur dies etymologische Faktum; er begründet es darüberhinaus im Sinne seiner Geschichtsphilosophie. "Wenn ein ganz rohes Volk anfängt,

---

[895] Vgl. vorliegende Arbeit S. 72 - 73.
[896] Styl 3 355, 2 - 3
[897] Wenn wir vom Nachläufer "Orthographiebuch" absehen wollen.
[898] Styl 3 376, 12 - 20
[899] Styl 3 376, 22 - 26
[900] Styl 3 377, 18 - 22

sich zu verfeinern, so sind die Nahrungsmittel immer der erste Gegenstand, an welchem sich diese Verfeinerung äußert, und da ist es denn ganz natürlich, daß man die Empfindung des Angenehmen und Unangenehmen auf der Zunge, auf die Empfindung des Schönen und Häßlichen überhaupt überträgt."[901] Der Ausdruck "Geschmack", bei Adelung und sonst, ist polysem, ganz abgesehen von der unmetaphorischen Bedeutung. Zumeist wird er verwendet in der Bedeutung : Fähigkeit, etwas zu schätzen. Dann jedoch auch in der Bedeutung "Lust auf ...". So kann Adelung von "Geschmack an Wissenschaften"[902] sprechen.

Dem zunächst noch unspezifisch gefaßten Geschmack kann Adelung die Spezifikationen *guter* bzw. *schlechter* Geschmack unterordnen : "Aueßert sich dieses Vermögen den Grundsätzen des Schönen gemäß, so heißt es der gute Geschmack, wenn es aber denselben widerspricht, wenn es Mängel und Fehler für schön hält, so bekommt es den Nahmen des falschen, verdorbenen oder schlechten Geschmackes."[903] In seinem Denken des guten Geschmacks rekurriert Adelung auf eine aristotelische Denkfigur : die Tugend ist ein Mittleres zwischen zwei Extremen. "Der gute Geschmack lag zwischen beyden in der Mitte (...)."[904] Der Terminus des "Geschmacks" ist demzufolge ambiguos. Einmal ist der Geschmack im allgemeinen gemeint, der nach gutem und schlechtem Geschmack spezifizierbar ist; dann speziell der gute Geschmack.

Wenn der Geschmack derart in sich differenziert ist, so ist diese Differenzierung zugleich graduell bestimmt. Die Gradualität des Geschmacks bezeichnet Adelung terminologisch als *Feinheit*. Es gibt feineren und weniger feineren Geschmack. Die Steigerung des Geschmacks, die Adelung als *Verfeinerung* bezeichnet, ist, Adelung zufolge, ein immanentes Moment des kulturellen Fortschrittsprozesses. Eine fortgeschrittenere Gesellschaft ist gegenüber einer weniger fortgeschrittenen durch eine größere Feinheit (einen höheren Grad des Geschmacks) charakterisiert. Adelung denkt diese Verfeinerung mit der Empfindung (zentraler Terminus des epistemologischen Modells) und Sprachlichkeit zusammen. "(...) seitdem der Geschmack so verfeinert worden, daß man das Unschickliche empfindet, welches aus der Vermischung mehrerer Sprachen entsteht (...)."[905]

Der Geschmack (sowohl im allgemeinen wie der besondere gute Geschmack) ist beziehbar sowohl auf das Individuum wie auf das Kollektiv. Adelung spricht von "einer unedlen Seele von schlechtem Geschmacke"[906]. In diesem Kontext erscheint Geschmack nicht als Eigen-

---

[901] Styl 3 377, 27 - 378, 3
[902] UL 22, 18 - 19
[903] Styl 3 376, 26 - 31
[904] Styl 2 316, 2 - 3
[905] UL 473, 7 - 10
[906] Styl 2 206, 23

schaft einer sozialen Gruppe auf einer bestimmten geschichtlichen Entwicklungsstufe, eines Volkes, sondern als Eigenschaft des Individuums, das Adelung als "Seele" faßt. Primär jedoch ist sie jenes; denn das Individuum kann den Geschmack, den es hat, nur haben vermittels der Partizipation am Geschmack des sozialen Kollektivs in seinem geschichtlichen Stand. So spricht Adelung von "Nationen von dem feinsten Geschmacke"[907] Adelung bringt ein Beispiel für die Relativität des Geschmacksurteils in seiner Abhängigkeit vom (national und sozial differenzierten) Lokalen. "(...) der kältere Europäer (würde) den morgenländischen mittleren Styl schon zu den höhern rechnen, und selbst ein Deutscher aus den untern Classen wird in einem Gedichte Größe und selbst Erhabenheit antreffen, die ein anderer aus den obern Classen nicht darin gewahr wird."[908]

Kriterium und Richtschnur des von Adelung gedachten guten Geschmackes sind objektive Prinzipien des Schönen; sie sind ihm vorgegeben und nicht etwa durch denselben nur gesetzt. - Projiziert man nun diese Auffassung des guten Geschmackes auf den von Adelung als Fortschritt im Geschmack gedachten kulturellen Fortschrittsprozeß, so muß gesagt werden, daß die Grundsätze des Schönen, obzwar objektiv "da", von der im kulturellen Fortschrittsprozeß befindlichen Menschheit und ihren einzelnen Völkern erst sukzessive erkannt werden. - Der kulturelle Fortschrittsprozeß im Sinne Adelungs ist also als ein primär ästhetisch vermittelter zu begreifen.

11.2. Geschichtliche Modifikabiltät des Geschmacks

Daß der Begriff des Geschmack von Adelung als in sich different gedacht wurde, wurde bereits angedeutet[909]. Adelung geht über zur Diskussion der geschichtlichen Modifikabiliät des - zunächst als unhistorisch gedachten - Geschmacks (Geschmack "als solcher"). Von den Voraussetzungen seines dezidiert historisch-progressistischen Denkens, des Denkens in den Begriffen des kulturellen Fortschrittsprozesses, her kann er nicht umhin, auf diese strukturelle Modifikation hinauszudenken. Die geschichtliche Modifikabilität innerhalb des Begriffs des Geschmacks ist evident; denn wäre er mit Notwendigkeit als konstant zu denken, so ließe sich die begriffliche Differenz innerhalb des Begriffs des Geschmacks (zwischen gutem und schlechtem) nicht denken, da die beiden äußersten Möglichkeiten dann unvermittelbar wären - wir wären in der Ver=zwei=flung des Dualismus.[910] Die geschichtliche Modifi-

---

[907] Styl 2 80, 11 - 12
[908] Styl 2 37, 14 - 19
[909] Vgl. vorliegende Arbeit S. 260.
[910] Zur ontologischen Problematik des ethischen Dualismus (zwischen Gut und Böse) vgl. F.W.J. Schelling, Über das Wesen der menschlichen Freiheit.

kabilität ist impliziert in der begrifflichen Differenz. "Daß der Geschmack überhaupt veränderlich ist, leidet keinen Zweifel, weil sonst kein Uebergang von dem schlechten zum guten, und von diesem wieder zum verdorbenen Geschmacke Statt finden könnte."[911] Indes auch die genannten beiden äußersten Möglichkeiten (guter - schlechter Geschmack) sind nicht als starre Pole vorzustellen, sondern sind in sich selbst modifikabel. Adelung diskutiert im folgenden lediglich die Modifikabilität des *guten* Geschmacks. Da indes, Adelung zufolge, der Begriff des Schönen als in sich differenziert zu denken ist (absolutes - conventionelles Schönes)[912], muß gefragt werden : Gilt die geschichtliche Modifikabilität des Geschmacks (der Erkenntnis des Schönen) hinsichtlich des vollständigen Schönen, oder nur hinsichtlich einiger seiner begrifflichen Differenzierungen? Hierauf antwortet Adelung : "(...) der gute Geschmack ist veränderlich, aber nicht in Ansehung des absoluten (...) Schönen, sondern bloß in Rücksicht auf das conventionelle Schöne."[913] Dies muß, von den Prämissen Adelungs her, so sein, denn das *Conventionelle* (als solches, nicht nur das conventionelle *Schöne*) ist der Bereich, darin der geschichtlich-kulturelle Wandel sich abspielt. Sowohl das conventionelle Schöne als auch die Begriffe dieses Schönen (also der Geschmack) stehen in mannigfaltigen Abhängigkeiten und mit diesen in unablässiger geschichtlicher Verwandlung. Da das conventionelle Schöne "(...) von dem individuellen Empfindungsvermögen des gesittetsten Theiles der Nation abhängt, und dieses wieder von mancherley äußern Umständen bestimmt wird, so sind auch die Begriffe des conventionellen Schönen einer beständigen Veränderung ausgesetzt, und zwar so wohl in Ansehung der Vorstellungsarten, als der Ausdrücke."[914] [915] Aus der Omnipräsenz derartiger "beständiger Veränderung" schließt Adelung nun hinsichtlich seines Zentralthemas Sprache und der dieser jeweils korrespondierenden Vorstellungsart : "Daher läßt sich bey einer lebendigen Nation weder die Sprache noch die Vorstellungsart fixiren."[916] Unter einer lebendigen Nation ist zunächst die in einem historischen Blick auf eine bestimmte geschichtliche Gegenwart unmittelbar Gegebene gedacht (für Adelung : Deutschland Ende des 18. Jh. , für uns : Deutschland Anfang des 21. Jh.); zugleich ist damit im positiv wertenden Sinne eine solche gedacht, die noch flexibel, beweglich, nicht erstarrt ist. Eine lebendige Nation spricht eine lebendige Sprache (im von Adelung gedachten positiv wertenden

---

[911] Styl 3 389, 2 - 6
[912] Vgl. vorliegende Arbeit S. 219 - 221.
[913] Styl 3 389, 6 - 9
[914] Styl 3 389, 9 - 16
[915] D.h. sowohl in Hinsicht auf die Substanz des Gedachten wie auf dessen Ausdruck.
[916] Styl 3 389, 16 - 18

Sinn[917]), eine nicht fixierbare Sprache. Dies "nicht fixierbar" wiederum ist zweifach lesbar. Zum einen meint es, eine solche allgegenwärtig wogende Bewegung ist in keiner Weise zum Halten zu bringen; zum anderen, daß die sprachhistorische Wissenschaft diese Bewegung in keiner Weise als Festgestelltes, Vorliegendes, Starr-Unbewegliches, d.h. : Fixiertes in den Blick nehmen kann. Was sie in den Blick nehmen kann, das sind immer nur abgetrennte isolierte, vergegenständlicht-verdinglichte Momente, die als solche auch schon dem Vergangenen, Abgelebten (Antonym zum "Lebendigen") angehören.

Wenn Adelung hier von "Sprache und Vorstellungsart" spricht, die sich nicht fixieren lassen, so meint er sie als Erscheinungsweisen des Schönen. Darum ist es konsequent und nur wenig verwunderlich, wenn er im folgenden vom Schönen als solchem spricht : "Eine der vorzüglichsten Eigenschaften des Schönen ist die Neuheit."[918] Dies wird erkenntnispsychologisch begründet. Eine auf Schönheit Anspruch machende "anschauliche Vorstellungsart" evoziert ein "sinnliches Bild" zuerst mit einem hohen, dann, infolge des Gewöhnungseffektes (Abschwächung), mit einem immer mehr abnehmenden Intensitätsgrad[919], bis dieser gar ins Negative umschlagen kann : "(...) und nach einiger Zeit kann eine solche Vorstellungsart sogar Mißfallen erregen."[920] Dieser Intensitätsgrad der Empfindung wird von Adelung mit dem (conventionellen) Schönen identifiziert. - Zur *Kritik* ist zu sagen : Es ist Adelung zu konzedieren, zum Schönen gehört die Neuheit. Aber doch nicht in dem von Adelung gemeinten absoluten Sinne, daß das Neue, allein weil es neu ist, schon das Schöne sei, und das Alte, weil es alt ist, schon das Unschöne. Stünde so, die Kunstkritik verschwände zugunsten der Zeitmessung. Die Bestimmung des Schönen als eines Neuen ist keine Feststellung, sondern eine Forderung an dieses. Nicht : das Neue ist per se schön; sondern : das Schöne *soll* neu, vielmehr genauer gesagt, neuartig sein! Diese Neuartigkeit ist nicht absolut, wie Adelung das denkt, sondern relativ[921], relativ auf die vorhergegangenen Werke. Vom Kunstwerk als einem schönen ist gefordert, daß es innovativ sei, d.h. es soll nicht die Stilmittel etc. der vorhergegangenen Werke übernehmen, verwenden soll es neue, noch nicht versuchte, die seinen; tut es das nicht, so ist es epigonal, traditionell, unoriginell, d.h. im Grunde gar kein Schönes. Tut es das aber, so ist es nicht nur im Moment seiner Entstehung neu und schön, sondern es *bleibt* dies unabgegolten. Ebensosehr bleiben die früheren Werke, so sie

---

[917] Vgl. vorliegende Arbeit S. 71 und S. 172.
[918] Styl 3 389, 19 - 20
[919] Vgl. zur *Tendenz zur Abschwächung* , vorliegende Arbeit S. 194 - 199.
[920] Styl 3 389, 25 - 27
[921] Was Adelung seinerseits mit dem "relativen Schönen" meint, sollte, da es etwas ganz anderes ist, nicht damit vermengt werden, was jedem klar wird, der vergleicht vorliegende Arbeit S. 217.

auch durch das neuere Werk überholt wurden, neu und schön, wenn sie dies zur Zeit ihrer Entstehung waren. Wäre es anders, wie könnte uns heute immer noch Homer begeistern? - Das Kunstschöne so denken, heißt, es *historisch* denken; und dies ist etwas, was Adelung, seiner fundamentalen Denkfigur des kulturellen Fortschrittsprozesses unerachtet, nicht zu tun scheint. Historisch denken heißt, nicht die eine Epoche nur an der späteren eigenen zu messen, als sei sie lediglich eine Vorstufe zu dieser und diese allein das Wesentliche; sondern es heißt, jede Epoche, und das impliziert auch jedes Kunstwerk, jede Philosophie, jede Gesellschaftsformation etc. in ihrem Eigenrecht zu erkennen. L. von Ranke hat es auf die, theologisch anmutende, Formel gebracht : "Jede Epoche ist unmittelbar zu Gott."[922] - und so muß sie auch gewürdigt werden.

Adelung stützt seine These von der notwendigen Neuheit des Kunstschönen noch durch ein weiteres Argument, ein noch mehr sprachhistorisch argumentierendes. Er erwähnt das sprachhistorische Faktum, daß in jeder "lebendigen" Sprache immerfort Lexeme aus dem Zentrum des Lexikons in dessen Peripherie geraten und schließlich ganz aus dem Lexikon ausgestoßen werden[923]. "Auf der andern Seite stößt eine Sprache von Zeit zu Zeit immer Wörter aus (...)"[924]. Auch dies wird kulturhistorisch begründet : "(...) welche in ihre conventionellen Begriffe nicht mehr passen (...)."[925] Dieser Vorgang scheint zunächst unscheinbar; aber im Verlauf der Zeit akkumuliert er zu einem regelrechten kulturgeschichtlichen Prozeß : "(...) und nach einem beträchtlichen Zeitraum ist des Ausgestoßenen und Veralteten so viel, daß man einen Schriftsteller kaum mehr lesen kann."[926] Auch auf diesem Wege also kommt Adelung zum selben Resultat hinsichtlich der Veraltung der Kunstwerke.

Daraus meint Adelung den Schluß ziehen zu können, daß, was uns das Kriterium des Kunstschönen zu sein scheint, die Form, im Gegenteil Grund von dessen Veraltbarkeit und baldigen Veraltung ist : "Dies ist denn auch die Ursache, warum Schriften, deren größter Werth in der Art der Darstellung bestehet, in einer lebendigen Sprache sehr bald veralten müssen (...)."[927]

Ein weiterer Schluß Adelungs aus dem Diskutierten ist : hinsichtlich der Modifikabilität des Geschmacks ist eine Unterscheidung zu treffen, die zwischen Quantität und Qualität. Sehr wohl kann der Geschmack sich *quantitativ* modifizieren, d.h. in seinem Grade (korrespondierend und parallel zum kulturellen Fortschrittsprozeß), ohne sich *qualitativ* zu mo-

---

[922] L. von Ranke, Über die Epochen der neueren Geschichte.
[923] Vgl. Th. Schippan, S. 11 passim. Adelung hat diesen Sachverhalt oben unter dem Terminus der "Veraltung" diskutiert. Vgl. Styl 1 84 - 100.
[924] Styl 3 389, 27 - 28
[925] Styl 3 389, 29 - 30
[926] Styl 3 389, 31 - 990, 1
[927] Styl 3 390, 1 - 5

difizieren, d.h. als ein guter. "In so fern kann der Geschmack einer Nation immer veränderlich seyn, und er kann dabei immer ein guter Geschmack bleiben (...)"[928] (Zu diskutieren wäre der konträre Fall, daß der Geschmack einer Nation quantitativ immer mehr herabsinkt und dabei qualitativ ein schlechter bleibt. Adelung, der Aufklärer, meidet gern die historischen Denkfiguren des Verfalls, wenngleich er ihnen nicht immer ausweichen kann.[929])

11. 3. Strukturelles Verhältnis des Geschmacks der Nation zu dem der Schriftsteller

Adelung hat zunächst lediglich vom Geschmack der Nation, also im Generellen, gesprochen, ohne dessen notwendige Vermittlung mit dem Geschmack des Individuums zu diskutieren. Als Instanz der Vermittlung wird hierbei der Schriftsteller vorgestellt; ihm kommt hier eine wichtigere Funktion zu, als oben[930], wo seine Rolle hinsichtlich der Bildung und Ausbildung einer Sprache diskutiert und ziemlich zurechtgestutzt wurde. Adelung appelliert geradezu an seine Zunftkollegen. "Der Geschmack der Nation sey nun welcher er wolle, so ist es jedes Schriftstellers Pflicht, sich des möglichsten Grades des guten Geschmackes zu befleißigen, und diese Pflicht ist gedoppelt, wenn der herrschende Geschmack in den verderbten auszuarten anfängt, weil die gehörige Anzahl guter Schriftsteller alsdann noch dem Verderben eine Zeitlang wehren kann, wenn sie gleich nicht im Stande seyn sollten, dasselbe ganz zu hindern."[931] Der synchrone Geschmack der Nation aus der Perspektive des Individuums, erscheint mit kritischer Wendung als der "herrschende". Geradezu apokalyptisch mutet es an, wenn Adelung vom Geschmacksverfall als von einem "Verderben" spricht.

Adelung charakterisiert den guten Geschmack in seiner Konkretion als ein durch und durch geschichtlich, durch den kulturellen Fortschrittsprozeß, vermitteltes Phänomen; er ist alles andere als ein Naturprodukt, welches als solches angeboren wäre. "Der gute Geschmack ist in der engern Bedeutung eine Fertigkeit, und schon daraus folgt, daß er nicht angebohren wird, sondern erworben werden muß."[932] Dies schließt nicht aus, sondern ein, daß er als generelle Struktur auf einem naturhaft-anthropologischen Fundament fundiert ist; dies Fundament indes ist denkbar allgemein, es ist die von Adelung in seinem epistemologischen Modell als für das menschliche Erkennen fundamental angesetzte *Empfindung*. "Das Vermögen dazu, oder die Fähigkeit muß freylich angebohren

---

[928] Styl 3 390, 6 - 9
[929] Vgl. vorliegende Arbeit S. 72 - 74.
[930] Vgl. vorliegende Arbeit S. 127 - 129.
[931] Styl 3 391, 17 - 25
[932] Styl 3 391, 25 - 28

werden; allein, da diese bloß in der Fähigkeit zu empfinden bestehet, so hat gewiß jeder Mensch davon einen hinlänglichen Antheil, und es kommt nur auf ihn an, diese Fähigkeit zu entwickeln und zu erhöhen."[933] Hiermit hat Adelung implizit den Unterschied zwischen Natur und Kultur/Geschichte als den von Möglichkeit und Wirklichkeit gedacht - eine aristotelische Denkfigur. Die Aufgabe des Menschen als solchem ist es, seine Möglichkeiten zu verwirklichen, "mit seinen Pfunden zu wuchern"[934], nennt es die Schrift, "Selbstverwirklichung" würden wir heute sagen.

Was die Methoden der Erwerbung des guten Geschmacks anbetrifft, so unterscheidet Adelung die mechanische von der gelehrten bzw. wissenschaftlichen. Indem er diesen Unterschied expliziert, gibt Adelung ein wesentliches Stück seiner Theorie der Kultur : "So haben zu solchen Zeiten, wenn der gute Geschmack bey einer Nation sehr herrschend ist, die meisten guten Schriftsteller von der Sprachrichtigkeit, Reinigkeit und Schönheit keine kunstmäßige oder wissenschaftliche Kenntniß, und doch schreiben sie so richtig und rein, daß sie als Muster aufgestellet werden können, weil ihr Empfindungsvermögen durch den langen Umgang mit lauter schönen Gegenständen schon eine so feine Stimmung erhalten hat, daß es auch die geringste Sprachwidrigkeit, als solche empfindet, und vermeidet. Allein, da sich dieser ganze Geschmack bloß auf dunkle und undeutliche Begriffe gründet, daher sie auch selten die Ursache angeben können, warum sie so und nicht anders schreiben, die klare und deutliche Erkenntniß aber schon an und für sich jener vorzuziehen ist : so verdienet auch der wissenschaftliche Geschmack schon um deswillen den Vorzug vor dem mechanischen. Ueberdieß können Zeiten und Umstände eintreten, da der Umgang mit schönen Mustern nicht so rein und unvermischt ist, daß er nicht durch schlechte Muster aller Art unterbrochen werden sollte, wodurch denn das Empfindungsvermögen verstimmet, wenigstens schwankend, ungewiß und wohl gar gleichgültig gemacht wird."[935] Der mechanische Geschmack gründet "bloß auf dunkele und undeutliche Begriffe"[936]; in der Wissenschaft hingegen vollzieht sich "die klare und deutliche Erkenntniß"[937]. Ein wichtiger Hinweis darauf, wie Adelung die Funktion der wissenschaftlichen Erkenntniß im kulturellen Fortschrittsprozeß einschätzt; denn "klar und deutlich", das ist das höchste Lob, das er geben kann.

---

[933] Styl 3 391, 28 - 392, 2
[934] Vgl. Luk 19.
[935] Styl 3 392, 30 - 393, 23
[936] Styl 3 393, 10 - 11
[937] Styl 3 393, 13 - 14

12. Die Literatur und das Schöne im allgemeinen

12.1. Die Literatur

Die Diskussion des Geschmacks markiert zugleich die Stelle des Übergangs zur Diskussion der Literatur (Dichtung, Poesie). Sie ist von der Sache her und damit auch für Adelung relevant, weil sie eine besondere und eminente Weise der Sprachverwendung darstellt; daher auch ist die Literatur relevant für die vorliegende Arbeit, die Adelungs Sprachkonzeption diskutiert. Freilich können hier nicht sämtliche Äußerungen Adelungs hinsichtlich Literatur herangezogen werden, wie sie namentlich in einem stilkundlichen Text wie dem Stylbuch Legion sind; sondern es können nur die theoretisch fundamentalen Stellen herangezogen werden.

Wie diskutiert wurde, ist der Träger des Geschmacks, Adelung zufolge, die Nation, nicht primär das Individuum, das am Geschmack jener lediglich partizipiert. Diese Trägerschaft ist von Adelung stets diachron gedacht (der Geschmack besteht nicht von Beginn an, sondern er wird erworben im Verlauf des kulturellen Fortschrittsprozesses) und sozial (nicht die gesamte Nation ist vom Geschmack durchdrungen, sondern nur die kultivierteren oberen Klassen, und auch von diesen nur ein Teil). "Ist eine Nation so weit in der Cultur gekommen, daß der größte Theil der obersten und edelsten Classen diesen guten Geschmack in einem beträchtlichen Theile besitzet, alsdann legt man einer Nation mit Recht einen guten Geschmack bey (...)."[938]

Dieser Geschmack der Nation "(...) äußert sich (...) in Ansehung der Werke des Geistes in der National-Litteratur."[939] Der Geschmack manifestiert sich, Adelung zufolge, primär nicht etwa, was doch denkmöglich wäre, in einem geschmackvoll-feinen sozialen Miteinander-Umgehen, sondern in den Werken der Kunst; und auch innerhalb dieser gibt es eine Rangfolge. An erster Stelle stehen die sprachlich verfaßten Werke, also die Literatur - und nicht etwa die Musik, die bildende Kunst, die Architektur. Mit der Denkfigur der Nationalliteratur bleibt Adelung hinter Goethe zurück, der eine Weltliteratur gefordert hat[940] [941]. Mit einer

---

[938] Styl 3 388, 2 - 6
[939] Styl 3 388, 7 - 8
[940] "Nationalliteratur will jetzt nicht viel sagen; die Epoche der Weltliteratur ist an der Zeit, und jeder muß jetzt daran wirken, diese Epoche zu beschleunigen." (J.P. Eckermann, Gespräche mit Goethe, S.198, 31. Januar 1827)
[941] Adelung fordert darüberhinaus als notwendige Bedingung für den Geschmack einer Nation dessen *Einheit*. "Werden diese Gesetze, wo nicht von allen, doch von den meisten und beliebtesten Schriftstellern einer Nation befolgt, alsdann hat ihr Geschmack und ihre Litteratur die nötige Einheit. Fehlt aber diese, befolgt der eine das Conventionelle dieser, ein anderer einer andern Nation, werden die Jahrhunderte verwechselt, und das Conventionelle dunkler barbarischer Zeiten in das

schönen Metapher sagt Adelung : "Die Dichtung ist immer (!) das zuverlässigste Wetterglas des Geschmacks einer Nation, weil sie ganz auf die (sic!) Empfindung des Schönen beruhet (...)."[942] Im folgenden kann Adelung anhand der Geschichte der Dichtung breit ausgeführt eine Geschichte der Deutschen erzählen.

Wenn, Adelung zufolge, der Index des Geschmacks, d.h. in Konsequenz der Kultur, nichts anderes ist als - die Dichtung, so ist dies umso auffallender, als er diese sonst immer eher geringschätzig behandelt hat und sie systematisch den unteren Kräften der Seele zugeordnet hat. Immer wieder setzt Adelungs die Poesie herab, und dies nicht etwa nur der Behauptung nach, vielmehr theoretisch-psychologisch fundiert. Dabei kommt es zu großen Gewaltsamkeiten. Poesie korrespondiert, Adelung zufolge, den unteren Kräften der Seele; dieses psychologische Strukturmoment korrespondiert, Adelung zufolge, ohne weiteres mit einem soziologischen Strukturmoment : den unteren Klassen. (Obschon Adelung dieselben im folgenden Zitat nicht expressis verbis nennt, ist doch deutlich genug auf sie hingewiesen.). Im Gegensatz hierzu steht der Gelehrte, der doch wohl (zumindest in Adelungs Epoche; auch hier hat der reale kulturelle Fortschrittsprozeß einiges in Bewegung gebracht) den oberen Klassen angehört. Liegt in diesen gewundenen Bemerkungen eine versteckte Selbstrechtfertigung Adelungs, daß er als Gelehrter so wenig Sinn für genuine Dichtung hatte? Zumindest aus heutiger Perspektive muß frappierend wirken Adelungs Geringschätzung Homers, des Minnesangs, Shakespeares, Goethes - dafür seine Hochschätzung eines Dichters wie Gellert. Dennoch bleibt festzuhalten : es besteht eine auffallende Konvergenz der Bemerkungen Adelungs mit dem Diktum Hegels, die Epoche der Kunst sei vorbei[943]; in beiden Fällen wird das Gesagte geschichtstheoretisch untermauert. Adelung schreibt : "Poetische Producte

---

Conventionelle der gegenwärtigen Zeit übergetragen, werden die Arten des relativen Schönen vermischt, gehet z.B. der historische und didaktische Styl in Dichtung, und der dichterische in matte Prosa über, alsdann hat die Litteratur keine Einheit, und rufet das Publicum diesem Mischmasche Beyfall zu, so hat auch der Geschmack der Nation keine Einheit mehr, und ist folglich als ein Ganzes betrachtet, ein schlechter Geschmack, weil Einheit in der Mannigfaltigkeit ein wesentlicher Theil der Schönheit ist." (Styl 3 388, 12 - 30) Es ist eine Tendenz des kulturellen Fortschrittsprozesses in seiner Periode der Neuzeit und noch mehr in der der Moderne (bzw. Postmoderne), daß diese Einheit immer mehr und irreversibel verlorengeht und bereits verlorengegangen ist. Hätte Adelung einen Blick auf die Literatur unserer Epoche werfen können, er hätte sie einer vollständigen Uneinheitlichkeit und damit für ihn Geschmacklosigkeit zeihen müssen. Es mutet auf fast liebenswerte Weise reaktionär an, wie Adelung, sich aus den unaufhebbaren Tendenzen der Moderne zurückzusehnen scheint in die "idyllischen" Zeiten, wo die von ihm geforderte Einheit noch fraglos bestand.

[942] Styl 2 310, 22 - 24

[943] "In allen diesen Beziehungen ist und bleibt die Kunst nach der Seite ihrer höchsten Bestimmung für uns ein Vergangenes."(G.W.F. Hegel, Vorlesungen über die Ästhetik, Bd. 1 S. 25 passim)

haben es zunächst und unmittelbar mit den untern Kräften zu thun; sie finden daher die meisten Leser in derjenigen Classe von Menschen, bey welchen die untern Kräfte noch die meiste Gewalt und Thätigkeit haben."[944] Diesen von Adelung als minderwertig vorgestellten unteren Klassen stellt Adelung als Leitbild den *Gelehrten* gegenüber; aber gerade in diesem bekundet sich die immanente Widersprüchlichkeit der Adelungschen Wertung der Poesierezeption : "Der eigentliche Gelehrte, welcher seine Lebenszeit mit Uebungen des Verstandes zugebracht hat, findet selten Geschmack an Gedichten; und doch ist er beynahe noch der einzige, welcher die Gesetze des alten Versbaues kennt, und das Harmonische daran empfinden könnte. Ungelehrten ist es völlig unbekannt, sie können folglich noch weniger dabey empfinden, und doch sind sie die häufigsten Leser poetischer Producte, auf welche der Dichter die vornehmste Rücksicht nehmen sollte."[945] Wie es scheint, liegt ein unaufhebbares Paradox vor : um Dichtung adäquat zu empfinden, müssen Kenntnisse da sein, aber eben der, der diese hat, der Gelehrte, hat keinen Geschmack an Dichtung. Adelung hat, wie es scheint, einfach keinen Sinn für Poesie; und er projiziert diese Voreingenommenheit in die Diskussion des Sachverhalts. Als *kritisches* Resümee ist festzuhalten : Die Einschätzung und Wertung der Poesie durch Adelung ist ambivalent, um nicht zu sagen inkonsistent. Zum einen ist sie ihm höchstes Produkt und Index des kulturellen Fortschrittsprozesses; zum anderen ist sie Ausdruck des gleichermaßen von ihm als niedrig Gewerteten : der unteren Kräfte der Seele, der unteren Klassen in der Gesellschaft. Adelung hat diese Widersprüchlichkeit faktisch nicht bewältigt; ob er sie überhaupt wahrgenommen hat, ist fraglich. Wie es scheint, liegt eine strukturelle Parallele vor zu einer anderen, bereits diskutierten Ambivalenz : der Ambivalenz in der Wertung der abstrakten Ausdrücke durch Adelung[946].

(Adelung nennt als Faktoren für das Auftreten des Geschmacks : "Unter den Schwäbischen Kaisern thaten Volksmenge, Wohlstand und Luxus ihre Wirkungen, und der Geschmack fing an zu erwachen."[947] Die Metapher zeigt an : Der Geschmack ist, Adelung zufolge, nie überhaupt nicht vorhanden, er ist potentialiter immer da, und sein Auftreten ist wie das Erwachen aus dem Schlaf. Das impliziert : er gehört strukturell notwendig zum Menschen als Menschen dazu.)

---

[944] Styl 2 298, 28 - 299, 2
[945] Styl 2 299, 2 - 11
[946] Vgl. vorliegende Arbeit S. 191 - 205.
[947] Styl 2 311, 21 - 23

12.2. Das Schöne im allgemeinen

Von der Diskussion der schönen Literatur ausgehend, kommt Adelung nicht darum herum, das Schöne im allgemeinen zu diskutieren. Diese Diskussion bildet, nicht aufbaumäßig, aber systematisch den Höhepunkt und Schlußstein des Gebäudes des Adelungschen Systems. Es kann daher im Kontext der vorliegenden Arbeit, deren genuines Thema die Adelungsche Sprachkonzeption ist, nicht übergegangen werden. Und dies nicht zuletzt darum, weil die Adelungschen Bestimmungen des Schönen im allgemeinen immer wieder, auch wo dies nicht explizit diskutiert wird, auf die Bestimmung der schönen Literatur und damit der Sprache zurückschlagen.

12.2.1. Definition des Schönen

Adelungs knappste Definition des Schönen ist : "Schön ist, was Wohlgefallen erreget."[948] Das Schöne wird von Adelung als relativ[949] auf das sinnliche Wohlgefallen des jeweiligen Subjekts gedacht. Daher kann gesagt werden, es liegt also eine sensualistische und subjektive Bestimmung des Schönen vor. Was hingegen das Schöne in sich, was es objektiv sei und welche objektiven Strukturen es qualifizieren, schön zu sein - das wird in dieser Definition nicht thematisiert. Ob es etwa ein Text einer Boulevardzeitung oder ein Romantext Hermann Brochs ist, der faktisch dies Wohlgefallen erregt, erscheint hier nicht als relevant; relevant ist gleichsam nur das - möglichst hohe - Ausschlagen des Zeigers, der das subjektive Wohlgefallen des jeweiligen individuellen Rezipientensubjekts anzeigt. Adelungs Vertrauen in die Fähigkeit, kompetent das Schöne empfinden, es vom Unschönen sondern zu können, zeigt seine prinzipielle positive Einschätzung der fundamentalen mentalen Struktur dieses Subjekts.

Dieselbe Definition des Schönen, ex negativo gewendet, lautet bei Adelung : "Zuvörderst bemerke ich noch, daß man das Wort schön hier in der weitern Bedeutung nehme, so daß es auch die Abwesenheit aller Mängel, oder alles dessen, was Mißfallen erregen kann, mit in sich schließet."[950]

Nehmen wir Adelung bei dieser "weitern Bedeutung" des Schönen, so könnte nicht nur das ästhetisch Schöne, sondern alles, was positiv, wünschenswert, seinsollend u.dgl. ist, terminologisch als *schön* bezeichnet werden. D.h. etwa auch Entwicklungsstufen des kulturellen Fortschritts-

---

[948] Styl 3 379, 3 - 4
[949] Die hier genannte Relativität ist strukturell verschieden von dem, was Adelung später als das "relative Schöne" bezeichnen wird. Vgl. vorliegende Arbeit S. 217ff.
[950] Styl 3 380, 3 - 7

prozesses. Und diese Applikation hätte eine Legitimation darin, daß der Terminus des *Geschmacks*, den Adelung in den hier diskutierten Passagen als auf Ästhetisches bezogen verwendet, bei ihm sonst seinen primären Ort im Kontext der Kulturgeschichte hat.

12.2.2. Unterscheidungen innerhalb des Begriffs des Schönen

Der definierte Begriff des Schönen ist in sich noch unterbestimmt, so daß Adelung sich gezwungen sieht, einige terminologische Unterscheidungen vorzunehmen, die nötig sind, um nicht in "unaufhörliche Widersprüche (zu) verfallen (...)."[951] Der Begriff des Schönen bedarf der Differenzierung. Adelung teilt "(...) das Schöne in das allgemeine oder absolute Schöne, in das conventionelle, und in das relative Schöne."[952] Wir diskutieren zunächst das absolute und das relative Schöne. Adelungs Definition des absoluten Schönen ist : "Das absolute Schöne ist dasjenige, was zu allen Zeiten und unter allen Umständen Wohlgefallen, dessen Gegensatz aber Mißfallen erwecket."[953] (Die Beispiele, die er dem anschließt, stimmen, plausibler Weise, überein mit Titeln der Kapitel des Adelungschen Stylbuches.) Es scheint indes, daß diese Allgemeinheit des Schönen lediglich eine faktisch-empirische ist, nicht eine apriorische, d.h. mit Notwendigkeit in der Struktur des Schönen fundierte. Jedenfalls liefert Adelung selbst keine solche apriorisch-strukturelle Fundierung. Es wird zu allen Zeiten und Umständen so *vorgefunden*; aber es könnte auch anders sein; es muß nicht *notwendig* so sein. Die Stelle läßt dies letztlich offen, aber der explizite Hinweis auf die Zeiten und die Umstände legen diese Interpretation nahe. Darüberhinaus ist Adelung eine gewisse terminologische Ungenauigkeit vorzuhalten. Wie es scheint, unterscheidet er in der gegebenen Definition nicht präzise zwischen dem *Begriff* des (absolut) Schönen und dem (absolut) schönen *Gegenstand*. Dies wird relevant im Kontext des von Adelung genannten "Gegensatzes des Schönen". Der Gegensatz (das Antonym) des Begriffs des Schönen ist das Häßliche (wovon sogleich). Was jedoch wäre der *Gegensatz* eines schönen Gegenstandes? Eine Vase mit Blumen bzw. ein Bild davon ist schön - was ist der Gegensatz einer Vase mit Blumen?

Adelung bringt ein Beispiel für das allgemeine Schöne und setzt es zugleich in Beziehung zum conventionellen Schönen[954] : "Tropen gehören mit zu den allgemeinen Schönheiten; allein wer weiß nicht, daß sich ein und eben derselbe Begriff unter hundert und mehr Bildern darstellen lässet?"[955]

---

[951] Styl 3 379, 26 - 27
[952] Styl 3 379, 31 - 380, 3
[953] Styl 3 380, 9 - 11
[954] Vgl. vorliegende Arbeit S. 219.
[955] Styl 3 382, 2 - 4

Adelung schwächt die gegebene, wenngleich empirische, Allgemeinheit des absoluten Schönen ab zu einer Beinahe-Allgemeinheit, indem er die Relativität auf Kultur überhaupt ins Spiel bringt. Das Schöne, so allgemein es sei, ist nur möglich unter der Voraussetzung eines Minimums an Kultur : "Hierin kommen alle Völker überein, so bald sie es in der Cultur nur so weit gebracht haben, daß sie das Schöne und Häßliche in den Werken des Geistes unterscheiden lernen."[956] Dies ist die allermindeste Schwelle zur Kultur überhaupt - alles, was zeitlich davor sich abspielt, ist vollständige Rohheit und Primitivität. Anders formuliert : ist der Mensch Mensch im genuinen Sinne, so hat er diese Schwelle faktisch überschritten. Eine gewisse Unstimmigkeit liegt darin : wenn die genannten Menschen einen vorhandenen Unterschied im Kunstschönen (Adelung spricht hier ausdrücklich noch nicht vom Naturschönen) sollen beurteilen können, so müssen ihnen doch zur Prüfung Kunstwerke zur Beurteilung vorgelegt werden - woher diese, wenn sie keine produzieren? - Und : Gibt es ein Häßliches in den Werken des Geistes? Es gibt hier doch nur, so scheint es, ein mißglücktes, nicht gelungenes, wenngleich intendiertes Schönes. Häßliches gibt es nur im Bereich der Natur (ein häßliches Gesicht z.B.).- Dann allerdings wiederum scheint Adelung von einem Kunstschönen, das sich mit Notwendigkeit aus der Struktur der Sache ergibt, zu reden : "Der Grund dieses Schönen ist die Natur der Sache an sich, d.i. das notwendige Verhältniß zwischen der Absicht und den Mitteln."[957] Dies ist die letzte und tiefste Ergründung des Schönen bei Adelung; und es scheint, es ist eine ziemlich schwache Bestimmung. Gewiß ist das rechte Verhältnis zwischen der Absicht und den Mitteln notwendige Bedingung des Schönen, eine unter mehreren. Noch nicht ist dies eine hinreichende Bedingung des Schönen. Die gegebene Adelungsche Bestimmung des Schönen scheint eher eine zu sein, die im Bereich technisch-ökonomischer Kosten-Nutzen-Relationen ihren Ort hat. Bei einer Produktionsstraße in den Audi-Werken besteht gewiß ein optimales Verhältnis von Absicht und Mitteln (Kalkulation); wollte man sie allein deswegen als *schön* ansprechen, ja wollte man sie *überhaupt* als schön ansprechen? Hier also wäre tiefer nachzubohren - aber hier läßt uns Adelung im Stich, und er kommt auch später nicht auf diesen Problemkomplex zurück.

Adelung unterscheidet innerhalb der Arten des Schönen das relative Schöne. Es ist nicht ohne weiteres der Korrelatbegriff zum absolut Schönen. Dies ist ein zwar gewiß Schönes; es ist indes lediglich relativ, weil es mit den Zwecksetzungen kollidiert, in deren Kontext es steht. Adelung exemplifiziert : "Eine nackte Venus würde in einem Gemählde, welches Andacht erwecken soll, gewiß keine Schönheit seyn, so schön übrigens

---

[956] Styl 3 380, 19 - 22
[957] Styl 3 380, 22 - 25

auch die Figur an sich seyn möchte."[958] Wie die zuletzt gebrauchte Wendung zeigt, kennt Adelung ein "an sich Schönes" im Unterschied zu einem Schönen, das im Kontext von Zwecksetzungen steht (im verwendeten Beispiel eine religiöse). Andere Zwecksetzungen ließen sich denken, z.B. die politisch-ideologischer Einflußnahme. Adelung setzt ein Schönes, das mit den ihm vorgesetzten Zwecksetzungen kollidiert, herab als ein bloß relativ Schönes. Andererseits können diese Zwecksetzungen ihrerseits kritisch in Frage gestellt werden; es wäre zu fragen : ist ein Schönes, das in solchen etwa ideologischen Zwecksetzungen steht, noch nicht zwar ein Unschönes, aber ein mißbrauchtes, ein herabgewürdigtes Schönes?

12.2.3. Das conventionelle Schöne (Das Schöne in Abhängigkeit vom Empfindungsvermögen und im geschichtlichen Kontext)

In der Unterscheidung der verschiedenen Arten des Schönen hatte Adelung das *conventionelle* Schöne an zweiter Stelle genannt. Wir diskutieren es jedoch gesondert, da es für Adelung die zentral diskutierte Art des Schönen ist; das geht sowohl aus dem Raum hervor, den er ihm widmet, sowie aus sachlich-systematischen Gründen. Adelung steuert auf die Diskussion des conventionellen Schönen zu, indem er die strukturellen Zusammenhänge des wie oben definierten Schönen näher bestimmt : Die Möglichkeit, das durch das Schöne erregte Wohlgefallen zu empfinden, ist strukturell abhängig vom Empfindungsvermögen[959] des oder der Rezipienten. Je nachdem, wie das Empfindungsvermögen strukturiert ("gestimmt") ist, werden unterschiedliche Gegenstände als *schön* empfunden. Das Empfindungsvermögen ist nicht eine objektive übergeschichtliche Instanz wie etwa das Gewissen in der Kantischen Ethik. Sondern es ist durch und durch empirisch und geschichtlich modifikabel, demzufolge in sich uneinheitlich. Adelung interpretiert die geschichtliche Modifikabilität des Empfindungsvermögens nicht als beliebigen Wandel, sondern als Fortschrittsprozeß, der in den generellen kulturellen Fortschrittsprozeß involviert ist. Er erklärt die Abhängigkeit des Empfindungsvermögens von der Kultur und ihrem Fortschrittsprozeß :
"(...) daß das Empfindungsvermögen überhaupt von sehr mannigfaltigen und verschiedenen äußern Umständen abhängt, (...) weil die Empfindung so ungleich gestimmt ist, und bey den verschiedenen Graden der Cultur ewig so verschieden gestimmt seyn muß."[960] Gilt dieser Strukturzusammenhang, so folgt hinsichtlich des als vom Empfindungsvermögen abhängig gedachten Schönen und demzufolge auch für den schönen Styl,

---
[958] Styl 3 386, 28 - 31
[959] Eine auch in anderen Strukturzusammenhängen zentrale Denkfigur Adelungs. Vgl. Styl 1 7, 23 - 8, 4 passim.
[960] Styl 3 379, 11 - 19

daß "(...) sich unmöglich ein allgemeiner Grundsatz annehmen läßt, welcher alles Schöne mit seinen Unterarten, selbst in einem und eben demselben Fache, z.B. in Ansehung des Styls, unter sich begriffe (...)"[961] Damit ist, wie es scheint, das Schöne von Adelung hierdurch ausdrücklich in den Bereich des Geschichtlich-Relativen verwiesen. Sehen wir näher zu, so resultiert diese Relativierung nicht erst aus der Ansetzung eines geschichtlich modifikablen Empfindungsvermögens; sie ist bereits in der sensualistisch-subjektiven Definition des Schönen impliziert. Denn das subjektive Wohlgefallen, als von welchem abhängig Adelung das Schöne erklärt, ist evident geschichtlich modifikabel.

Das vom jeweiligen geschichtlichen Stand des Empfindungsvermögen abhängige Schöne bezeichnet Adelung terminologisch als das *conventionelle* Schöne. Das Conventionelle ist hier im spezifischen terminologischen Sinne Adelungs genommen. Es bedeutet nicht die Konvention qua bewußte Absprache; sondern das Empfindungsvermögen ist determiniert von der Summe der jeweils zusammenkommenden (convenire) geschichtlich-kulturellen Umstände. Diese Abhängigkeit des Schönen vom kulturellen Fortschrittsprozeß ist der sachlich-systematische Grund, der das conventionelle Schöne für Adelung zum zentralen Interesse macht. Mit einem gewissen nicht nur etymologischen, sondern sachlichen Recht könnte statt vom conventionellen auch vom *konkreten* Schönen (von concrescere : zusammenwachsen) gesprochen werden. Adelung bestimmt das Verhältnis des allgemeinen zum conventionellen Schönen : "Das conventionelle Schöne bestimmt (...) nur das schwankende allgemeine Schöne und führt das Unbestimmte in demselben auf gewisse feste Puncte zurück (...)"[962] Dem allgemeinen Schönen scheint demzufolge ein Mangel zu eignen : es ist schwankend und unbestimmt. Zu fragen wäre : Liegt das an seiner Allgemeinheit?[963]

Adelung baut einen Fundierungszusammenhang auf. Das conventionelle Schöne ist determiniert durch die "eigenthümliche Modification des Empfindungsvermögens"[964], dieses seinerseits ist determiniert durch die "individuellen (kulturellen) Umstände jeder Nation"[965]; und auch diese wiederum sind nichts letztes Konkretes, sondern sie sind ihrerseits spezifiziert nach "mancherley Classen und Theilen"[966] der Nation. Daß das Volk (oder die Nation) in mehrere soziale Klassen differenziert ist, deren jeweiliges kulturelles Sosein das sprachliche Leben in unterschiedlicher

---

[961] Styl 3 379, 13 - 17
[962] Styl 3 383, 5 - 8
[963] Hinsichtlich Adelungs Gefechts gegen die abstrakten Ausdrücke vgl. vorliegende Arbeit S. 184 - 192.
[964] Styl 3 383, 12 - 13
[965] Styl 3 383, 9 - 10
[966] Styl 3 383, 10 - 11

Weise determiniert[967], ist ein Gedanke, dem wir bei Adelung schon öfter begegnet sind[968]. Indes mit der andeutenden Rede von den "mancherley (...) Theilen" der Nation geht er über diesen Gedanken, obschon er ihn keineswegs verwirft, hinaus. Gewiß gibt es diese Un-terscheidung nach sozialen Klassen; aber es gibt auch die Unterschei-dung nach Geschlecht, nach Alter, nach ethnischer Herkunft, nach Intelligenz, nach dem Bildungshintergrund, nach.... Es gibt eine Vielzahl möglicher Kriterien zur Unterscheidungen von Sprechergruppen, die alle mehr oder minder sinnvoll sind. (Möglich, wenngleich wenig sinnvoll ist etwa die Haarfarbe der Individuen als Kriterium für deren Unterscheidung.) Und jeder solcher Unterscheidung innerhalb der Bevölkerung korrespondiert, Adelung zufolge, mehr oder minder ein Unterschied im Empfindungsvermögen bzw., durch dieses vermittelt, in der Sprache. Dergestalt hat Adelung, ausgehend von der ästhetischen Problematik des Schönen, seine relativ starre Konzeption der Soziolekte erweitert in Richtung auf eine generelle Theorie von Varietäten.

Wenn, wie diskutiert, Adelung zufolge, prinzipiell eine Differenz besteht zwischen dem Empfindungsvermögen (und, in diesem fundiert, dem conventionellen Schönen) der Individuen und der einzelnen Gruppen (Nationen, Klassen), dann ist die Fehlinterpretation möglich, die jeweils vorliegende Differenz zu übersehen und zu vermengen, was doch, Adelung zufolge, prinzipiell geschieden ist und geschieden sein soll. Er führt aus, die verschiedenen Möglichkeiten der Vermengung nacheinander durchgehend : "Bald verwechselte man das conventionelle Schöne verschiedener Nationen und Zeiten mit einander, und glaubte, z.B. was der Grieche mit Wohlgefallen empfand, müsse auch bey dem heutigen Europäer eben dieselbe Wirkung hervor bringen. Bald vermischte man wieder das Conventionelle der verschiedenen Classen einer und derselben Nation mit einander, und verpflanzte Eigenheiten der untern Classen in die obern, und was dergleichen Ausschweifungen mehr sind."[969] Korrektiv und Bezugspunkt ist hierbei, Adelung zufolge, "das Beispiel der cultiviertesten Nationen"[970].

12.2.4. Legitimität und Kritik der Adelungschen Konzeption des Schönen

Wie es scheint, kollidiert Adelung in seiner Konzeption des Schönen mit seinem Modell des kulturellen Fortschrittsprozesses. Gibt es, wie im diskutierten Kontext von Adelung behauptet, kein objektives Kriterium, darnach das Schöne beurteilt werden kann, sondern das Schöne ist relativ auf das jeweilige Subjekt, so fällt zugleich die Möglichkeit weg,

---

[967] Eine spezifizierende Applikation des kulturhistorischen Äquivalenzprinzips.
[968] Vgl. vorliegende Arbeit S. 120 - 121.
[969] Styl 3 384, 9 - 18
[970] Styl 3 384, 20 - 21

geschichtlich frühere Epochen als noch weit zurück im Stand der Kultur und die eigene als so herrlich weit zu beurteilen. Adelungs Modell des kulturellen Fortschrittsprozesses impliziert, ob eingesehen und ausgesprochen oder nicht, zumindest tendenziell ein Objektives, von dem aus der kulturelle Fortschrittsprozeß in seiner Niveauhöhe beurteilt werden kann; und der kulturelle Fortschrittsprozeß, das ist doch Adelungs fundamentaler, unaufgebbarer Gedanke. Und ein unendlicher Fortschritt, der auf ein Objektives als Bezugsgröße verzichtet, weil er jede solche transzendiert, ist, auch im Bereich des Schönen, ein unvollziehbarer Gedanke; einmal, wenngleich noch nicht in der jeweiligen Gegenwart, muß das Maximum des kulturellen Fortschrittsprozesses erreicht sein (Ende der Fahnenstange), und von dieser erreichten Höhe muß sich das Zurückliegende beurteilen lassen. Zum Vergleich : *Hegel*, der wie Adelung einen Fortschrittsprozeß denkt, läßt denselben gipfeln in der Vollendung des Weltgeistes in der absoluten Gegenwart der Hegelschen Philosophie[971]. Daß Adelung mit der unvollziehbaren Denkfigur eines "ewigen" Fortschritts zumindest gespielt hat, zeigt sein verräterischer Satz : daß "(...) die Empfindung (...) bey den verschiedenen Graden der Cultur ewig so verschieden gestimmt seyn muß."[972] Gibt es aber einen ewigen Fortschritt, so doch keine ewigen Unterschiede - paradox. Diese Überlegungen hinsichtlich Geschichte im generellen gelten gleicher Weise für die Objektivität des Kunstschönen. Ein objektives Kriterium des Schönen muß notwendigerweise angenommen werden, wollen wir überhaupt ein gegebenes Produkt als schön beurteilen[973]. Und dieser Erkenntnis kann Adelung sich im Fortgang der Diskussion nicht verschließen, wenn er, die statuierte Relativität des Kuntschönen auf das geschichtlich modifikable Empfindungsvermögen partiell zurücknehmend, schreibt : "Aller dieser Verschiedenheit (des Empfindungsvermögens) ungeachtet, gibt es doch in jedem Fache wieder gewisse Arten des Schönen, welche zu allen Zeiten und unter allen Umständen schön sind."[974]

Offensichtlich liegen widerstreitende Tendenzen in Adelung vor. Einerseits vertritt er einen dezidierten ästhetischen Relativismus, indem er plan sagt, das Schöne, das sei eben, was faktisch Wohlgefallen erweckt, unerachtet seiner inneren Struktur (ob es "wirklich" schön ist), es mag das häßlichste Produkt von der Welt sein. Anderseits spricht er davon, es gibt Begriffe, d.h. allgemeingültige Kriterien, "des wirklich Schönen"[975], und es kommt darauf an, daß diese Begriffe "nicht zu sehr

---

[971] Vom Kommunismus als Ende des marxistisch gedachten Geschichtsprozesses zu schweigen.
[972] Styl 3 379, 18 - 19
[973] Ein Naturschönes scheint Adelung nicht in Betracht zu ziehen; jedenfalls diskutiert er es nicht.
[974] Styl 3 378, 19 - 23
[975] Styl 3 386, 4

verdunkelt sind"[976]. Verdunkelt, d.h. doch, es besteht eine Differenz zwischen dem, was *wirklich* schön ist, und dem, was (lediglich) für schön *gehalten* wird. Eine solche Differenzierung wäre prinzipiell nicht möglich, wäre tatsächlich der ästhetische Relativismus die adäquate Auffassung des Sachverhalts. Eine weitere Stelle bei Adelung spricht gegen den ästhetischen Relativismus. "In manchen ist der Widerspruch sehr häufig; und alsdann macht solches nicht allein den herrschenden schlechten, sondern selbst den barbarischen Geschmack aus."[977] Wäre das Schöne schlicht identisch mit dem, was faktisch affirmiert wird, der faktisch herrschende Geschmack könnte, als schlechter oder gar barbarischer, nicht in Differenz gebracht werden zum guten Geschmack, der erkennt, was tatsächlich schön ist.

Adelungs Konzeption des Kunstschönen kann eine andere Konzeption entgegengehalten werden, die mindestens ebensoviel Recht für sich in Anspruch nehmen kann. Für Adelung ist das Schöne relativ auf menschliche Setzungen, abhängig von diesen : Schön ist, was für schön *gehalten* wird. Genausogut kann konträr angesetzt werden : die Schönheit des Schönen ist in bestimmten objektiven Strukturen des Gegenstandes fundiert, und die menschlichen Setzungen sind relativ auf dieses, indem sie den Gegenstand als schön *erkennen*. Um diese "Objektivität" des Schönen anzunehmen, sind wir gar nicht gezwungen, irgendwelche platonistischen Ideen-Hypostasen zu statuieren. Aber weil dies ins unabsehbar Weite führt, und vor allem, weil es von Adelungs Text wegführt, sei auf die Diskussion dieses allgemein-ästhetischen Themas verzichtet.

12.2.5. Die Regeln des Schönen und ihre Genese

Das Schöne ist, Adelung zufolge, alles andere als chaotisch-regellos; es hat bestimmte *Regeln*. Diese Regeln des Schönen kommen mit den oben diskutierten Sprachregeln im gemeinsamen Regelbegriff[978] überein. Beide Arten von Regeln, sowohl die Sprachregeln als die Regeln des Schönen, obschon sie "conventionell" sind im von Adelung gedachten Sinne, sind dennoch nicht willkürlich ("nichts weniger als willkührlich"[979]) gesetzt. (Hier wäre die Stelle, an den Unterschied zwischen dem Adelungschen Terminus des Conventionellen und dem modern-linguistischen Terminus der Konventionalität von Sprache zu erinnern. Letzterer intendiert "die nicht natürliche bzw. naturhaft gegebene, sondern

---

[976] Styl 3 386, 5
[977] Styl 3 385, 16 - 20
[978] Vgl. vorliegende Arbeit S. 161.
[979] Styl 3 396, 21

erst sozial 'vereinbarte'[980] Zeichenhaftigkeit der Sprache"[981]; jener intendiert das Zusammenkommen (convenire) einer tendenziell unendlichen Mannigfaltigkeit von Kausalketten, die das individuelle Phänomen (im Adelungschen Kontext sind es freilich allermeist sprachliche Phänomene) in seiner vollständigen Konkretion determinieren.) Vielmehr sind beide Regelphänomene fundiert auf ein dem sprechenden (und Kunstschönes produzierenden) Individuum Vorgesetztes - Adelung nennt es die "Natur der Sache". Implizit ist der Mensch hierin gedacht nicht als Herr und Meister der Sprache, sondern eher, mit Heidegger zu reden, als wohnend im Haus der Sprache.

In einer solche Natur der Sache ist das "gehörige Verhältniß der Absicht und der Mittel"[982] impliziert. Dieses gehörige Verhältnis sowohl im Fall der Sprachregeln als im Fall der Regeln des Schönen bringt Adelung in einen Fundierungszusammenhang; wie die Regeln des Schönen in den Sprachregeln fundiert sind, so gilt : "Die Absicht der Sprache ist, verstanden zu werden (...). Die Absicht der schönen Sprache ist, zugleich Wohlgefallen zu erwecken."[983] Diese Absicht ist also jener Absicht der Sprache als solcher (Adelungs immer wieder erinnerte These[984]) aufgestockt. Adelung denkt beide Absichten zusammen in der Formel "mit Wohlgefallen verstanden werden"[985]. Hier wäre *kritisch* zu fragen : Will der Dichter denn in jedem Falle verstanden werden? Ist dies stets, wie Adelung nahezulegen scheint, sein primäres Interesse? Diese kritische Vermutung impliziert jedoch nicht das Konträre, des Dichters primäres Interesse sei, *nicht* verstanden zu werden, d.h. mit bewußter Intention dunkel zu sein. Aber das Verstandenwerden kann sein sekundäres, tertiäres, xtes Interesse sein und daher von anderen Interessen überholt werden; es kann ihm sogar gleichgültig sein, ob er verstanden wird. Sein primäres Interesse kann sein, das, was er zu sagen hat, möglichst präzise auszudrücken; und wenn die anderen es dann nicht verstehen, vielleicht versteht es allein der Dichter selber, oder die Nachwelt, oder Gott. Erinnert sei an die "dunklen" Dichtungen etwa Trakls[986] und Paul Celans. Adelung *kann* diese Möglichkeit nicht in den Blick bekommen, weil er apriori davon ausgeht, die Absicht der Sprache sei nichts weiter als verstanden zu werden. Dies ist gewiß nicht falsch, doch zumindest

---

[980] Der Ausdruck "vereinbart" bei Lewandowski steht in Anführungszeichen, da, mit Adelung zu reden, "nicht an eine bewußte Absprache gedacht werden kann."
[981] Lewandowski 2, S. 583
[982] Styl 3 396, 23 - 24
[983] Styl 3 396, 25 -30
[984] Vgl. vorliegende Arbeit S. 39.
[985] Styl 3 422, 15 - 16
[986] Was etwa G. Trakl angeht, so sagt L. Wittgenstein über seine Gedichte : "Ich verstehe sie nicht, aber ihr *Ton* beglückt mich. Es ist der Ton der wahrhaft genialen Menschen." (Brief an Ficker 9.11. bzw. 28.11.1914, zitiert nach Wuchterl/Hübner, S. 57)

einseitig. Aber Sprache ist evident nicht auf eine einzige Funktion zu restringieren. *K. Bühler* etwa hat in seinem Werk "Sprachtheorie"(1934), auf mehrere Funktionen von Sprache hingewiesen; er nennt "Ausdruck, Appell und Darstellung"[987]. Wenn Adelung sich auf eine einzige Funktion versteift, so kann ihm mit *Hegel* entgegengehalten werden : Eine Setzung hat genauso viel Recht wie die andere, oder genauso wenig[988].

12.2.6. Stoff und Form

Eine zentrale Problematik der traditionellen Ästhetik ist die Verhältnisbestimmung der fundamentalen Entitäten *Stoff* und *Form*. Da Adelung zu einer, wie es scheint, inadäquaten Prioritätssetzung in dieser Verhältnisbestimmung kommt, muß er auch zu einer falschen Bestimmung kommen dessen, was Stoff und Form jeweils in sich selber sind.

Adelung bestimmt das Formhafte metaphorisch als "Einkleidung"; das Stoffhafte als Einzukleidendes. Dies ist eine "undialektische", abstrakte Unterscheidung. In der Metapher der Einkleidung vorgestellt, ist die Form lediglich[989] ein Äußeres, und der Stoff ist ein Verhülltes, das nicht zur äußeren Erscheinung gelangt; sie sind getrennt und unvermittelt. Die Vermittlung müßte darin bestehen, und sie tut das faktisch im genuinen Kunstwerk, daß Form und Stoff einander durchdringen, unablösbar voneinander geworden sind.

Ein weiterer Denkfehler Adelungs besteht darin, daß für ihn dieses Stoffhafte näherhin in "guten und brauchbaren Gedanken oder in den nöthigen Sachkenntnissen"[990] besteht. Ohne Zweifel sind gute und brauchbare Gedanken unverzichtbar für ein gelungenes Kunstwerk; aber ebenso zweifellos sind sie nicht das Primäre. Zwar sind sie zentral in wissenschaftlichen und philosophischen Argumentationszusammenhängen, und für diese beiden gilt allerdings Adelungs These, daß das Schöne ein, wiewohl wünschenswertes, Hinzukommendes ist. Nicht jedoch gilt dies für die Kunst. Adelung macht sich einer unzulässigen Grenzüberschreitung schuldig, bzw. er sieht die Grenze überhaupt nicht, wenn er, schlicht parallelisierend, schreibt: "Sind nun gleich gründliche Kenntnisse für den prosaischen Schriftsteller wesentlich nothwendig, so sind sie es für denjenigen, welcher zunächst für die unteren Kräfte arbeitet, und besonders für den Dichter, nicht minder, wenn anders sein Product einen dauerhaften Werth erhalten soll."[991]

---

[987] K. Bühler, S. 28
[988] G.W. F. Hegel, zitiert nach W. Biemel, S. 99
[989] Adelung gibt diesen Sachverhalt ungewollt zu, wenn er schreibt : "Der schöne Styl hat es bloß mit der Einkleidung zu thun (...)"(Styl 3 372, 18 - 19); dieses "bloß" ist verräterisch.
[990] Styl 3 372, 16 - 18
[991] Styl 3 373, 25 - 30

Nein, so ist es nicht. Das Primäre an einem Werk der Kunst, im Gegensatz zu wissenschaftlichen oder philosophischen (expositorischen) Texten, für die der Stoff primär ist, ist die Form. Ist sie gelungen, so ist das Werk auch nicht Adelungs kulturellem Fortschrittsprozeß unterworfen, von dem jene Texte überholt werden. Stünde es anders, warum würden wir dann heute immer noch Homer und Dante lesen, nachdem die geschichtlich-gesellschaftlichen Welten, die Entstehungsbedingung für deren Werke waren, längst zerfallen sind? Karlheinz Deschner, ein moderner Autor, der durch fulminante polemisch-literaturkritische Texte hervorgetreten ist, schreibt über die Form in ihrem Verhältnis zum Stoff: "Schreibt ein kleiner Literat die Geschichte eines ganzen Volkes, Felix Dahn etwa in seinem *Kampf um Rom*, ergibt das ein Opus, das man mit fünfzehn vielleicht verschlingt, doch keine Dichtung. Erzählt ein großer Autor, wie etwas Wind weht, der Mond scheint und man den Wald durchwandert, wie Stifter im *Hochwald*, entsteht ein Kunstwerk. Nicht die Bedeutung des Vorwurfs, sondern die Art der Ausführung entscheidet, nicht das Thema, sondern seine Ausführung."[992]

Der genannte Irrtum Adelungs zieht einen weiteren Irrtum nach sich. Er besteht darin, nur das Hohe, Unalltägliche als Gegenstand der Kunst zuzulassen, das Niedrige, Alltägliche hingegen auszuschließen : Er schreibt : "Alltägliche und unbedeutende Gedanken können nie den Stoff eines wirklich schönen Styles abgeben, und wenn er noch so rein, richtig und lebhaft wäre."[993] Nun hat J. Joyce in seinem "Ulysses"-Roman, darin er den "Welt-Alltag der Epoche"[994] schildert, konkret exemplifiziert, daß ein unbedeutend-alltäglicher Gegenstand den Stoff zu einem sehr bedeutenden Roman abgeben kann; und zugleich hat er damit gezeigt, daß die Form das Prinzip der Dichtung ist und sein muß, und nicht der Stoff.

Es kann Adelung zugutegehalten werden, daß er, aufgrund seiner Zugehörigkeit zur Epoche und Denkrichtung der Aufklärung, einer Beschränkung in der Perspektive auf die Dichtung verfallen mußte. Für die Aufklärung im Ganzen, nicht nur für Adelung, war Dichtung primär didaktische, war Lehrdichtung. Daher auch war für sie die lehrhafte Tierfabel die höchststehende der Gattungen. Adelung liegt ganz in dieser Tendenz, darum ist für ihn die der Unterschied zwischen wissenschaftlicher und dichterischer Prosa so irrelevant, daß er ihn an der diskutierten Stelle nicht einmal nennt. Adelung ist dieser Tendenz verfallen, aber er hätte es nicht müssen, wenn er ein tieferer Denker gewesen wäre, als er faktisch war.

Adelung gibt in hoffärtiger Weise sich selber als einen Kenner, seine Art zu denken als kennerhaft aus. So schreibt er : "Den Unkundigen

---

[992] Karlheinz Deschner, Kitsch, Konvention und Kunst (1980), S. 15
[993] Styl 3 373, 6 - 9
[994] H. Broch, Schriften zur Literatur und Kritik S. 64

kann er (der schlechte Stil) zwar eine Zeitlang täuschen, aber nicht den Kenner, der den Schriftsteller mit Unmuth bey Seite legt, der ihm durch ein schönes Medium nichts sehen läßt, was der[995] Medii werth ist."[996] Und: "Je gründlicher, wichtiger und fruchtbarer diese (Gedanken und Sachkenntnisse) sind, einen desto höheren Werth wird auch die Einkleidung erhalten, besonders in den Augen des Kenners, der im Stande ist, den Körper von dem Schmucke zu unterscheiden, und jeden abgesondert zu betrachten; und wer wollte nicht lieber dem Kenner gefallen, als der großen Schar unwissender Leser, welche zu kurzsichtig sind, durch das schimmernde Gewand den Körper zu erblicken."[997] Ist Adelung der Kenner, für den er sich ausgibt? Mag er auch umfangreiche und bewundernswerte Kenntnisse in sachlicher Hinsicht aufgetürmt haben - ein Kenner des Geheimisses der dichterischen Form scheint er nicht zu sein, wenn er sie lediglich als Gewand, als Schmuck ansieht. Er interessiert sich eben in einseitiger Weise nur für den "Körper", alles übrige ist ihm sekundär. Wenn wir aber das Bild der "Einkleidung", das Adelung unablässig verwendet, festhalten, so müssen wir (was Adelung gar nicht tut) *fragen* : Warum ist es unausbleiblich, daß dem Stoffe eine Form zukommt? Man könnte doch nämlich fragen : Wozu überhaupt eine "Einkleidung" - wir sähen den "Körper" doch viel deutlicher, wenn wir ihn unverhüllt zu sehen bekommen (könnten)? Also ist doch dem Stoffe die Form wesentlich; und ist sie das, so muß sie mehr sein als ein bloß Akzidentelles, wofür Adelung sie ausgibt.

Adelung begründet seine Geringschätzung der Form gegenüber darüberhinaus geschichtsphilosophisch. Das Prinzip des von ihm als permanent wirksam gedachten kulturellen Fortschrittsprozesses, das permanente Anderswerden von Allem, gilt ebenso für die Sprache; eine solche Sprache hatte er oben schon[998] positiv wertend als "lebendige Sprache" bezeichnet, er tut es hier wieder. Und dies Anderswerden ist, Adelungs Fortschrittsprinzip zufolge, notwendig und stets ein *Besser*werden; daher ist, was auf dem vormaligen Stand verharrt, notwendig veraltet. So kann er schreiben : "(...) in einer jeden lebendigen Sprache (veralten) Ausdruck und Darstellungsart nach einer gewissen Zeit (...)"[999] Er spricht von einem "dem Lauf der Sprache nach veralten"[1000]. Dies notwendige Veralten im Bereich des Sprachhaften reißt zugleich die anderen Bereiche mit sich, die sprachlich bestimmt sind, und das ist namentlich die Dichtung : sie verwickeln "(...) jedes Product mit in ihr Schicksal, welches

---

[995] Sic! Korrekt müßte es selbstverständlich heißen "des Medii".
[996] Styl 3 373, 9 - 13
[997] Styl 3 374, 2 - 10
[998] Vgl. vorliegende Arbeit S. 71 u. S. 172
[999] Styl 3 374, 13 - 14. - Vgl. Thea Schippan, S. 11 passim.
[1000] Styl 3 374, 21 - 22

nichts als diese vergänglichen Schönheiten (!) für sich aufzuweisen hat."[1001]

Adelung verwischt die Argumentationsfront, wenn er im folgenden schreibt : "Dichter, welche nur bekannte Empfindungen auf die bekannte Art wimmern, oder alltägliche Gedanken unter bekannten Bildern darstellen, werden sehr bald vergessen (...)."[1002] So ist es unleugbar; aber warum ist es so? Nicht deswegen, weil die Empfindungen bekannt oder die Gedanken alltäglich wären. Sondern aufgrund der Epigonalität der Form : die bekannte Art, die bekannten Bilder. Es sei nochmals Karlheinz Deschner zitiert, der, viel schärfer sehend, was in der Kunst zentral und entscheidend ist, Adelung konträr argumentiert : "Man sieht (...), daß es in der Kunst (...) doch nie entscheidend auf daß Was ankommen kann - denn das kann sich ja in Hunderten und Aberhunderten von Fällen immer nur wiederholen -, sondern auf das Wie, auf die Form der Aussage. Der Inhalt, in unserem Falle der Herbst, ist doch immer der gleiche. Wenn man also ein solches Gedicht liest, so kann man, falls es gut ist, nur erwarten, daß man bekannte Empfindungen, bekannte Gefühle in einer neuen, vielleicht noch nie dagewesenen Weise gestaltet findet."[1003]

Bilder, mit denen Adelung die dichterische Form bedenkt, sind - verräterischer Weise : "schöner Putz"[1004], "bloßer Theater-Schmuck"[1005].

[1001] Styl 3 374, 15 - 17
[1002] Styl 3 374, 17 - 20
[1003] Karlheinz Deschner, Kitsch, Konvention und Kunst (1957), S. 174 - 175
[1004] Styl 3 374, 27
[1005] Styl 3 374, 27 - 28

13. Ausgriff der Sprache auf das Transzendente

Gelegentlich diskutiert Adelung, wie das prinzipiell dem menschlichen Erkennen Entzogene, das Transzendente, durch Sprache gefaßt werden kann. Diese Frage hat jegliche Theologie, die sich recht versteht, immer umgetrieben. Adelung schreibt : "So läßt sich von Gott, dem erhabensten aller Gegenstände, in allen drey Arten des Styles handeln, ohne den Charakter einer derselben zu verletzen, je nachdem die Absicht des Schriftstellers ist."[1006] Gott erscheint also, Adelung zufolge, primär als erkennbarer und zu erkennender *Gegenstand*, und nicht, wie die christlichen Theologen es ausdrücken würden, als das absolute Du gegenüber dem Menschen. Die protestantische Theologie des zuendegegangenen Jahrhunderts hat sich mit solcher inadäquater Objektivierung Gottes auseinandergesetzt; sie diskutiert das "Problem eines nichtobjektivierenden Denkens und Sprechens in der heutigen Theologie"[1007].

In diesem Kontext wird es nötig, noch einmal auf den Begriff des Dunklen zu rekurrieren. Das Dunkle ist für Adelung beileibe nicht lediglich das Verworrene und Unklare, das der kulturelle Fortschrittsprozeß und das ihm korrespondierende Denken geschichtlich hinter unter sich lassen, indem sie sich davon abstoßen. Es existiert für Adelung eine diesem genannten Dunklen konträre Art des Dunklen. Dunkel, da das menschliche Erkennen übersteigend, ist für ihn ebensosehr das Erhabenste, das Transzendente - Gott. Und Gott ist dunkel, nicht trotzdem er das Erhabenste ist, sondern eben darum. Er transzendiert jedes menschliche Erkennen und ist darum - dunkel. Adelung schreibt : "Soll ein großer Gegenstand[1008] Bewunderung erregen, so muß er etwas Unbegreifliches, einige Dunkelheit haben; denn was man klar einsieht, das bewundert man nicht."[1009] Adelung gibt als Beispiele : "Ewigkeit und Unendlichkeit lassen sich nur sehr dunkel begreifen(...)"[1010] Und dies nicht etwa, wie man vielleicht meinen könnte, aufgrund ihrer von Adelung zu kritisierenden Abstraktheit[1011], sondern aufgrund ihrer Erhabenheit : d.h. in ihrem Übersteigen (Transzendieren) über das menschliche Erkennenkönnen[1012]. Die Dunkelheit hinsichtlich des letzteren ist in-

---

[1006] Styl 2 164, 3 - 7
[1007] Vgl. M. Heidegger, Phänomenologie und Theologie S. 68 (in : Wegmarken)
[1008] Hier wieder die Einschätzung Gottes als *Gegenstand*.
[1009] Styl 2 169, 27 - 170, 2
[1010] Styl 2 157, 30 - 158, 2
[1011] Hinsichtlich der abstrakten Ausdrücke vgl. vorliegende Arbeit S. 191 - 203.
[1012] Auf das ungeheure Thema der Erkennbarkeit Gottes - zentraler Streitpunkt zwischen der christlichen Offenbarungstheologie und der philosophischen Theologie - kann, da sonst die ganze Philosophie- und Theologiegeschichte herangezogen werden müßte, nur äußerst knapp eingegangen werden. Daher nur soviel : Das Die-menschliche-Erkenntnis-Transzendieren Gottes kann keine vollständige Unerkennbarkeit sein. Denn wäre es so, dann könnten wir gar nicht sinnvoll von

des noch nicht eine für das menschliche Sprechen. Adelung macht die entscheidende Unterscheidung zwischen der Dunkelheit, die dem "Gegenstand" als solchem eignet - und der Dunkelheit, die im Stil legt, in der dunklen Darstellung; diesen Unterschied übersehen zu haben, wirft er einigen Schriftstellern vor. "Der Mißverstand dieses Satzes hat manche Schriftsteller, und besonders Dichter, verleitet, die Erhabenheit in die Dunkelheit des Ausdruckes zu setzen, und folglich Gallimathias zu schreiben."[1013] Die Dunkelheit in der Sache billigt, ja verehrt Adelung, sofern sie sich als unumgänglich erweist; aber der Dunkelheit des Stiles gilt wie immer sein dezidierter Kampf. "Der Gegenstand kann seine Dunkelheit haben, aber der Ausdruck muß licht sein, wenigstens muß die Dunkelheit nicht von ihm herrühren."[1014] Hier jedoch muß gefragt werden : Ist es nicht paradox, wenn ein dunkler Gegenstand licht[1015] dargestellt wird - ist das von der Strukturlogik her möglich?

Adelung diskutiert den Sachverhalt an einem Beispiel. "Gott schuf die Welt aus Nichts, kann keine Empfindung erwecken, weil man nichts dabey denkt, oder wenigstens keine Möglichkeit siehet, wie eine Welt aus Nichts geschaffen werden kann (...)."[1016] Für die Interpretation dieses Satzes ist entscheidend, wie das Wort "Empfindung" gelesen werden soll. Wird "Empfindung" als "Emotion" gelesen, so bedeutet es : der Satz läßt die Seele kalt; und wir stünden vor dem allerdings paradoxen Resultat, daß nicht nur das Gewöhnliche, sondern auch dessen konträrer Gegensatz, das Transzendente, die gleiche Wirkung (Eindruck) auf die Seele machen, nämlich gar keine. Lesen wir hingegen "Empfindung" als "Sinneseindruck", so hätten wir das gleichfalls paradoxe Resultat, daß nur dasjenige einen Sinneseindruck auf den menschlichen Erkenntnisapparat macht, was zugleich gedacht werden kann; so daß es im Grunde keine unverstandenen Sinneseindrücke (bzw. wahrgenommene Dinge) für den Menschen gibt (ein Satz, dem allerdings auch Kant beistimmen würde). Paradox wäre das deswegen, weil dergestalt das Denken als fundamental für das Empfinden aufgefaßt würde, wohingegen es sich doch, zumindest Adelung zufolge, konträr verhält : Das Empfinden ist das fundamentale Strukturelement für alle übrigen mentalen Strukturelemente, also auch für das Denken. - Sei dem, wie ihm sei, Adelung

---

Gott reden. Selbst die Atheisten müssen eine Erkennbarkeit Gottes annehmen, wenn sie dessen Nichtexistenz behaupten. Andererseits ist Gott auch nicht, wie das innerweltlich Seiende, vollständig erkennbar. Dieses zum Teil Erkennbar-Sein und wiederum zum Teil Unerkennbar-Sein, diese partielle Erkennbarkeit, bezeichnen wir als das *Geheimnis* Gottes. Auch Adelung scheint so zu denken, wenn er Gott nicht etwa als finster (vollständig unerkennbar), sondern als *dunkel* bezeichnet.

[1013] Styl 2 170, 2 - 6
[1014] Styl 2 170, 10 - 12
[1015] Hier wieder die Lichtmetaphorik, ja Lichtmystik der Aufklärung.
[1016] Styl 2 40, 23 - 27

nimmt den fraglichen Satz sogleich zurück, indem er das Nichts-dabei-Denken durch das Keine-Möglichkeit-Sehen substituiert.

Ein wenig später schreibt Adelung : Das Große "(...) muß mit einem Begriffe umfasset werden können (...). Was so groß ist, daß man es mit keinem Begriffe umfassen kann, dessen Möglichkeit kann man auch nicht denken, es ist ein Ungeheuer."[1017] [1018] "Ungeheuer ist viel, doch nichts ungeheuerer als der Mensch[1019], ist man geneigt, da mit *Sophokles* zu sagen. Indes hatte die mittelalterliche Scholastik für Gott, dessen anselmianische Definition dahingeht, daß Er dasjenige ist, über das nichts größeres gedacht werden kann, allerdings einen Begriff von Gott. *Kant* dann jedoch lehnte den *Begriff* Gottes ab; es könne nur eine *Idee* Gottes geben, da der Begriffe bildende und verwendende Verstand auf das Gebiet der Sinnlichkeit eingeschränkt sei. Dies scheint auch die Meinung Adelungs zu sein, da es, ihm zufolge, keine Empfindungen von Gott geben kann. Er wäre demnach ein Ungeheures; daher auch kann Adelung im folgenden in diesem Sinne "die Rabbinischen Vorstellungen von Gott"[1020] als einem Ungeheueren zitieren.

Hier wird sichtbar : Am Ende der Diskussion seiner Sprachkonzeption kommt Adelung zu dem Punkt, wo die Sprache vor dem Ungeheueren versagt, sprachlos wird[1021].

[1017] Styl 2 41, 22 - 26
[1018] Selbstverständlich bedeutet "Ungeheuer" hier nicht so etwas wie "Untier", sondern "ein Ungeheueres".
[1019] Vgl. Sophokles, Antigone, V. 332f., in : Die Tragödien
[1020] Styl 2 41, 29 - 30
[1021] Wie denkt Adelung über die Bibel? "Der Inhalt der Bibel ist nun einmahl einem großen Theile des menschlichen Geschlechtes ehrwürdig, und es ist wider die Achtung, welche man seinen Mitgeschöpfen schuldig ist, Gegenstände, die ihnen heilig sind, als Scherze zu behandeln, und sie ihnen dadurch lächerlich zu machen." (Styl 1 516, 21 - 27) Dies aber nicht, weil die Bibel heilig, Wort Gottes oder weil sie Adelung selber ehrwürdig wäre. Der Pfarrerssohn ist ein entschiedener Aufklärer und damit in dezidierter Distanz zur tradierten positiven Religion, trotz seiner faktischen Achtung vor dem Ungeheueren. Auffällig indes daran ist allerdings, daß er, obschon er über die christliche Weltauslegung meint hinaus zu sein, dennoch sich theologisch besetzter Begriffe wie "Mitgeschöpfe" bedient.

14. Kleine Schriften

Adelung hat eine Fülle von Texten produziert[1022]. Eine Vielzahl davon ist für das - linguistische - Interesse der vorliegenden Arbeit ohne Belang. Aber auch innerhalb der linguistisch-sprachtheoretischen Texte besteht eine Disparatheit. Ohne Zweifel sind das Umständliche Lehrgebäude und das Stylbuch als Adelungs Hauptwerke anzusehen - zunächst vom Umfang her, ebensosehr jedoch von der sachlichen Bedeutung her. Daher auch wurde diesen beiden Texten in der vorliegenden Arbeit eine zentrale Stellung zuerkannt. Dies impliziert indes keineswegs, daß die übrigen linguistischen Texte Adelungs - wir bezeichnen sie als "Kleine Schriften" oder "Kleine Texte" - völlig ohne Interesse wären. Es kann scheinen, daß sie für die sachliche Diskussion nichts Neues hergeben. Reproduzieren sie oft auch lediglich das in den zentralen Texten Gesagte - es ist durchaus kein leeres Stroh, das da gedroschen wird. Die gebotene Verknappung muß keine Verkürzung sein, sondern kann einen komplexen Sachzusammenhang "auf den Punkt bringen". Bisweilen auch geht Adelung in den Kleinen Texten unver-merkt über das in jenen Gesagte hinaus. Und es ist reizvoll zu sehen, wie er das Kaleidoskop seiner (wenigen) fundamentalen Begriffe zu immer neuen Figuren anordnet. Darum ist es legitim und lohnend, die Kleinen Texte zu thematisieren und zu analysieren.

14.1. "Älteste Geschichte"

Wir diskutieren zunächst die "Aelteste Geschichte"[1023], genauer gesagt bloß den Achten Abschnitt dieses Textes, betitelt "Sprache und Litteratur der Deutschen dieser Zeit" - das Übrige des Textes ist ohne Interesse. Schon der Beginn dieses Textes zeigt die explizite systematische Parallelität zu den Hauptwerken; er hebt an mit einer Definition von Sprache : "Die Sprache ist der vernehmliche Ausdruck der Vorstellungen dessen, welcher spricht, sie hängt also nothwendig von dem Umfange seiner Vorstellungen und Begriffe ab."[1024] Auffallend an dieser Stelle ist die enge Bindung von Sprachlichkeit an den individuellen Sprecher.
Wenngleich dergestalt die zuerst gegebene und daher primär bleibende Definition von Sprache diese an den individuellen Sprecher bindet, so bleibt der Bezug auf Soziales nicht nur nicht unerwähnt, sondern er wird sogleich nachgeliefert. Zunächst lediglich unterderhand. Die Sprache "(...)

[1022] Vgl. die Bibliographie in Strohbach S. 8 - 35.
[1023] Der vollständige Titel ist "Aelteste / Geschichte der Deutschen, / ihrer / Sprache und Litteratur, / bis zur Völkerwanderung. / Von Johann Christoph Adelung." Im folgenden zitiert unter der Sigle "ÄG".
[1024] ÄG 308, 23 - 309, 1

ist das große Vorrathshaus[1025] aller seiner Kenntnisse, aus welchem er nicht allein alle Vorstellungen, welcher er hat, oder gehabt hat, sich selbst wiederhohlt, (wenn er denkt), sondern auch sein jedesmahliges Bedürfniß mit andern vertauscht, die Vorstellungen, welche er bei ihnen erwecken will, hernimmt, und diejenigen, welche er von ihnen dagegen empfängt, verwahrlich beylegt."[1026] Dies Vorratshaus, daraus das Individuum seine Kenntnisse bezieht, könnte nicht sein und könnte nicht das sein, was es ist, ohne gesellschaftliche Vermittlung, und daher kann und muß Adelung sogleich so etwas wie ein Kommunikationsmodell anschließen : Sprache fungiert als Medium des Austauschs von Vorstellungen zwischen den Individuen. Was dies Mittel vermittelt, sind, neben dem einsamen *Denken* als Selbst-Vermittlung, die *Bedürfnisse* jeglicher Art (ökonomische, intellektuelle, sexuelle etc.). Auf dieser Stufe der Darstellung indes erscheint das Gesellschaftliche aus der Perspektive des Individuums als Miteinandersein desselben mit anderen Individuen, es erscheint noch nicht als das, woran Adelung gelegen ist : Gesellschaft als prozedierende Totalität. Daher schließt er unmittelbar an : "Gehet man von der Sprache des einzelnen Menschen zu der Sprache des ganzen Volkes über (...)[1027] : diese erscheint konsequent als "(...) Inbegriff der Nahmen aller derjenigen Kenntnisse, welche es (das Volk) sich zu erwerben Gelegenheit gehabt hat (...)."[1028] Sprache erscheint also in diesem Text von Beginn an unter wissenssoziologischer Perspektive. Dies gibt Adelung die Möglichkeit, Bestimmungen seines progressistischen kulturhistorischen Geschichtsmodells ins Spiel zu bringen : es gibt Völker auf niedererem ("sinnlichem") und Völker auf höherem Kulurniveau; letzteren eignen eine größere Anzahl an "Nahmen für alle unsinnliche und abstracte Begriffe"[1029]. An dieser Stelle zeigt sich eine Hochschätzung Adelungs für die abstrakten Begriffe (er spricht von einem "sich zu (ihnen) erheben"[1030], die, verglichen mit anderen Stellen über dasselbe Thema, durchaus sein Schwanken und seine Inkonsequenz in diesem Betreff dokumentiert. Auch in den Hauptwerken war Adelung diesbezüglich nicht zur Konsistenz gekommen : das einemal waren ihm die abstrakten Begriffe höchster Ausdruck des kulturellen Fortschrittsprozes-

---

[1025] Eine schöne Metapher. Vgl. M. Heideggers Wendung von der Sprache als dem "Haus des Seins". (Brief über den Humanismus S. 5). Heidegger unterscheidet sich von Adelung darin, daß er dies Haus als in sich strukturiertes, in welchem der Mensch wohnt, denkt - wohingegen bei Adelung das Haus nur als so etwas wie ein Speicher aufgefaßt wird, darin lediglich vorhandene Dinge akkumuliert werden.
[1026] ÄG 309, 1 - 9
[1027] ÄG 309, 9 - 10
[1028] ÄG 309, 11 - 13
[1029] ÄG 309, 20 - 21
[1030] ÄG 309, 21 - 22

ses - das anderemal waren sie ihm lediglich flati vocis, bei denen sich im Grunde nichts denken lasse[1031].

Im Anschluß hieran untersucht Adelung den sprachgeschichtlichen Prozeß näher, soweit er sich als Prozeß der Herausbildung von abstrakten Begriffen (als Abstraktionsprozeß) manifestiert. (Es sind Überlegungen, die in der Diskussion der Sprachursprungshypothese des Umständlichen Lehrgebäudes ihren systematischen Ort haben.) Der Welterschließung des frühen, rohen Naturmenschen korrespondiert eine primitive, auf sie abgestimmte Sprache. "Für seinen engen Gesichts- und Wirkungskreis war also seine Sprache hinlänglich, weil die Natur ihn sehr bald für seine ersten Bedürfnisse sorgen lehret."[1032] Dieser Sprache fehlt noch in hohem Grade die Fähigkeit zur Generalisierung, d.h. mehrere individuelle Seiende unter einem Allgemeinbegriff zu begreifen. Jegliches Individualseiende ist hier noch mit einem eigenen Lexem (Eigennamen) belegt. Mehr noch. Dasselbe Individualseiende kann mit mehreren Lexemen belegt werden, entsprechend dem Aspekt und der Perspektive, darin es erscheint. "(...) eines und eben desselben Dinges unter verschiedenen Verhältnissen und Umständen (...)"[1033] [1034]. Daher der Reichtum der primitiven Sprachen. Aber es ist ein falscher Reichtum. Denn der rohe Verstand, der jene Sprachen konstituiert hat, entbehrt noch der "Fertigkeit in der Abstraction"[1035], d.h. der Fähigkeit, abstrakte und immer abstraktere Begriffe zu konstituieren. Das Herausprozessieren dieser Fähigkeit ist ein essentieller Teilprozeß des kulturellen Fortschritts-

---

[1031] Damit hat Adelung die nötige linguistisch-theoretisch klärende Vorarbeit geleistet, um auf das genuine Thema des Kapitels "Sprache und Litteratur der Deutschen dieser Zeit"(die der Völkerwanderung) übergehen zu können. Was indes für Adelung selbst lediglich Klärung der eigenen Voraussetzungen für eine andere Abzweckung war, wird für *uns* zu einem unverzichtbaren Stück des Adelungschen Theoriegebäudes.

[1032] ÄG 310, 2 - 5

[1033] ÄG 310, 9 -11

[1034] Der Leser sollte nicht ohne weiteres auf Adelung hereinfallen und mit ihm meinen, dies : mehrere Bezeichnungen für ein und dasselbe Ding zu haben, sei bereits ein Signum von Primitivität. Vgl. Gottlob Freges Aufsatz "Über Sinn und Bedeutung" (Göttingen 1892). Hierin wird dargelegt, daß derselbe Gegenstand (Frege definiert ihn als "Bedeutung" eines Zeichens) mit unterschiedlichem "Sinn" bezeichnet werden kann. Dies ist keineswegs lediglich eine Frage der arbiträren Benennung, sondern arbeitet die unterschiedlichen Vermittlungs- und Zugangsweisen zum intendierten Gegenstand heraus. Frege exemplifiziert nicht nur mit empirischen Gegenständen (Abendstern und Morgenstern sind ein und dasselbe astronomische Objekt, werden jedoch am Firmament in unterschiedlicher Weise sichtbar), sondern namentlich mit mathematischen Gegenständen (der Schnittpunkt der Winkelhalbierenden A und B in einem Dreieck ist dieselbe "Bedeutung", aber nicht derselbe "Sinn" wie der Winkelhalbierenden B und C.) Daß die Sinn-Bedeutung-Dichotomie in der apriorischen Wissenschaft Mathematik vorzügliche Anwendung findet, verscheucht den Schein von Primitivität in diesem Problembereich, den Adelung unterstellt.

[1035] ÄG 310, 12

prozesses. Adelung kann es nur beklagen, daß ein solcher Prozeß nötig war und daß nicht ein "mehr aufgeklärter Spracherfinder"[1036] am Beginn des Sprachprozesses stand.[1037] Was diesen Sprachprozeß mit der aufgezeigten Konsequenz in Gang bringt, an dieser Stelle sagt Adelung es nicht. Später folgt eine Auflistung der Kausalfaktoren, die in den Hauptwerken fehlt : Geist und Sprache werden bereichert durch : "Betriebsamkeit, Kunstfleiß, Reisen, Nachdenken, Streben und Grübeln"[1038].

Adelung bringt Armut und Reichtum der Sprache in wechselseitigen Bezug. Man kann nicht ahistorisch von Armut und Reichtum der Sprache "überhaupt" sprechen, sondern muß sie in Beziehung setzen zum kulturellen Fortschrittsprozeß. Mit Notwendigkeit steht am Beginn eine Sprache, die reich ist an Konkreta und arm an Abstrakta; mit derselben Notwendigkeit steht am Ende des Prozesses eine Sprache, die arm an Konkreta und reich an Abstrakta ist. Am Ende dieses Abstraktionsprozesses kommt das Volk dazu, "(...) seine Begriffe bis ins Unendliche zu vervielfältigen, und die Abstraktion bis zu dem feinsten Luftgewebe zu treiben."[1039]

Hinsichtlich des Zeichenmodells. An einer Stelle im diskutierten Text scheint Adelung auf ein bilaterales Zeichenmodell hinauszudenken - zumindest, was die abstrakten Begriffe anbetrifft. Er spricht von "Nahmen für unsinnliche und abstracte Begriffe"[1040]. Er unterscheidet also die sprachliche Ausdrucksseite des Zeichens (Namen) und die mentale Inhaltsseite (Begriffe). Letztere sind für ihn indes allerdings keine bloßen Denkinhalte, sondern sie besitzen so etwas wie eine An-sich-Existenz - ein unerwartet platonistischer Zug in Adelung. Er spricht davon, daß dem Volke "sein Schicksal den Zugang (zu abstrakten Begriffen) bisher versagt hatte, und deren waren gewiß sehr viel."[1041] Die Begriffe waren also in irgendeiner Weise schon vorhanden, nur eben (noch) nicht zugänglich. Das "Schicksal" ist an dieser Stelle nichts weiter als ein mythologischer Ausdruck für den dem Menschen übergeordneten kulturellen Fortschrittsprozeß.

Den Fortschrittsprozeß denkt Adelung mit einer aristotelischen Denkfigur als Verwirklichung von immanenten Möglichkeiten (actus-potentia-Dichotomie). Der Prozeß aktuiert lediglich, was potentialiter zu Beginn bereits da war. Adelung bedient sich eines botanischen Bildes : "Es

---

[1036] ÄG 310, 17
[1037] Adelung, von seiner Vollständigkeitssucht besessen, läßt es sich nicht nehmen, alle Differenzierungen des Lexems "Pferd" aufzulisten. Diese Auflistung in Fußnote umfaßt mehr als 5 Seiten, wohingegen das voraufgegangene Theoriestück nicht ganz 3 Seiten umfaßt hatte!
[1038] ÄG 317, 16 - 18
[1039] ÄG 318, 4 - 6. Wiederum eine schöne Metapher.
[1040] ÄG 317, 1 - 2
[1041] ÄG 317, 3 - 4

fehlte bloß an Gelegenheit und Antrieb, die Keime, welche schon in ihm (dem Volk) und seiner Sprache lagen, nach und nach zu dem frucht- und blätterreichsten Baum zu entwickeln, welches ihm aber erst in den folgenden Zeiträumen vorbehalten war."[1042] Was sind, ohne Metapher gesprochen, diese *Keime*? Es ist zu vermuten, daß damit die *Morphematik* einer Sprache gemeint ist, d.h. ihr Reichtum (ein gleichfalls von Adelung immer wieder gern gebrauchtes Bild), der nicht in einer starren Vorhandenheit sich erschöpft (bloße *Lexik* als begrenzte, wenngleich umfangreiche, Ansammlung von Lexemen), sondern als tendenziell unendliche, unbegrenzte Kombinierbarkeit von Morphemen. Er spricht von den "(...) in der Sprache befindlichen Wurzellaute(n), worauf sich ihr ganzer Reichtum gründet (...)."[1043] Der Reichtum von Sprache ist mit den Wurzellauten (Morphemen) noch nicht aktual gegeben, aber er ist auf ihnen fundiert (gegründet) und somit konstituierbar[1044]. Daß der Reichtum der Sprache wesentlich als Möglichkeits-Begriff zu denken ist, erhellt daraus, daß die "Stamm- und Wurzelsylben (...) den ganzen Reichtum menschlicher Begriffe erschöpfen sollen, und nicht allein hinlänglich erschöpfen, sondern auch jedem noch künftigen Reichtum gewachsen sind."[1045] Damit deutet Adelung aus der lediglich sprachimmanenten Morphematik hinaus auf den ihr übergeordneten Geschichtsprozeß. Die in der Morphematik implizierten Möglichkeiten machen den Ermöglichungsgrund des kulturellen Fortschrittsprozesses und des in ihm schließlich faktisch Realisierten aus. Wenn Adelung von "jedem noch künftigen Reichthum" spricht, weist er gar aus der Höhe der Kultur seiner Gegenwart auf alle nur erdenkliche Zukunft hinaus. (Dies pflegt er sich sonst zu versagen, weil er sich nicht den Vorwurf des Spekulativen einhandeln möchte.[1046]) Hierin spricht sich das "aufklärerische" Grundvertrauen Adelungs gegenüber Sprache und Kultur aus; komme, was da wolle, es wird bewältigt werden können. Mag sein, daß in unserer Epoche diesbezüglich skeptischer gedacht wird[1047].

Es ist die These vertreten worden, die Basismorpheme einer Sprache (Adelung sagt "Stamm- und Wurzellaute") müssen einsilbig sein. Adelung behauptet dies auch; aber er sagt das nicht nur thetisch, sondern er begründet dies, was die deutsche Sprache anbetrifft, auf erstaunliche

---

[1042] ÄG 318, 6 - 11

[1043] ÄG 322, 3 - 5

[1044] Wiederum dokumebntiert sich Adelungs Vollständigkeitssucht, darin, daß er dem Morphematik diskutierenden § 4, der wenig mehr als zwei Seiten umfaßt, eine Auflistung der "der vornehmsten uns aus diesem ersten Zeitraume aufbehaltenen Stamm- und Wurzelwörter"(ÄG 322, 27 - 28) folgen läßt, die 16 Seiten umfaßt.

[1045] ÄG 346, 14 - 18

[1046] Vgl. vorliegende Arbeit S. 90/91.

[1047] Solche Sprachskepsis, ja Sprachverzweiflung unserer Epoche hat ergreifend Ausdruck gefunden in Hugo von Hofmannsthals "Lord Chandos"-Brief (1902) - einem Basis-Dokument der literarischen Moderne.

Weise, gleichsam kulturhistorisch : "Die Deutschen waren ein noch sehr rohes und ungebildetes Volk, von großem und starken Körperbau, einer harten und rauhen Lebensart bey rohem Fleische, unter einem ungünstigen kalten und feuchten Himmel; ihre Sprache mußte daher auch das Gepräge davon an sich tragen, und ihre Wörter mußten meist einsylbig seyn (...)"[1048]

Was sichert, Adelung zufolge, die Identität einer Sprache? Es ist primär das Sichdurchhalten der auf der Stufe der *Bildung* der Sprache konstituierten basalen Morpheme ("Stamm und Wurzellaute"). So kann er schreiben, "(...) daß die Deutsche Sprache von den frühesten Zeiten an schon Deutsche Sprache war, d.i. daß sie schon alle diejenigen Wurzelwörter, aus welchen sie noch jetzt besteht, schon damahls hatte (...)."[1049] Demgegenüber sekundär, jedoch keineswegs irrelevant sind hingegen, Adelung zufolge, Flexion und Syntaktik dieser Sprache. Man könne nur mutmaßen, ob diese auf jener Stufe der Bildung bereits vollständig vorhanden waren. Bemerkenswert indes ist die Stelle aus einem weiteren Grunde. Adelung thematisiert hier den Übergang von der Konstitution isolierter Lexeme zur Syntaktik, um den er sich in der Diskussion der Sprachursprungshypothese herumgedrückt hatte, - wenngleich negativ und unkonkret : "(...) da sich alles (Flexion und Syntaktik) das in dem nächstfolgenden Zeitraume schon in seiner ganzen Fülle zeigt, so wird wohl niemand behaupten wollen, daß es eine Erfindung erst dieses Zeitraumes sey, und daß der Deutsche in dem gegenwärtigen bloß einsylbige Laute herzustammeln gewußt habe."[1050] In der milden Ironie dieses Satzes verbirgt sich das Geheimnis der Anthropogenese, die sich in Prädikation und Syntaktik manifestiert.

Diese drei Strukturbereiche (Lexik, Morphematik/Flexion und Syntaktik) sind für Adelung die "wesentlichen Bereiche"[1051] von Sprache. Sind sie einmal konstituiert (*Bildung* von Sprache) und hat der kulturelle Fortschrittsprozeß die nötige Ausbildung von Sprache durchgeführt, so ist die notwendige Bedingung geschaffen, daß der individuelle Sprecher "(...) alles, was er sich dachte, und in seinem damahligen Zustande sich denken konnte, auch auszudrücken vermochte."[1052] Allerdings ist diese von Adelung behauptete Korrelation in sich tautologisch : Die Extension dessen, was einer denken kann, und dessen, was er ausdrücken kann, ist identisch; keiner kann denken, was er nicht ausdrücken kann, und was er ausdrücken kann, kann er auch denken. Adelung will, wie es scheint, auf einen anderen Sachverhalt hinaus als auf diese tautologische Korrelation : Sprache, mit den drei konstituierten notwendigen Strukturbe-

---

[1048] ÄG 318, 19 - 26
[1049] ÄG 321, 7 - 11
[1050] ÄG 321, 21 - 26
[1051] ÄG 321, 27
[1052] ÄG 321, 29 - 322, 2

reichen, ist als solche die (notwendige und hinreichende) Bedingung der Möglichkeit, überhaupt zu denken und Sachverhalte auszudrücken (es gibt kein sprachfreies Denken), und was diese Möglichkeit ermöglicht, steigert sich (quantitativ und qualitativ) mit fortschreitendem kulturellem Fortschrittsprozeß.

Eine bemerkenswerte Stelle. "Court de Gebelin zählt in der Französischen, einer sehr vermischten Sprache, die Onomatopöien abgerechnet (wie unphilosophisch!) keine 400 (Wurzelwörter)."[1053] Indem Adelung die gegnerische Position, die den Onomatopöien keine Beachtung schenkt, als unphilosophisch abqualifiziert, qualifiziert er den eigenen Ansatz bei den Onomatopöien als philosophisch.

Wenn Adelung die Herkunft von Lexembedeutungen durchweg aus Onomatopöie erklärt, wenn er sich also gegen das "Erklärungs"modell der Arbitrarität erklärt, so waltet hierin ein Moment von Rationalität : es gibt Erklärungen, und sie sind findbar. Dies impliziert indes keineswegs, daß er dem chaotischen Prinzip des *Zufalls* alle Wirksamkeit bestreitet. Zufall ist jedoch nicht das, was keinen Grund hat, sondern das, dessen Grund wir nicht sehen (können). Und dessen Extension ist allerdings bei dem mannigfach verschlungenen Kausalgeflecht, das der kulturelle Fort-schrittsprozeß ist, beträchtlich. Nach der Auflistung der Bedeutung des Wortes "Gallus" in verschiedenen Sprachen kann Adelung fragen : "Aber was läßt sich nun daraus schließen (...)? Nichts, als daß der Zufall so verschiedene Bedeutungen einem und eben demselben Laute zugeführet hat."[1054] Adelung versagt es sich in abgeklärter Bescheidung, "hier auf Ableitungen zu denken"[1055]. Immerhin kann er ein gewisses Erstaunen nicht unterdrücken : "Oft ist die Aehnlichkeit zwischen Laut und Bedeu-tung wirklich auffallend, und es mag für manchen Sprach- und Ge-schichtsgrübler allerdings Ueberwindung nöthig seyn, hier an keine Verbindung oder Ableitung zu denken."[1056] Es mag Erklärungen geben, gewiß, aber wo wir sie nicht zu erhaschen vermögen, müssen wir uns einmal in die faktische Unerklärlichkeit schicken. Diese weise Skepsis Adelungs ist entschieden einsichtsvoller als seine Position in umfangreichen Passagen aus dem UL[1057], wo er noch, in verkrampfter, schier Jakob-Böhmescher Manier jeglichem Phonem in einer Phonemkombination (Morphem, Lexem) einen, in seiner Konstitution mitkonstituierten, geheimen und geheimnisvollen Tiefsinn unterzuschieben trachtete (Semantisierung der Phonemik).

Adelung behauptet eine notwendie Korrelation zwischen Sprachentwicklung und Kulturentwicklung. Die Frage, welches dieser Momente

---

[1053] ÄG 338, 16 - 18
[1054] ÄG 346, 27 - 347, 4
[1055] ÄG 347, 4 - 5
[1056] ÄG 347, 8 - 13
[1057] Vgl. UL, Kapitel "Von der Orthographie einzeler Buchstaben" (S. 724 - 781).

den Primat hat, wird von ihm bald so, bald anders entschieden. Oft indes läßt er es offen und statuiert lediglich die Korrelation als solche. "Daß dieser Unterschied der Sprache zugleich auf einen Unterschied in der Cultur deutet, ist theils aus dem genauen Bande zwischen Sprache, Sitten und Denkungsart, theils aus der Geschichte erweislich (...)."[1058] Das genannte "Band" verweist auf Adelungs kulturhistorisches Äquivalenztheorem; es ist das apriorische Moment; wogegen die "Geschichte" das aposteriorisch-empirische Moment in der Sprachbetrachtung bezeichnet.

Immer wieder nennt Adelung die *Sprachwerkzeuge* als mit=bestimmendes Moment der Sprachentwicklung. (Bisweilen spricht er auch von "Sprach-Organen"[1059].) Dieses Theorem erscheint zunächst kurios und völlig unplausibel. Nimmt man die Sprachwerkzeuge, wie es der Ausdruck nahelegt, als bloß biologisch-physiologisches Phänomen, so haben doch alle Menschen qua Menschen die gleichen Sprachwerkzeuge, ein Deutscher wie ein Chinese. Und zu denken, die eine Ethnie habe per se andere Sprachwerkzeuge als die andere, ist, abgesehen, daß es schlicht kontrafaktisch ist, ein kraß rassistisches Vorurteil, das dem Aufklärer Adelung kaum zu unterstellen ist. Zu einer anderen Einschätzung müssen wir kommen, setzen wir die Sprachwerkzeuge nicht primär physiologisch, sondern als so etwas wie ein soundpattern oder Phoneminventar einer Sprache, das historisch und kulturell bedingt und vermittelt ist und das Adelung in Ermangelung eines besseren Terminus mit dem mißverständlichen Ausdruck "Sprachwerkzeuge" bezeichnet. Darauf deutet die Stelle : "(...) die Beschaffenheit des Bodens, welchen er (der Mensch) betritt, oft auch des neuen Himmels, welcher ihn umgibt, wird nach und nach auf seine Sprachwerkzeuge wirken, und allerley kleine Veränderungen hervor bringen (...)"[1060] Eine solche Modifikation der Sprachwerkzeuge wäre unmöglich, wären sie ethnisch-physiologisch ein für allemal determiniert.

Adelung unterscheidet *Stufen* der Kultur[1061]. Die entscidenste Stufe und das Kriterium für sie ist die Kenntnis der *Schrift*. Adelung bekundet hier die Konsistenz seines kulturhistorischen Denkens, indem er dies Kriterium sowohl diachron für den Unterschied der Völker innerhalb des kulturellen Fortschrittsprozesses wie synchron für klassenmäßigen Unterschied der Menschen innerhalb einer Gesellschaft anwendet. "Die Schrift unterscheidet das gebildete Volk von dem ungebildeten, so wie den gebildeten Menschen von dem ungebildeten der niedern Classen."[1062]

[1058] ÄG 363, 5 - 10
[1059] ÄG 321, 13
[1060] ÄG 372, 4 - 8
[1061] Vgl. das Stufungsmodell in Hegels dialektischer Interpretation des Geschichtsprozesses.
[1062] ÄG 374, 4 - 6

Adelungs epistemologisches Modell und dessen Begriffsbestimmungen sind, auch, wo dies nicht explizit zum Ausdruck kommt, stets auf so etwas wie Praxis bezogen; sie beziehen sich nicht auf ein in sich schwebendes reines Bewußtsein, sondern auf die prozedierende Gesellschaft ("Volk"). Die "Begriffe", die die epistemologische Pyramide abschließen und vollenden[1063], sind praktische Kenntnisse zum Zweck der Weltbewältigung. An einer Stelle spricht Adelung vom "Kreis der Fertigkeiten und Begriffe des Volkes"[1064]. Wenn hier *Fertigkeiten* und *Begriffe* unterschieden werden, so sind jene die unmittelbar praxisbezogenen Kenntnisse (prozedurales Wissen), wohingegen diese die "abgehobene" Theorie intendieren, die indes letzten Endes wieder als an Praxis zurückgekoppelt gedacht wird - wie etwa und nicht zuletzt die sprachtheoretischen Bemühungen Adelungs selbst.

Eine schöne Metapher, mit der Adelung die frühen Stadien des kulturellen Fortschrittsprozesses belegt : "Schlummer der Barbarey"[1065].

14. 2. Adelungs Orthographiekonzeption in seinem Orthographiebuch

Adelungs spätes, relativ umfangreiches Werk[1066] "Vollständige Anweisung zur Deutschen Orthographie"[1067] (1788) kann als letzte Summa des gesamten Adelungschen linguistischen Schaffens angesehen werden. Hier stellen sich sämtliche Gedankenfiguren und Motive der Hauptwerke nochmals ein und werden zusammengedacht. Bisweilen jedoch kann das Wiederholen von Gedanken, die aus den früheren Werken schon geläufig sind, zu einer gewissen Gewöhnung und Langeweile beim Leser führen. Gelegentlich aber gibt es Gedanken, die gegenüber dem früher Gesagten neu sind. *Diese* sind es, die im folgenden diskutiert werden sollen.

Die *Orthographie*, also das im Adelungschen Orthographiebuch zentral und thematisch Diskutierte, bezieht ihre Legitimation und Funktion aus der bereits früher definierten "Absicht der Sprache" : "(...) die leichte und allgemeine Verständlichkeit."[1068] Die Absicht der Sprache und die Absicht der Orthographie sind bei Adelung identisch. Etymologisch genommen, bezeichnet "Orthographie" *richtiges Schreiben*. Diesem Begriff

---

[1063] Etwa in Styl 1 2, 13 - 14 passim
[1064] ÄG 377, 4
[1065] ÄG 380, 12 - 13
[1066] Es umfaßt 424 Seiten.
[1067] Der vollständige Titel lautet : "Vollständige Anweisung / zur / Deutschen / Orthographie, / nebst / einem kleinen Wörterbuche / für die / Aussprache, Orthographie / und Ableitung / von / Johann Christoph Adelung, / Hofrath und Ober=Bibliothecarius zu Dresden."
[1068] VA 6, 14 - 15. - Vgl. Styl 1 179, 6 - 8 und vorliegende Arbeit S. 39.

der Orthographie eignet jedoch eine wesenhafte Zweideutigkeit; in welcher Weise Schreiben sich als richtiges qualifiziert, das ist interpretationsbedürftig. Mit dem Ausdruck "Orthographie" wird zum einen gemeint, wie die (meisten) Menschen faktisch schreiben (deskriptiver Orthographiebegriff); es ist zum anderen, wie der einzelne Sprachbenutzer schreiben *soll* (normativ-präskriptiver Orthographiebegriff). Beides ist begrifflich keineswegs identisch; das erste ist eine Ist-Größe, das zweite eine Soll-Größe. Eine Theorie der Orthographie müßte diese Unterscheidung und ihre ontologischen Implikationen deutlich herausarbeiten. Dies tut Adelung nicht. Er vollzieht aufs Unmerklichste den Übergang vom lediglich Deskriptiven zum Normativ-Präskriptiven und läßt letzteres damit ohne explizite Fundierung. Er sagt nicht, durch wen dieses Normativ-Präskriptive gesetzt ist (etwa durch den Sprachgebrauch oder durch den gesellschaftlichen Konsens oder durch die Tradition oder etwa durch bedeutende Schriftsteller), sondern, was die Fundierung des Sollensmoments der Orthographie anbetrifft, fordert er schlicht, daß die "(...) Orthographie (...) von jedem Gliede desselben (des Volkes) eben so genau befolget werden muß, als alles übrige, was zur Sprache gehöret."[1069] Mit dieser Forderung rückt er das Orthographische unter die konstitutiven zu befolgenden Strukturaspekte von Sprache ein. Der Grad allerdings, darin die derart als normativ gesetzte Orthographie von den Sprachbenutzern in ihrer Sprachbenutzung faktisch befolgt wird, ist geschichtlichen Schwankungen unterworfen. Und hier sieht Adelung die Stelle des eigenen Eingreifens als linguistisch-orthographischer Schriftsteller in seinem Orthographiebuch. Sein ganzes Bemühen in diesem geht offensichtlich dahin, der Orthographie (wieder mehr) Geltung zu verschaffen.

Die Orthographie hat Adelung als eine konstitutive Struktur von Sprache herausgestellt. Somit gelten hinsichtlich ihrer, ihm zufolge, dieselben notwendigen Bestimmungen, die er in den beiden Hauptwerken für die sonstigen konstitutiven Sprachstrukturen, als solche, herausgearbeitet hat. Dies gilt für mehrere ihrer strukturellen Hinsichten. Indem wir sie im folgenden auflisten, geben wir zugleich eine äußerst knappe Durchsicht durch die für Adelungs linguistische Theorie relevanten und in vorliegender Arbeit breit diskutierten Theoriestücke. Dergestalt liefert das Spätwerk "Orthographiebuch" bzw. dessen Interpretation eine Synopsis des gesamten linguistischen Werks Adelungs.

- Die Bedingungen der Genese von Orthographie wie Sprache. Sie ist, negativ gesprochen, kein "Werk des Zufalles und des Grillenfanges und Eigensinnes einzelner Personen"[1070]. Hierin liegt ein Moment von Ratio-

---

[1069] VA 8, 15 - 17
[1070] VA 12, 22 - 23. - Man erinnere sich an die Polemik Adelungs gegen die eigenmächtigen Schriftsteller. Vgl. vorliegende Arbeit S. 122 - 124.

nalität. Sie ist kein "verworrenes Chaos"[1071]. Positiv : Sie ist "ein schönes, wohl verbundenes Ganzes"[1072].
- Die Bewußtseinslage im Moment dieser Genese von Orthographie wie Sprache : sie ist "(...) auf dem zwar dunkeln, aber doch sehr richtigen Bewußtseyn der Absicht und Mittel gegründet (...)"[1073]. Der Sprachbenutzer, der eine bestimmte Regel der Orthographie erzeugt, empfindet dunkel und *zugleich* präzise, mit welchen orthographischen Mitteln er seine jeweilige sprachliche Absicht erreichen kann. Dieses Paradox oder, schärfer gesprochen, diese Inkonsistenz hat Adelung, hier im Orthographiebuch wie in seinem übrigen Werk, faktisch nicht bewältigt. Es wäre nur zu stützen durch Einführung von zusätzlichen Prämissen, wie etwa dem metaphysischen Optimismus, der in dem Satz ausgesprochen ist : "Ein guter Mensch in seinem dunklen Drange ist sich des rechten Weges wohl bewußt."[1074]
- Die geschichtlichen Strukturmodifikationen von Orthographie wie Sprache sind an den kulturellen Fortschrittsprozeß gekoppelt.
- Orthographie wie Sprache sind in der Totalität Gesellschaft ("Volk") verwurzelt. "Daher sträubet sich jedes Volk von Natur so sehr gegen bloß willkürliche Veränderungen in seiner Sprache (...)"[1075]
- Das In-sich-differenziert-Sein von Orthographie wie Sprache korrespondiert der Klassendifferenz. Orthographie, da per se auf die Graphie bezogen, ist eine Sache der schreibenden oberen Klassen. Sie gehört "(...) dem schreibenden Theile; der denn, der gewöhnlichen Ordnung der Dinge nach, immer mehr zu den obern, als zu den untern Classen der Nation gehöret."[1076]
- Einzelne faktische Verstöße beweisen nichts gegen die Allgemeingültigkeit der orthographischen Normen wie sprachlichen Normen generell, eben aufgrund ihres Normcharakters. Vgl. den normativen Charakters des von Adelung als Sprachgebrauch Gedachten.[1077]

Gehen wir von der Orthographie als Struktur zu diese näher bestimmenden orthographischen Strukturen über! Das fundamentalste Orthographieprinzip faßt Adelung in die Formel : *Schreib, wie du sprichst!* [1078] Er bringt im folgenden etliche nähere Bestimmungen so-

---

[1071] VA 13, 1
[1072] VA 13, 4 - 5
[1073] VA 13, 6 - 7 passim
[1074] J.W. Goethe, Faust 1 328f. (der Herr)
[1075] VA 13, 23 - 25. - Es sei erinnert an die jüngst im deutschen Sprachgebiet durchgeführte Orthographiereform und das Mißtrauen, welches derselben faktisch, in der Bevölkerung, wie bei einigen maßgeblichen Schriftstellern, begegnete. Vgl. "Der Spiegel", Nr. 42/Jg. 1996, S. 262 - 281.
[1076] VA 14, 8 - 11
[1077] Vgl. vorliegende Arbeit S. 169 - 172.
[1078] Genausogut könnte gesagt werden : Sprich, wie du schreibst! In beiden Fassungen der fundamentalen orthographischen Forderung ist die Korrespondenz

wie einzelne Ausnahmen, aber das Prinzip selbst steht als unerschütterliches fest. (Keine Ausnahme ohne Regel.) Dies Prinzip gilt nicht lediglich, wie der Titel des diskutierten Werkes ("Anweisung zur Deutschen Orthographie") besagt, für die *deutsche* Sprache, sondern für jegliche Sprache, sofern sie im Modus der Graphie steht. Es ist also eine allen Sprachen eigene Universalie. "Ihr Grundgesetz kann also kein anderes seyn, als schreib, wie du sprichst, und man kann ohne Gefahr zu irren behaupten, daß dieses Gesetz in der Schrift aller Sprachen[1079] zum Grunde lieget, weil es unmittelbar aus dem dunklen Bewußtseyn der Absicht und Mittel folgt."[1080] Nicht nur Orthographizität als solche ist demnach eine solche Universalie, sondern zugleich deren nächste und nächste und notwemdige Spezifikation, das "einzige Grundgesetz"[1081]. - Nun könnte einer entgegnen : Diese kühne These ist empirisch leicht falsifizierbar, mit Hinweis auf Sprachen wie das Englische. Aber diese Entgegnung könnte Adelung ohne weiteres abschmettern, indem er sagt : Im Englischen (etwa) ist lediglich die Anzahl der Ausnahmen vom ersten Grundgesetz relativ hoch, aber als Prinzip bleibt letzteres unange-tastet - wir können es interpretierend als Phonem-Graphem-Korrespondenz bezeichnen. Ohne diese wäre in keiner Weise das Lesen, Vorlesen und Lesenlernen schriftlicher Texte gewährleistet, die schriftliche Kommunikation bräche zusammen bzw. käme erst gar nicht zustande.

Die Orthographie ist nicht nur einfach eine synchronische sprachliche Struktur, sie ist zugleich dem diachronischen Sprachwandelprozeß unterworfen, welcher, Adelung zufolge, dem kulturellen Fortschrittsprozeß unmittelbar korrespondiert. Aber das Verhältnis der Orthographie zum Sprachwandel beschränkt sich nicht darauf, daß sie ihm bloß passiv unterworfen wäre. Die Orthographie hat zugleich eine die Sprache vor den Exzessen des Sprachwandels schützende Funktion. Sie hält dem drohenden Über-die-Stränge-Schlagen des Sprachwandels im Bereich der Phonie ihr Beharren im Bereich der Graphie entgegen : letztere muß bleiben, wie sie war, bzw. in nur geringem, vertretbarem Maß modifiziert werden. "(...) die Schrift, welche (...) für eine längere Zeitdauer bestimmt wird, würde sehr bald ganz unverständlich werden, wenn sie der veränderlichen Aussprache auf jedem Schritte nachfolgen wollte."[1082] Damit schlägt das Beharren auf den Phonie-Bereich zurück. Dies

---

des Orthographischen und des Phonologischen indiziert. Daß Adelung für die erste Fassung sich entschieden hat, und zwar ohne jegliche Diskussion, zeigt, daß er prinzipiell der gesprochenen Sprache den Vorrang vor der geschriebenen Sprache zuerkennt.

[1079] Zu konjizieren wäre : aller verschrifteten Sprachen.
[1080] VA 28, 23 - 29 - Hier wieder der Rekurs auf die Formel der Dunkelheit.
[1081] VA 28, 10
[1082] VA 30, 27 - 31

zugleich eine Folge der Phonem-Graphem-Korrespondenz als erstem Grundgesetz der Orthographie. Nur daß nun das bestimmende Moment auf Seiten der Graphie ist. Die konservierende Funktion der Graphie charakterisiert Adelung darüberhinaus so : "Diese Abweichung der Schrift von der Aussprache (...) ist zugleich ein Mittel, den raschen Veränderungen der letztern Einhalt zu tun, und ihren schnellen Fortschritt zu mäßigen, weil das Auge unaufhörlich den Mund widerlegt, und ihn (...) Lügen straft."[1083] In solcher soliden Konservativität, was die Graphie anbelangt, versteht sich Adelung gar dazu, den sonst hochgeschätzten kulturellen Fortschrittsprozeß zu relativieren.

Hieraus ergibt sich hinsichtlich des Regelfundaments der Orthographie : die Phonem-Graphem-Korrespondenz (das erste Grundgesetz) kann nicht unumschränkte Gültigkeit haben; es muß "(...) durch den Beysatz eingeschränkt (werden): doch mit Bezeichnung der nächsten Abstammung für das Auge, wenn die Aussprache sie verloren hat (...)"[1084] Diese Einschränkung bringt das Prinzip der *Etymologie* zu seinem Recht. Adelung läßt indes keinen Zweifel daran, daß die Etymologie ein untergeordnetes Strukturelement ist : "(...) die Etymologie ist nur eine Dienerin der Aussprache, und kann nur alsdann gebraucht werden, wenn diese einen Fall unentschieden läßt."[1085] - Grund der Einschränkung im Bereich der Orthographie ist nicht etwa ein wütendgrundloser Konservativismus Adelungs, sondern sie ist vernünftig begründet in der Absicht von Sprache im generellen : dies ist die allgemeine Verständlichkeit[1086], namentlich die Verständigung über die Epochen hinweg, also die Gewährleistung des Tradierungsprozesses als solchem : "(...) nach hundert Jahren würden die Producte der Schriftsteller ihrer eigenen Nation ihnen selbst ganz unverständlich seyn (...)"[1087] - Ursache hierfür wie für alles im Bereich der Orthographie ist überhaupt nicht dieses oder jenes Individuum, sondern das Movens schlechthin im Sprachwandelprozeß : das dunkle Bewußtsein der Absicht und Mittel[1088].

Die explizierten beiden Prinzipien der Orthographie (das erste Grundgesetz und die unverzichtbare Einschränkung) stehen nicht unverbunden nebeneinander, sondern sie stehen in einem dynamischen Zusam-

---

[1083] VA 31, 25 - 32
[1084] VA 31, 3 - 6
[1085] VA 82, 8 - 11
[1086] Vgl. vorliegende Arbeit, S. 39.
[1087] VA 32, 6 - 8
[1088] Adelung nutzt die Gelegenheit, ein wenig Werbung zu machen für sein merkwürdiges Prinzip des dunklen Gefühls der Absicht und der Mittel : "(...) so muß uns dieses ein Bewegungsgrund seyn, theils dieses dunkle Gefühl auch in andern Fällen zu ehren, weil es nie ohne überwiegenden Grund handelt, theils aber auch, in unsern Urtheilen etwas vorsichtiger zu seyn."(VA 32, 16 - 20)

menhang, der sich im Geschichtsprozeß manifestiert. Wird nämlich die Geltung der Einschränkungsregelung zu sehr überdehnt, d.h. wird die Differenz zwischen der etymologisch fundierten Graphie und der faktisch realisierten Phonie zu groß, so schnalzt die Orthographie wieder zurück in die Geltung des ersten Grundgesetzes. "(...) wird (ein Wort) durch die Länge der Zeit (den kulturellen Fortschrittsprozeß) so verunstaltet, daß dessen ursprüngliche Bedeutung zur Verständlichkeit nichts mehr beytragen kann, (...) so tritt auch das Grundgesetz wieder in seine Rechte ein, und die Schrift nähert sich der Aussprache, so weit als es nöthig ist."[1089] Als Exempel nennt Adelung das Französische.

Gegen das diskutierte erste Grundgesetz der Orthographie (Schreib wie du sprichst!) gibt es allerdings mögliche Einwendungen, die Adelung zu diskutieren sich gezwungen sieht. Wie steht es um die in Varietäten jeglicher Art auftretenden sprachlichen Varianten? Müßte nicht bei konsequenter Anwendung des ersten Grundgesetzes jeweils diejenige "Ortho"graphie angewendet werden, die einer bestimmten, von der Standardsprache divergierenden Varietät korrespondiert? Adelung diskutiert als in Betracht kommenden Arten von Varietäten die Dialekte und die Soziolekte; beide fallen für ihn ohnehin extensional zusammen, da er die Dialekte als die Varietäten der niederen Klassen der Provinzen auffaßt[1090]. Und er löst die Schwierigkeit aufs eleganteste. Für die gesprochene Sprache als solche ist die Differenz Standardsprache-Dialekt irrelevant, da mündliche dialektale Äußerungen als solche transitorisch sind sowie das Geäußerte innerhalb der Provinz und niederen sozialen Klasse verbleibt. Die Formel *Schreib, wie du sprichst!* findet hier keine Anwendung, da das dialektal Geäußerte ohnehin nie in den Modus der Graphie gelangt. Und selbst die mögliche schriftlich-dialektale Sprachverwendung, so sie denn möglich wäre (Adelung zufolge ist sie eine contradictio in adiecto), bliebe innerhalb der genannten eingegrenzten Individuengruppe. Indes, ebenso, wie, Adelung zufolge, die obersächsische Mundart als Leitvarietät für die schriftliche Sprachverwendung innerhalb ganz Deutschlands sowie als mündliche Sprachverwendung innerhalb seiner oberen gebildeten Klassen fungiert, - so hat das erste Grundgesetz innerhalb dieser Sprachverwendungen uneingeschränkte Geltung. "(...) wenn die Schrift ein Mittel der Verständlichkeit für alle Zeiten, und für alle Provinzen seyn soll, da sie denn nicht der Aussprache dieser oder jener Provinz folgen kann, sondern auf eine Art eingerichtet seyn muß, daß sie allen Provinzen gleich verständlich ist."[1091] Der Orthographie eignet also ein

---

[1089] VA 31, 15 - 21
[1090] Vgl. vorliegende Arbeit S. 153.
[1091] VA 39, 7 - 12

Moment von Schrankenüberwindung in beiden strukturellen Hinsichten, in diachroner wie in diatopischer.

Der andere Fall, den Adelung diskutieren muß, sind die Eigenheiten einzelner Personen (Idiolekte). Ein Idiolekt ist, strenggenommen, auch eine Art von Varietät. Aber Adelung hält sich nur kurz bei denselben auf - vermutlich, weil das Individuelle in seinem Denken ohnehin dem Strukturell-Allgemeinen untergeordnet ist. Vermerkenswert nur, daß er die Idiolekte systematisch *nach* den Eigenheiten der Provinzen einordnet.

Die Diskussion der Varietäten (Dialekte/Soziolekte und Idiolekte) hat gezeigt: Das Orthographieprinzip *Schreib, wie du sprichst!* ist nicht, wie es vor der Entfaltung der inneren Problematizität dieser Formel scheinen konnte, ohne weiteres auf die Sprachwirklichkeit applikabel. Denn innerhalb dieser gibt es größere und kleinere Divergenzen, das sich bietende Bild von ihr ist durchaus heterogen. Wollte man das erste Grundgesetz ohne Abstriche realisieren, so resultierte das gerade Gegenteil des Intendierten - eine Nicht-Orthographie. Schreib, wie du sprichst, das würde dann implizieren: Jeder kann und soll schreiben, wie es ihm in den Sinn kommt. Faktisch wurde die Graphie des Deutschen jahrhundertelang, bis hinein in die Neuzeit, so gehandhabt - vollständig unnormiert. Adelung jedoch will eine normierte Schriftsprache. Er will dies im Sinne des Rationalitätsprinzips der Aufklärung. Überdies ist eine nicht normierte Orthographie eine contradictio in adiecto. Ist aber die Graphie im Bereich einer Gesamtprache in sich divergent, so bieten sich für den, der sie normieren will, nur zwei Möglichkeiten: Entweder er ersinnt eine eigene Orthographie und trachtet darnach, sie durchzusetzen. Diese Möglichkeit kommt für Adelung, der stets für den Geschichtsprozeß in seiner Totalität und gegen die anmaßenden Schriftsteller eintritt, nicht in Betracht; er diskutiert sie daher, so weit ich sehe, nicht. Oder er nimmt eine faktisch existierende und gesprochene Varietät ("Mundart") unter den vielen zum Vorbild und erklärt sie zur Norm. Deren *Aussprache* muß als die fungieren, "...wie du sprichst!", der die Schreibung (die Graphie) sich anzugleichen hat. Diese Varietät figuriert als die "beste". Adelung diskutiert "Das Beste (...) im absoluten und metaphysischen Verstande"[1092]. Es ist ein denkbares Ideal, aber hier auf Erden nichts real Existierendes; darum ist das von Adelung intendierte Beste dies lediglich im eingeschränkten Sinn des *relativ-empirisch* Besten, "(...) was unter mehrern vorhandenen Dingen einer Art das beste ist, folglich die übrigen an Güte übertrifft, (...) was unter den vorhandenen Dingen seiner Art der absoluten Vollkommenheit am nächsten kommt."[1093] Dies gilt zugleich für "Die beste Aussprache (...), welche die vorhandenen

---

[1092] VA 46, 8 - 10
[1093] VA 46, 12 - 16

an Güte übertrifft, oder welche dem Ideale einer vollkommenen Aussprache unter den vorhandenen am nächsten kommt."[1094]

Adelung expliziert im folgenden näher, wieso die Mundart *einer Provinz* den Primat über die der übrigen Provinzen haben muß, und daß dies faktisch das Obersächsische ist. *Diese* Varietät ist die *beste*, die "(...) zum Grunde der Orthographie gelegt werden"[1095] muß.

Als *Kritik* wäre zu vermerken, daß Adelung es in keiner Weise plausibel zu machen vermag, daß die dialektale *Aussprache* einer Provinz (Dialektgebiet) qua Aussprache anderen dialektalen Aussprachen überlegen wäre. Gewiß könnte gezeigt werden, daß, dem kulturhistorischen Äquivalenzprinzip zufolge, die in einer Provinz gesprochene Varietät den übrigen Varietäten in Präzision und Differenziertheit (fundiert in Lexik und Morphematik) überlegen ist; aber nur auf die Aussprache gesehen, ist das Bayrische dem Schwäbischen und dem Obersächsischen gleichwertig. Auch verfinge das Argument nicht, das Obersächsische sei dem geschriebenen Hochdeutsch am adäquatesten - denn es geht ja an dieser Stelle der Diskussion erst darum, diejenige Aussprache zu bestimmen, an die die hochdeutsche Orthographie sich anmessen kann.

Bei Divergenz zwischen verschiedenen, sich gleichermaßen anbietenden orthographischen Möglichkeiten ist es der für Adelung zentrale *Sprachgebrauch*[1096], der entscheidet. Er ist eines "der vornehmsten Grundgesetze in allen Sprachen."[1097] und steht so gegen den "Einfall eines oder des andern müßigen Kopfes"[1098]. Er ist Grund von allem in der Sprache, und demzufolge auch der Orthographie. Der Sprachgebrauch ist nicht etwa unveränderlich, aber "(...) die Veränderung desselben (muß) nach eben denselben Gesetzen geschehen (...), nach welchen die erste Einführung geschehen ist, d.i. nach dem dunkelen Bewußtseyn der Absicht und Mittel."[1099] Dergestalt denkt Adelung diese beiden für ihn zentralen Theoreme zusammen.

Die Argumentation Adelungs hinsichtlich der regionalen und sozialen Verortung derjenigen "Aussprache", die Vorbildfunktion für die Orthographie des Deutschen übernehmen soll bzw. dies bereits faktisch tut, läuft vollständig parallel zur Diskussion der Leitvarietät und in deren Bahnen. Wir können uns daher damit begnügen, die relevanten Punkte zu registrieren, und verweisen im übrigen auf das bereits Explizierte[1100].

[1094] VA 46, 26 - 30
[1095] VA 57, 4 - 5
[1096] Vgl. vorliegende Arbeit S. 161 - 183.
[1097] VA 90, 30 - 31
[1098] VA 90, 29 - 30
[1099] VA 91, 3 - 7
[1100] Vgl. vorliegende Arbeit S. 146 - 150.

- Die vorbildliche Aussprache wie die Leitvarietät sind nicht bloß in schriftlichen Texten vorhanden, sondern sie sind lebendig im Gesprochenwerden einer bestimmten Sprechergruppe in einer bestimmten Provinz.
- Diese Gruppe sind nicht die Schriftsteller, da diese nicht in engerer gesellschaftlicher Verbindung miteinander leben.
- Sondern es ist die kultivierte obere Klasse, im Gegensatz zum unkultivierten Volke.
- Die bestimmmte Provinz ist : Obersachsen. "(...) und ganz Deutschland hat seit zwey hundert Jahren das südliche Ober=Sachsen dafür anerkannt."[1101]

Adelung zeichnet das im "Orthographiebuch" entfaltete Orthographiekonzept in die Grundlinien seines aus den Hauptwerken beibehaltenen umfassenderen soziologisch fundierten linguistischen Systems ein. Wie alle übrigen Strukturmomente im Objektbereich Sprache ist die jeweilige Orthographie eines Volkes von der individuellen komplexen Situation der Totalität Gesellschaft determiniert. Adelung unterscheidet hierbei sprachexterne und, wiewohl gesellschaftlich vermittelte, sprachimmanente Faktoren : "Die Art, wie ein Volk die Wörter seiner Sprache nach ihren einzelnen Lauten durch die von demselben einmahl angenommenen Schriftzeichen ausdrückt, ist immer eben so sehr in den individuellen und eigenthümlichen Umständen desselben und seiner Sprache gegründet, als alles übrige in der Sprache."[1102] Adelung bestimmt die bewußtseinsmäßige Weise, wie die der Sprache korrespondierende, sie determinierende gesellschaftliche Situation auf Sprache und ihre konstitutiven Strukturen einwirkt. Sie wirkt im Modus der *Dunkelheit*, d.h. "ohne klares Bewußtseyn der Gründe"[1103]. Diese gesellschaftliche Situation ist für Adelung keine in sich monolithische Struktur - so wie der Marxismus Gesellschaft aus nichts als einem Grundwiderspruch zwischen Produktionsverhältnissen und Produktivkräften erklären möchte -, sondern sie ist in ihrer komplexen Totalität "durch tausend individuelle Umstände gebildet"[1104], die alle ihr relatives Recht haben.

Was diese *Dunkelheit* anbetrifft. Adelung hat in seinen bisherigen Werken stets das Hohelied der Klarheit gesungen und dementsprechend deren Antonym, die Dunkelheit, abgewertet. Im Orthographiebuch kommt er dazu, auch der Dunkelheit eine gewisse Berechtigung zuzuerkennen. Adelungs Überlegungen in diesem Kontext berühren sich

---

[1101] VA 50, 25 - 27
[1102] VA 8, 7 - 13
[1103] VA 9, 1 - 2
[1104] VA 8, 19 - 20

mit der Frage nach den Fremdwörtern und der Reinheit der Sprache.[1105] Zur Bildung wissenschaftlicher Termini sind die bereits faktisch zu diesem Zweck dienenden sog. Wissenschaftssprachen Griechisch und Latein eher geeignet. "(...) wozu sich das Griechische leichter bequemt, weil der Begriff hier ein wenig dunkler ist."[1106] "(...) man (tut) immer besser, man behält das fremde (Wort), weil in demselben der Wortverstand nicht so klar hervorsticht, als in dem einheimischen, daher es bequemer ist, einen jeden Begriff anzunehmen."[1107] Daß die Etymologie nicht ohne weiteres und nicht für jeden unmittelbar durchsichtig ist, hat den Vorzug, daß der Leser nicht an der unmittelbaren Zeichenform und an ihren Komponenten hängenbleibt, sondern instand gesetzt wird, den Begriff als solchen zu *denken*. Indem die unmittelbar "sinnliche" Bedeutung des Wortes verdunkelt wird, wird umgekehrt das Geistige an diesem erhellt. Adelungs Resümee in der Fremdwortfrage lautet, daß wir faktisch "(...) der ausländischen Kunstwörter doch nicht entrathen können."[1108]

Wir finden hier, unscheinbar, aber dezidiert, eine Gewichtsverlagerung in der Einschätzung des *Dunklen* bei Adelung. War es früher als Antonym des Klaren abgewertet oder allenfalls als unumgängliches Prozeßmoment qua Beginn des kulturellen Fortschrittsprozesses widerwillig geduldet worden, so erfährt es im Spätwerk "Orthographiebuch" eine entschiedene Aufwertung und bekommt seinen systematischen Ort zu-gewiesen. Alles (!) in der Sprache ist im dunklen Gefühl der Absicht und Mittel gegründet. Die Formulierung variiert : ist einmal vom dunklen Gefühl die Rede, so ein andermal vom dunklen Bewußtsein oder der dunklen Empfindung oder der dunklen Überzeugung[1109].

Adelung beansprucht nicht, aus eigener Machtvollkommenheit heraus präskriptiv orthographische Normen zu dekretieren und diese dem lebendigen Sprachprozeß zu oktroyieren. Sein Verdikt über die anmaßenden Schriftsteller, die dergleichen zu tun unternehmen, gilt konsequenter Weise ebenso für ihn selber. Dennoch unterläßt Adelung es nicht, bestimmte Normen als gültig zu erklären - folglich müssen diese von einem anderen Ursprung ausgehen, als es die Schriftsteller sind. Er sagt diesbezüglich lediglich, die Orthographie müsse "so genau befolget werden (...), als alles übrige, was zur Sprache gehöret."[1110]. Dies scheint den Unterschied zwischen Deskriptivität und Präskriptivität zu verwischen.

[1105] Adelung greift hier in eine Diskussion ein, darin sich etwa auch sein Zeitgenosse, der Purist Campe, abgemüht hat - wenngleich mit konträrem Resultat.
[1106] VA 5, 5 - 6
[1107] VA 4, 21 - 25
[1108] VA 5, 30 - 32
[1109] etwa VA 90, 23
[1110] VA 8, 16 - 17

Wie kann der Sollenscharakter der dergestalt in der Sprache waltenden Normen fest-gestellt und gesichert werden? Es könnte doch sein, daß das, was zum größeren oder gar überwiegenden Teil faktisch gesprochen wird, im Sinne der auch von Adelung vertretenen Norm *falsch* ist (sofern es vom "Volk" qua untere Klassen gesprochen wird). Adelung muß also eine Instanz suchen, die zum einen im lebendigen Sprachprozeß *da* ist und die zugleich normative Funktion übernehmen kann bzw. diese faktisch immer schon übernommen hat. Er findet sie im *Sprachgebrauch*. Dieser, in seinem solchartigen Klammercharakter, wurde bereits im Hauptteil der vorliegenden Arbeit diskutiert, weshalb hier nur darauf verwiesen sei[1111].

Andererseits kennt Adelung - und dies ist neu gegenüber den Hauptwerken - einen Fall, wo ein Schriftsteller Recht und Pflicht hat, gegenüber dem Sprachgebrauch aufzutreten; da nämlich, wo dieser in zwei Momente auseinandertritt, in Regel und individuelle Anwendung : "(...) der Gebrauch kann (...) fehlerhaft seyn, und aus Unachtsamkeit in der Anwendung von seinen Regeln abweichen, und da ist es für den, welcher bessere Kenntniß besitzt, Pflicht, sich davon zu entfernen, und seine Zeitgenossen darauf aufmerksam zu machen."[1112] Hierdurch hat Adelung, in seinem Spätwerk, sein Verhältnis als linguistischer Schriftsteller zum Sprachprozeß auf eine neue Basis gestellt.

Der Sprachprozeß seinerseits ist fundiert im dunklen Gefühl der Absicht und Mittel.

Obschon Adelung dezidiert progressistisch denkt, so ist doch ein als konservativ interpretierbares Moment unverkennbar, wenn er sich gegen die "Neuerungssucht"[1113] ausspricht; diese kann dazu gereichen, die Schönheit eines Textes zu verunstalten. Adelungs Motiv für diese faktisch *nicht* konservative Wertung liegt in seinem strukturalen Denken. Er affirmiert nur diejenigen Modifikationen von Sprache, die mit struktureller Notwendigkeit aus dem übergreifenden kulturgeschichtlichen Prozeß resultieren; Modifikationen, die lediglich aus Launen von Schriftsteller-Individuen resultieren, lehnt er ab - was sich ersichtlich in seiner Wortwahl ausdrückt.

Die orthographischen Regeln sind eine Spezifikation von Sprachregeln generell[1114] (wie etwa morphematische oder syntaktische Regeln); mit diesen haben sie gemein, daß sie "eben so wenig bloß zufällig und willkührlich sind"[1115]. Adelung lehnt also das Arbitraritätsprinzip ab; die Motiviertheit, die, ihm zufolge, für die Lexemkonstitutionen Geltung hat,

---
[1111] Vgl. vorliegende Arbeit S. 161 - 182.
[1112] VA 96, 17 - 22
[1113] VA 7, 30
[1114] Vgl. vorliegende Arbeit S. 161.
[1115] VA 9, 14 - 15

gilt in gleicher Weise hinsichtlich orthographischer Normen. Der Satz vom Grund, ein fundamental-unaufgebbares Prinzip von Rationalität, bleibt in Kraft.

Während Adelung in seinen früheren Texten die *Schönheit*, die ein Text besitzt, von den übrigen Eigenschaften desselben relativ gesondert diskutiert hat, denkt er nun beides unmittelbar zusammen; Schönheit ist durch Richtigkeit bedingt, diese ist für jene unerläßlich. (Daher ist es nur konsequent, wenn Adelung nach dem Stylbuch ein Orthographiebuch angeht.) "Die Schönheit setzt die Richtigkeit voraus, und kann nur von ihr ausgehen (...)"[1116]. Adelung denkt die Schönheit, so sehr er sie affirmiert, als ein, verglichen mit den übrigen seinsollenden Eigenschaften eines Textes, relativ untergeordnetes Moment. Immerhin wird die Ortsbestimmung der Sprachrichtigkeit (Orthographie) vorgenommen im Vergleich mit der schönen Kunst : "Die orthographische Richtigkeit ist für den schönen Styl das, was die richtige Zeichnung der einzelnen Theile für den bildenden Künstler ist, nur mit dem Unterschiede, daß bey diesem die Schönheit die höchste, bey dem Schriftsteller aber nur eine untergeordnete Absicht ist."[1117]

Da die Orthographie per se auf den Graphie-Bereich eingegrenzt ist, kann Adelung im Zusammenhang mit ihr den funktionellen Unterschied zwischen diesem und dem Phonie-Bereich herausarbeiten : Der mündliche Ausdruck "(...) ist immer nur für wenige Personen und wenige vorübergehende Augenblicke bestimmt, daher die Fehler, welche allenfalls mitunter laufen, sehr geschwind vorüber rauschen, auch Umstände und Geberden die Dunkelheit vermindern. Allein die Schrift hat einen weit größern Wirkungskreis, so wohl in Ansehung der Personen, als auch der Zeiten, für welche sie bestimmt ist, daher es hier zur doppelten Pflicht wird, sich der Richtigkeit jeder Art auf das sorgfältigste zu befleissigen, weil jede Verletzung derselben der Absicht des Schriftstellers, warum er schreibt, entgegen wirkt (...)"[1118] Das phonisch Realisierte ist, was die Dimension der Zeit anbetrifft, transitorisch, und, was die Dimension des Raumes (gesellschaftliche Verbreitung) anbetrifft, extrem eingeschränkt und daher der Graphie als solcher entschieden unterlegen. Adelung nennt den strukturellen Grund dieses Sachverhalts nicht; er ist indes leicht nachzutragen. Strukturell ist das phonisch Realisierte ein zeitliches *Ereignis, temporär* im Sinne von vergänglich - das graphisch Realisierte hingegen ein räumlich vorhandener *Gegenstand*. In letzterer Form kann es aufs leichteste aufbewahrt, reproduziert und transportiert werden (gesteigert vermittels des kulturellen Fortschrittsprozeß, vgl. die technischen Medien des Buchdrucks und in unserer unmittelbaren

---

[1116] VA 7, 13 - 14
[1117] VA 7, 16 - 21
[1118] VA 6, 19 - 31

Gegenwart des Computers und des Internets). Dieser strukturelle Unterschied ist der kulturgeschichtliche Grund dafür, daß die Graphie sich zu einer solchen beherrschenden Position für die Kultur emporentwickelt hat. Dieser ontische Sachverhalt impliziert für Adelung eine normative Forderung für die Sprachbenutzer im Modus der Graphie (die Schriftsteller) : Wenn einer schon faktisch einen so großen Einfluß auf die Sprachverwendung breiter gesellschaftlicher Schichten besitzt, dann muß dessen eigene Sprachverwendung von größerer Verantwortung, Sorgfalt, Gewissenhaftigkeit bestimmt sein. An dieser Stelle denkt Adelung erneut und auf höherer Stufe Absicht der Sprache und Absicht des Schriftstellers zusammen als im Stylbuch.[1119] Diese ist strukturell in jener fundiert, aber jene kann nur zur Aktuierung (im aristotelischen Sinn) kommen, wenn sie in dieser sich manifestiert.

Adelungs unüberbietbare Zusammenfassung und Gegenüberstellung der Funktionen der Modi Phonie vs. Graphie, hinsichtlich der Kommunikation lautet : "So wie die mündliche Rede das Mittel ist, dem Anwesenden seine Gedanken mitzutheilen, so ist die Schrift für den Abwesenden."[1120] Und dieses allezeit gültige Strukturverhältnis wird von Adelung in die konkrete Gesellschaft seiner Epoche eingebettet : "(...) in der engern bürgerlichen Gesellschaft (ist) des Schreibens viel (...)."[1121] Diese Situation ihrerseits ist in den kulturellen Fortschrittsprozeß involviert : Mit steigender Kultur nimmt die Verwendung geschriebener Sprache zu.

Adelung beläßt es nicht dabei, nur die Strukturen von Orthographie als solcher zu diskutieren, sondern er trachtet, tiefer in die "metaphysischen" Fundierungsstrukturen der Orthographie einzudringen. Er benennt knapp, fast formelhaft, das chronologisch-kausale Fundierungsverhältnis der relevanten Relate. "Empfinden gehet vor dem Denken, Denken vor dem Sprechen[1122], und Sprechen vor dem Schreiben her."[1123] Das jeweils zweitgenannte ist nicht vollziehbar ohne den adäquaten Vollzug des ersten. Es wäre indes falsch, hieraus zu folgern, dies erste habe auch *ontologisch* den Primat vor dem folgenden. Später greift Adelung das Thema noch einmal auf : "Die Schrift verhält sich zur mündlichen Rede, wie diese zu den Gedanken, und wie der Gedanke zur Empfindung. Das Spätere ist immer vollkommner als das vorher gehende."[1124] Dies ist, an versteckter Stelle, zugleich die allgemeinste er-

---

[1119] Vgl. vorliegende Arbeit S. 40 - 41.
[1120] VA 14, 31 - 15, 3
[1121] VA 15, 6 - 7
[1122] O daß es doch so wäre! Wie oft ist ein Sprechen zu hören, dem kein Denken im eminenten Sinne vorhergegangen ist.
[1123] VA 45, 22 - 24
[1124] VA 53, 10 - 14

denkliche "metaphysische" Begründung für Adelungs Theorem vom kulturellen Fortschrittsprozeß.

Um die letzte Fundierung seiner Orthographiekonzeption zu erreichen, sieht Adelung sich genötigt, auf sein basales Theorem zu rekurrieren : das kulturhistorische Äquivalenztheorem. Nur findet er nicht den adäquaten systematischen Ort dafür und begnügt sich mit einer "Anmerkung über den langsamen Fortschritt der Cultur der Deutschen Sprache (...), wenn sie gleich hier ein wenig am unrechten Ort stehen sollte."[1125] Zunächst rühmt er die angestammten Werte der deutschen Sprache : es ist "(...) eine eigene ursprüngliche Sprache, welche durch keine Vermischung verunstaltet worden, (und sie hat) noch ihre ganze erste Eigenthümlichkeit und Abstammung, Aussprache, Schrift, kurz alles in derselben ist darauf gestimmt, diese Eigenthümlichkeit zu erhalten."[1126] Was dergestalt gerühmt wird, gerät in einem kühnen intellektuellen Saltomortale zur Ursache des nicht abzuleugnenden Faktums, daß Deutschland zur Zeit Adelungs in der Kultur retardiert. "(...) die Cultur in dieser Sprache (kann) nicht anders als überaus langsam fortschreiten (...), weil sie überall so viele Fesseln findet, welche sie nur nach und nach und in sehr unmerklichen Graden lockerer machen kann, geschweige, daß sie sich ihrer ganz sollte entledigen können."[1127] Im Gegensatz hierzu die vermischten Sprachen. Dieser empirisch festgestellte Zusammenhang findet seine letzte Begründung in der strukturellen Äquivalenz der für Orthographie relevanten Relate : "Sprache, Empfindung, und Denkungsart sind immer sehr genau mit einander verbunden, und was das eine hemmt, hindert auch das andere."[1128]

Alles oben Diskutierte bezog sich auf den "I. Abschnitt" des Adelungschen Orthographiebuches, überschrieben "Allgemeine Grundgesetze". Hierin wird das gesamte theoretische Fundament der Adelungschen Orthographiekonzeption diskutiert. Alles, was noch folgt (vier weitere Abschnitte[1129]), gilt der praktischen Applikation. Bei aller notwendig gewesenen theoretischen Fundierung ist es also ein ausgesprocher sprach*praktischer* Text. Da uns erklärter Maßen in vorliegender Arbeit nur die Sprach*theorie* Adelungs interessiert, können wir auf die Diskussion dieses, rein quantitativ genommen, überwiegenden Textstückes des Orthographiebuchs verzichten. Allerdings kann Adelung es sich nicht versagen, gelegentlich auch im praktischen Teil Fragen von durchaus

---

[1125] VA 34, 14 - 19
[1126] VA 34, 20 - 25
[1127] VA 34, 26 - 31
[1128] VA 35, 14 - 17
[1129] Die folgenden Abschnitte sind überschrieben : II. Von den einzelen Buchstaben. III. Von den Sylben. IV. Orthographie ganzer Wörter. V. Von den orthographischen Zeichen.

theoretischem Interesse zu diskutieren. Das, wie es scheint, relevanteste Stück, gilt der Diskussion der *abstrakten Begriffe*, ein Thema, das Adelung seit den früheren Werken nicht losgelassen hat.

Den Anknüpfungspunkt liefern Adelung kontemporäre Bestrebungen um eine Orthographiereform - also ein auch in unserer unmittelbaren Gegenwart erregt und kontrovers diskutiertes Thema. Es geht näherhin um das *Ungewohnte* und damit den Leser Befremdende, das in einzelnen orthographischen Neuerungen impliziert sein kann. Adelung, in seiner auch andernorts geäußerten Reserviertheit gegenüber willkürlichen Sprachmodifikationen, wendet sich gegen das Ungewohnte; und er begründet dies theoretisch in einem Rekurs auf das Konzept der abstrakten Begriffe aus den Hauptwerken. Adelungs These ist : "(...) eine merkliche Veränderung in der Schreibart eines Wortes verändert zugleich das ganze Bild von dessen Begriffe (...)"[1130]. Die Zeichenform eines Lexems und dessen Denotation sind, Adelung zufolge, unauflöslich aneinander gekoppelt; und dies nicht nur hinsichtlich Spracherwerb und Kommunikation, sondern gleichsam wesenhaft. Eine Modifikation des Zeichenkörpers bringt notwendig eine Modifikation des Denotats mit sich. Eine für die moderne Linguistik und ihre Arbitraritätskonzeption provozierende, ja inakzeptable These. Wie bereits diskutiert[1131], lehnt Adelung die Arbitraritätskonzeption ab. Zu beachten ist, daß Adelung hier nicht lediglich von einem *Begriff* spricht, sondern von dessen *Bild*, und dies mit Bedacht. Adelungs fundamental-sensualistischer Epistemologie zufolge sind alle begrifflichen Denotate *sinnlich* fundiert : "Ich setze voraus, daß alle unsere Begriffe ursprünglich sinnlich sind, und daß in jedem derselben eigentlich ein sinnliches Bild zum Grunde liegt."[1132] Da das letzte Fundament eines jeglichen Begriffes, Adelung zufolge, notwendig ein Sinnliches ist, kommt der Begriff niemals über das Sinnliche hinaus - alles andere wäre Selbsttäuschung. Dies gilt in gleicher Weise für Begriffe sinnlicher Gegenstände wie für die genuin abstrakten Begriffe. In beiden Fällen fallen wir der Illusion anheim, daß wir aufgrund wiederholungsbedingter Verwischung "(...) einen reinen und und unsinnlichen Begriff zu haben glauben"[1133]. Diese Illusion hat in der Alltagspraxis des Denkens und Sprechens einen gewissen praktischen Nut-zen und ist daher nicht vollständig verwerflich. "In den gewöhnlichen Fällen, wo der Verstand über die Begriffe hinausrücht, ist man mit dem dunklen Etwas, welches man sich denkt oder zu denken glaubt, zufrieden (...)"[1134]. Jedoch in letzter philosophischer Selbstvergewisserung muß diese Illusion zerbrechen. Ich erkenne dann,

---

[1130] VA 275, 26 - 28
[1131] Vgl. vorliegende Arbeit S. 92.
[1132] VA 276, 6 - 8
[1133] VA 276, 12 - 13
[1134] VA 276, 20 - 23

daß der abstrakte Begriff letztlich nur ein flatus vocis ohne wirklichen Inhalt ist und daß das einzig Greifbare daran die Zeichenform ist, der phonisch oder graphisch realisierte Wortkörper. *Dies*, und nicht irgendein grundloser Konservativismus, ist die letzte sprachphilosophische Begründung, warum Adelung von einer orthographiereformerischen Modifikation der Zeichenkörper abrät; gehen diese verloren, so geht zugleich die wenn auch illusorische Fundierung der gelehrten Diskussion über abstrakte Begriffe oder mithilfe ihrer verloren. Adelung ruft aus : "Nun urtheile man selbst, mit welchem Rechte einzelne Schriftsteller dem edelsten und schätzbarsten Theile der Leser zumuthen können, um ihres Grillenfanges oder orthographischer Convenienzen willen, ihre ganze Vorstellungsart zu ändern."[1135]

[1135] VA 278, 8 - 13

15. Adelung in der Kritik

15.1. S. Orgeldingers Adelung-Kritik

Adelungs linguistisches Denken war in seiner Epoche keinesfalls unumstritten; und ebensowenig ist es das heute - wenngleich die Intensität der Diskussion in den seitdem verstrichenen rund zweihundert Jahren sich abgeschwächt zu haben scheint. Wenn Adelung kritisiert wird, so ist das natürlich positiv zu werten, denn es zeigt, wie sehr er die wissenschaftliche Diskussion (noch) zu befruchten vermag. Für die zeitgenössische Kritik an ihm stehe paradigmatisch der Philanthropinist und Sprachreformer Joachim Heinrich *Campe* (1746 - 1818), der sich namentlich mit Adelungs Theorem des Sprachgebrauchs kritisch auseinandergesetzt hat. Diese Thematisierung bietet sich überdies aus dem Grunde an, da aus jüngster Zeit eine Arbeit vorliegt, die sich umfassend mit dem linguistischen Schaffen Campes befaßt hat, dessen Kritik an Adelung referiert und sie in weiten Passagen zu übernehmen scheint. Es ist die Dissertation Sibylle Orgeldingers "Standardisierung und Purismus bei Joachim Heinrich Campe" (Berlin - New York 1999). Anhand der Diskussion dieser Arbeit mag sichtbar werden, wie unversehens eine wissenschaftlich intendierte Kritik in eine politisch bestimmte übergehen kann, und d.h. zugleich, in welchem Maße Wissenschaft zur eigenen Identitätssicherung der Reflexion auf Politisches bedarf, will sie derartigen Tendenzen begegnen. - Die Auseinandersetzung Orgeldingers mit Adelung wird hier deswegen so breit diskutiert, weil sie ein Licht zu werfen vermag auf einige Aspekte Adelungs, die sonst vielleicht zu wenig hervortreten würden. - Wir diskutieren zunächst mehrere kritische Einwände Orgeldingers gegen Adelung.

Orgeldinger denkt, durchaus korrekter Weise, die Sprachkonzeption Adelungs zusammen mit dessen progressistischer Geschichtskonzeption (seinem geschichtsphilosophischen Modell). Jene ist in dieser fundiert. Demzufolge muß ihre Kritik an seiner Sprachkonzeption, die sie als "reaktionär"[1136] charakterisiert, bereits an der Geschichtskonzeption ansetzen. Und dies umsomehr, als der "systematische Ort" von dgl. Wertungen genuin im politisch-historischen Bereich liegt.

Orgeldingers erster Einwand gegen Adelungs Fortschrittsmodell ist, daß es "synkretistisch"[1137] verfahre. Denn es vermenge unterschiedliche Ansätze, einen klassisch-aufklärerischen mit einem, der die Geschichtsphilosophie der Romantik antizipiere. Was Adelung jedoch faktisch tut, ist, den traditionell aufklärerischen Ansatz mit Elementen zu bereichern, die ihm schlicht durch seine geschichtliche Erfahrung aufgezwungen

---

[1136] Orgeldinger, S. 122
[1137] Orgeldinger, S. 123

wurden - die unleugbaren gegenfortschrittlichen Tendenzen in der Geschichte des 18. Jh. . Man denke an die terroristische Phase in der Französischen Revolution und an die Herrschaft Napoléons. Selbst der Marxismus, die am konsequentesten progressistisch denkende Geschichtsphilosophie des 20. Jh., sah sich, angesichts der in diesem geschehenen monströsen Barbarei (Nationalsozialismus, Stalinismus etc.), genötigt zu konzedieren, daß Fortschritt "ein reales, wenngleich nicht gradliniges Geschehen"[1138] ist, daß es also durchaus ununterschlagbare Gegentendenzen geben kann, gegeben hat, gibt. Diese Abkehr vom tendenziell unreflektierten Fortschrittsdenken und Hinkehr zu mehr Sachadäquatheit der Theorie hat, bereits im 18. Jh., Adelung antizipiert; und dies muß ihm durchaus als Verdienst angerechnet werden.

Eine weitere Fehleinschätzung der Adelungschen Position durch Orgeldinger liegt darin, daß sie ihm vorwirft, nicht, wie die klassische Aufklärung das getan hat und tut, die Vernunft zum alleinigen Movens des Geschichtsprozesses zu erklären. Gegen Orgeldinger ist darauf hinzuweisen, Adelungs eminente Überzeugungskraft besteht darin, daß er die Vernunft - deren unüberschätzbare Relevanz als geschichtsbestimmender Faktor er in keiner Weise leugnet - nicht isoliert betrachtet, sondern sie in den Kontext der *Totalität* der Kulturfaktoren stellt.

Ein weiterer, nun unmittelbar politischer, Vorwurf Orgeldingers an Adelung besteht darin, daß er die oberen Klassen, die ihm zufolge allerdings Träger von Kultur und Standardsprache sind, mit dem Feudaladel identifiziere. Dieser Vorwurf ist schon allein angesichts Adelungs sozialer Herkunft und Klassenposition (Bürgertum) wenig plausibel. Und wenn Adelung in seinen linguistischen Texten mit diesem Bürgertum faktisch sympathisiert, dann nicht aufgrund unmittelbarer Identifikation mit dem eigenen "Stall", sondern deswegen, weil dies Bürgertum in seinen Tagen die fortschrittlichste Klasse war (Französische Revolution) und daher am ehesten als Träger von Kultur, Bildung, Standardsprache figurieren kann. Adelung affirmiert die Bürgerklasse nicht aus politisch-ökonomisch fundierten ideologischen Gründen, sondern aus intellektuell-philosophischen Gründen - in einer anderen Epoche hätte er, aus denselben Gründen, eine andere Klasse präferiert. Diese Position mag, namentlich aus der späteren Perspektive des Marxismus, der allemal geistige Phänomene auf ökonomische Motive und Interessen reduziert, naiv scheinen; aber sie scheint die einzig für einen geistigen Menschen, der die genannte marxistische Reduktion nicht vollzieht, vertretbare.

Und da die im Adelungschen Sinne gedachte führende Klasse in keiner Weise politisch-ökonomisch bestimmt ist, bestehen auch keine politisch-ökonomische Schranken, in sie einzudringen bzw. in sie aufzusteigen;

[1138] Chr. Bürger, in : Fülleborn/Engel, Bd. 2, S. 272

sofern nur die mentalen Bedingungen ein Individuum dazu qualifizieren. Gewiß hätte Adelung das Prinzip der *Chancengleichheit*, das im letzten Drittel des 20. Jh. breit diskutiert wurde, voll gebilligt.

Orgeldinger gelangt darüberhinaus zu einer nicht zutreffenden Auffassung, was Adelungs Einschätzung der zeitgenössischen Gesellschaft in ihrer Klassenstruktur und deren Zusammenhang mit der Standardsprachlichkeit anbetrifft. Sie nimmt an, daß er die Position des Feudaladels einnimmt; wobei es doch implizit und explizit evident ist, daß Adelung die die Standardsprache sprechende Klasse mit der Bürgerklasse identifiziert. Ist es doch Adelungs Epoche, in der die politische und intellektuelle Führerschaft in der Gesellschaft vom Feudaladel auf das Bürgertum übergeht (Französische Revolution). Adelung selber mit seinem Denken liegt in dieser Tendenz, und natürlich hat er sie erkannt. Um das Nichtzutreffen der eigenen Position zu verschleiern, bedient Orgeldinger sich ungenauer Formulierungen. "Adelung gibt keine explizite Definition der 'obern Klassen'. Seine Position impliziert jedoch (...)"[1139]. Da Adelung faktisch nicht vertritt, was ihm unterstellt wird, wird eine "Adelungsche Position" konstruiert.

Unzutreffend ist das Motiv, das Orgeldinger hinsichtlich der Konstitution der Kultur und der Standardsprache in den oberen Klassen unterstellt (sowohl was die geschichtlich-realen Zusammenhänge als deren Interpretation durch Adelung anbetrifft). "Von den zu ihnen (den höheren Schichten) aufstrebenden niederen Schichten suchen sie sich abzugrenzen, indem sie ihre Kultur und Sprache immer weiter verfeinern."[1140] Dieser Satz mutet durchaus ideologiekritisch an : Kultur und Sprache sind Herrschaftsinstrumente in der Hand der herrschenden Klassen. Dagegen ist festzuhalten : Das Movens des Kulturprozesses qua Kultivierungsprozesses (real wie Adelung-immanent) ist ein anderes : die Menschen wollen es bequemer haben; um dieselben Arbeitsresultate bei geringerem Arbeitseinsatz (Mühe) zu erzielen, steigern sie ihre technische Arbeitsproduktivität. Das Movens des von Adelung gedachten Kultivierungsprozesses wäre demzufolge ein ökonomisch vermitteltes. Und auch der Antrieb des sprachlichen Fortschrittsprozesses, für sich genommen - d.h. zunächst ohne Zusammenhang mit dem Kulturprozeß betrachtet -, ist nicht bloß die von Orgeldinger angenommene Restriktion der unteren durch die oberen Klassen. Vielmehr liegt im Menschen per se eine Tendenz zur Verbesserung, Steigerung, qualitativen Modifikation seiner Sprachverwendung (so naiv-"idealistisch" sich das anhören mag), sei es zum Zweck, die Alltagspraxis sprachlich geschmeidiger vollziehen zu können, sei es aus dem intrinsischen Wert der Freude an der schönen und geschliffenen sprachlichen Form. So wenig es legitim ist,

---

[1139] Orgeldinger, S. 124
[1140] Orgeldinger, S. 124

Strukturzusammenhänge "handfester" materiell-ökonomischer Art zu leugnen, wäre es, das Kind mit dem Bade auszuschütten, wenn *geistige* Motivationen eigenen Rechts geleugnet würden. Orgeldingers Adelung-Kritik kulminiert schließlich in der These : "Adelung postuliert eine kulturelle und sprachliche Elite."[1141] Jedoch Adelung *postuliert* in diesem Zusammenhang nichts. Er stellt schlicht deskriptiv die faktische Situation der Klassenstrukturen in seiner Epoche dar. Was Adelung hinsichtlich der Sprache sagt, gilt ebensosehr für seine Einschätzung der Gesellschaft : "Er (der Gelehrte) stellet die Sprache so dar, wie sie wirklich ist, nicht wie sie seyn könnte, oder seiner Einbildung nach seyn sollte."[1142] Selbstverständlich hat die Frage nach dem *Sollen* ihre Legitimität, aber sie hat im Kontext der von Adelung hier diskutierten Frage nicht ihren systematischen Ort. Wollten wir sie dennoch diskutieren, so müßte gesagt werden : Adelung verhält sich kritisch zu allen nur ökonomisch konstituierten geschlossenen Eliten; er verhält sich positiv zu einer intellektuell fundierten "offenen" Elite; wenn beide Eliten faktisch extensionsgleich sind, so ist das für Adelungs Denkzusammenhang zufällig. Daß indes die im Sinne Adelungs gedachte Elite nicht in unserer Epoche realisiert ist, noch es gar in seiner war, sondern erst in der Zukunft zu realisieren wäre, dokumentiert den durchaus utopischen Charakter ihrer Konzeption bei Adelung.

Vielleicht ist es ratsam, den Begriff der "Elite", sowohl im affirmativen wie im kritisch intendierten Sinne, ganz fallenzulassen. Er ist, so oder so, zu sehr mit emotional besetzten Assoziationen konnotiert. Die mit der kritischen Ablehnung verbundenen Assoziationen können auf die paradoxe Formel gebracht werden : "Das ist zu gut, drum mag ich's nicht."[1143] Vielleicht kann der Ausdruck substituiert werden durch : "intellektuell führende Schicht". Es scheint, keine Gesellschaftsformation kann ohne eine solche Schicht auskommen; auch die real existierende Demokratie besitzt faktisch eine solche. Mit deren Akzeptanz ist, was "Campe hingegen postuliert (:) Erziehung und Bildung für die ganze Bevölkerung"[1144], in keiner Weise verworfen. Aber es scheint, schon aufgrund der in modernen Industriegesellschaften unaufhebbaren gesellschaftlichen Arbeitsteilung, unmöglich, das Geforderte für alle Teile der Bevölkerung auch nur approximativ zu realisieren. Außerdem übersieht die zitierte Forderung : soll "dem Volk" Erziehung und Bildung, wenn es sie noch nicht besitzt, vermittelt werden, so muß hierfür als Orientierungsgröße das Bildungsniveau einer in irgendeiner Weise "intellektuell führenden Schicht" (mit dem vorgeschlagenen Ausdruck) in den Blick genommen werden. Das strukturell unvermeidbar notwendige Phänomen

---

[1141] Orgeldinger, S. 126
[1142] Orgeldinger, S. 136 zitiert UL 114, 6 - 8
[1143] Vgl. H. Weigel, Die Leiden der jungen Wörter, S. 37 - 38 (Stichwort "elitär")
[1144] Orgeldinger S. 126

der Traditionsvermittlung in einer Gesellschaft impliziert notwendig eine, wenn auch immer wieder aufzuholende und tendenziell aufgeholte, Ungleichheit des Traditionsbesitzes innerhalb der Gesellschaft. Diese Ungleichheit ist nichts Seinsollendes, sondern aus der Perspektive der seinsollenden demokratischen gesellschaftlichen Gleichheit ein notwendiges Übel. Diese generellen Strukturzusammenhänge - um den Bogen zu den von Adelung explizit diskutierten Phänomenen wieder zu bekommen - gelten in gleicher Weise für die besonderen Phänomene der gesellschaftlichen Vermittlung der Standardsprache und der Verankerung dieser in einer intellektuell führenden Schicht. Wird die strukturell unvermeidbare Differenz in betreff des Phänomens des "Geistes" negiert, scheint der Geist als solcher negiert; denn so etwas wie "Geist" ist stets im Modus der Vermittlung, und damit der Differenz. Eine weitere, ununterschlagbare, aber hier nicht mehr zu diskutierende Frage ist die nach der jeweiligen konkreten *Legitimation* der genannten Schicht in einer jeweiligen geschichtlich konkreten Gesellschaftformation.

Doch dieser Problemzusammenhang würde eine gesonderte Diskussion erfordern, die in ihrer Problemstellung und in ihrem gebotenen Abstraktionsgrad zunächst von dem im Zusammenhang mit Adelung Diskutierten wegzuführen scheint.

Wenn Orgeldinger in der linguistischen Diskussion ohne weiteres mit Kategorien wie "reaktionär" und "elitär" bzw. deren Antonymen "progressiv" und "egalitär" operiert, so haben diese Kategorien, ihrem *politischen* Charakter gemäß, ihren systematischen Ort in der Diskussion von Gleichheit und Ungleichheit der Menschen. Wir alle heute, von den Traditionen der Aufklärung und der Französischen Revolution geprägt, tendieren dazu, gesellschaftliche Gleichheit zu affirmieren. Und das zurecht. Es käme jedoch darauf an, die Gleichheit nicht so sehr als schöne Geste denn als Problem zu sehen[1145] und sie explizit zu thematisieren. - Evidenter Maßen ist (politische, soziale, ökonomische) Gleichheit in der staatlichen Realität - so sehr die Jahrhunderte im von Adelung gedachten kulturellen Fortschrittsprozeß sich auch um sie bemüht haben - etwas faktisch in hohem Grade noch nicht Realisiertes. Sie ist etwas Angestrebtes und damit stets im Streit mit der vorhandenen Ungleichheit. Die Verfechter der Gleichheit streiten mit denen der Ungleichheit. Damit ist in diesen Streit um die Gleichheit, so bald er nur da ist, ein Moment von Unterschied, Differenz, *Ungleichheit* gesetzt. Im Herzen der Gleichheitsbestrebungen wohnt die Ungleichheit. Ihre extremste Konsequenz findet diese Tendenz in der Parteikonzeption *Lenins*. Um die vom leninistischen Kommunismus angestrebte Gleichheit (klassenlose Gesellschaft) zu erreichen, erweist es sich als nötig, eine Partei zu gründen, der durch

---

[1145] Vgl. Th. Mann, Der Zauberberg, S. 561 (Naphtas Äußerung über die Freiheit).

die Figur des von der Arbeiterklasse losgelösten Berufsrevolutionärs die Ungleichheit immanent ist; und auch nach der Revolution wird die intendierte Gleichheit nicht realisiert, sondern die Partei als nun herrschende "neue Klasse"[1146] unterdrückt alles ihr nicht Gemäße, namentlich die vor ihr herrschende(n) Klasse(n), aber auch die Arbeiterklasse, in deren Namen zu herrschen sie prätendiert. Dieser Strukturzusammenhang resultiert nicht etwa, wie man meinen könnte, lediglich aus den Bedingungen des politischen Kampfes unter dem repressiven russischen Zarenregime; daß dies nicht so ist, zeigt die Tatsache, daß die kommunistischen Parteien ihre leninistische Organisationsstruktur beibehielten, auch nachdem die Kampfbedingungen sich gewandelt hatten. Dieser Strukturzusammenhang ist fundiert in der immanenten Dialektik der Gleichheit[1147]. - Keinesfalls soll hier Orgeldinger etwa vorgehalten werden, daß sie, und sei es auch nur tendenziell, eine leninistische Position vertritt; aber das Operieren mit affektbesetzten Kategorien wie "egalitär" und "elitär" dokumentiert, daß hier eines der "Probleme (...), die ein stachlichtes Fell haben und nicht danach angetan sind, geliebkost und gelockt zu werden"[1148] noch differenzierter zu denken wäre.

Freilich stellt sich die hier skizzierte historisch-philosophische Problemlage in Adelungs Epoche noch nicht mit der gezeigten erst in Lenin manifest gewordenen Schärfe dar. Indes ist ihr Kern bereits bei Adelung sichtbar. Lenins Problem, bei aller später zutage getretenen stalinistischen Ungeistigkeit "der" Partei, war und ist das Problem des Verhältnisses von Geistigen und Ungeistigen. Hierzu wäre generell zu sagen, im Blick auf Adelung und über ihn hinaus : Zunächst ist evident : Es bestehen in dieser Hinsicht faktisch - oft gravierende - Unterschiede, die auch durch politisch-soziale Korrekturen (Erziehung, Bildung etc.) nur in geringem Grad modifikabel sind. ("Es gibt eben Gescheite, und es gibt Dumme.") Selbstverständlich müssen, im Sinne der égalité-Forderung der französischen Revolution, die letztgenannten die vollständige rechtliche Gleichstellung im Sinne der obengenannten Gleichheit (politisch, sozial, ökonomisch) zugesprochen bekommen; und gewiß ist oder wäre dies auch Adelungs Position in dieser Frage. Indes bleibt das Problem : Wie stellt sich der "geistige Mensch" als solcher diesbezüglich? Er sieht sich genötigt, die Argumentation zu vertreten : daß eine Nivellierung auf niederem intellektuellen Niveau nicht sein soll; und da eine Nivellierung auf höherem intellektuellen Niveau, so wünschenswert sie sein mag, naturbedingt nicht realisierbar scheint, resultiert die Unabschaffbarkeit der intellektuellen Differenz. Der geistige Mensch sieht sich daher genö-

---

[1146] Vgl. Milovan Djilas, Die neue Klasse. Eine Analyse des kommunistischen Systems (1957).
[1147] Zu diesem Problemzusammenhang vgl. generell Horkheimer/Adorno, Dialektik der Aufklärung (1944).
[1148] F. Nietzsche, Die Fröhliche Wissenschaft, S. 9 (Vorrede zur zweiten Ausgabe)

tigt, (in diesem Punkt) die Position der Ungleichheit zu vertreten - so hart ihn dies auch selber ankommen mag. Auch dies das von Adelung Vertretene. Die enragierte Kritik hieran übersieht, daß die Adelungsche Konzeption in keiner Weise, weder explizit noch implizit, bestehende soziale Ungleichheiten zu zementieren trachtet, sondern vielmehr das Sicheingliedern begabter Kinder von Angehörigen der nichtintellektuellen Berufe in die intellektuelle Schicht fordert und fördert.

Schließlich ist zu diskutieren, was aus der Perspektive Adelungs kritisch zu den Campeschen Bemühungen zu vermerken wäre. Was die historische Konfliktlage anbetrifft, so kennt Campe seinerseits Adelungs Texte und setzt sich intensiv mit ihnen auseinander. Ob Adelung hingegen Campes Texte faktisch gekannt hat, muß offen bleiben. Doch ganz abgesehen hiervon, muß Campes Bestrebungen der dezidierte Kampf Adelungs gelten, da er den Idealtypus des "Schriftstellers" im pejorativ intendierten Sinne repräsentiert. Der "Schriftsteller" ist derjenige, der meint, eigenmächtig und lediglich von seiner subjektiven Vernunft gestützt, Modifikationen im Sprachleben ersinnen und durchsetzen zu dürfen. Dergestalt verhält sich Campe in seinen puristischen Bestrebungen, bestimmte Lexeme auszutilgen und durch eigene Prägungen zu substituieren. Adelung hingegen setzt, in der Theorie wie in der praktischen Anwendung, auf das Prinzip des Sprachgebrauchs, auf die gewachsene Sprache. Dies hat ihm von seiten Orgeldingers, die sich hierin mit Campe zu identifizieren scheint, den Vorwurf des Reaktionären eingebracht[1149]. Ein gewiß überzogener Vorwurf. Nicht nur Adelungs prinzipielles Selbstverständnis, auch seine Alltagspraxis spricht dagegen.

Weswegen polemisiert Adelung so dezidiert gegen "Schriftsteller"[1150] von der Art Campes? Doch nicht aus dem reaktionären Bestreben, alles Alte, nur weil es alt ist, festzuhalten. Adelung selber vertritt ja eine progressistische geschichtsphilosophische Konzeption, welcherzufolge die Kultur und, dieser korrespondierend, die Sprache in beständigem Fortschrittsprozeß begriffen sind. Die Frage ist nur, welcher gesellschaftlichen Instanz dieser Fortschritt anheimgestellt sein soll. Wir können hierbei von einem subjektiven und einem objektiven Prinzip sprechen. Das erstere vertritt der "Schriftsteller", der, aus seiner subjektiven Anmaßung heraus, bestimmte Sprach-Modifikationen dekretiert und sie dem realen Sprachprozeß aufzuoktroyieren trachtet. (Man denke hier an Campes neologistische Neuprägungen.) Der "Schriftsteller" springt aus der objektiven Tradition heraus, und was er für seine Modifikationen

---
[1149] Vgl. Orgeldinger, S. 122 : "Tatsächlich steht Campes alles in allem recht progressive Standardisierungskonzeption in Kontrast zu Adelungs geradezu reaktionärer Konzeption (...)."
[1150] Zur kritischen Argumentationsfigur des "Schriftstellers" bei Adelung vgl. vorliegenden Arbeit S. 127 - 129

aufzubringen vermag, ist lediglich sein abstrakt-subjektiver Wille, es anders zu machen. Anders jedoch ist nicht schon besser. Was dies betrifft, so setzt Adelung auf das Ganze (Gesellschaft, Volk) und dessen objektive Strukturen (soziologischer, linguistischer und anderer Art). Er vertraut darauf, daß das, was durch einen (nahezu) allgemeinen Konsens legitimiert und in einer lange zurückreichenden Tradition fundiert ist, auf die Dauer sich immer als das Bessere, Fortschrittlichere erweisen und durchsetzen wird. 'Ich habe die Welt immer für genialer gehalten als mein Genie.', sagt Goethe diesen Sinns. Von daher auch verständlich Adelungs Verehrung für den Sprachgebrauch, die dem an der Oberfläche bleibenden Blick bisweilen geradezu religiös anmuten kann. Selbstverständlich ist der Sprachgebrauch weder von seiner Genese noch von seiner Struktur her etwas Numinoses, und Adelung weiß dies. Dennoch gilt seine Verehrung einer dem individuellen Menschen und seinem sprachlichen Handeln schlechthin übergeordneten Struktur, dem er jederzeit entsprechen soll, wenn er spricht. Ebendies ist, was der "Schriftsteller" nicht tut, zumindest in seinen theoretischen Aspirationen nicht tun will; daher die bisweilen auftretende Verkrampftheit seiner Produktionen (etwa Campes Neologismen).

Adelung schätzt nicht das gewaltsame Modifizieren von sprachlichen Strukturen wie das Campesche Austilgen von Fremdwörtern. Er plädiert für die gewachsene Sprache und deren Sprachgebrauch. Die *kritische* Frage stellt sich : Ist das konservativ? Mag sein. Es gibt gewiß konservativ interpretierbare Züge in Adelung[1151]. Indes, es ist etwas nicht schon dadurch verwerflich, daß es konservativ wäre. Der Begriff des Konservativen ist ein formaler Begriff. Je nachdem der Sachinhalt differiert, darauf das Konservieren (Bewahren) sich bezieht, ist der Begriff des Konservativen verschieden und damit zugleich die Wertung, die wir daran vornehmen müssen. Ein Konservativer in der Demokratie und bezogen auf sie ist etwas anderes als ein Konservativer in einer Diktatur (welcher Art immer). Ein durchaus Progressiver kann, sobald das Ziel seines Progresses erreicht ist, sich in einen Konservativen (im formalen Sinne) wandeln. Bevor wir also vorschnell jegliches Konservative verurteilen, müssen wir darauf sehen, *was* es ist, das bewahrt werden soll. Im Falle Adelungs ist dies die gewachsene Sprache und deren Sprachgebrauch.

Sehen wir jedoch zum Schluß für einen Augenblick ab von der abstrakten Theorie und hin auf die aus deren Perspektive nicht zu verachtende schlichte Alltagspraxis Adelungs, die doch einen Zug seines Wesens offenlegt : Er hat faktisch dem Volke die Türen der kurfürstlichen Bibliothek in Dresden geöffnet. Ein Schritt von nicht zu unterschätzender

---

[1151] Vgl. vorliegende Arbeit S. 128 - 129.

politischer Bedeutung. Freilich impliziert dies nicht, daß jeder Kärrner nun faktisch diese Bibliothek aufgesucht hätte; *der Möglichkeit nach* indes stand ihm dies durchaus frei. Adelungs Konzeption der "Elite", wenn wir denn diesen Terminus festhalten wollen, ist auf dem Begriff der Möglichkeit fundiert. Die Zugehörigkeit zur so definierten "Elite" ist nicht durch adlige Geburt oder Produktionsmittelbesitz realiter bestimmt; sondern potentialiter *kann jeder* sich dieser Elite eingliedern, sofern er denn die erforderliche intellektuellen Qualitäten mitbringt. Dies ist ein Maß an Radikalität, das nicht nur die feudale Ungleichheit, sondern auch die bürgerlich-revolutionäre égalité transzendiert. Daß die derart von Adelung intendierte Form von Gleichheit in der Gesellschaft seiner Epoche faktisch nicht realisiert war, ist gewiß nicht ihm anzulasten.

15.2. Die Adelung-Kritik Sickels, Strohbachs und Gardts

Aufgabe einer Arbeit, die sich zentral mit J. Chr. Adelung befaßt, muß es auch sein, die übrigen Texte, die sich ebenfalls zentral mit ihm befassen (also namentlich Dissertationen), zu sichten und zu diskutieren. Hier jedoch zeigt sich, daß der Umfang der Menge derartiger Texte sehr gering ist. Es sind lediglich *zwei* Texte, die ermittelt werden konnten. Es handelt sich um die Dissertation Karl-Ernst Sickels und die Margrit Strohbachs. Sickels Dissertation hat den Titel "Johann Christoph Adelung. Seine Persönlichkeit und seine Geschichtsauffassung" (Leipzig 1933). Diejenige Strohbachs hat den Titel "Johann Christoph Adelung. Ein Beitrag zu seinem germanistischen Schaffen" (Berlin - New York 1984) - Daß nur zwei Texte vorliegen, scheint das Vorurteil zu bestätigen, daß Adelung für die Linguistik und ihre Historie eben von nur marginalem Interesse sei. Tatsächlich erweist sich hier jedoch, daß der große Aufklärer in der Tiefe, die ihm adäquat und würdig wäre, noch nicht hinreichend entdeckt ist, daß die Forschung sich noch nicht in dem Grade an ihn herangetraut hat, die er verdiente. Der Text Sickels diskutiert indes thematisch primär die Biographie und die Geschichtsauffassung Adelungs und ist daher für die Themenstellung der vorliegenden Arbeit, die seine Sprachkonzeption thematisiert, - so verdienstlich er im übrigen für die Erhellung lebensgeschichtlicher Zusammenhänge immer sein mag - von nur peripherem Interesse. Daher ist im Zusammenhang der vorliegenden Arbeit nicht sehr viel mehr über Sickel zu sagen. Bleibt also nur der Text Strohbachs.

15.2.1. M. Strohbach

Infolge der skizzierten Forschungssituation beklagt Strohbach das Fehlen einer zentralen Arbeit über Adelung unmittelbar zu Beginn ihres Textes : "Über Johann Christoph Adelung gibt es noch keine ausführliche Gesamtdarstellung."[1152] Scheint es demnach zunächst ihre Absicht, ein derartiges Desiderat : das große Standardwerk über Adelung, zu liefern, so bekennt sie im folgenden, daß ebendies nicht ihr Erkenntnisinteresse gewesen sei : "Ziel dieser Arbeit konnte es nicht sein, mit großer Genauigkeit einen einzelnen Zug in Adelungs Denken herauszuarbeiten, sondern es ging darum, das germanistische Schaffen in seiner gesamten Breite, d.h. mit allen vorhandenen Inkonsequenzen darzustellen."[1153] Trotz dieser auf Breite angelegten Darstellung, behandelt sie in der praktischen Durchführung relevante Texte, wie das Stylbuch, nicht. Diese Nichtbehandlung des Stylbuchs, das neben dem Umständlichen Lehrgebäude das Hauptwerk des Adelungschen sprachtheoretischen Schaffens ist, begründet sie so : "Dieses (Umständliche) Lehrgebäude bildet zusammen mit dem Wörterbuch den Schwerpunkt des germanistichen Schaffens von Adelung."[1154]

Strohbach scheint daneben einige zentrale Punkte bei Adelung zu verfehlen.

1) Zur Strohbachs Rekonstruktion des schlechthin fundamentalen Adelungschen Theorems, des kulturhistorischen Äquivalenztheorems. Sie schreibt : "Adelung (...) erkennt, daß sich die Sprachentwicklung analog zur kulturellen Entwicklung eines Volkes verhält (...)"[1155] Sie bringt Adelungs Theorem auf die Formel : "Die sprachliche und kulturelle Entwicklung verläuft parallel."[1156] Schließlich : "(...) Adelung (setzt) Geschichte und Kultur gleich; er führt sogar eine weitere Gleichung in sein Denkmodell ein : Entwicklung der Kultur = Entwicklung der Sprache."[1157] Nun ist das Verhältnis von Kultur und Sprache bei Adelung keineswegs das der bloßen Analogizität oder Parallelität, sondern das der (dialektischen) Wechselwirkung, einer permanenten Interaktion und Durchdringung der Momente Kultur und Sprache innerhalb der Totalität. Der Gedanke der Parallelität ist dem Adelungschen kulturellen Äquivalenztheorem geradezu konträr; wenn zwei Phänomene einander parallel sind, so laufen sie unverbunden-isoliert nebeneinander (wie zwei Eisen-

---

[1152] Strohbach, S. 1
[1153] Strohbach, S. 2 - Zu zeigen wäre, wie solche scheinbare Inkonsequenz in Adelung vielmehr Ausdruck seines unbeirrbar konsequenten Suchens nach so etwas wie Wahrheit ist.
[1154] Strohbach S. 40
[1155] Strohbach S. 39
[1156] Strohbach S. 59
[1157] Strohbach S. 100

bahngeleise), und es wäre nicht erklärlich, wie überhaupt eine Verbindung bzw. ein Prozeß sein könnte, darin sie miteinander involviert sind. Verbindung und Prozessualität in diesem Sachzusammenhang aufzuzeigen, ist jedoch eins von Adelungs zentralen Anliegen. Parallelität als Denkfigur wird nur plausibel, wenn ein drittes Moment angenommen wird, das die Parallelität konstituiert (wie der Gott im psychophysischen Parallelismus Descartes' Physisches und Psychisches aufeinander abstimmt). Auch die Verhältnisbestimmung der *Gleichheit* (Identität) ist nicht Adelung-adäquat; handelt es sich doch um zwei real unterschiedene Phänomene. Von Gleichheit (bzw. Identität) könnte legitimer Weise nur gesprochen werden, wenn "Cultur" nur ein anderes Wort wäre für "Sprache"[1158].

2) Des weiteren diskutiert Strohbach die Korrelation von Geschichte und Sprache bei Adelung. Sie nimmt an, Adelung vertrete "Die Auffassung, daß die Sprachentwicklung durch geschichtliche und kulturelle Ereignisse bedingt sei (...)"[1159]. Adelung zufolge sind es nicht isolierte Einzelereignisse - und seien sie noch so bedeutsam -, die auf Sprache einwirken, sondern es ist der kulturelle Geschichtsprozeß in seiner Totalität. Strohbach verbleibt im traditionellen Geschichtsdenken (dem der isolierten Ereignisse); das Innovative des von Adelung inaugurierten Geschichtsdenkens der Totalität qua Kultur kann von diesem Ansatz her nur schwer eingeholt werden.[1160]

3) Auch ist nicht "die Sprache ein historischer Prozeß"[1161] - so als wäre sie mit diesem identisch, sondern sie unterliegt einem historischen Prozeß : dem kulturellen Gesamtprozeß, in welchen der Sprachprozeß involviert ist.

4) Hinsichtlich der Adelungschen Sprachursprungshypothese. "Daher stellt er keine eigene Theorie über den Ursprung der Sprache auf; er verweist einfach auf Herder (...)"[1162]. Daß dies kontrafaktisch ist, hoffe ich, wurde in der in vorliegender Arbeit gelieferten Rekonstruktion der Adelungschen Sprachursprungshypothese hinreichend gezeigt.[1163] Adelung liefert eine quantitativ umfängliche und eindringliche Theorie zum Diskussionszusammenhang Sprachursprungsforschung. Daß er von Herder angeregt ist, ist zuzugeben; aber er geht weit über ihn hinaus.

5) Zur Rekonstruktion der Adelungschen Herder-Rezeption. Strohbach zufolge vertritt Adelung die These : "1. Die Sprache ist eine menschliche Erfindung und weist damit dieselben Vorzüge und Mängel wie der

---

[1158] Vgl. Gottlob Frege, Über Sinn und Bedeutung.
[1159] Strohbach S. 101
[1160] Vgl. hierzu die Auseinandersetzung mit Dörings historisch-materialistischer Adelung-Interpretation, vorliegende Arbeit S. 279 - 284.
[1161] Strohbach S. 132
[1162] Strohbach S. 181
[1163] Vgl. vorliegende Arbeit 89 - 108.

Mensch selber auf."[1164] Diese Identifikation trifft nicht zu. Ein Produkt muß evident nicht notwendiger Weise dieselben Eigenschaften besitzen wie dessen Produzent. Der Produktionsprozeß eines Produktes welcher Art auch immer besteht ja nicht darin, daß ich dem Produkt Eigenschaften von mir mitgebe. Im Gegenteil : im Produktionsprozeß vollzieht sich ein Ablösungsprozeß des Produktes vom Produzenten. Dies Bedingung der Möglichkeit dafür, daß ein als solcher unvollkommener Mensch Gegenstände produzieren kann, die zur Vollkommenheit tendieren, sofern sie den Status von Kunstwerken haben. Vom Menschen produzierte Gegenstände und der sie produzierende Mensch selber sind ontologisch so heterogen, daß sie gar keine gemeinsame Eigenschaft haben *können*, selbst wenn diese von der Vokabel her die gleiche zu sein scheint. Die einzige "Eigenschaft", die der unvollkommene Mensch seinem Produkt mitgibt, ist die Unvollkommenheit selbst; sie vermag es letztlich nicht völlig abzuschütteln. Dies im generellen Diskutierte gilt vollständig für unseren konkreten Applikationsfall Sprache. Von der Strohbachschen Identifikationsthese bleibt nur übrig, daß die Sprache als des unvollkommenen Menschen Produkt gleichfalls unvollkommen ist; aber dies ist vom Abstraktionsgrad her schon ein metaphysischer Satz und kein linguistischer mehr.

6) Darüber hinaus sieht Strohbach nicht die genuine Funktion des *Sprachgebrauchs* in Adelungs sprachhistorischem Denken. Sie schreibt : "Die oberste Instanz, die (fast) alles entscheiden kann, ist der Sprachgebrauch, der für Adelung zum einzig normgebenden Faktor in der Sprachbeschreibung wird."[1165] Die Inkonsistenz in diesem Satz ist evident : wäre der Sprachgebrauch *einziger* Faktor, so wäre er nicht oberste Instanz, sondern eben einzige. Strohbach selber hat etliche Seiten zuvor die, Adelung zufolge, "gesetzgebenden Teile der Sprache"[1166] in ihrer hierarchischen Abfolge aufgelistet; es sind "1. Sprachgebrauch 2. Analogie 3. Etymologie 4. Wohllaut"[1167].

Strohbach kommt zu einer knappen kritisch abwägenden Gesamtwürdigung des Adelungschen Schaffens : "Adelung hat (...) die gesamten Erkenntnisse der damaligen Sprachwissenschaft gesammelt, verwertet und auf eine neue Stufe gestellt. Vor einem Schritt in die 'grammatische Neuzeit' ist er aber zeitlebens zurückgeschreckt. (...) er hatte in seiner (...) dreißigjährigen germanistischen Tätigkeit mehr geleistet, als es menschenmöglich erscheint. Die Germanistik verdankt Adelung zuviel, als daß sie ihm - in junggrammatischer Manier - seiner Inkonsequenzen wegen einen Vorwurf machen sollte."[1168]

[1164] Strohbach S. 182
[1165] Strohbach S. 131
[1166] Strohbach S. 110
[1167] ebda.
[1168] Strohbach S. 87

15.2.2. A. Gardt

Noch ein knapper Vermerk hinsichtlich Andreas Gardt. Dieser hat jüngst (1999) einen Text vorgelegt, der nicht nur Adelung thematisiert, sondern die gesamte "Geschichte der Sprachwissenschaft in Deutschland. Vom Mittelalter bis ins 20. Jahrhundert" - so der Titel. In diesem Text wird auch Adelung thematisiert : es findet sich eine Gesamtwürdigung, eine Diskussion von Adelungs Auffassung der verschiedenen Sprachen, der Hochdeutschdebatte, der Adelungschen Unterscheidung der Wortarten sowie, in einem eigenen Kapitel, eine Würdigung von Adelungs großem Wörterbuch. Gardt läßt Adelung Gerechtigkeit widerfahren. Was er über Adelung sagt, das ist, so weit ich sehe, einfach richtig und daher kein Gegenstand der Kritik.

15.3. Adelung im 19. und 20. Jahrhundert

Nach der Diskussion der Dissertationen, die Adelung zentral diskutieren, seien mehrere Texte diskutiert, die sich nicht zentral bzw. nicht in solcher Breite mit ihm befassen. Zunächst sei eine Stimme aus dem 19. Jahrhundert zitiert; es ist H. Steinthal, der in seinem Text "Charakteristik der hauptsächlichsten Typen des Sprachbaues" (1860) schreibt : "Adelung selbst hat sich um die Sprachwissenschaft manches Verdienst erworben. (...) Er wurde dabei wohl von einem tieferen Drange nach 'wahrer philosophischer Sprachkunde' getrieben." Und er charakterisiert Adelung, indem er dessen Selbsteinschätzung zitiert : "Das Wichtigste für mich war, in den innern und äußern Bau jeder Sprache zu dringen, weil nur auf diesem Wege das Eigenthümliche einer jeden und ihr Unterschied von allen übrigen erkannt werden kann. Aber das war denn auch das Schwerste." Steinthal kommentiert : "- allerdings (...) etwas sehr Schweres und sogar, bei dem mechanischen Standpunkte, von welchem sein oberflächliches Raissonement ausging, völlig Unmögliches. Wenn Adelung von innerem Bau der Sprache redet, so geschieht dies nur in Folge eines abstracten Schematismus, welchem gemäß jedes Ding ein Äußeres und ein Inneres hat; (...)", und sarkastisch ruft er aus : "(...) und wer möchte nicht gern ins Innere dringen!"[1169] - Adelungs Position faßt er so zusammen : es genüge "(...) die Bemerkung, daß er die allgemeine Sprachkunde - mechanisch - in der Kunde aller Sprachen fand. Ihr Werth besteht ihm vorzüglich in dem Nutzen für die Völkerkunde, also in etwas ihr selbst Äußerlichem."[1170] - Später geht Steinthal die Frage "Sprache - Mechanismus oder Organismus?" an, indem er hinsichtlich Adelungs vermerkt : "Wenn Adelung noch, wie alle seine Vor-

---
[1169] Steinthal, S. 2
[1170] Steinthal, S, 3

gänger, die Sprache als einen Mechanismus ansah, so wurde doch noch in dem ersten Jahrzehnt unseres Jahrhunderts, wenn auch noch bedingt, ausgesprochen : die Sprache ist ein Organismus. Dieser Ruhm gebührt Friedrich Schlegel."[1171]

Vilhelm Thomsen, in seinem Text "Geschichte der Sprachwissenschaft bis zum Ausgang des 19. Jahrhunderts" (1927), vermerkt hinsichtlich Adelungs : "Die letzte und bekannteste dieser grossen Polyglottsammlung, die u.a. auch die beiden vorhergehenden benutzen konnte, ist J. CHR. ADELUNGS *Mithridates oder allgemeine Sprachen-kunde mit dem Vater Unser als Sprachprobe in beynahe fünfhundert Sprachen und Mundarten* (Berlin 1806 - 17)"[1172] Thomsen würdigt dies Werk Adelungs positiv : "Es ist ein an und für sich gross angelegtes und kühnes Unternehmen, doppelt kühn, wenn man bedenkt, in wie hohem Alter Adelung stand, als er damit begann[1173], und dass ein grosses Material da aufgespeichert ist (...)[1174]. Jedoch kann er nicht umhin, kritisch einzuwenden : "(...) aber die Bearbeitung lässt, abgesehen davon, daß sie nicht sehr geistvoll ist, auch sonst sehr viel zu wünschen übrig."[1175]. Der Abschluß seiner Kritik gerät gar zu so etwas wie einem persönlichen Angriff gegen Adelung : "Man merkt überall recht deutlich, dass die Verfasser Stuben- oder Bibliotheksgelehrte sind[1176], die selbst keine sehr umfassenden oder gründlichen Sprachkenntnisse besessen haben."[1177] Thomsen faßt die kritische Würdigung des "Mithridates" so zusammen : "Dieses grosse Werk bildet gewissermaßen den Schlusstein der älteren Sprachwissenschaft, ja es war fast veraltet in dem Zeitpunkt, da es abgeschlossen wurde; schon vorher hatte eine neue Ära in der Geschichte unserer Wissenschaft begonnen."[1178].

Hans Arens, in seinem Text "Sprachwissenschaft, Der Gang ihrer Entwicklung von der Antike bis zur Gegenwart" (1955) würdigt die Gelehrtenpersönlichkeit und das Werk Adelungs ausführlich : "Johann Christoph Adelung (1732 - 1806), wie auch Bernhardi, nicht aber ein Mann wie Kraus, genoß in Deutschland hohes Ansehen, nicht wegen seiner vielbändigen kulturgeschichtlichen Werke, sondern wegen seiner mit einem immensen Fleiß und einer an Jacob Grimm gemahnenden unermüdlichen Arbeitskraft geschaffenen Werke zur deutschen Sprache : 1774/86 erschien sein fünfbändiger 'Versuch eines vollständigen grammatisch-kritischen Wörterbuches der hochdeutschen Mundart. mit be-

---

[1171] Steinthal. S. 4
[1172] Thomsen, S. 40
[1173] Er war 74.
[1174] Thomsen, S. 40 - 41
[1175] Thomsen, S. 41
[1176] Der Plural bezieht sich auf Adelungs Co-Autor Joh. Sev. Vater.
[1177] Thomsen, S. 41
[1178] Thomsen, S. 42

ständiger Vergleichung der übrigen Mundarten', schon 1793 / 1801 in vermehrter und verbesserter Ausgabe; seine 'Deutsche Sprachlehre' von 1781 gestaltete er um in ein 'Umständliches Lehrgebäude der deutschen Sprache.'[1179] Nebenher lief ständig eine Fülle von Einzelschriften zur deutschen Sprache und Literatur. Seine ausgedehnte Tätigkeit und sein durchschnittlich aufgeklärter Geist ließen ihn nicht zu wirklich neuen Erkenntnissen auf dem Felde der Sprachwissenschaft kommen. Vernünftige Ansichten, richtige Bemerkungen, flüchtige Ahnungen und rückständige Meinungen stehen nebeneinander, vor allem fehlt die Konsequenz und die Fähigkeit, die Bedeutung einer Tatsache voll zu erfassen."[1180] Später äußert sich Arens zum "Mithridates" : "Am Ende seines Lebens und gleichsam zu seiner Krönung ging er an die Ausarbeitung seines 'Mithridates'."[1181] Und dann, abschließend : "Man sollte über dieses von unheimlichem Fleiß und stupender Belesenheit zeugende Werk (Adelung und Vater waren Bibliothekare) jedoch nicht einfach achselzuckend hinweggehen. Es war ein groß geplantes Werk mit hoher Zielsetzung."[1182] Arens scheint sagen zu wollen, daß das Werk Plan und Zielsetzung nicht eingelöst hat.

Ulrich Wyss hat einen Text vorgelegt mit dem reißerischen Titel : "Die wilde Philologie", Untertitel "Jacob Grimm und der Historismus" (1979). Hierin diskutiert er die Geschichte der deutschen Sprachwissenschaft in der Epoche der Romantik. Er kommt darin auch auf Adelung zu sprechen. Ein Kapitel, überschrieben "Johann Christoph Adelung", beginnt er : "Adelung mag als Ausgangspunkt dienen. Er war gute 50 Jahre älter als Grimm (geboren 1732 oder 1734), aber in mehr als einer Hinsicht mit ihm vergleichbar."[1183] Wyss ordnet Adelung linguistikhistorisch ein : "Er trennte sich von einem strengen Rationalismus in der Grammatik, von jeder Logik der Repräsentation, die preiszugeben nach Foucault die historische Sprachwissenschaft geradezu definiert, und postuliert einen Empirismus, der das Wesen der Sprache in ihr selbst sieht und nicht in ihrer logischen Funktionalität (...) Wie Grimm artikulierte er des öfteren das Bewußtsein der Neuheit, Nonkonformität seiner Position, und wie Grimm konnte er sich wissenschaftliche Sprachlehre nur als Geschichte denken."[1184] - Weiter unten gibt Wyss noch eine Einordnung von Adelungs psychologisch-epistemologischer Position : "Adelungs Psychologie verharrt im Rationalismus insofern, als sie die Vernünftigkeit des Subjekts zur primären Tatsache erklärt; so ermöglicht sie einen schnellen Übergang vom historischen Feststellen zum normierenden Festlegen.

[1179] Es fällt auf, daß Arens das Stylbuch nicht nennt.
[1180] Arens, S. 130
[1181] Arens, S. 131
[1182] Arens, S. 132
[1183] Wyss, S. 96
[1184] ebda.

Denn der Sprachgebrauch verkörpert in jedem Fall die höchste Autorität dessen, was in einem gegebenen Augenblick an einem gegebenen Ort möglich ist, und verdient somit als Norm zu gelten."[1185] An dieser Bemerkung von Wyss indes muß Kritik geübt werden. Er scheint schlicht davon auszugehen : Aufklärung = Rationalismus; dies jedoch ist nicht ohne weiteres legitim. Zwar gibt es in der Aufklärung durchweg das Pathos der Vernunft; wenn wir aber den Terminus "Rationalismus" nicht bloß als eine oberflächliche weltanschauliche Floskel mißverstehen, sondern als strenge philosophische Position verstehen, die epistemologisch die Vernunft als primär ansetzt, dann muß philosophiehistorisch festgehalten werden, daß es in der Philosophie der Aufklärung durchaus noch andere epistemologische Strömungen gab. Etwa den Sensualismus, der die *Sinnlichkeit* als epistemologisch primär setzt; und dieser philosophischen Richtung gehört Adelung an. Dies geht deutlich aus seinem epistemologischen Ansatz hervor, den er so formuliert : "Ich kann es wohl für bekannt voraussetzen, daß alle unsere Erkenntniß aus Empfindungen entstanden ist (...)." [1186] - Auch Wyss kommt auf die zentrale Frage der Sprachdiskussion der Romantik "Sprache : Mechanismus oder Organismus?" zu sprechen, und zwar im Zusammenhang mit Adelung. "Diese Metapher[1187] durchzieht die 'Fragmente', sie markiert deutlicher als alle Theorien den Bruch, den die historische Philologie schon Schlegels vollziehen wird, wenn sie die Sprache nicht mehr als Artefakt, sondern als Organismus begreift. Adelung faßt sie ganz als Produkt des menschlichen Geistes auf, was ihn aber nicht daran hindert, die Sprachentwicklung autonom und in topoi zu denken, die auch der folgenden Generation geläufig bleiben."[1188] Und weiter unten, deutlicher : "Organisch versus mechanisch : mit dieser Opposition überquert Schlegels Philologie den Rubikon, der die historische Philologie von der Sprachenkunde eines Adelung trennt. Die Sprache tritt in den Umkreis der Natur, imitiert sie nicht nur; sie hat Teil an der universalen Produktivität, die in der Natur am Werk ist."[1189]

[1185] ebda.
[1186] Styl 1 2, 15 - 17
[1187] Die Schiffmetapher für sprachliche Phänomene.
[1188] Wyss, S. 98
[1189] Wyss, S, 104

15.4. Adelung-Rezeption in der DDR.

15.4.1. Das Leipziger Kolloquium (1982)

Bislang hatten wir Texte diskutiert, die, wenn sie auch von Adelung handelten, ihn doch nur sporadisch oder am Rande behandelten; ihr genuines Thema war weiter gefaßt oder ein anderes. Nun sollen noch zwei Aufsätze diskutiert werden, die in DDR-Zeitschriften publiziert wurden und die Adelung im Thema haben. Die Adelung-Forschung der DDR verdient ein besonderes Interesse.

Am 8. 8. 1982 jährte sich zum 250. Mal der Geburtstag Adelungs. Ein denkwürdiger Anlaß, so scheint es, den großen Aufklärer zu ehren. Aber die westdeutsche germanistische Linguistik blieb stumm. Der einzige Aufsatz zu diesem Anlaß, der aufgefunden werden konnte, stammt aus der DDR. Erika Isings Aufsatz "Johann Christoph Adelung - Tradition und Öffnung", abgedruckt in der "Zeitschrift für Germanistik" (Leipzig, 1983) faßt die Referate eines Kolloquiums zusammen, das unter dem Titel "Kolloquium über die Entwicklung der Sprach-, Kultur- und Geschichtswissenschaft in Deutschland um die Wende vom 18. zum 19. Jahrhundert" vom 25. bis 28. Oktober in Leipzig stattfand. Überhaupt war die Adelung-Forschung zu jenen Zeiten in jenen Gegenden weitaus reger als die westdeutsche. - Welchen Grund hatte die DDR-Forschung, Adelung so herauszuheben? Es ist zu vermuten, daß die marxistisch bestimmte Wissenschaft, die die Aufklärung als Vorläufer und Vorbereitung des Marxismus bucht, so auch den Aufklärer Adelung für sich vereinnahmen möchte. Was jedoch, das ist zu konzedieren, von der Sache her so abwegig nicht ist. Adelungs sensualistischer epistemologischer Ansatz konvergiert mit materialistischer Erkenntnistheorie. Und Adelungs Einschätzung der Sprachentwicklung als durch ökonomische Verhältnisse mit=bestimmt, kann sogar noch unmittelbarer als Vorläufer marxistisch-soziologischer Weltinterpretation angesehen werden.[1190]

Bevor Ising auf die einzelnen Referate zu sprechen kommt, würdigt sie generell die Breite des Adelungschen Schaffens. Adelung trat hervor "(...) als Popularphilosoph, Historiker (mit Arbeiten zur politischen, Kultur-, Wissenschafts- und Landesgeschichte), als Anthropologe, Journalist, Übersetzer aus mehreren Sprachen, Germanist und Mittellateiner, als Lexikograph, Grammatiker und vergleichender Sprachwissenschaft-

---

[1190] Vgl. Styl 1 7, 23 - 8, 4 : "Die Fähigkeiten des Menschen können sich nur allein in der Gattung, nicht aber in dem Individuo entwickeln, weil sie bloß um der Gattung willen da sind und nur in derselben anwendbar werden. Sprache und Erkenntnis können daher nur in dem gesellschaftlichen Leben gebildet und ausgebildet werden, und eben in diesem Leben jeder beysammen befindlichen Anzahl Menschen, in Verbindung mit den Umständen des Ortes, der Zeit, der Gelegenheit u.s.f. liegt zugleich der Grund, warum das Empfindungsvermögen derselben auf diese oder jene Art gestimmt ist."

ler, Geologe, Geograph und Kartograph, schließlich als Biograph und wissenschaftlicher Bibliothekar (...)."[1191] Er ist bedeutsam gewesen für seine Zeit und kann es bleiben für die unsere, indem er "(...) auch heute noch (einen) nicht abschließend zu beurteilenden Einfluß aus(übt)"[1192] - Daran anschließend geht Ising auf die auf dem Kolloquium gehaltenen Referate ein, die versuchen, die Gelehrtenpersönlichkeit Adelungs und sein Werk in den Blick zu nehmen. Zunächst zum Referat W. Bahners. Er grenzt Adelungs Werk ein, indem er es zunächst geographisch-räumlich "(...) als Teil des im sächsisch-thüringischem Raum situierten wissenschaftlich-kulturellen Erbes auf dem Gebiet der Geschichts-, Sprach- und Literaturwissenschaft (...)", dann historisch-zeitlich "(...) auf der Grundlage der Gesamtentwicklung in der 2. Hälfte des 18. Jahrhunderts (...)" einordnet. Hieraus ergibt sich zugleich die sachliche Grenze Adelungs. Es müsse vermieden werden, "(...) charakteristische Widersprüche jener Zeit oder offenkundige Schwächen in Adelungs Anschauungen zu verwischen."[1193] Zugleich aber impliziert eine Kritik an Adelung eine Kritik an der sprachwissenschaftlichen Tradition, welche Adelung an unsere Zeit vermittelt hat. "Es sei zu prüfen, ob und in welchem Umfange die Maßstäbe des 19. Jahrhunderts, mit denen Adelung bisher beurteilt wurde, heute noch akzeptiert werden können."[1194] Dies sind geistesgeschichtliche Zusammenhänge, als in denen stehend Adelung zu begreifen ist. Ebensosehr ist als geistesgeschichtlicher Zusammenhang hervorzuheben Adelungs Verwurzelung in der deutschen (J. J. Brucker. I. Iselin, J. G. Herder) und darüberhinaus der europäischen, namentlich französischen Aufklärung (Fontenelle, Montesquieu, Voltaire). Beiden Traditionssträngen verdankt Adelung seine spezifische Geschichtsauffassung. Nach solcher historischen Einordnung geht Bahner zur Adelungschen Sprachtheorie über. Bahner bestimmt Adelungs Sprachauffassung, indem er sie begreift als auf seiner kulturtheoretischen Konzeption fundiert. Letztere "(...) beruht auf der These, daß Sprache, Bewußtsein, gesellschaftliche Verhältnisse und Kultur untrennbar miteinander verbunden sind und sich in ihrer fortschreitenden Entwicklung bedingen."[1195] Hier ist zu konzedieren, daß die genannten Strukturmomente gewiß miteinander zusammenhängen; solange man jedoch nicht im einzelnen bestimmt : Wie? bleibt das Gesagte eine allgemeine Floskel. Bahner versucht tatsächlich ein solches Zusammendenken, wobei der Ansatz, den er wählt, sich deutlich als ein historischer-materialistischer zu erkennen gibt, insofern die materiellen Produktivkräfte als primär für den Gesamtprozeß angesetzt werden : "Sprachgeschichtliche Prozesse

---

[1191] Ising, S. 466
[1192] ebda.
[1193] ebda.
[1194] ebda.
[1195] Ising, S. 467

beruhen auf Veränderungen in der Produktions- und Lebensweise der Gesellschaft, durch die wiederum Veränderungen im Denken, im Zeitgeschmack und in den Kommunikationsbedingungen hervorgerufen werden."[1196] Aus dem Text Bahners geht nicht mit vollständiger Deutlichkeit hervor, ob er lediglich Positionen Adelungs referiert, oder aber ob, über Adelung hinausgehend, seine Anfänge bis zu einem von Bahner als zutreffend angenommenen historisch-materialistischen Ansatz verlängert werden. Bahner geht noch knapp darauf ein, wie der diskutierte Ansatz Adelungs mit dem Condillacs sowie mit dem englischen Sensualismus Lockes und Hobbes[1197] zusammenhängt. Am Ende seines Vortrags gibt Bahner noch einen Ausblick auf das mögliche Weiterwirken Adelungs in unserer Zeit und in Zukunft, der zugleich kritisch auf die Geschichte seiner Rezeption eingeht : "Adelungs Ansatzpunkte, die im 19. Jahrhundert weitgehend verschüttet wurden, wirken in der Gegenwart in der synchronischen Einstellung, in soziolinguistischen Gesichtspunkten und den Bemühungen um eine sozialistische Sprachkultur weiter."[1198]

Als nächstes referiert Ising ein Referat U. Rickens über den "*Einfluß der englischen und französischen Aufklärung auf Adelung*"[1199] Er stellt Adelungs Theorie zusammen mit Descartes, de Brosses und Voltaire. Es ist marxistisch ein Lob für Adelung, wenn Ricken, andere Verwandtschaften aufzeigend, schreibt : "Adelungs Geschichtsdenken entwickelte materialistische Positionen in Anlehnung an Condillac und La Mettrie (...)"[1200]; es ist indes marxistisch ein Tadel, wenn Ricken demgegenüber sagt, Adelung "(...) blieb aber mechanistisch und folgte dem dialektischen Standpunkt Condillacs nicht."[1201] Auf die Adelungsche sensualistische Epistemologie geht Ricken ein, wenn er zusammenfaßt : "Alle linguistischen Schriften enthalten Hinweise auf Adelungs sensualistische Ausgangspositionen, denen J. Lockes Auffassung von den sinnlichen Grundlagen des Denkens und der Sprache als äußere Wahrnehmung (*sensation*) und Bewußtheit (*reflexion*, innere Wahrnehmung) zugrunde liegt."[1202] Es folgt ein Hinweis auf Adelungs *Mithridates*-Buch.

War soeben noch Adelungs Theorien der Geschichte und der Erkenntnis diskutiert worden, so gehen die folgenden Referate wieder näher auf seine Sprachtheorie ein. J. Schildt untersucht "(...) den Fortschritt im Verständnis der Entwicklung der deutschen Sprachgeschichte und ihrer

---

[1196] ebda.
[1197] Die Frage Adelung, Sensualist oder Rationalist? wurde in vorliegender Arbeit S. 271 - 272 schon berührt.
[1198] Ising, S. 467
[1199] ebda.
[1200] ebda.
[1201] ebda.
[1202] ebda.

Periodisierung bei Adelung im Vergleich zu früheren Darstellungen (...)"[1203] Ising faßt die Resultate zusammen : Schildt "(...) zeigte in Adelungs Auffassung von der führenden Rolle des Obersächsischen die notwendige Konsequenz seiner Sichtweise der Einheit von Kultur, Geschichte und Sprache[1204]."[1205]

Lerchners Referat dann behandelte den Streit zwischen Adelung und Wieland hinsichtlich dessen, was als Norm und Vorbild guten Sprachgebrauchs anzusehen ist - "Sprachgebrauch", wie gezeigt[1206], ein zentraler Begriff Adelungs. Es gilt der Streitfrage, ob "(...) *es die guten Schriftsteller sind, welche die wahre Schriftsprache ihres Volkes bilden.*"[1207]

H. Schmidt diskutiert in seinem Referat "*Einige Grundbegriffe von Johann Christoph Adelungs Sprachkonzept*"[1208]. Es sind dies die Begriffe "Natur der Sprache", "Bau der Sprache". "Sprachentwicklung", "Sprachgebrauch", "Sprachgesetz" und "Regel"[1209]. Schmidt ordnet historisch ein : Die genannten Begriffe enthalten "(...) theoretische Ansätze (...), die erst in der nächsten Generation durch J. Grimm. W. v. Humboldt, A. W. Schlegel[1210] u.a., bzw. in der 2. Hälfte des 19. Jahrhunderts durch die Junggrammatiker entfaltet wurden."[1211]

Anschließend referiert Ising ihr eigenes auf dem Kolloquium vorgetragenes Referat. Sie hebt "(...) die progressiven Aspekte im Sprachschaffen Adelungs hervor, der mit der Einführung von Grundbegriffen wie 'Schriftsprache' und 'Kultur der Sprache' Termini bildete, deren Ausarbeitung die germanistische Linguistik heute unter veränderten gesellschaftlichen Verhältnissen erneut zu ihrem Gegenstand gemacht hat. Adelung trug durch seine Lehrbücher, besonders auf dem Weg über die Schule zur 'Beförderung besserer Sprachkenntnisse' bei."[1212]

Sodann faßt Ising einige Referate ganz knapp zusammen. "Mehrere Beiträge beschäftigten sich mit einzelnen Arbeiten Adelungs."[1213] Darin behandelt wurden Adelungs Wörterbuch, dann seine Stellung zur Etymologie. Da heißt es, wiederum historisch einordnend : "Daß Adelungs Angaben zur Etymologie (...) heute nur noch als Zeitdokumente von Wert sind, wies W. Pfeiffer nach. Die oft spekulativen Grundlagen der Etymo-

---

[1203] ebda.
[1204] Diesen strukturellen Zusammenhang behandelten wir schon im Zusammenhang mit dem Referat Bahners. Vgl. vorliegende Arbeit S. 274.
[1205] Ising, S. 467
[1206] Vgl. vorliegende Arbeit S. 162 - 182.
[1207] Ising, S. 467
[1208] ebda.
[1209] Vgl. Ising, S. 467
[1210] Namen, die schon oben gefallen sind. Vgl. vorliegende Arbeit S. 271.
[1211] Ising, S. 467f.
[1212] Ising, S. 468
[1213] ebda.

logie des 18. Jahrhunderts, in deren Tradition Adelung steht, wurden durch die historisch-vergleichende Sprachwissenschaft ad absurdum geführt."[1214]

D. Nerius behandelt Adelungs "Eintreten für eine einheitliche Norm der Schreibung"[1215]. Sie entsprach, so Nerius, "(...) dem gesellschaftlichen Bedürfnis nach der Fixierung der Norm der geschriebenen Sprache. Seine Bedeutung lag in der Beschreibung dieser Norm, der selbst seine entschiedenen Gegner folgten."[1216] Zwar hält Nerius kritisch fest: "Zu einer Theorie der Orthographie hat Adelung dagegen nichts Originelles beigetragen, auch hier steht er in der Traditionslinie des 18. Jahrhunderts."[1217]; jedoch wirkte er "(...) durch die beträchtliche Verbreitung seiner *Deutschen Orthographie*."[1218] - Adelungs Orthographie wird auch im Referat R. Bauduschs behandelt. Es geht ihr um den Gegensatz zwischen Klopstock und Adelung in dieser Frage. "Während Klopstock die Schreibung aus der Lautung ableitete, dabei die niederdeutsche Aussprache guter Redner und Schauspieler zugrundelegte und praktisch eine weitgehende Reform der Orthographie anstrebte, wollte Adelung den Schreibgebrauch stabilisieren und an der ostmitteldeutschen (obersächsischen) Aussprache orientieren. Die Zukunft hat in diesem Streit weitgehend für Adelung entschieden."

Ein von den auf dem Leipziger Kolloquium gehaltenen Referaten sprach speziell zum Stylbuch. Isings Zusammenfassung sei in extenso hierhergesetzt: "Professor Dr. W. Fleischer (Leipzig) analysierte Adelungs zweibändige Arbeit *Über den deutschen Styl* (1785), das erste große Werk der deutschen Stilistik, das in der bisherigen Wissenschaftsgeschichte kaum Resonanz gefunden hat. In ihm geht Adelung bereits von den kommunikativen Bedingungen der gesellschaftlichen Praxis aus, denen allgemeine (funktionale) Eigenschaften des Stils entsprechen. Kriterien eines guten Stils sind Sprachrichtigkeit, Richtigkeit, Angemessenheit, Klarheit[1219]. Viele prinzipiell richtige Einsichten hat Adelung bei künstlerischen Texten verabsolutiert, was zu Mißgriffen führte."[1220]
Im Anschluß notiert Ising knapp die Themen weiterer in Leipzig gehaltener Referate: Adelungs Mithridates-Werk "(...) unter dem Aspekt der spanischen Sprache (...) und der Wirkung auf slawische Gelehrte

---

[1214] ebda.
[1215] ebda.
[1216] ebda.
[1217] ebda.
[1218] ebda.
[1219] Die "Klarheit" wurde in extenso diskutiert im Hauptteil der vorliegenden Arbeit. Vgl. S. 57 - 60. - Die anderen Kriterien, die aufgeführt werden, diskutiert Adelung im Hauptteil *seiner* Arbeit, sie wurden jedoch *hier* nicht mehr Thema.
[1220] Ising, S, 468

(...)"[1221], den "(...) beträchtlichen Einfluß der Schriften Adelungs außerhalb des deutschen Sprachgebietes auf die Sprachpflege und Lehrbücher der nationalen Literatursprachen in Böhmen, Ungarn und Rußland (...)"[1222], die Rezeptionsfrage, die "(...) Entwicklung und Veränderung ausgewählter politisch-ideologischer Metaphern im Sprachgebrauch des 18. und 19. Jahrhunderts (...)"[1223], "Wechselbeziehungen zwischen Nationalem und Internationalem in der Geschchte der Sprachwissenschaft (...)"[1224].

Als letzten Beitrag referiert Ising den Vortrag Neumanns. Weil er, im Gegensatz zum zuletzt aufgeführten wieder zentral von Adelung handelt und für das Kolloquium "abschließend - und in gewissem Sinne zusammenfassend (..)" [1225] war, sei auch hier das Referat seines Vortrages in extenso hierhergesetzt. Unter dem Titel *Bis auf Adelung - Schlußpunkt oder Übergang?* diskutiert er das geschichtliche Fortwirken der Adelungschen Sprachkonzeption. Neumann geht "(...) Brüchen und Kontinuität im Verhältnis J. Grimms zu Adelung nach. Vieles, was Grimm ausführte, war in Ansätzen schon bei Adelung vorbedacht. Adelungs Konzept wurde teils weitergeführt und vertieft (z.B. der Begriff 'Hochdeutsch'), teils dialektisch negiert (das historische Verständnis der Sprachentwicklung). Adelungs Gedanken wirkten auf vielen Wegen (W. v. Humboldt, H. Paul) und mit manchen Verzweigungen (bis zu de Saussure). Er selbst wurde vielfach vergessen. Seine Erkenntnisse aber bildeten als Hintergrundwissen die stille Voraussetzung für neue Erkenntnisse. So war Adelung nicht nur der abschließende große Kompilator. Sein Werk besitzt als Vermittler an die Zukunft einen bedeutenden Stellenwert[1226]."[1227]

Ising würdigt das Kolloquium als ganzes, indem sie abschließend und zusammenfassend schreibt : "Das Kolloquium trug dazu bei, daß sich das Bild Adelungs und seiner Leistung im Kontext seiner Zeit vervollständigt und wesentlich differenziert hat. In den Analysen seiner Schriften und der Impulse, die er Zeitgenossen und Nachwelt in Theorie und Praxis gab, spiegelte sich die dialektische Spannung von Historizität und Aktualität in der Wissenschaft eindrucksvoll wider. Das Kolloquium bildete ein im besten Sinne interdisziplinäres und internationales Forum der Wissenschaftsgeschichte. (...)"[1228]

[1221] ebda.
[1222] ebda.
[1223] Ising, S. 469
[1224] ebda.
[1225] ebda.
[1226] An dieser Stelle ein unschönes, unpassendes Wort. Warum nicht einfach "Wert"? Vgl. H. Weigel S. 109 - 110.
[1227] Ising, S. 469
[1228] ebda.

15.4.2. Adelung und der historische Materialismus. Der Aufsatz Brigitte Dörings

Der im folgenden diskutierte Aufsatz Brigitte Dörings hat im Thema : "Zum Zusammenhang von Sprachgeschichte und Geschichte der Gesellschaft bei Johann Christoph Adelung und Jacob Grimm"[1229]. Wie schon aus diesem Titel anklingt - Betonung des Gesellschaftlichen -, ist es ein Aufsatz, der sich marxistisch versteht; und er ist auch, wie die zuvor analysierte Kolloquiums-Zusammenfassung Isings, in der "Zeitschrift für Germanistik" (Leipzig) erschienen, wenngleich nicht in derselben Nummer, sondern in der 2/84.

Döring geht in einem Umweg auf ihr Thema zu. Nach einer wissenschaftshistorischen Selbsteinordnung bestimmt sie Sprachtheorie als eine gesellschaftsbezogene Wissenschaft (mit Engels-Zitat). Dann erst geht sie zu Adelung über. Sie würdigt abwägend Adelungs Verdienste um die Linguistik, sofern ihr Gegenstandsbereich *Sprache* zugleich und notwendigerweise mit Gesellschaft zusammenhängt. Ein Fleischer-Zitat[1230] bestimmt Adelungs Hauptwerke (Grammatik, Wörterbuch, Stilistik) in ihrer Einheit als wesentliche Stufe in der Entwicklung der genannten Wissenschaft, der soziologischen Sprachwissenschaft in Deutschland. Aber nicht nur dies. Auch "(...) Fragen des Sprachvergleichs und der Entwicklung der Sprache (...)"[1231] werden bei Adelung diskutiert. Auch habe Adelung das Verdienst, "(...) die erste wirklich diesen Namen verdienende Geschichte der deutschen Sprache sowie eine Vorgeschichte dazu (...)"[1232] geschrieben zu haben. Das Verdienst Adelungs beruht darin : "Damit war, bei allen Vorbehalten gegenüber einem tieferen sprachhistorischen Verständnis und einer tatsächlichen Kenntnis älterer Sprachstufen bei Adelung der Durchbruch zu einer umfassenderen sprachgeschichtlichen Schau im Sinne eines diachronischen Entwicklungsganges erreicht."[1233] Ein weiteres Verdienst Adelungs ist es "(...) beigetragen zu haben zur Entwicklung des für institutionalisierte Sprachgeschichte notwendigen eigenen Wissenschaftsverständnisses. Insofern hat er Anteil an den neuen Elementen der Wissenschaftsentwicklung des18. Jahrhunderts (...)"[1234] - Jedoch Döring rühmt nicht

---

[1229] Döring, S. 159
[1230] Die Namen der Autoren, die Döring in diesem Zusammenhang aufführt - Bahner, Neumann, H. Schmidt - sind uns bereits aus dem Referat Isings geläufig. Wie es scheint, sind sie *die* Adelung-Spezialisten der DDR.
[1231] Döring, S. 159
[1232] Döring, S. 159 zitiert Sonderegger.
[1233] Döring. S. 159 zitiert Sonderegger.
[1234] Döring, S. 159f.

alles an Adelung. Ein "negatives Urteil über den Pantheismus"[1235] findet ihre Kritik, sowie Adelungs spezifische Auffassung von Aufklärung, wobei er bildungshochmütig den niederen Klassen nur ein geringes Maß an Aufklärung zubilligt : "Man gebe einer jeden Classe nur gerade so viel Aufklärung, als sie zu ihrem Stande gebraucht. und lasse ihr in allem übrigen ihre Vorurteile, weil sie ihr wohltätig sind."[1236]. Diese Auffassung Adelungs von den Gesellschaftsklassen, die - als ideologische - von einem marxistisch-ideologiekritischen Standpunkt (zurecht) getadelt werden muß, ist jedoch bei Adelung nicht isoliert, sondern hängt mit seiner Sprachauffassung zusammen, insofern Adelung dafür plädiert, "(...) daß die Bildung und Entwicklung der hochdeutschen Sprache an den Gebrauch durch die oberen Klassen gebunden sei."[1237] Ein weiteres Theorem Adelungs hinsichtlich des Zusammenhangs zwischen Entwicklung der Gesellschaft und Sprachentwicklung findet Dörings differenzierte Kritik, weil Adelung "(...) ihrem Wesen nach materialistische Ansätze verabsolutierend (...)"[1238], Bevölkerungszunahme und Entwicklung der Sprache schlicht parallelisiert[1239]. Döring verweist auf Adelungs "Über den deutschen Styl". Ein weiterer Kritikpunkt Dörings an Adelung sind dessen "(...) Urteile hinsichtlich der Kriterien für die literatursprachliche Norm (...)"[1240]. Ihre Kritik, die sie oben zunächst nur in einzelnen Punkten gebracht hatte, faßt Döring nun so zusammen, daß die genannten Auffassungen Adelungs zum "Verhältnis von Gesellschaftlichem und Sprachlichem"[1241] fundiert sind in einer zu "(...) seiner Zeit schon überholten Auffassung vom Wesen des Hochdeutschen (...)"[1242].

Nachdem Döring so knapp einige Punkte genannt hat hinsichtlich des Zusammendenkens von Sprache und Gesellschaft bei Adelung, geht sie nun dazu über, diese Frage "Sprache und Gesellschaft bei Adelung" systematisch zu diskutieren. Sie setzt ein mit dem wissenschaftshistorischen Vermerk, die "Wiederbesinnung auf Adelung"[1243] sei verbunden gewesen mit der Erkenntnis, daß er "(...) das Gesellschaftliche als bestimmenden Faktor dem Sprachlichen überordnet."[1244] "Entsprechende

---

[1235] Döring, S. 160. Der Pantheismus muß beim dialektisch-historischen Materialismus qua Materialismus gewisse Sympathien finden, da er, anders als noch der Theismus, die Gottheit in die Natur auflöst und damit dem Materialismus nähersteht als der zuvor genannte. Vgl. Spinozas Formel "Deus sive natura".
[1236] Döring, S. 160 zitiert Adelung.
[1237] Döring, S. 160
[1238] ebda.
[1239] Das sog. "Bevölkerungstheorem" Vgl. vorliegende Arbeit S. 71
[1240] Döring, S. 160
[1241] ebda.
[1242] ebda.
[1243] Döring, S. 161
[1244] Döring, S. 161 zitiert Schmidt.

Äußerungen Adelungs hierzu finden sich in den verschiedensten seiner Schriften."[1245].

Wie sieht das im einzelnen aus? Döring bringt Adelungs Sprachbegriff auf eine Formel : "Sprache ist für Adelung als Produkt des menschlichen Geistes immer mit dem menschlichen Subjekt verbunden, dabei sieht er in Sprache eine von der Vernunft als der primären Größe abhängige Erscheinung."[1246] Dies findet Dörings Kritik : "Die Dialektik der sprachlichen Tätigkeit vermag er damit nicht zu durchdringen."[1247] Zunächst wird nicht klar, was mit dieser Dialektik der sprachlichen Tätigkeit gemeint ist; aber aus dem folgenden wird klar, es ist die Dialektik zwischen Sprache als gesellschaftlich-objektivem Phänomen (das soziolinguistische Moment) und deren individuell-subjektivem Vollzug (das psycholinguistische Moment). Sogleich erhebt sich die Frage, welches der beiden Strukturmomente ontologisch den Primat hat. Döring kritisiert, mit politisch anklingendem Terminus, daß in der Hierarchisierung, die Adelung hier vornimmt, die "Vernunft" als das subjektive Moment primär sein soll. Aber auch wenn er angeblich eine tatsächlich bestehende Hierarchisierung verkehrt, das konzediert sie ihm, Adelung sieht durchaus beide Seiten der "Wechselwirkung"[1248], sieht auch das gesellschaftliche Moment, und das ermöglicht ihm durchaus, Gründe für "Sprachentwicklung in der Gesellschaft"[1249] zu suchen und zu finden. Wobei (hier wiederholt Döring ihre Kritik) Adelung "Gesellschaft" nicht begreife als die Totalität von Menschen in einem staatlichen Zusammenhang, sondern lediglich als die "oberen Klassen"[1250], die "feine" Gesellschaft. Adelung sieht also das Gesellschaftliche, aber auf welchen Begriff bringt er dieses Gesellschaftliche, das ihm zufolge für Sprachlichkeit durchaus mit=bestimmend sein soll? Es ist ja noch nicht der historisch-materialistische Gesellschaftsbegriff, wie Döring ihn ansetzt. Es ist gemäß der Wissenschaftstradition, wie sie zu Adelungs Zeit als maßgeblich sich auswirkt und der er nicht entrinnen kann, die "Lehre vom Volksgeist, dem Recht, Sprache und Sitte entsprungen sein sollen."[1251] Nicht nur Adelung vertrat dieses Theorem, sondern es war "Gemeingut der meisten Historiker und Juristen des ausgehenden 18. Jahrhunderts"[1252], tritt auf etwa auch bei Herder, oder bei Hegel; und Adelung vertritt es "(...) in einem weit höheren Maße, als bisher bei der Bewertung seines

---

[1245] Döring, S. 161
[1246] ebda.
[1247] ebda.
[1248] ebda.
[1249] ebda.
[1250] ebda.
[1251] ebda.
[1252] ebda.

Schaffens sichtbar wurde."[1253] Adelungs Gesellschaftsbegriff, so Döring, ist unzureichend, wenn er Gesellschaft bloß bestimmt "als ein auf mancherley Art verbundenes ganze(s)"[1254]. Jedoch wiederum lobt Döring an Adelung, daß er "(...) die Stellung des einzelnen in ihr (der Gesellschaft) (immer wieder) konkretisiert (...)"[1255] Es folgt ein Zitat aus dem Stylbuch. Es wird hier nicht mehr wiedergegeben, weil das schon oben geschah.

Zwar kritisiert Döring an Adelung, seine "(...) Darstellungen des Verhältnisses von Sprache und Gesellschaft tragen vielfach mechanistischen Charakter, sind gekennzeichnet durch die Überbetonung einzelner Faktoren, die einander gegenüber gestellt werden, ohne Berücksichtigung der vielseitigen Wechselbeziehungen."[1256]; "mechanistisch" hier ist der marxistisch-polemische Gegenbegriff zu "dialektisch", "dialektischer Wechselbeziehung". Es folgt dann jedoch ein, marxistisch gedacht, hohes Lob : "Im Gegensatz zu Zeitgenossen und vielen Späteren aber bezieht er Ökonomisches ausdrücklich in den Bereich der gesellschaftlichen Einflüsse auf die Sprache ein, womit er zumindest Anteil hat an der Überwindung der Auffassung, daß die Geschichte durch die 'Haupt- und Staatsaktionen' der herrschenden Dynastien bestimmt sei."[1257] Hier allerdings ist eine *Kritik* an Döring einzuschieben. Zunächst : es ist wahr, es wäre ein Rückfall in vormarxistische Naivität, Geschichte, wie von Döring kritisiert, aufzufassen als die der Haupt- und Staatsaktionen herrschender Dynastien. Geschichte ist nicht das Handeln von als isoliert vorgestellten Individuen, sondern sie ist das In-sich-Prozedieren der Totalität Gesellschaft. Aber in diesem Kausalgeflecht gibt es einige Bereiche von relativer Selbständigkeit und Eigengesetzlichkeit. Von *relativer*, denn es ist ebenso leicht einzusehen wie trivial, daß die verschiedenen Bereiche einander gegenseitig beeinflussen, überlappen, durchdringen; aber hätte ein Bereich nicht seine zumindest relativen eigenen Gesetze, so wäre er nicht als eigener Bereich von den anderen Bereichen abzugrenzen. Ein solcher relativ selbständiger, eigengesetzlicher Bereich ist, so scheint es, die Sprache. Geschichte ist nicht die Geschichte von Haupt- und Staatsaktionen - konzediert. Aber wir haben es hier doch nicht mit der politischen Geschichte zu tun, sondern mit der der Sprache. Döring schießt hier übers Ziel hinaus, indem sie historisch-materialistische Denkfiguren, die, kritisch aufgefaßt, durchaus ihre Legitimität haben mögen, allzu eilig reproduziert. Nun ist Döring weiter zu konzedieren, Adelung hat mit seinen Gedanken von der Beeinflussung der Sprache durch ökonomische Faktoren mitgeholfen, dem Gedanken von

---
[1253] ebda.
[1254] Döring, S. 161 zitiert Adelung.
[1255] Döring, S. 162
[1256] Döring, S. 162
[1257] ebda.

der Gesellschaft als prozedierender Totalität, wie er (nicht nur) vom Marxismus vertreten wird, zum Durchbruch zu verhelfen. Dann jedoch hätte sie ihre These *so*, in hinreichender Abstraktheit formulieren müssen, und nicht zur Kritik der Gegenposition die erschlichene Konkretion "Dynastien" einführen müssen. Der strukturelle Zusammenhang von Sprache und Ökonomie hat mit den Dynastien herzlich wenig zu tun, und wird ein solches Zutunhaben polemisch konstruiert, wie von Döring getan, wird es schief. Es scheint, der Gedanke, den Döring in ihrer Kritik an der Historie der Haupt- und Staatsaktionen als genuin marxistischen starkmachen will, ist nicht der von der Gesellschaft als Totalität, sondern der vom Primat des Ökonomischen in dieser. Hier könnte ihr jedoch der kritische Marxist G. Lukács entgegengehalten werden, wenn er schreibt : "Nicht die Vorherrschaft der ökonomischen Motive in der Geschichtserklärung unterscheidet entscheidend den Marxismus von der bürgerlichen Wissenschaft, sondern der Gesichtspunkt der Totalität."[1258] Und, halten wir einmal die Luft an! Es sollte einmal *konkret* analysiert werden, wie Veränderungen im ökonomischen Bereich (Produktionsmittel, Produktivkräfte) auf *Sprache* einwirken. Bei Audi-NSU wurden jüngst neue computergesteuerte Produktionsstraßen installiert - wie wirkt das auf die Sprache, die die Arbeiter dort sprechen? - Dann : Es wäre zu fragen : Antizipiert Adelung tatsächlich den historischen Materialismus, oder projiziert nicht der marxistische Kritiker eigene Theoreme in ihn hinein? - Döring wertet von ihrer historisch-materialistischen Position nun Adelungs Zusammendenken von Gesellschaft und Sprache folgendermaßen : "(...) auch die Einsicht in bestimmte Beziehungen zwischen den einzelnen als Ursachen genannten Erscheinungen ist ihm nicht gänzlich fremd (...). Veränderungen der Sprache selbst sind natürlich noch nicht sein Gegenstand. Damit wird Sprachgeschichte im eigentlichen Sinne des Wortes bei ihm noch wenig produktiv, wie auch keine entsprechenden Methoden entwickelt werden. Seine Erklärungen folgen dem Prinzip der einfachen, direkten Kausalverknüpfung[1259]. Sie verbleiben, da theoretische und faktologische Voraussetzungen für die Erklärung des Wesens der Gesellschaft und der Sprache in ihrer Gesellschaftlichkeit noch zu gering waren, insofern im Rahmen eines mechanischen Determinismus stecken, als die 'Determinanden von außen' überbewertet und die Entwicklung undialektisch vereinfacht dargestellt wird."[1260] Bei aller Kritik an Adelung jedoch vermerkt Döring : "Zu konstatieren bleibt aber, daß bei Adelung Ansätze da sind, die lange unberücksichtigt blieben bzw. (...) durch 'Abqualifizierung und Passivierung' als Wissen vernichtet wurden durch eine dominant werdende Auffas-

---

[1258] G. Lukács, Geschichte und Klassenbewußtsein S. 94
[1259] Gegenbegriff zu "Dialektik"
[1260] Döring, S. 162

sung von der Entwicklung der Sprache, die die Ursachen für diese Entwicklung in der Sprache selber zu finden wünschte."[1261] Dem folgt Lenin-Zitat.

Mit solchermaßen kritisch gewerteten Bemühen, eine mögliche Eigengesetzlichkeit von Sprache aufzufinden, hat Döring den Bogen bekommen zu dem Teil ihres Aufsatzes, der nunmehr von Jacob Grimm handelt. "Ausdruck des Suchens nach diesem Erklärungsrahmen für die Eigengesetzlichkeit der Sprache ist das Werk J. Grimms in seiner Gesamtheit. Dies schließt seine Auffassung von Sprache als Organismus - zu bewerten als Ausdruck endgültiger Überwindung der noch geltenden Auffassung von der Sprache als einem in sich verharrenden Zustand (...) ein (...)"[1262] Wir wollen jedoch auf J. Grimm hier nur noch soweit eingehen, als sein Unterschied von oder Gegensatz zu Adelung herauszustellen ist. So schreibt Döring, Naumann zitierend : "Bleibt für Adelungs 'praktische Intentionen in letzter Instanz logisch begründetes, dem Rationalismus verpflichtetes normatives Denken bestimmend', was ihn immer wieder vom Betrachten zum Festlegen, zur Kodifizierung drängt, 'wird von J. Grimm ein kritischer Empirismus postuliert.'"[1263] Und sie schließt an : "Dem *Lehrgebäude* Adelungs stellt Grimm sein methodisches Konzept des "Lernens" gegenüber, eine Position, auf die er immer wieder verteidigend zurückkommt."[1264] Kern von J. Grimms Kritik an Adelung, Döring zufolge, ist : "Ausnahmen nicht als einen Ausdruck der sich verändernden Sprache zu sehen und sie damit aus der Betrachtung auszuschließen, *Sprachlehre* an die Stelle des *Werdens* gesetzt zu haben (...)"[1265]. Darüber hinaus kritisiert J. Grimm an Adelung : "(...) wer ohne empört zu sein kann Adelungs schilderung der ältesten Deutschen lesen, aus allen einzelnen lastern, deren die geschichtsschreiber erwähnen, entwirft er ein bild des ganzen eben als wollte man aus den criminalfällen heutiger zeitungen auf unsere verworfenheit überhaupt schließen (...)"[1266]

15.5. Abschließendes

Nachdem wir so die Texte Erika Isings und Brigitte Dörings durchgegangen sind, zeigt sich : Was eine Epoche von einem Autor hält, sagt so sehr etwas über den Autor als über die betreffende Epoche selbst. Wir können uns nur Döring selber anschließen, wenn sie ihren Aufsatz mit einer wissenschaftshistorischen Selbsteinordnung beginnt : "Der

---

[1261] Döring, S. 163
[1262] ebda.
[1263] Döring, S. 163, zitiert Naumann.
[1264] Döring, S. 163
[1265] Döring, S. 164
[1266] ebda.

vorliegende Beitrag ordnet sich ein in die Bemühungen, in der Wissenschaftsgeschichtsschreibung bestehende Klischeevorstellungen bei der Bewertung einzelner Persönlichkeiten und Richtungen, die häufig durch die Sicht der (...) Nachfolger und die Spezifik ihres Herangehens an den Gegenstand (...) geprägt sind, zu überwinden und in den Vorstellungen und Ansichten früherer Epochen von unserem heutigen Wissen aus neue, bisher wenig oder nicht beachtete Seiten zu erschließen und auszuwerten."[1267]

(Zuletzt sei noch, um das Konzert der Stimmen über Adelung um eine Stimme zu vermehren, ein Text hierhergesetzt, den Döring in einer Fußnote zitiert : "Trotz des fortwährenden Geredes von klaren und deutlichen Begriffen, auf denen die Kultur beruhe, ist Adelungs Grundstimmung nicht rationalistisch. Seine Sprachbetrachtung ruht auf dem Grundsatz, daß die Sprache nicht das Werk einer willkürlichen Verabredung sei, und ebensowenig glaubt er, daß der Einzelne, sei er Schriftsteller oder Sprachlehrer, an dem Gange der Sprachentwicklung etwas Wesentliches ändern könne. Und je länger, desto mehr befestigt sich bei ihm die Überzeugung, daß die wirkliche, nicht im vollen Licht des Bewußtseins sich vollziehende Sprachentwicklung den Zweck der Sprache weit besser erreicht als das klügelnde Individuum. Trotz seiner Verachtung der Vergangenheit, namentlich des Mittelalters, ist dieser Sohn des Aufklärungszeitalters nicht mehr weit entfernt von jener ehrfürchtigen Bestaunung der Wunder des Sprachgeistes, die für die historische Sprachforschung der ersten Hälfte des 19. Jhs. so charakteristisch ist." [1268])

Auch Bernd Naumann, in seinem Werk "Grammatik der deutschen Sprache zwischen 1781 und 1856" (1986) gibt einige wertvolle Hinweise, wie Adelung in der Historie der Sprachwissenschaft einzuordnen ist. "Ratke war der erste, der in größerem Umfang und systematisch daran (an der Grammatikschreibung) gearbeitet hat. Allerdings leiteten ihn dabei nicht erkenntnistheoretische Motive, wie später Adelung (...)"[1269]. Inwiefern Sprachtheorie bei Adelung epistemologisch fundiert ist, dürfte aus der obigen Diskussion seiner epistemologischen Modelle[1270] deutlich geworden sein.

"(...) Gottsched (war) Adelungs unmittelbarer Vorläufer (...)"[1271]
"Adelung vollzog bei der Definition der grammatischen Kategorien einen für die deutsche Sprachwissenschaft entscheidenden Schritt. Schon

---

[1267] Döring, S. 159
[1268] Döring, S. 161 zitiert Jellinek, Geschichte der neuhochdeutschen Grammatik (1913)
[1269] Naumann, S. 31
[1270] Vgl. vorliegende Arbeit S. 43 - 53.
[1271] Naumann, S. 32

in seiner ersten Grammatik, der Schulgrammatik von 1781, legte er den obersten Grundsatz dar, den er bei der Abfassung dieser Grammatik zu befolgen gedachte: "Ich habe mich bemüht, das Wesen der Deutschen Sprache in ihr selbst aufzusuchen, und daraus ist dann auch die Einrichtung der gegenwärtigen Sprachlehre entstanden, dagegen andere immer noch Kopien der Lateinischen sind" (1781, Vorrede, unpaginiert)."[1272]

"Adelung argumentierte (...) grundsätzlicher. Wie sein Zeitgenosse, der Bodmer-Schüler Johann Georg Sulzer (...) zu neuen Anschauungen über Ästhetik und Stilistik zu gelangen versuchte, so strebte jetzt auch Adelung, für die deutsche Sprache durch Reflexion und aufmerksame Beobachtung nur dieser deutschen Sprache zu neuen, beschreibungsadäquaten Kategorien zu gelangen. / Dazu gehörte, daß er zunächst einmal einen Objektbereich festlegte : Die deutsche Sprache war für ihn die Sprache der gebildeten Stände Obersachsens."[1273]

"Adelung (...) war kein Allgemeiner Grammatiker, aber die Allgemeine Grammatik seiner Zeit, die in derselben Tradition rationalistischen Philosophierens steht, in die auch Kants Kritik der reinen Vernunft einzuordnen ist, hat die Explikation der grammatischen Kategorien in seinen eigenen Grammatiken ganz wesentlich beeinflußt (...)"[1274]

"Adelungs terminologische Festlegung hat sich in der Folgezeit weitgehend durchgesetzt. Mit wenigen Ausnahmen haben sich alle seine Nachfolger in diesem Punkte in seltener Einmütigkeit verhalten; selbst Jacob Grimm, der Adelung ansonsten gewiß nicht sonderlich gewogen war. Für Grimm ist die Frage der grammatischen Terminologie nur ein technisches Problem, das er in der Einleitung zu seinem Monumentalwerk erledigen kann - mit den gleichem Argumenten wie Adelung (...)."[1275]

Eine letzte Stimme zu Adelung sei angeführt. Es handelt sich um den Aufsatz von Nerius "Die Rolle J. Chr. Adelungs in der Geschichte der deutschen Orthographie". (1989) Obzwar in einem westdeutschen (Heidelberger) Verlag erschienen, wurde er doch auf dem bereits erwähnten Leipziger Kolloqium über Adelung gehalten. Ein weiterer Beleg also, wie die DDR in der Adelung-Forschung führend war.

Nerius ordnet Adelung historisch ein, indem er ihn mit seinem Vorgänger Gottsched vergleicht. So schreibt er : Gottscheds Schriften riefen "(...) nicht zuletzt wegen der zunehmend rechthaberisch-doktrinären Haltung ihres Verfassers in sprachlichen Fragen, in allen Teilen des Landes entschiedenen Widerstand hervor. Einerseits kam dieser Wider-

---
[1272] Naumann, S. 33
[1273] Naumann, S. 33f.
[1274] Naumann, S. 35
[1275] Naumann, S. 37

stand aus den Kreisen der Sprachgelehrten, wo man sich besonders gegen die Einengung der einheitlichen Literatursprache auf den Sprachgebrauch in Obersachsen wandte, andererseits kam er besonders von Dichtern und Schriftstellern, die durch die Entwicklung der engen Grenzen Gottschedscher Reglementierung überwanden. Eine ganz analoge Reaktion finden wir übrigens wenige Jahrzehnte später auch auf das sprachregelnde Wirken J. Ch. Adelungs."[1276] Und dann : "J. Ch. Adelungs erklärtes Ziel war die Durchsetzung einer im ganzen deutschen Sprachgebiet einheitlichen deutschen Literatursprache. Er war gewissermaßen praktisch und theoretisch der Fortsetzer der Sprachregelungsbemühung J. Ch. Gottscheds, wobei er diesen an theoretischer Bedeutsamkeit und praktischer Wirksamkeit beträchtlich übertraf."[1277]

Im Anschluß hieran schreibt Nerius : "J. Ch. Adelungs Auffassung von der literatursprachlichen Norm wird vor allem durch seine scharfe Ablehnung der (...) divergierenden Sprachregelungsbemühungen der siebziger Jahre und ebenso durch seine Ablehnung der sprachlichen Ansichten bestimmt, die in der Literatur dieser Zeit hervortraten. Gerade die sprachlichen Ziele des Sturm und Drang[1278] erschienen ihm, dem Regelmäßigkeit, Richtigkeit und Reinheit[1279], wie er sie verstand, über alles gingen, als äußerste Gefahr für die Einheitssprache. Um der erstrebten einheitlichen Literatursprache eine feste Richtschnur zu geben und allen Spekulationen um die Sprachrichtigkeit die Spitze abzubrechen, kam er zu einer Identifizierung der einheitlichen Literatursprache, des Hochdeutschen, mit dem Sprachgebrauch der oberen Klassen Obersachsens, wie er es nannte, das heißt faktisch mit der in Obersachsen gebräuchlichen Form der Literatursprache."[1280]

Hinsichtlich der Stellungnahme Adelungs zur Dichtung seiner Zeit schreibt Nerius weiterhin : "J. Ch. Adelung lehnte jedes Recht der Schriftsteller auf freiere, ihren künstlerischen Absichten entsprechende Sprachgestaltung ab und wandte sich scharf gegen die Bestrebungen bedeutender literarischer Vertreter seiner Zeit, die Literatursprache durch Annäherung an die Volkssprache und Bereicherung aus der Volkssprache zu vervollkommnen. Im Gegensatz zur zeitgenössischen Literatur war es J. Ch. Adelungs erklärte Absicht, die Literatursprache als Sprache der oberen Klassen von Einflüssen aus der von ihm als minderwertig und pöbelhaft angesehenen Volkssprache fern zu halten. Zwar war die-

---
[1276] Nerius, S. 86f.
[1277] Nerius, S. 88
[1278] Zu Adelungs Stellung zum "Sturm und Drang" vgl. seine Anspielung UL 160, 28 - 32 und vorliegende Arbeit S. 128 - 129.
[1279] Dies sind einige der fundamentalen Forderungen, die Adelung an einen Stil stellt, der sich als *schöner Stil* qualifiziert. Vgl. Styl 1 S. 63 - 82 (§ 2 Sprachrichtigkeit) und Styl 1 S. 83 - 124 (§ 3 Reinheit).
[1280] Nerius, S. 88f.

ses Bestreben in erster Linie durch die Sorge um die Sicherung einer einheitlichen literatursprachlichen Norm motiviert, doch zeigt sich hierin auch die noch relative undifferenzierte Normauffassung J. Ch. Adelungs, die der tatsächlichen Unterschiedlichkeit der Normen in den verschiedenen Teilsystemen der Literatursprache nicht Rechnung trug."[1281]
Im unmittelbaren Anschluß daran überschreibt Nerius ein neues Kapitel "J. Ch. Adelungs Ansichten zur deutschen Orthographie."[1282]
"Während J. Ch. Adelung aufgrund seiner undifferenzierten Normauffassung mit seinen sprachregelnden Festlegungen in bezug auf lexikalische und stilistische Normen nur relativ wenig Erfolg hatte, waren seine Bemühung um die Festsetzung grammatischer und orthographischer Normen weit erfolgreicher. Hier befürwortete er faktisch solche Formen, die im bisherigen Prozeß der literatursprachlichen Entwicklung bereits eine weite Verbreitung im Sprachgebiet besaßen und die damit für die weitere Vereinheitlichung und als allgemeingültige Norm besonders geeignet erschienen. (...) Daß er diese Ablehnung (divergierender orthographischer Normen) primär mit dem tatsächlich höchstwahrscheinlichlich gar nicht zutreffenden Hinweis auf die Einheit von geltender Orthographie und Aussprache des Deutschen im Sprachgebrauch der oberen Klassen Obersachsens begründete, ändert nichts an der Tatsache, daß er mit dieser Ablehnung objektiv die weitere Vereinheitlichung der deutschen Orthographie unterstützte."[1283]
"Zur Wirksamkeit J. Ch. Adelungs in der deutschen Orthographiegeschichte"[1284] schreibt Nerius : "Wenn wir die Bedeutung und Wirksamkeit J. Ch. Adelungs im Entwicklungsprozeß der deutschen Orthographie überschauen, so sehen wir seinen Einfluß vor allem in zweierlei Hinsicht : Zum einen in seiner Leistung bei der Zusammenfassung und Bilanzierung der bisherigen Orthographietheorie und Orthographiebeschreibung, womit er bis weit ins 19. Jahrhundert hinein die Darstellung der deutschen Orthographie prägte oder beeinflußte. (...) Zum anderen sehen wir seine Wirksamkeit in seiner Einflußnahme auf die faktische Entwicklung der einheitlichen deutschen Orthographie wie auch der grammatischen Normen der Literatursprache allgemein."[1285]
Gegen Ende seines Aufsatzes bringt Nerius noch einige zeitgenössische Stimmen zu Adelungs Bemühungen um die Orthographie. Zunächst C.M. Wieland. Dieser vertrat" (...) energisch die Forderung nach Gleichförmigkeit in der deutschen Rechtschreibung und empfahl deshalb jedermann, "sich an die Adelungische Orthographie zu halten, um der lächerlichen und unsere ganze Nation beschimpfenden Sprachverwirrung

---

[1281] Nerius, S. 90
[1282] ebda.
[1283] Nerius, S. 90f.
[1284] Nerius, S. 94
[1285] Nerius, S. 94f.

durch die Orthographiereformer zu steuern.""[1286] Sodann Goethe : "Im Ganzen ist die Absicht, der Adelungischen Rechtschreibung vollkommen zu folgen; ein sorgfältiger Korrektor wird also bei jedem zweifelhaften Fall sich nach derselben zu richten haben."[1287] Nerius schließt den Aufsatz mit einem Hinweis auf Adelungs Wörterbuch : "Ein nicht unwesentlicher Faktor seiner Wirksamkeit war sicher auch, daß J. Ch. Adelungs Wörterbuch es war, in dem man neben anderem auch die Schreibung der einzelnen Wörter nachschlagen konnte."[1288] Ein H.-Paul-Zitat beschließt demgemäß Nerius' Text : "Adelungs Bedeutung liegt mehr noch als in dem wissenschaftlichen Ertrag seiner Arbeit in dem Einfluß, den er auf die Fixierung und Ausbreitung der Schriftsprache gehabt hat. Es muß dabei nicht nur die direkte Wirkung in Anschlag gebracht werden, die er durch die große Verbreitung seiner Bücher geübt hat. Er hat überhaupt die schulmäßige Behandlung der deutschen Sprache in eine Abhängigkeit von sich gebracht, die in vieler Beziehung noch heute andauert."[1289] Nerius kommentiert : "In der Entwicklung der deutschen Orthographie setzt J. C. Adelungs Wirken einen Schlußpunkt unter die Regelungsbemühungen des 18. Jahrhunderts und markiert einen wesentlichen Fortschritt in Richtung auf eine einheitliche Schreibung der deutschen Literatursprache, auch wenn bis zur tatsächlichen Verwirklichung und offiziellen Kodifizierung einer allgemeingültigen deutschen Orthographie (...)"[1290] zweihundert Jahre vergingen. Abschließend sei gesagt, daß zu hoffen ist, daß nicht weitere zweihundert Jahre vergehen müssen, bis Adelungs Werk die Wirkung findet, die ihm angemessen wäre.

[1286] Nerius zitiert Wieland, S. 95
[1287] Nerius zitiert Goethe S. 95
[1288] Nerius, S. 95
[1289] Nerius zitiert H. Paul, S. 96
[1290] Nerius, S. 96

16. Verwendete Literatur

Texte Adelungs

Folgende Texte J.Chr. Adelungs wurden für die vorliegende Arbeit herangezogen. Die Texte wurden unter den ihnen beigefügten Siglen zitiert.
- Die Deutsche Sprachlehre für Schulen (1.Auflage 1781) - DS
- Auszug aus der Deutschen Sprachlehre für Schulen (1781) - ADS
- Umständliches Lehrgebäude der Deutschen Sprache (1782) - UL
- Über den Deutschen Styl (1785) - Styl
- Aelteste Geschichte der Deutschen (1806) - ÄG
- Vollständige Anweisung zur deutschen Orthographie (4. Auflage 1820) - VA

Zur Zitierweise. Auf die Sigle folgt zuerst die Angabe der Seitenzahl, nach dem Komma die Angabe der Zeile(n) des Zitats. Dabei wurden die Überschriften mitgezählt, Spatien wurden nicht mitgezählt. Lateinische Zahlen bezeichnen Seiten aus der jeweiligen Vorrede. Da das Stylbuch aus drei "Theilen" besteht, folgt bei Zitation aus diesem unmittelbar auf die Sigle die Angabe des Teils, aus welchem zitiert wird.

Beispiele:
UL 4, 1	Umständliches Lehrgebäude, Seite 4, Zeile 1
UL 183, 29 - 30	Umständliches Lehrgebäude, Seite 183, Zeilen 29 - 30
UL 33, 32 - 34, 4	Umständliches Lehrgebäude, Seite 33, Zeile 32 bis Seite 34, Zeile 4
Styl V, 3 - 9	Stylbuch, Vorrede, Seite V, Zeilen 3 - 9
Styl 2 109, 1- 5	Stylbuch, 2. Teil, Seite 109, Zeilen 1 - 5

Sonstige Literatur

- Aldridge, Alan (Hg.), The Beatles Songbook, München 1982 (Deutscher Taschenbuch Verlag 745)
- Alt, Peter-André, Aufklärung, Stuttgart/Weimar 1996
- Arens, Hans, Sprachwissenschaft. Der Gang ihrer Entwicklung von der Antike bis zur Gegenwart, Freiburg/München 1955
- Aristoteles, Philosophische Werke. Hg. von Eugen Rolfes, Bd. 1 - 13. Leipzig 1920 - 1924 (Philosophische Bibliothek Bd. 1 - 13)
- Bantel, Otto, Grundbegriffe der Literatur, Frankfurt am Main 1968 (Hirschgraben Verlag)
- Beaufret, Jean, Wege zu Heidegger, Frankfurt am Main 1976 (Vittorio Klostermann)
- Bentham, Jeremy, Introduction into principles of morals and legislation (1789), vgl. Krause / Graupner / Sieber, Ökonomenlexikon, Berlin 1989

- Bertaux, Pierre, Friedrich Hölderlin, Frankfurt am Main 1981 (suhrkamp taschenbuch 686)
- Die Bibel. Nach der Übersetzung Martin Luthers, Stuttgart 1972
- Bichsel, Peter, Ein Tisch ist ein Tisch, in : Kindergeschichten, Darmstadt/Neuwied 1985 (Sammlung Luchterhand 144)
- Biemel, Walter, Martin Heidegger in Selbstzeugnissen und Bilddokumenten, Reinbek bei Hamburg 1978 (rowohlt bildmonographien 200)
- Bloch, Ernst, Die Lehren von der Materie, Frankfurt am Main 1978 (edition suhrkamp 969)
- Böttcher, Kurt/Karl Heinz Berger/Kurt Krolop/Christa Zimmermann (Zusammengestellt und kommentiert), Geflügelte Worte, Leipzig 1988
- Brecht, Bertolt, Die Essays von Georg Lukács, in : Matzner, Jutta, Lehrstück Lukács, Frankfurt am Main (edition suhrkamp 554)
- ders., Das epische Theater, in : Die Stücke in einem Band, Frankfurt am Main 1978
- Brekle, Herbert E. / Edeltraud Dobnig-Jülch / Hans Jürgen Höller / Helmut Weiß (Hg.), Bio-bibliographisches Handbuch zur Sprachwissenschaft des 18. Jahrhunderts. Die Grammatiker, Lexikographen und Sprachtheoretiker des deutschsprachigen Raums mit Beschreibung ihrer Werke. Band 1 (A - Br), Tübingen 1992 (Max Niemeyer Verlag)
- Broch, Hermann, Schriften zur Literatur und Kritik 1. Theorie, Frankfurt am Main 1975 (suhrkamp taschenbuch 246)
- Bühler, Karl, Sprachtheorie, Stuttgart/New York 1982 (Gustav Fischer Verlag UTB 1159)
- Bürger, Christa, Textanalyse und Ideologiekritik : Rilkes erste Duineser Elegie, in : Fülleborn, Ulrich/Manfred Engel (Hg.), Rilkes "Duineser Elegien", Bd. 2, Frankfurt am Main 1982 (suhrkamp taschenbuch 2010)
- Bußmann, Hadumod, Lexikon der Sprachwissenschaft, Stuttgart 1983 (Kröner Taschenausgabe Bd. 452)
- The Constitution of the United States of America / The Declaration of Independence, München 1996 (Minibook Munich)
- Deschner, Karlheinz, Kitsch, Konvention und Kunst, Frankfurt am Main/ Berlin/Wien 1980 (Ullstein Buch 20082)
- Djilas, Milovan, Die neue Klasse. Eine Analyse des kommunistischen Systems, Wien-München-Zürich 1957 (Molden-Taschenbuch-Verlag 6)
- Döbler, Hansferdinand, Döblers Kultur- und Sittengeschichte der Welt in 10 Bänden, München 1971 (Wilhelm Goldmann Verlag 11164 - 11174)
- Döring, Brigitte, Zum Zusammenhang von Sprachgeschichte und Geschichte der Gesellschaft bei Johann Christoph Adelung und Jacob Grimm, in : Zeitschrift für Germanistik 2/1984, Leipzig, darin : S. 159 - 166
- Eckermann, Johann Peter, Gespräche mit Goethe in den letzten Jahren seines Lebens, München 1988 (C.H. Beck),

- Eisler, Rudolf, Kant-Lexikon, Hildesheim 2002 (Olms)
- Feuerbach, Ludwig, Wider den Dualismus von Leib und Seele, Fleisch und Geist, in WW 10, Berlin 1971
- Frege, Gottlob, Über Sinn und Bedeutung, in : ders., Funktion, Begriff, Bedeutung, hg. von Günther Patzig, Göttingen 1962
- Freud, Sigmund, Studienausgabe, Frankfurt am Main 1969ff.
- Frisch, Max, Tagebuch 1967-1971, Frankfurt am Main 1979 (suhrkamp taschenbuch 256)
- Fülleborn, Ulrich/Manfred Engel (Hg.), Rilkes "Duineser Elegien", Bd. 2, Frankfurt am Main 1982 (suhrkamp taschenbuch 2010)
- Gardt, Andreas, Geschichte der Sprachwissenschaft in Deutschland. Vom Mittelalter bis ins 20. Jh., Berlin / New York 1999 (de Gruyter Studienbuch)
- Goethe, Johann Wolfgang, Faust. Der Tragödie erster Teil, Stuttgart 1982 (reclams universalbibliothek 1)
- ders., Zur Farbenlehre, in : Werke. Hamburger Ausgabe, Bd. 13, München 1982 (C.H.Beck)
- Grimm, Jacob/Wilhelm Grimm, Deutsches Wörterbuch Bd. 13, Leipzig 1889 (dtv)
- Gülich, E./W. Raible, Linguistische Textmodelle, München 1977 (UTB 130)
- Habe, Hans, Erfahrungen, München 1975 (Heyne-Buch Nr. 5185)
- Handke, Peter, Kaspar, in : Stücke 1, Frankfurt am Main 1972 (suhrkamp taschenbuch 43)
- Hauptmann, Gerhart, Die Weber, Frankfurt am Main/Wien/Berlin 1979 (Ullstein Buch Nr. 3901)
- Hegel, Georg Wilhelm Friedrich, Phänomenologie des Geistes, Hamburg 1988 (Felix Meiner Verlag 414)
- ders., Vorlesungen über die Ästhetik, Bd. 1, Frankfurt am Main 1986 (Werke 3, suhrkamp taschenbuch wissenschaft 613)
- Heidegger, Martin, Sein und Zeit, Tübingen 1986 (Max Niemeyer)
- ders., Über den "Humanismus", Frankfurt am Main 1949 (Vittorio Klostermann)
- ders., Unterwegs zur Sprache, Pfullingen 1986 (Günther Neske)
- ders., Phänomenologie und Theologie, in : Wegmarken, Frankfurt 1978 (Vittorio Klostermann)
- ders., Was heißt denken?, Tübingen 1971 (Niemeyer)
- Herder, Abhandlung über den Ursprung der Sprache, in : Sturm und Drang. Kritische Schriften, Heidelberg 1972
- Hoffmeister, Johannes (Hg.), Wörterbuch der philosophischen Be-griffe, Hamburg 1955 (Felix Meiner. Philosophische Bibliothek. Band 225)
- Hofmannsthal, Hugo von, Ein Brief, in : Erzählungen, Erfundene Gespräche und Briefe, Reisen, Frankfurt am Main 1979 (Fischer Taschenbuch Verlag 2159)
- Hölderlin, Friedrich, Gedichte, in : Werke. 1. Band, Stuttgart 1970

- Horkheimer, Max/ Theodor W. Adorno, Dialektik der Aufklärung, Frankfurt am Main 1969 (S. Fischer)
- Hunger, Edgar/Richard Schottky/Lothar Zahn, Texte der Philosophie, München 1975 (bsv)
- Ising, Erika, Johann Christoph Adelung - Tradition und Öffnung, in : Zeitschrift für Germanistik 1983, Leipzig, darin : S. 466 - 469
- Kant, Immanuel, Kritik der reinen Vernunft, Frankfurt am Main 1974 (suhrkamp taschenbuch wissenschaft 55)
- ders., Über den Gemeinspruch : Das mag in der Theorie richtig sein, taugt aber nicht für die Praxis, in : Werke, Bd. 9. Schriften zur Anthropologie, Geschichtsphilosophie, Politik und Pädagogik. Erster Teil, Wiebaden 1964 (Wissenschaftliche Buchgesellschaft Darmstadt)
- Kindlers Literatur Lexikon, Bd. 6, Zürich o.J.
- Krause, Werner / Karl-Heinz Graupner / Rolf Sieber (Hg.), Ökonomenlexikon, Berlin (Ost) 1989 (Dietz Verlag)
- Krug, Wilhelm Traugott, Allgemeines Handwörterbuch der philosophischen Wissenschaften nebst ihrer Literatur und Geschichte. Faksimile-Ausgabe der zweiten, verbesserten Auflage, Leipzig 1832-1838 Zweiter Band
- Lay, Rupert, Marxismus für Manager, Reinbek bei Hamburg 1977 (rororo 7094)
- Lewandowski, Theodor, Linguistisches Wörterbuch, Bd. 2, Wiesbaden 1985 (Quelle und Mayer UTB 201)
- ders., dass., Bd.3 (UTB 300)
- Linné, Carl von, Philosophia Botanica, 1751
- Lotter, Konrad/Reinhard Meiners/Elmar Treptow (Hg.), Marx-Engels-Begriffslexikon. München 1984 (BSR 273)
- Lukács, Georg, Geschichte und Klassenbewußtsein, Berlin 1923 (Sammlung Luchterhand 11)
- Mann, Thomas, Königliche Hoheit, Frakfurt am Main 1985 (Fischer Taschenbuch Verlag 2)
- ders., Der Zauberberg, Frankfurt am Main 1974 (S. Fischer Verlag)
- Marx, Karl, Manifest der kommunistischen Partei, München 1978 (UTB 743)
- Matzner, Jutta (Hg.), Lehrstück Lukács, Frankfurt am Main 1974 (edition suhrkamp 554), darin : Bertolt Brecht, Die Essays von Georg Lukács
- Müller, Max/Alois Halder (Hg.), Kleines philosophisches Wörterbuch, Freiburg im Breisgau 1977 (Herderbücherei 398)
- Naumann, Bernd, Grammatik der deutschen Sprache zwischen 1781 und 1856, 1986
- Nerius, Dieter, Die Rolle J. Ch. Adelungs in der Geschichte der deutschen Orthographie, in : Bergamann, Rolf, H. Kolb, Kl. Matzel, R. Schützeichel, Th. Vennemann (Hg.), Sprachwissenschaft Bd. 14, Heidelberg 1989

- Neuhäusler, Anton, Grundbegriffe der philosophischen Sprache, München (Ehrenwirth Verlag)
- Neumann, Franz, Handbuch politischer Theorien und Ideologien, Reinbek bei Hamburg 1977 (rororo 6214)
- Nietzsche, Friedrich, Die fröhliche Wissenschaft, Frankfurt am Main 1985 (insel taschenbuch 635)
- ders., Menschliches, Allzumenschliches, München 1988 (dtv 2222)
- Orgeldinger, Sibylle, Standardisierung und Purismus bei Joachim Heinrich Campe, in : Studia Linguistica Germanica (Hg. von St. Sonderegger und O. Reichmann), Berlin/New York 1999 (Walter de Gruyter)
- Paris, Jean, James Joyce in Selbstzeugnissen und Bilddokumenten, Hamburg 1960 (rowohlt bildmonographien 40)
- Proust, Marcel, In Swanns Welt, in : Auf der Suche nach der verlorenen Zeit, Erster Teil, Frankfurt am Main 1981 (suhrkamp taschenbuch 644)
- Ranke, Leopold, Über die Epochen der neueren Geschichte, Darmstadt 1989
- Ritter, Joachim/Karlfried Gründer, Historisches Wörterbuch der Philosophie, Darmstadt 1976, Bd. 4 (WB)
- dies., dass., Bd 5, Darmstadt 1980 (WB)
- dies., dass., Bd. 9, Darmstadt 1995 (WB)
- Sartre, Jean-Paul, Marxismus und Existentialismus. Versuch einer Methodik, Reinbek bei Hamburg 1964 (rororo 196)
- ders., Was ist Literatur?, Reinbek bei Hamburg 1981 (rororo 4779)
- Schelling, Friedrich Wilhelm Joseph, Über das Wesen der menschlichen Freiheit, Stuttgart 1964 (reclams universalbibliothek 8913)
- Schippan, Thea, Lexikologie der deutschen Gegenwartssprache, Tübingen 1992 (Max Niemeyer Verlag)
- Sickel, Karl-Ernst, Johann Christoph Adelung. Seine Persönlichkeit und seine Geschichtsauffassung, Leipzig 1933
- Sophokles, Die Tragödien, Stuttgart 1984 (Kröner 163)
- Spengler, Oswald, Der Untergang des Abendlandes, München 1988 (Deutscher Taschenbuch Verlag 838)
- Der Spiegel Nr. 42 / 14. 10. 96
- Spinoza, Baruch, Die Ethik, Stuttgart 1977 (reclams universalbibliothek 851)
- Stalin, Joseph, Marxismus und Fragen der Sprachwissenschaft, München 1968 (Rogner & Bernhard)
- Steinthal, Heymann, Charakteristik der hauptsächlichsten Typen des Sprachbaus, Berlin 1880
- Strohbach, Margrit, Johann Christoph Adelung. Ein Beitrag zu seinem germanistischen Schaffen, Berlin/New York 1984 (Walter de Gruyter)
- Thomas von Aquin, Summe der Theologie, Stuttgart 1985 (Kröner Taschenausgabe 105)

- Thomsen, Vilhelm, Geschichte der Sprachwissenschaft bis zum Ausgang des 19. Jahrhunderts. Kurzgefaßte Darstellung der Hauptpunkte, Halle (Saale) 1927 (Max Niemeyer Verlag) :
- Timm, Uwe, Vogel, friß die Feige nicht, Köln 1976 (Kiepenheuer & Witsch 421)
- Weigel, Hans, Die Leiden der jungen Wörter, München 1976 (Deutscher Taschenbuch Verlag 1159)
- Weischedel, Wilhelm, Die philosophische Hintertreppe, München 1979 (Deutscher Taschenbuch Verlag 1119)
- Wittgenstein, Ludwig, Tractatus logico-philosophicus, Frankfurt am Main 1963 (edition suhrkamp 12)
- Wuchterl, Kurt/Adolf Hübner, Ludwig Wittgenstein in Selbstzeugnissen und Bilddokumenten, Reibek bei Hamburg 1979 (rowohlt bildmonographien 275)
- Wyss, Ulrich, Die wilde Philologie. Jacob Grimm und der Historismus. München 1979 (Verlag C.H. Beck)
- Zuckmayer, Carl, Schinderhannes, Frankfurt am Main 1996 (Fischer Taschenbuch Verlag 7007)